# ŠTA SAM VIDEO I PROŽIVEO U VELIKIM DANIMA

# ŠTA SAM VIDEO I PROŽIVEO U VELIKIM DANIMA

## Saopštenja jednoga prijatelja iz teških vremena

**RUDOLF ARČIBALD RAJS**

Prevod
Veljko Milićević
(1886–1929)

Globland Books

*Onima koji se nisu vratili*

**R. A. RAJS
POČASNI KAPETAN SRPSKE VOJSKE**

# UVOD

Ova knjiga je pisana bez ikakvih književnih pretenzija. Pišući je, ja sam samo hteo da osvežim sećanje svojih drugova sa fronta i da pokažem onima koji nisu bili s nama, a naročito omladini, kakav je bio život vojnika oslobodioca i njegov veličanstveni duh. Isto tako, ovo nije ono što se naziva istorijskom knjigom. Istorijske opise pojedinosti ostavljam onima koji su kompetentniji od mene. Ali pošto sam živeo kao verni prijatelj s vojskom od početka do kraja rata, hteo sam da zabeležim anegdotsku stranu ratnog života, stranu koja crta, možda bolje nego najveća istorijska dela, pravi duh srpskog vojnika. Na moju veliku žalost, morao sam izostaviti strahovitu, a ipak tako slavnu dramu povlačenja kroz Albaniju. Taj predmet je suviše velik, od suviše dubokog zamašaja, da bi se o njemu moglo govoriti u jednom po nuždi ograničenom poglavlju jednog dela koje obuhvata ceo rat. Ako mi to prilike dopuste, posvetiću jednu naročitu knjigu ovom velikom događaju.

Ali čak bez albanskog povlačenja, predmet ovog dela bio je jako opširan da sam morao da izdvojim mnoštvo stvari. Bio sam primoran da načinim niz jedne vrste slika. Iskoristio sam svoje beleške koje sam vodio iz dana u dan za vreme celog rata, svoje dopise koje sam slao švajcarskim, francuskim, holandskim listovima itd., i svoje uspomene koje su mi se zadržale u sećanju. Uzdržao sam se, koliko je bilo moguće, da ne dajem opis samih bitaka. To je deo koji bi trebalo da bude rezervisan jedino za vojna lica od struke, kvalifikovanija od jednog čoveka koji je bio samo slučajno u vojsci i čije je znanje strategije i ostalih vojnih nauka više nego oskudno. Video sam dosta bitaka, prisustvovao sam njima, ali priznajem da nisam bogzna šta razumeo. Ipak sam razumeo jednu stvar: da se pobedi, treba ići napred, i to mi je dovoljno, jer ja nisam bio vojskovođa.

Isto tako sam izbegavao, ukoliko se moglo, da opisujem neizrecive ispade koje su učinili neprijatelji. Nisam uvek mogao da se uzdržim da o njima ne govorim; na primer, pričajući utiske sa Mačvanskog fronta, bio sam primoran da ih pomenem, jer je austrougarsko ratovanje u jesen 1914. dobijalo po zverstvima koja su izvršili vojnici, sasvim naročito značenje koje je udarilo svoj pečat celom ratu.

Govorio sam slobodno u svojoj knjizi. Nisam tražio da ulepšavam istinu, jer mislim da dugujem istinu svojim drugovima. Neki će se možda namrštiti zbog moje iskrenosti. Žalim to unapred, ali u jednoj knjizi kao što je ova, pisac se mora držati strogo istine. Deset godina je prošlo od završetka rata i vreme je da iščeznu izvesne legende, korisne za vreme mučnih časova da bi se održao moral.

Neka mi moji ratni prijatelji čije sam originalnosti karaktera ocrtao sa nekoliko reči, oproste takođe ovu slobodu, jer baš zbog ovih originalnosti oni su stekli trajna prijateljstva. Uostalom, prijateljstva stvorena u ratu pred neprijateljem obično su jača od posleratnih intriga. Kad neko može da kaže da je „Solunac", više vredi u očima gotovo svih starih boraca nego da je, na ne znam kako istaknutom položaju u miru. Zaista, malo njih je zaboravilo svoja prijateljstva sa fronta, da bi trčali za novom srećom koja će im se otkriti kao himerična.

Ove godine navršiće se deset godina od svršetka Velikog rata. Da budem iskren, moram reći da su se oni koji su u njemu uzeli aktivnog učešća, boljemu nadali nego što im je doneo ovaj posleratni period. Oni su bili u patnji, oni su isto tako imali pravo da učestvuju u počasti, i ta počast im je često puta bila odricana zbog ljudi

## ŠTA SAM VIDEO I PROŽIVEO U VELIKIM DANIMA

koji su malo ili koji nisu ništa učinili za svoju otadžbinu. Svejedno, znam da oni ne bi ni za šta na svetu zamenili svoje svojstvo starog borca i da čuvaju, kao svetinju, svoje uspomene iz ove velike epohe.

Neka ih ova skromna knjiga, pisana od jednog druga i prijatelja iz rđavih dana, podseti na neke od njih! Neka uveče, čitajući uz svetiljku, stari borac uzvikne: „Znam to dobro, bio sam tamo!", i neka zatim legne sa očima koje još sijaju od svih uspomena koje su se probudile. Eto šta bih ja hteo i eto šta bi bila za mene nagrada.

Sve moje želje bile bi ispunjene, kad bi ove strane uspele da malo raspale patriotski plamen oduševljenja kod omladine, plamen koji je gotovo ugušila zagušljiva atmosfera egoistične, demoralizatorske i koruptivne posleratne epohe.

Hajde, dakle, mala knjigo i vrši svoj zadatak. Kaži svima drugovima iz borbe da još ima vernih srdaca koja se sećaju i koja će se uvek sećati.

Beograd, početkom 1928. godine.
R. A. Rajs

# IZ LOZANE U NIŠ U POČETKU RATA

Od Austrougarskog ultimatuma Srbiji živelo se u Švajcarskoj u grozničavosti, jer se vrlo dobro osećalo da je ovaj ultimatum bio samo jedna prikrivena objava rata. Ovaj put, svet je bio ubeđen da će Austro-Ugarska, ohrabrena i podstrekavana od Nemačke, pokušati da potčini balkanske zemlje koje su se opirale njenoj želji za ekspanzijom na Istoku. Duboko razočarani ishodom balkanskih ratova od 1912. i 1913, Austrijanci koji su živeli u Švajcarskoj, nisu nimalo prikrivali to razočaranje i gledali su samo u jednom pobedničkom ratu protiv Srbije lek za ovu situaciju koju su smatrali nesnosnom. Tako nekoliko meseci pre Sarajevskog atentata, austrougarski konzul u Lozani, tada bogat hotelijer, agent špijunaže za vreme rata i koji je umro u najvećoj bedi, kazao mi je jedne večeri: „Pazite, kod nas se u Austriji više ne može. Svet je nervozan, nezadovoljan, unižen. Jedino jedan pobednički rat može nas izvući iz ovog stanja".

S druge strane, isto tako se osećalo da se Nemci spremaju u potaji. Zaista, saznalo se da su nemački konzuli, naročito u Južnoj Americi, dobili naređenje da navedu svoje zemljake da vrate u Nemačku svoje uloge koje su imali u stranim bankama. Takođe se saznalo da konzuli, naročito konzul u Lozani, pozivaju rezerviste u inostranstvu i dele im, u zapečaćenoj kuverti, naredbe za kretanje sa naznačenjem zbornog mesta i to u slučaju objave rata. Štaviše, od dana kad je upućen ultimatum Srbiji, izvesni Nemci, rezervni oficiri, obilazili su automobilom švajcarsko-francusku i švajcarsko-nemačku granicu. Tako konzul Filsinger, takođe rezervni oficir, nije bio gotovo više nikada u Lozani i to već od Sarajevskog atentata. Naprotiv, njegove kancelarije konzulata bile su postale prave kancelarije generalštaba.

Opšte mišljenje kod nas u romanskoj Švajcarskoj bilo je, da ako Austro-Ugarska napadne Srbiju, Nemačka sigurno neće ostati neaktivna i da će planuti opšti rat. Ono se nije prevarilo! I onda da li će mala Švajcarska moći očuvati svoju neutralnost? Da li neće biti preplavljena bujicama neprijateljskih vojsaka?

Iza Austrougarskog ultimatuma došla je brzo objava rata koju su bečki maloumnici — oni su već uobražavali da su pobednici i gospodari Balkana — učinili toliko prezrivom i bezočnom koliko se više dalo. Ova objava rata nije bila upućena ni kralju ni predsedniku vlade Kraljevine Srbije; to je bio jedan obični telegram, ovako sastavljen:

„SRPSKOM GENERALŠTABU KRAGUJEVAC

Pošto kraljevska srpska vlada nije odgovorila na zadovoljavajući način na notu koju joj je predao ministar Austro-Ugarske u Beogradu 23. jula 1914, carska i kraljevska vlada nalazi se primorana da se sama pobrine za zaštitu svojih interesa i svojih prava i da pribegne u tom cilju sili oružja. Austro-Ugarska se smatra od ovog trenutka u ratnom stanju sa Srbijom.

Ministar spoljnih poslova Austro-Ugarske,
grof Berhtold".

Kamen je bio otisnut niz nizbrdicu i morao je neizbežno da za sobom krene i druge na toj strmoj nizbrdici. I, zaista, 1. avgusta, oko podne, dobošar je počeo da dobuje lozanskim ulicama da objavi opštu i neposrednu švajcarsku mobilizaciju. Nemačka je takođe bila naredila opštu mobilizaciju i znalo se da objave rata između Nemačke, Francuske i Rusije imaju doći nekoliko sati kasnije. Po lozanskim ulicama i trgovima guralo se gusto mnoštvo sveta. Dobacivale se reči. Vojnici naše milicije, već u punoj opremi, kretali su na svoje zborno mesto. Prodavci novina vikali su naročita izdanja novina. „Kocka je bačena, srca gore!", počinjali su uvodni članci u listovima. Izvesno, svet je bio uznemiren, ali je bio rešen da brani nezavisnost i slobodu Švajcarske. Novim duhom počeli su da dišu svi oni koji su imali srce na pravom mestu.

Ja sam bio oslobođen vojne dužnosti zbog jedne urođene mane srca, pa, ipak, osećao sam da mi je nemoguće da sedim mirno kod kuće, dok drugi brane otadžbinu i dok se prijateljske zemlje biju za pravo i slobodu protiv brutalne sile i nepravde. Da i pored toga budem primljen u našu vojsku, bilo je nemoguće. Naši lekari nisu hteli jednog „kardiaka". Ali bilo je još drugih mesta, isto toliko korisnih za odbranu zemlje. Nisam zabadava bio tehnički policajac. Naša zemlja već je bila i na putu da još više postane središte špijunaže, naročito za dva centralna carstva. Ponudio sam dakle našem generalštabu svoju saradnju u službi kontrašpijunaže i moja ponuda je bila prihvaćena oberučke. Pošto sam bio celim svojim srcem za saveznike, postavio sam uslov da se samo bavim nemačkom i austrougarskom špijunažom.

Uz pomoć vrlo sposobnih i odanih agenata, mi smo posvršavali lepih poslova, otkrivši i optuživši mnogobrojne špijune, nekoliko znatnih nemačkih trgovaca, naseljenih odavno u našoj varoši, kao što je bio onaj knjižar Frankfurter koji je liferovao berlinskom generalštabu planove Belfora, i onaj direktor jednog velikog hotela u Evianu, odakle je otputovao dva dana pre objave rata da pređe na drugu stranu jezera i da se u Lozani oda intenzivnoj špijunaži. Svi ti ljudi bili su dostavljeni rezervnom generalštabu u Lozani, kojim je komandovao nepreželjni pukovnik — državni savetnik u građanskoj službi — Kosi. Ovaj je hteo da ih odmah uhapsi, ali je najpre morao da traži odobrenje iz Berna, od generalštaba kome je bio na čelu pukovnik Špreher, čije je germano i austrofilstvo bilo poznato celom svetu. I tako gotovo svaki put kad se radilo o nekom nemačkom ili austrougarskom špijunu, bilo nam je odrečeno odobrenje da ih uhapsimo.

Obeshrabren i ozlojeđen i besan zbog ove pristrasnosti — koja se uostalom malo-pomalo gubila — dao sam ostavku, saopštivši pukovniku Kosiu da ću ponuditi svoje usluge saveznicima. To sam i učinio. Bilo mi je svejedno da li će me upotrebiti da nosim nosila ili kao saradnika u službi francuske kontrašpijunaže — sa svojim slabim zdravljem nisam se smeo nadati da budem primljen kao borac na frontu — tek samo da mogu sarađivati, ma i u najmanjoj meri, na onome što sam smatrao tada i što još i danas smatram za odbranu prava i slobode.

Pregovori su bili započeti, kad me je jednog jutra, krajem meseca avgusta, moj stari prijatelj Nikola Petrović, srpski generalni konzul u Ženevi, telefonski zamolio da svratim do njega što pre mogu, da mi saopšti sadržinu jednog telegrama. Pošao sam dakle u Ženevu, gde me je Nikola zamolio, u ime srpske vlade, da pođem da izvršim anketu o austrougarskim zverstvima koja je počinila vojska Njegovog apostolskog veličanstva na Mačvanskom frontu.

Jedna anketa ove vrste padala je u moju specijalnost i, povrh toga, u zamašaj usluge koju ću tako moći učiniti saveznicima. Smesta sam prihvatio ponudu. Kad treba da se krene? Odmah, ako je to moguće. Toga dana bio je četvrtak. U subotu ujutro putovao je jedan kontingent švajcarskih lekara koje je angažovala Srbija da nadoknadi oskudicu u svojim sopstvenim lekarima. Ja ću im se pridružiti.

Te subote ujutro u 9.00 sati otputovao sam iz Lozane sa pet lekara i sa dve žene lekarke, od kojih je većina ostavila kosti u lepoj srpskoj zemlji.

Italija nije bila još zaratila i do Milana putovali smo gotovo kao u vreme mira. Čak ni u Milanu nije se osećao rat. Pozorišta, varijetei, restorani radili su kao obično. Tek u Bolonji sreli smo prvi voz, pun italijanskih vojnika, koji je išao na sever da zaštiti granicu. U Brindiziju ukrcali smo se na „Elefteriju" za Pirej. More je bilo dosta mirno, a putnici nisu bili mnogobrojni, jer su putovali samo oni koji su bili apsolutno primorani da to čine. Naspram Valone, naš brod su zaustavila dva francuska torpiljera čiji oficiri su došli da pregledaju putne isprave putnika. Kako među nama nije bilo nijednog sumnjivog to su nas oficiri učtivo pozdravili i poželeli nam srećan put. U to vreme još nije bilo podmornica i, noću, mogli smo putovati sa svima zapaljenim svetlima. Kasnije, putovao sam više puta istim putem, ali mi smo klizili mračnim morem kao fantom, ne usuđujući se čak ni da zapalimo cigaretu na krovu.

Kratko zaustavljanje na Krfu, i sutradan ujutro rano bili smo u Patrasu gde su jedan veliki austrijski transatlantski parobrod „Marienbad" — isti koji je igrao izvesnu ulogu prilikom grčkih događaja 1916. — tri druga austrijska broda i dva nemačka broda, koje je zaplenila engleska flota, čuvali grčki vojnici. U 16.00 sati bili smo u Pireju, a pola sata kasnije u Atini da tamo prenoćimo.

Sa jednim švajcarskim lekarom, dr Hugom, posetio sam našeg zemljaka, dr Štukera, sekretara kralja Konstantina. Bio sam radoznao da saznam od njega duševno raspoloženje u Grčkoj i na grčkom Dvoru, koji je bio u tako bliskom srodstvu s berlinskim Dvorom. Ono što sam saznao, nije me nimalo oduševilo. Grčki narod bio je ultrapacifističan i ultraneutralan. Njegova velika većina težila je samo za jednom stvari: koristiti se sadašnjim stanjem da se prave sjajni poslovi, a ravnodušno mu je bilo da li je to sa saveznicima ili sa centralnim carevinama. Istina, neki Grci, na čelu sa Venizelosom nisu zaboravili da njihova zemlja duguje svoju slobodu Francuskoj, Engleskoj i Rusiji. Oni su otvoreno bili za saveznike. Ali šta je mogla ta šaka vernih protiv velikog mnoštva, neutralnog do krajnosti, i nekih koji su otvoreno bili na nemačkoj strani.

Na Dvoru deviza je bila: razboritost. Izvesno je da je Konstantin, maršal nemačke vojske i kajzerov zet, već bio srcem i dušom na strani centralnih carevina, ali nije smeo da to suviše pokazuje. Bila je izvojevana pobeda na Marni. On još nije bio sasvim siguran u nemačku pobedu. Kraljica, koja je bila u Nemačkoj dok je mobilizacija bila u punom jeku, vratila se malo ljutita, jer je bila javno vređana od vojnika njenog brata, a njenu dvorsku damu čak su ugrizli za ruku.

O! koliko je ova atinska atmosfera bila teška i različita od atmosfere u mojoj varoši Lozani, toliko oduševljenoj za savezničku stvar, da su saveznici mogli reći za vreme rata: „Mi bismo hteli da zaključimo mir, kad bi to dozvoljavala Lozana". Nije mi dakle nimalo bilo krivo da napustim sutradan ovu varoš, da uzmem voz za Halkis i, onda, da se ukrcam u toj luci na jedan brod koji je plovio za Solun. Brod je bio pun krićanskih rezervista, mobilisanih da čuvaju granicu, ali ne da ratuju. Krićani su dobri vojnici i oni su hrabri. Značilo bi klevetati ih, kad bi se kazalo da su se oni radovali pred ovom perspektivom neaktivnosti, dok se svuda okolo biju. I nije bio samo jedan od njihovih oficira koji mi je poverio kako se oni nadaju da će njihova vojska priteći u pomoć svojim starim saveznicima i braći po oružju, Srbima. Avaj! oni su računali bez maršala nemačke vojske, Konstantina i bez nemačkih agenata koji su već jako rovili kroz celu grčku zemlju. Na brodu je takođe bilo Srba i Crnogoraca koji su dolazili iz Amerike da se bore protiv zajedničkih neprijatelja. Još ih vidim, kako naslonjeni na ogradu pevaju melanholične melodije iz svog zavičaja, dok je brod defilovao ispred golih planina grčke obale. Koliko je od ovih hrabrih doživelo svršetak rata?

U 3.00 sata sutradan ujutro stigli smo u solunsku luku, ali smo se mogli iskrcati tek u 7.00 sati, a moj voz je polazio za Đevđeliju u 8.00 sati. Ipak, primoran sam da svratim u srpski konzulat da se raspitam za uputstva koja su dana iz Niša za mene. Jedan fijaker, blagodareći dobrom bakšišu, odvezao me tamo tako brzo da nisam imao vremena da vidim išta od ove varoši koja mi je bila potpuno strana. Sve je spremljeno u konzulatu i isti fijaker odvezao me je na stanicu Žonksion 10 minuta pre polaska voza. Za dva sata mi smo u Đevđeliji, na srpskoj granici, gde treba promeniti voz.

To je bio moj ulazak u Srbiju. Istina, u tome času nisam mislio da će od tog časa, moja sudbina biti vezana za udes ove zemlje. Mislio sam da ću tu izvršiti dužu ili kraću anketu da obavestim svet o onome što se dogodilo na ovoj ratnoj pozornici, ali nisam mogao predvideti da će ovi vojnici koje sam video prvi put, postati moji borbeni drugovi i da će mi sama zemlja postati isto toliko mila koliko i moja zemlja, Švajcarska.

Moji prvi utisci? Prosto čuđenje. Naviknut na čistoću i na preterani red naših švajcarskih stanica, u kojima putnici naliče više ili manje jedan na drugoga, video sam tu jedan raznolik narod koji zauzima sve, čekaonice, kejove, prugu itd. Bilo je tu visokih i lepih žandarma koji su još nosili plavo-zagasitu predratnu uniformu, činovnika u raznim uniformama, makedonskih seljaka i seljanki sa svojom nošnjom potpuno nepoznatom za mene i koji su nosili neverovatne denjkove, obavijene šarenim ćilimom. Cigani u dronjcima lutali su svuda i nudili se da ponesu prtljag. Nekoliko oficira i nekoliko vojnika imali su šajkaču koju sam video prvi put. Sve to okupano blistavom svetlošću jednog lepog, već jesenskog, istočnog jutra.

Ne znajući ni reči srpski, pitao sam se kako ću se snaći, kad mi se obrati, na savršenom francuskom jeziku, šef carinarnice, g. Simić. Blagodareći njemu, uspelo mi je da doručkujem u nekoj vrsti drvene kolibe koju su putnici zauzeli na juriš. Tu sam pojeo svoju prvu sarmu. Izvešten o mom dolasku, policijski komesar i oficiri došli su da me pozdrave i zadržali su mi mesto u prepunom vozu koji je imao da nas odvede u Skoplje.

Nema više različitih klasa u vozu. Ceo svet se smešta tamo gde nalazi mesta, u prvoj, drugoj ili trećoj klasi. Ja sam među jednom grupom studenata koji se vraćaju iz Francuske da se jave svojim vlastima. Ceo svet govori francuski i ovi mladići mi govore o svojoj želji da brane svoju nepravedno napadnutu zemlju. Kasnije, sreo sam više njih na frontu, a mnogi su pali na polju časti. Samo jedan ili dvojica dali su se osloboditi vojne dužnosti i više su voleli da produže u potpunoj bezbednosti svoje studije, dok su se njihovi drugovi borili i ginuli za Otadžbinu. Rezervisti, još u seljačkom odelu, ulaze u voz da se pridruže svojim jedinicama.

Radoznalo, gledam na prozor. Kako su ove planine gole! Mutni Vardar teče između dveju obala, pokrivenih gotovo tropskom vegetacijom. Zaustavljamo se: Udovo. Moj sused me gurnu laktom. „Vidite li onog čoveka tamo sa fišeklijom?" reče mi on. „To je vojvoda Babunski, jedan od naših najslavnijih i najhrabrijih komita." Pogledah i videh jednog čoveka, poluseljaka i poluvojnika, nemarno oslonjenog na karabin. Ali on se osvrće na našu stranu i gleda nas, i taj pogled sa gvozdenom energijom, a ipak blag, čini da sam instinktivno osetio da ovaj čovek znači nešto, da je sila.

To je dakle jedan komita! Toliko sam čitao po novinama o komitama koje su Austro-Mađari svuda videli, da sam sebi bio stvorio jednu sliku koja je sasvim naličila na razbojnika iz komične opere. Nisam uostalom bio sam. Mi svi, zapadnjaci, stvorili smo sebi sličnu sliku, isto tako kao što je za nas Makedonija bila divlja i nepristupačna zemlja, izgubljena tamo negde u svetu. Bio sam gotovo razočaran; nalazio sam da je moj komita nedovoljno teatralan. On je imao na sebi suviše malo od mrkog planinskog hajduka! Dragi Babunski koji je završio suviše rano! Imao sam kasnije čast i zadovoljstvo da budem s tobom na frontu. Ti si me naučio svojim primerom šta je srpski četnik. Oprosti u svome grobu detinjaste ideje koje je stvorio o tebi i tvojim drugovima jedan rđavo obavešteni zapadnjak.

Naš voz se ponova krete. On polako putuje kroz dolinu Vardara. Duž pruge vojnici trećeg poziva čuvaju stražu; mostovi su branjeni rovovima, okruženima bodljikavom žicom. Vrućina je. Na drugom kraju vagona jedan glas kome se uskoro pridružuju drugi, zapeva jednu pesmu koja mi izgledaše strahovito tužna, možda zato što, kroz prozor, gledam ruševine sela, izgorelih za vreme balkanskih ratova. Mostovi su drveni. To su privremeni mostovi, jer su bugarske komite bacile u vazduh železne konstrukcije.

Lagano naš voz krči sebi put kroz Vardarsku dolinu, čas široku, čas tako tesnu da izgleda da brda hoće da je uguše. Stižemo u Veles čije su mnogobrojne turske kuće napuštene, bez prozora, turobne. Na stanici vri. Svuda rezervisti koje svetina pozdravlja. Susrećem prve ranjenike koji leže, kao leševi, na nosilima. Gomila se okupila oko jednog ranjenika na nogama koji je nosio ruku u zavoju obešenom o vratu i koji je pričao, sav ponosan, sa licem koje je sijalo i pomažući se mnogo gestovima, svoje ratne doživljaje čestitim zadivljenim građanima. Jedno dugo zviždanje i mi polazimo.

Sada ulazimo u dugi i tesni klanac koji se završava grandioznim stenama Demir Kapije. Često se ovaj klanac toliko sužava da ima mesta samo za Vardar i za tanku vrpcu koju čini železnička pruga. Na golim i strmim grebenima neplodnih gora koje iviče reku, bdiju orlovi i jastrebovi. Po izlasku iz Demir Kapije ulazimo naglo u prostranu i zelenu ravnicu Skoplja, osvetljenu poslednjim zlatnim zracima sunca na zalasku.

I eto nas u Skoplju. Već je noć uveliko i mršavi petrolejski fenjeri i dve-tri acetilenske svetiljke osvetljavaju svojom mršavom svetlošću mnoštvo ljudi, koji trče, gestikuliraju, viču. Jedan oficir, šef stanice, prilazi mi da me povede u jedan neosvetljeni austrijski vagon prve klase — ratni plen — koji treba da me odveze u Niš. Nemoguće da čovek nabavi i najmanju sitnicu za jelo. Mali restorani i prčvarnice koje okružuju stanicu, već odavno su prazni. Ali jedan oficir, rezervni kapetan sa sedim brcima, kojega sam kasnije ponovo našao na Solunskom frontu, sažalio se na Švajcarca i ljubazno mi doneo hleba, jaja i pečene jagnjećine i ponudno me rakijom iz svoje velike čuture.

Posle ove kratke užine nije mi preostajalo ništa drugo nego da pokušam da spavam, jer mi mračna noć nije dozvoljavala da vidim i najmanju stvar. To nije bilo lako u ovom odeljenju, normalno namenjenom za šest putnika, a u stvari je davalo skloništa dvanaestorici, dok su po njegovim raskošnim jastucima vrvele stenice. Koliko sam dugo spavao? Ne znam. Znam samo da smo u 7.00 sati ujutro ušli u suru nišku stanicu. I tako, krenuvši iz Lozane u subotu u 9.00 sati ujutro stigao sam u Niš u petak u 7.00 sati ujutro. Moj put je trajao samo 5 dana i 22 sata, a to je tada bio rekord brzine za putovanja u vreme rata na rastajanju Lozana—Niš. Danas, avionom, mogu stići brže.

Jedan policijski komesar čeka me. Jedan fijaker sa dva konja vozi nas, treskajući, ulicama već punima vojnika, seljaka i seljanki, Beograđana koji su pobegli od bombardovanja i koji idu na pijacu sa zembiljem u ruci; idemo ka Okružnom načelstvu pretvorenom u Dom vlade. Stojan Protić, tadašnji ministar spoljnih poslova, primio me je odmah. To je bio čovek koji mi je, pre nekoliko godina, uputio svoje činovnike u Lozanu da se izbliže upoznaju sa novim policijskim tehničkim metodama u laboratorijumu našeg univerzitetskog instituta. Isto tako njegova je ideja bila i da me pozove da vršim moj poziv tehničkog islednika na bojištima Srbije. Omalen, dežmekast, sa inteligentnim pogledom na bradatom licu, on mi reče: „Hvala vam što ste došli. Predsednik vas očekuje".

On me je poveo prema kabinetu gospodina Pašića gde me isti stari odadžija koji je još i danas u Ministarstvu spoljnih poslova, uvede kod predsednika. „Gospodine predsedniče, vi ste me tražili. Evo me kod vas. Šta želite da učinim za vašu zemlju?" zapitao sam ga. On me najpre dugo gledaše i onda, lagano, vrlo blagim glasom, odgovori mi: „Trebamo jednog iskrenog prijatelja koji zna posmatrati. Pođite na front. Otvorite oči i uši i kažite onda svetu što ste videli i čuli." — „Dobro, gospodine predsedniče, a kad mogu krenuti na front?" — „Pođite prekosutra za Valjevo gde se nalazi Glavni stan naše vojske. Dotle posetite Niš i austrougarske zarobljenike koji su već mnogobrojni. Tu ćete naći materijala za svoju anketu". — „Razumem, očekujem vaše instrukcije za odlazak".

Rukovanje između dvojice ljudi koji se razumeju, a da ne gube mnogo reči, i ja izlazim iz predsednikovog kabineta kao zvanični i neutralni islednik srpske vlade i vojske. To sam ostao do kraja rata, ali kad sam video na frontu sva zverstva koja je podneo srpski narod od strane njegovih svirepih neprijatelja, kad sam čuo kako zvižde oko moje glave kuršumi i šrapneli protivnika, a ja ne mogu na njih da odgovaram zbog svoga svojstva neutralca, brzo sam napustio to svojstvo i postao švajcarski dobrovoljac srpske vojske, drug veličanstvenih ratnika Šumadije, Dunava, Morave, Drine, Timoka i Vardara. Ipak, ovo novo svojstvo nije učinilo da ikada napustim svoju objektivnost stručnjaka i zakletog islednika pred sudovima moje zemlje i drugde. Zakleo sam se da kažem „istinu, ništa nego istinu". Sada, deset godina po završetku rata, mogu konstatovati da se nisam ogrešio o svoju zakletvu.

Po Pašićevoj želji, nisam uzalud gubio vremena u Nišu. Posetio sam varoš i obišao sam austrijske zarobljenike koji su bili mnogo bolje smešteni i hranjeni nego srpski vojnici. Takođe u Nišu upoznao sam se sa vojnikom koji je imao da postane moj drug. U Nišu sam našao malog Dragoljuba Jeličića kome je tada bilo dvanaest godina. Kad je planuo rat, on je bio đak prvog razreda gimnazije u Šapcu. Njegov otac, mobilisani obućar, poginuo je u prvim borbama. Tada se Dragoljub kreće i odlazi sa četnicima da sveti svoga oca. On učestvuje u svima okršajima, puca iz puške i baca bombe. Kad je bio ranjen u ruku, vade mu kuršum u niškoj bolnici, dok on nije hteo da se dade uspavati za operaciju. Bez jedne reči, on ju je izdržao i kad je sve bilo svršeno, on je uputio najomiljeniju komordžijsku psovku na adresu „Švaba". Princ Aleksandar ga je lično proizveo u čin kaplara. Takva je bila srpska omladina 1914. Neka bi se ova današnja naučila da joj naliči!

Posle dva dana, u 23.00 sata uveče, otputovao sam za Valjevo.

## U VALJEVU, GLAVNOM STANU SRPSKE VOJSKE

Malim mladenovačkim vozom stigao sam, kasno uveče, u Valjevo posle beskonačnog putovanja u jednom vagonu za putnike, pretrpanom i punom uglja i crne čađi koju nam je sipljiva lokomotiva slala u izobilju. Na stanici me je prihvatio jedan oficir koji mi je bio poslan u susret i poveo u hotel „Sekulić" da se umijem i, zatim, direktno u oficirsku „menažu" na večeru. Ništa nisam mogao videti od varoši sem mračnih ulica pokrivenih debelim i lepljivim blatom na kome je odsevala bleda svetlost nekoliko retkih petrolejskih fenjera.

Ipak, sutradan ujutro, kad sam se probudio u svojoj maloj, ali čistoj sobi, ona je sva bila okupana u raskošnom jesenskom suncu. Skočih do prozora i bio sam očaran lepim pejzažom koji sam imao pred očima. Okružena zelenim brežuljcima, mala varoš Valjevo počiva u dolini kao u jednom krevetu. Njene niske kućice izgledaju sasvim bele pod suncem koje blešti. Između njih izbija zelenilo voćnjaka i visoke nežno zelene strele jablanova. Žurim da se obučem i da izađem te da se upoznam sa ovom varoši i njenim stanovnicima među koje me je doveo ratni slučaj.

Ulice pred hotelom „Sekulić" koji je na uglu, pune su sveta i kola. Svuda, pored zidova, sede sredovečni seljaci koji su došli da se jave u svoje jedinice trećeg poziva. Čekajući da iziđu pred kontrolnu komisiju, oni jedu i sunčaju se. Ima među njima Cigana sa bronzanim licem kao Indijanci. Oni su okruženi članovima svojih porodica, ženama i decom, koji nose životne namirnice. Jedna vrlo stara Ciganka, sa lulom gotovo bez kamiša u ustima, sedi na pragu jedne kuće. Kažu mi da je ispratila svoga sina koji je otišao pre tri dana sa svojim pukom i „da ga čeka da se vrati". Jadna babo, verovatno ćeš uzalud čekati! Ovaj svet je ćutljiv, ozbiljan, ali u vedrim očima ljudi čita se da su rešeni da brane nezavisnost svoje zemlje i da se ne boje da žrtvuju svoje živote.

Na uglu ulice sedi jedan invalid koji je izgubio vid u pređašnjim ratovima. Bez prekida, on peva junačke pesme iz prošlosti uz gusle. Kakav čudan utisak čini vam ova jednolična i tamna melodija! To vas dira u srce, čini vas tužnim, jer, instinktivno, mislite da će sva ova omladina, puna oduševljenja, koja odlazi u bitke ovog rata, beskrajno većeg i smrtonosnijeg od onih ranijih, biti isto tako opevana, pa, ipak, to zanosi i čini da vaše oči jače zasijaju zbog ovog obećanja buduće slave i budućih pobeda. Prolaznici bacaju marijaše između po turski skrštenih guslarovih nogu. Jedan invalid treba da živi, a država, posle tri rata i usred četvrtoga, nema potrebnih sredstava da izdržava lutalačke odlomke iz prošlih borbi.

Seljanke prolaze noseći zelen na pijacu, lepu zelen čija cena nije još velika. Domaćice idu spokojno na pazar, gurnute pokatkad od bezbrojnih ordonansa koji nose naređenja u ne manje bezbrojna vojna nadleštva. Vojnici koji prezdravljaju, šetaju se kroz ovu gungulu. Glava im je previjena ili nose ruku u zavoju. Oko njih se kupi svet i dok im lice sija sjajem zadovoljstva, oni pričaju svoje podvige zadivljenim ženama koje umeju da kažu samo: „Bože! Bože!" i zaboravljaju svoju pijacu. Stari građani odvode ove junake u jednu od mnogobrojnih kafana i, uz čokanjče rakije, oni se raspituju da li slučajno njihov gost nije sreo „njihovo dete koje takođe mora da se negde bije u tom kraju?"

Oficiri, žureći se poslom, prolaze ne zaustavljajući se, ulicama gde se na mnogim, mnogim kućama vije crna zastava. Beskonačni nizovi seljačkih kola koje vuku volovi, idu jedna za drugima. U kolima sa četiri točka leže bleda i nepokretna tela u iscepanim i prljavim uniformama i sa zavojima koji nisu više čisti. Na prsima nose objave, zakačene za jedno dugme. To su teški ranjenici koji se dovoze sa bojišta na volujskim kolima. Već četiri-pet dana oni tako putuju u ovim kolima bez udobnosti i bez zaštite od kiše i nevremena. Njihove rane su zaražene; ponegde po njima gamižu crvi. Austro-Ugarska je napala Srbiju, iscrpljenu od tri uzastopna rata. Srbija nema više ništa da bi negovala svoje ranjenike. Mesto aseptičnog pamuka, rane se pokrivaju kuvanom slamom.

Ove ranjenike prenose u bolnice, gde će nad njima izvršiti operacije bez uspavljivanja, jer nema sredstva za anesteziju. Ćuteći, sprovodnici kola, mobilisani seljaci trećeg poziva, prate svoj bolni tovar. Oni puše cigaretu i njihov ozbiljni pogled izražava da razumeju tragični udes svoga naroda — udes koji hoće da sloboda srpskog naroda bude iskupljena najtežim žrtvama koje čovek može da podnese.

Drugi nizovi volujskih kola dolaze iza prvih. Ova kola su prazna. To su kola koja su vozila hranu i municiju za one koji se biju na frontu i koja se vraćaju prazna da budu ponovo natovarena i da se opet vrate. U neka od ovih kola upregnuti su bivoli. Ona dolaze iz Južne Srbije i prate ih ljudi sa fesom i čalmom, Muslimani koji su posle pobeda 1912. i 1913. godine postali Srbi i koji se pokazuju verni svojoj novoj otadžbini. Kola idu jedna za drugima tako zbijeno da se teško provući između njih. Ali volovi su i suviše umorni te kola s vremena na vreme izlaze iz reda, sprovodnik skida jaram sa snažnog vrata životinja i one mirno leže nasred ulice, dok se čovek opruži po trotoaru. Snažno, lagano, jednoličnim ritmom volovi vuku svoj teret, kao da potpuno razumeju ono što je glasno kazao vojvoda Putnik, da su oni bili važan elemenat u divovskim srpskim pobedama balkanskoga rata. Oni možda i sad predviđaju da će, nekoliko nedelja kasnije, njihov rad ukazati opet najuspešniju pomoć pri proterivanju Poćorekove horde sa srpskog zemljišta.

Pođimo za ovim kolima do bolnica i uđimo u njih. Bolnice su mnogobrojne, suviše mnogobrojne. Škole, kafane, gotovo svaka malo prostranija zgrada koja nije upotrebljena za boračke potrebe, pretvorene su u bolnice. I još ih nema dovoljno. Ranjenici se čak moraju smeštati pod velike šatore u avlijama. Pukovnik Stajić, major Vulović, Holanđanin dr Tienhoven i drugi vrše operacije bez prekida. Veličanstvene i mirne energije koje još nalaze lepu reč da uliju hrabrosti ranjenicima kojima često nema više spasa, ovi lekari rade bez odmora, uz pomoć svojih bolničara i nekoliko dobrovoljnih velikodušnih bolničarki, i to sa najograničenijim sredstvima. Balkanski ratovi i albanska ekspedicija utrošili su sav materijal i nije bilo vremena ni potrebnog novca da se ponovo dopuni. Ko može da pobroji sve glavobolje što su ih osetili ove heroji — jer lekari na srpskom frontu bili su pravi heroji samoodricanja i predanosti — konstatujući da su nemoćni, jer nemaju sredstava?

A njihovi bolesnici! I oni su bili heroji. Nikad niste čuli jauke bola, tako pojmljive na ovakvim mestima. Strpljivo, stoički, ranjeni srpski vojnik očekivao je ili da ozdravi ili da umre. Jedva ste čuli da se sa usana onih koji najviše pate, otme jedno „Bože!" ili „Majko!" Na austrougarske ranjenike, izmešane srpskima, uticao je ovaj primer da su i oni postali ćutljivi. Ali kad je jedan ranjenik osećao da mu se vraća život i da će da pobedi smrt, onda ga je obuzimala nestrpljivost da iziđe i potraži svoje drugove! Bilo mu je teško da bude strpljiv i on je tražio da prevari svoju nestrpljivost... praveći stihove. Koliko ranjenika sam video koji su obuzeti atavizmom svoje krvi, pričali u pismu svojima, i to u stihovima, istoriju svoje rane. Možda je istinitost njihovog pričanja bila manje pesnička, ali zar pesnici nisu uvek imali pravo na izvesnu licenciju?

Tako se održavao veličanstveni moral u ovim improvizovanim bolnicama, kojima je često nedostajalo ono što je striktno najpotrebnije, i to pored sve strahovite smrtnosti koja je tu vladala, ne zbog nedostatka lekarske nege, nego zbog teškoće rana i usled infekcije zbog dugog prevoženja i oskudice antiseptičkog materijala na frontu. Bilo je nedelja kad je umiralo po 59 ranjenika dnevno i kad nije bilo više popova u dovoljnom broju da isprate ove jadnike do njihovog poslednjeg večnog stana.

Pogrebi su bili toliko česti, da su pred crkvom skoro stalno stajali čitavi redovi mrtvačkih sanduka. Kad je bio pogreb kakvog oficira, onda bi jedan odred vojnika trećeg poziva, seljaka u narodnom odelu, sa puškom, fišeklijom i bajonetom, došao da oda poslednju poštu.

A svet prolazi i čak više i ne obrće glave — toliko se navikao na ovakav prizor. Međutim, to je bio jedan život, i većinom mlad život, koji je izgubljen za Otadžbinu i koga su stari trećepozivci ispraćali.

Hajde da vidimo gde zauvek počivaju sve ove žrtve do krajnosti neumernih i zločinačkih ambicija Austro-Mađara i Nemaca. Hajdemo na vojničko groblje u Bairu.

Izlazeći iz varoši i penjući se grubo kaldrmisanim putem koji ide pored građanskog groblja, dolazimo do ovog improvizovanog večnog počivališta. Jedan seljak trećeg poziva pokazuje nam put. On vozi na jednim kolima sa dva konja jednog mrtvaca do njegovog poslednjeg stana. To je leš jednog 22-godišnjeg vojnika i onaj koji je bio mladić pun života, leži sada u ovom grubo fabrikovanom sanduku, obojenom crno-smeđom bojom, sa belim krstom nacrtanim na poklopcu. Jedan krst iste boje, koji će biti usađen na grobu, nosi ime: Milan Macić. Niko ne ide za ovim sandukom i, tamo gore, njega će sahraniti stari vojnici bez ceremonije. Ovi seljaci-vojnici vrše to bez uzbuđenja, kao svoju redovnu dužnost. Oni su na to i suviše navikli! Pedeset mrtvaca dnevno prošle nedelje, a ove nedelje dvadeset. Međutim nije prvi rat — to je četvrti!

Groblje je navrh brežuljka. Pravilno su nanizani bezbrojni grobovi sa prostim crveno-smeđim krstom koji nosi ime pokojnika. Tu ima Srba i Austrijanaca. Nekoliko krstova nosi natpis „nepoznat" ili prostije „X". Smrt sve izjednačava i vojnici počivaju pored svojih oficira. Nekoliko grobova okićeno je cvećem ili srpskom zastavom, i ove zastave, lepršajući na vetru na ovom mestu smrti koje dominira dolinom, čine neobičio snažan utisak. Pitam se da li nije naročito izabrano ovo mesto za žrtve rata. U svakom slučaju, ne bi se moglo naći ništa bolje. I tako ovi hrabri koji su pali za svoju Otadžbinu, krstare nad ovom lepom plodnom dolinom, koja u obično vreme, mora davati sliku mira i pokoja.

Ali evo pet grobova sasvim praznih ili u kojima su samo prazni sanduci. Da li su to grobovi koji očekuju svoje žrtve? Ne, to su grobovi pokojnika koje su rođaci, noću, prekopali i odneli leševe da ih sahrane kod kuće. To je zabranjeno, ali se tome svetu ova greška mora oprostiti! Sad će biti naređena noćna straža, ali starci iz trećeg poziva ne vole da čuvaju groblje.

Kad smo se vratili u varoš, jedan puk drugog poziva prolazi ulicama, sa muzikom na čelu. Oni idu na front. Ti vojnici kao da su odvaljeni od kamena, pravi Šumadinci između 30 i 45 godina. Oni ni u čemu ne ustupaju svojim mladim drugovima. Sem oficira koji im komanduju i koji imaju uniformu, svi su ostali obučeni u seljačko odelo i sa opancima na nogama. Jedino obeležje ovih zakonitih branilaca otadžbine jesu njihove puške u čije su grliće udenute zelene grančice, opasač sa fišeklijom i bajonetom, i šajkača zelenkaste boje. A Austro-Mađari, iako su znali da su raniji ratovi ispraznili srpska slagališta, proglasili su ove ljude komitama, pa su nemilosrdno masakrirali ove jadne rezerviste drugoga i trećega poziva, kada su im ovi padali u ruke kao ranjenici, ili kao zarobljenici.

I dok su oni gordo defilovali, ulicama su se zaustavljali prolaznici, a građani su izlazili iz svojih domova, da im rukom upute jedan ćutljivi pozdrav. A iz tužnih pogleda ovih koji su ih ispraćali kao da se čitalo: „Opet naši od kojih se mnogi neće više nikada vratiti!" Deca, bezbrižna, skakuću oko muzike ili pokušavaju da svojim malim nogama drže korak sa vojnicima.

Od vremena na vreme, Austro-Mađari, znajući da je Glavni stan u Valjevu, slali su nam avione da bacaju bombe. Ali ove ekspedicije nisu bile za nas mnogo opasne, iako je vojska, u tome času, imala samo jedan mali avion da ih goni — mali „Blerio" poručnika Tomića. Projektili koje je neprijatelj bacao, bile su granate sa fitiljom koji se većinom gasio bez dejstva. U početku rata, avijacija za bombardovanje starog Franca Jozefa nije činila nikakve štete. No, ona je ipak uspešno služila za izviđanje. I tako, svaki put kad bi se jedan neprijateljski avion ukazao iznad varoši, sve stanovništvo je izletalo na ulice, a vojnici su dohvatali svoje puške da obaspu „Švabe" bezbrojnim mecima, beskorisnim protiv neprijatelja, a opasnim za publiku. Svaki put je puščana paljba bila tako jaka da bi čovek mogao verovati da ima neki ozbiljan okršaj na valjevskim ulicama.

U Valjevu je posmatraču odmah padao u oči veliki broj austrougarskih zarobljenika koji su se slobodno šetali. Jedna mala vrpca u rupici njihove sure uniforme kazivala je da su bili srpske rase. Poverenje koje su im ukazivale vlasti, čini ovima veliku čast, ali ja sam se često pitao da li im to nije, kadgod, bilo vrlo rđavo vraćeno. Doista je bilo i suviše lako kazati se Srbinom — o Jugoslovenima se još nije govorilo u tom času — i ostati u duši crno-žut. Svakako, video sam mnogo onih zarobljenika „Srba" kasnije u našim redovima na Solunskom frontu, ali da su svi oni koji su isticali srpsku trobojku u početku neprijateljstva, pošli za njihovim primerom, mi bismo imali ne samo jednu Jugoslovensku diviziju nego jednu silnu jugoslovensku vojsku na položajima Sokola, Vetrenika i Kožuha.

Valjevo je bilo Glavni stan srpske vojske i ceo Generalštab tu je bio koncentrisan. Veliki šef, vojvoda Putnik, bio je nevidljiv. On gotovo nikada nije izlazio iz svoje kancelarije, smeštene u belom sasvim novom zdanju Okružnog načelstva. Video sam ga samo jednom u Valjevu kad sam mu učinio posetu iz učtivosti odmah posle moga dolaska. Novine su mnogo govorile o ovom čoveku i ja sam bio radoznao da vidim ovog šefa kojega su smatrali za veliki autoritet. Priznajem da mi je prvi susret s njim ostavio osećanje razočaranja. Omalen, sa licem obraslim gustom i sedom bradom, potkresanom u šiljak, on je govorio tihim glasom, mučno, i njegove rečenice bile su često ispresecane nastupima kašlja. Činio mi je utisak jednog starog vrlo bolesnog profesora. Uostalom, naš kratak razgovor bio je od najbanalnijih. Ja sam bio za njega jedan od onih mnogobrojnih stranaca, koje je on video za vreme balkanskih ratova. Nisam ga izbliže poznavao. Tek kasnije mogao sam da se uverim o izvanrednoj vrednosti ovog čoveka koji je crpeo u svom patriotizmu bez granica snagu da se odupre smrti i da stavi sve svoje znanje i svoj izuzetni dar u službu spasavanja Otadžbine. Malo vremena pre nego što će nastupiti tragični dani jeseni 1915, video sam ga ponovo i, tada je naš razgovor bio življi i intimniji. Tada sam znao ko je on bio i isto tako dao mu prilike da me upozna.

Njegova desna ruka pukovnik Živko Pavlović, podšef Generalštaba, bio je protivnost od svoga šefa. Lep čovek, visok i snažan, sa herkulskim stasom i neumoran radiša, on je umeo da postupa sa svojim teško oronulim starešinom gotovo kao što majka ume da postupa sa svojim bolesnim detetom. Živko Pavlović, sa jasnoćom za divljenje, nije nikad znao za umor da bi zadovoljio Švajcarca koji je došao da pomaže njegovu zemlju. U toku rata, postali smo odlični prijatelji.

Jedan drugi čovek, isto tako u Generalštabu, učinio mi je takođe, i to u našem prvom susretu, dubok utisak. To je bio general Živojin Mišić. Instinktivno, imao sam utisak da imam pred sobom nekoga najprvoklasnijeg. Nisam se prevario, jer je Mišić postao heroj od Kolubare i pobednik sa Dobrog polja.

Sa drugim oficirima iz Generalštaba viđao sam se svakodnevno u „menaži", smeštenoj u nekoj vrsti barake koja je podsećala mnogo na kakvu nekadašnju staju. Njen upravnik je bio pukovnik Antonio Mitrović, debeo i čestit čovek koji je imao laku ruku za sirote ordonanse i koji je bio vrlo gord što je govorio savršeno italijanski. Uslužan, učinio nam je često lepih usluga u Valjevu, Kragujevcu i Solunu. Sudbina mu nije dozvolila da se vrati u svoju dragu oslobođenu Srbiju.

Bila je to čudna sredina, uostalom, ta „menaža" u Valjevu, gde se svake večeri, kao na barometru, čitalo na licima pukovnika u začelju, Milivojevića, Milojevića, Lešjanina, Špartalja i ostalih, da li su operacije na frontu bile povoljne ili ne. Tu su se takođe nalazili saveznički vojni atašei, francuski, engleski, ruski i crnogorski. U ovoj „menaži" jeli su takođe ugledni gosti. Tu sam se upoznao sa američkim doktorom Rajanom, čudnom osobom polunaučnika i poluavanturiste, kao i sa Krofordom Prajsom, bivšim studentom medicine, zatim predstavnikom nemačkih i mađarskih kuća u Bitolju i Solunu pod Turcima, a koji je najzad bio unapređen kao ratni dopisnik „Tajmsa" za vreme balkanskih ratova.

Odeljenje za štampu bilo je smešteno u lokalu — dve sobe — jedne male banke. Njim je upravljao moj stari prijatelj, profesor Slobodan Jovanović, velika inteligencija i divan čovek, koji je, pokatkad mogao biti ljući od sirćeta i to uvek sa osmehom. Njemu je pomagao profesor Brana Petronijević, filozof i metafizičar, koji nam je često držao, francuskom vojnom atašeu pukovniku Furnieu, ruskom vojnom atašeu pukovniku Artamanovu i meni, predavanja iz strategije, koja su nas ostavljala zbunjene i zamišljene. Bančina sobica pozadi, pretvorena u „presbiro" Glavnog stana, bila je poslednji valjevski salon gde se pričalo i gde su se nalazili svi oficiri koji su mogli za nekoliko trenutaka da se oslobode svoga teškog posla.

Ima li koga od onih koji su bili u vojsci od početka rata, a da nije poznavao hotel „Sekulić" u Valjevu? Još nov, sa velikim pročeljem na ćošak. Po celoj kući se besprekidno ražnjalo gore-dole. Jedna od velikih sala dole bila je rezervisana za publiku, ali, u stvari, ona je služila za sklonište i za spavanje svima vojnicima na prolasku. Druga sala je bila pretvorena u primitivnu ambulantu, gde su istovarivali ranjenike, dovezene na volujskim kolima sa fronta, pre nego što ih evakuišu u razne bolnice.

Na prvom spratu zgrade bilo je mnoštvo malih, dosta čistih soba koje nisu bile nikada dovoljno mnogobrojne za bezbrojne oficire na prolazu. Ispred ovih soba, jedan dugačak hodnik, uvek zakrčen gomilom ordonansa koji su tu živeli i spavali na patosu. I tako, kad je čovek hteo da ide u svoju sobu, posrtao je uvek preko tela zamotanih u ćebad, i koja su gunđala, jer su ih ometali u snu. Naravno, ceo ovaj svet nije bio ćutljiv. Trebalo je čovek da spava tvrdim snom da ga ne probude u svakom trenutku teški koraci onih koji su dolazili; psovke oficira koji ne nalazi svoje cipele očišćene pred vratima; izazivački smeh tobožnjih sobarica koje su bestidno hvatale svakoga koji je prolazio hodnikom, i gromke pesme — gde se ističu otegnute note Užičana — vojnika koji provode noć u velikoj donjoj sali i trude se da zavaraju umor pesmama iz svog kraja. I uza sve to, električno osvetljenje — hotel „Sekulić" dozvoljava sebi raskoš da bude osvetljen elektrikom — bilo je tako rđavo da je bilo nemoguće provesti besane noći u čitanju. Koliko bolje se spavalo na frontu, pod našim šatorima na Rovovskoj i Danilovoj kosi, kao i pod šatorima pokrivenim snegom na Ivenu, ili u našim gotovo raskošnim „zemunicama" na Gruništu!

Valjevo je imalo takođe svoju „školu za četnike", kojom su upravljala dvojica vojvoda i koja je bila smeštena u jednoj kafani, odakle su digli stolove i stolice i zamenili ih nabacanom slamom po patosu, gde je spavalo dvadeset učenika. To su sve bili mladići, svi iz Bosne. Oni su nosili propisnu bluzu, šajkaču i opasač srpske pešadije. Naprotiv, puška i fišeklije bile su austrijske, iz ratnog plena.

Jedan od vojvoda, Krsta S. Vudokaić, omalenog je stasa, plećat, i nosi legendarnu bradu četnika sa Čelopeka i dug srebrn lanac, znak njegovog čina. To je seljak koji je četovao deset godina u još turskoj Makedoniji. Drugi vojvoda, Milan Vujić, dugačak je, mršav, s energičnim licem koje je preprečeno riđim brkom. I on je četovao deset godina u Makedoniji, odakle je poneo sedam rana koje ga sprečavaju da uzme aktivnog učešća na frontu. Upotrebljavaju ga za instruktora mladića.

Ovaj Vujić je zanimljiv tip. Rodom iz Sarajeva, bio je učitelj. Srbin svakom žilicom svoga tela, nije mogao više da podnosi austrougarski jaram pod kojim stenju njegova braća po rasi u Bosni, on je pobegao u slobodnu Srbiju. Tu je došao u času velikog omladinskog makedonskog pokreta i, oduševljeni patriota kao što je bio, nije mogao a da se ne pridruži onima koji, žrtvujući svoj život, hoće da oslobode zemlje Južne Srbije. On je očuvao čist „čelopečki duh" i sa jedva prikrivenim prezirom on mi govori o mojoj zemlji, Švajcarskoj, koja, neutralna, nema vojnika. On ispravlja donekle svoje pomalo prezrivo mišljenje kad mu iznosim pojedinosti o organizaciji naše vojske i kad mu kažem da je ta zemlja od četiri miliona stanovnika mobilisala 450.000 ljudi da brani svoje granice. Pored svega toga, on nema suviše poverenja u našu švajcarsku miliciju i predlaže mi da pođe tamo da organizuje četnike. Pošto nisam jedan od upravljača moje zemlje, nisam ovlašćen da primim njegovu ponudu. Ali ja na njoj blagodarim vojvodi i obećavam mu da o tome govorim kome treba, čim se vratim u Švajcarsku. Nažalost, rat se završio, a Vujić nije imao prilike da organizuje švajcarske četnike.

Naravno, oba šefa su me pozvala da vidim vežbe njihovih regruta — poziv koji nisam propustio da koristim. I tako sam mogao da se ubedim o velikoj disciplini, usvojenoj dobrovoljno, među ovim mladićima od kojih najstariji ima 25, a najmlađi 15 godina. Svi su unapred žrtvovali svoj život. Oni su znali vrlo dobro sve što ih čeka, ako padnu u ruke svirepog protivnika. Stoga je svaki čuvao jednu bombu — staru srpsku pravougaonu bombu — da se sam ubije, kad ne bude više bilo načina da izmakne neprijatelju. Obučeni u gađanju od redovnih oficira, oni su manevrisali kao stari ratnici. Oni su mi takođe pokazali kako se upotrebljava ručna bomba i za to je vojvoda bio izabrao najmlađeg četnika. Ležeći na leđima, ovaj deran je bacio besprekorno svoju bombu unazad i ona se rasprsla na rastojanju od 50 metara. Šta je bilo sa ovom oduševljenom omladinom? Verovatno je izginula po dunavskim i savskim adama ili u redovima heroja vojvode Vuka na visovima Čuke.

Najzad, u Valjevu bila je takođe na kraju Karađorđeve ulice jedna umivena kućica. Tu je stanovao princ-regent Aleksandar koji, od početka rata, nije hteo da se odvaja od svoje vojske koja je bila inkarnacija zemlje. Strastan radiša, princ-regent je bio u stalnoj vezi sa Generalštabom vojske, čiji je bio vrhovni šef. Često smo ga videli, u pratnji samo jednog ađutanta, kako prohuji u automobilu da poseti vojnike u prvim redovima. Kad je imao slobodnog vremena, posećivao je pešice valjevske bolnice ili jednostavno, ali srdačno, primao kod kuće svoje saradnike ili prijatelje svoga naroda. U Valjevu sam se s njim upoznao — i to poznanstvo se preobratilo u toku rata u jedno iskreno i dobro drugarstvo. Zato, pored svega toga što znam antipatiju koju oseća kralj Aleksandar, tadašnji princ-regent, prema svemu što bi moglo izgledati da je isticanje njegove ličnosti, neću odoleti želji da ne ispričam, u jednom kasnijem poglavlju, šta je bio na frontu ovaj suveren, jedini sa belgijskim kraljem Albertom, koji za vreme celog trajanja rata, nije nikada hteo da napušta svoje vojnike, deleći s njima sve patnje i svu slavu.

# U BOMBARDOVANOM BEOGRADU

Naš automobil juri putem Valjevo—Aranđelovac. Vreme je vrlo lepo i priroda je još puna zelenila — tek ovde-onde sine po jedan žuti list kroz zelenilo. Kako je lepa i plodna ova talasasta zemlja, pokrivena šumama i poljima kukuruza! Od vremena na vreme nailazimo kraj puta na poneki kamen za uspomenu na nekog vojnika, poginulog 1876. ili 1885. ili za vreme balkanskih ratova. Ovo kamenje sa njihovim vojnikom, njihovom puškom ili njihovom sabljom — sve to je naivno izvajano — vrlo je dirljivo, a u isto vreme ono svedoči zakonitu gordost rase. Prolazimo kroz velika sela, gde je svaka mala bela kuća okružena voćnjakom, ograđenim ogradom od prosto sečenih dasaka i pocrnelih od sunca i nevremena.

Oko 13.00 sati stigli smo u Aranđelovac, gde smo ručali i obišli park oko izvora. Mnogo Beograđana, bežeći od bombardovanja, izbeglo je u ovu varošicu. Pun ih je park. Ali ko je ono čudno stvorenje, obučeno kao muškarac? Predstavljaju nam ga. To je Živka Đorić iz okoline Sokobanje. Ona ima jednog 24-godišnjeg sina na frontu i saznala je da je bio ranjen. Ali njen dragi bolesnik bio je u Aranđelovcu, a to je daleko od njenog sela. Treba sesti na voz, ali da jedna žena može putovati vojničkim vozom — drugih nema — treba da ima naročitu objavu.

Ona je nema i tri puta neće da je puste u voz. Onda se ona rešava da učini veliku žrtvu. Odsekla je kosu i obukla odelo svoga sina.

Tako prerušena, Živka ide pešice do Aleksinca i tamo uzima voz do Ćuprije. Odatle ona ponovo pešači 150 kilometara koji je razdvajaju od Aranđelovca, gde se nalazi njezin mali, ranjen u nogu. Živka ima 50 godina i kaže mi da bi htela da joj je sin kod kuće, makar i sakat, „da joj zaklopi oči kad bude umirala". Vratiće je kući, ovaj put kao bolničarku.

Međutim, ako želimo da stignemo u Beograd pre mraka, treba da krenemo putem Mladenovac—Torlak—Beograd. Ne susreće se baš mnogo sveta na ovom putu. Ceo pokret je na železničkoj pruzi. Ipak se pokatkad susrećemo sa seljačkim kolima natovarenim nameštajem onih koji beže iz Beograda. Jedna dvorska kola takođe prenose nameštaj iz Dvora u Topolu, kuda se povukao stari kralj.

Evo nas na Torlaku, Glavnom stanu generala Mihaila Živkovića, kome je poverena odbrana Beograda i kojega su nazvali „gvozdeni general". Njegove kancelarije su u školskim sobama, dok on sam, kao i njegovi vojnici, stanuje pod šatorom u hrastovoj šumi koju su, kasnije, „Švabe" posekle. Visok, snažan, strogog držanja, stari vojnik nas ljubazno prima i govori nam o svom teškom zadatku, ali da se ipak nada da će ga uspešno izvesti do kraja, pored svega toga što ima malo trupa i sa nedovoljnim materijalom sa kojim raspolaže. Srbija izlazi iz dva vrlo teška rata i iz jedne ekspedicije koja je bila u stvari treći rat. Njena sredstva su bila utrošena i ona nije imala vremena da ih obnovi. „Ali srpski narod je odnosio pobede sa još manje sredstava. I ovaj put on će se izvući", rekao mi je on. Bogami, gledajući sve ove lepe momke kako pevaju sedeći oko vatara, imao sam isto ubeđenje.

Sada se spuštamo prema Beogradu, već utopljenom u sliku noći. Evo prvih sasvim mračnih kuća; neprijatelj bi mogao videti svetlost. Nikoga na ulicama. Beograd je u opsadnom stanju i kafane i restorani zatvaraju se u 20.00 časova. Naravno da nema nikakvog osvetljenja ulicama, ali veličanstven mesec ipak ih osvetljava. Po kućama svet se služi svećama, jer je austrijsko bombardovanje razrušilo električnu centralu. Našao sam sobu u hotelu „Slavija", koji leži u relativno sigurnoj zoni i gde granate padaju retko.

Sutradan ujutro, izišao sam rano. Na trgu pred hotelom nalazi se pijaca. Seljanke nude zelen i živinu mnogobrojnim domaćicama i mesari izlažu lepe čereke mesa. Cene su normalne. Kilogram mesa se plaća još uvek 80 para do 1 dinar. Prodavci i kupci ne pokazuju nikakvog straha; čovek bi mislio da se nalazi usred punog mira. Uostalom, Austro-Mađari su bili dobri. Nisu uputili nijednu granatu ni preko noći ni jutros.

Prostrana ulica Kralja Milana pusta je. Tu se sreta samo malo prolaznika, a gotovo nijedna kola. Što se čovek više približava sredini varoši, rane od bombardovanja postaju mnogobrojne. Pročelja mnogih kuća nose tragove od šrapnela i, na više mesta, zidovi su uveliko izbušeni granatama. Od hotela „London" šteta postaje znatnija. Veliki projektili prodrli su pod drvenu kaldrmu i njihova eksplozija je odigla ceo drveni pokrov, a da nije odvojila kocke jedne od drugih. Tako je ulica zasejana ogromnim otocima koji mnogo otežavaju prolazak retkim kolima. Rusko poslanstvo je oštećeno i pročelje stare palate probušeno je kroz više otvora koji zjape. U stajama Dvora, gala kola su bedno pokrivena prašinom i odlomcima srušenih zidova. U salu za svečanosti prodrla je jedna velika granata i oborila galeriju u salu. Na Terazijama, kuća Viktorovićeve apoteke je obezglavljena i njen krov se još drži nekim čudom iznad jedne velike praznine. Hotel „Moskva" pogodili su projektili i učinili da poprska njen porculanski oklop.

Nekoliko dućana je zatvoreno; mnogi su otvoreni i kroz staklena vrata vide se trgovci kako uslužuju svoje retke mušterije. Naprotiv, kafane vrve od sveta, naročito one koje leže prema kvartu Slavija. Tu hitaju svi građani da saznadu najnovije vesti sa fronta, koje objavljuje saopštenje Ministarstva unutrašnjih dela ili koje raznose vojnici na prolasku sa fronta ili opet neki retki putnici iz Valjeva. Tu se takođe raspravlja sa živošću o šteti koju je učinilo poslednje bombardovanje. „Znaš li da se jedna granata rasprsla u Jovinoj avliji. Pobila mu je sve kokoši". — „Istina, ali to je bilo još manje opasno nego kod Simića. Pera Simić, znaš ga. Jedna granata uletela je u njihovu spavaću sobu i sve uništila. Srećom, nikoga nije bilo u sobi. Ipak, da to sve popravi trebaće mu bar 2.000 do 3.000 dinara!" Avaj! to je još bilo ono dobro doba kad su cene bile blage i kad su se svi Beograđani poznavali.

Što se više približavam Gradu, vide se sve veća oštećenja i kvartovi postaju nemi. Kalemegdan i njegova okolina sasvim je pusta. Retko se vidi da prolazi u žurbi ulicama poneki čovek ili poneka žena sa zembiljom o ruci, da kupi što treba u sredini ili u gornjoj varoši. Radnje su zatvorene; jedino je otvoreno nekoliko malih dućana. Mnogo kuća se nalazi već potpuno u ruševinama. Čak su psi napustili ovaj deo varoši, jer tu više ne nalaze ništa za jelo. Ipak, dečurlija se tuda skita. Tu je za nju obilata žetva otpadaka od granata, šrapnelskih zatvarača itd. To su dragocene uspomene sa kojima će se moći voditi vrlo korisna mala trgovina posle rata, jer ceo svet će hteti da ima svoje parče granate iz vremena bombardovanja prestonice.

Major Joksim Gajić, komandant Grada, dolazi nam u susret. To je onaj isti Gajić koji je napadao neprijateljske položaje kod Zemuna 27. i 28. septembra. Major me vodi u njegovu „trpezariju", pod svod od kapije na ulazu u Grad, jednostavno podešen, i nudi mi slatko, kafu i rakiju, neophodno na položajima srpske vojske, sa odličnim „mezetlucima". Izuzev tragični period povlačenja kroz Albaniju, nikad kod mojih hrabrih drugova iz Karađorđeve zemlje nije mi izostao ovaj bogati doček. On je čak dobio naročito značenje, kao što ću kasnije ispričati.

Major me poveo te sam posetio Grad, koji je više istorijska znamenitost nego uspešno sredstvo odbrane. Stoga je neprijateljska artiljerija nanela znatne štete. Zdanje Štaba, Arhive, Vojni muzej porušeni su. Tužno leže na zemlji pod ruševinama i pod blatom duše starih topova, parčad starih uniformi itd. iz vremena oslobođenja zemlje od turske vlasti. Platna starog bedema, dovoljna da se odupiru jurišu Turaka pre nekoliko vekova, survala su se pod udarcem modernih projektila. Mala crkva predstavlja samo jednu gomilu kamena. Mnoge granate nisu se rasprsle. Jedna mala granata se cela uglavila u deblo jednog mladog bagrema, sa vrškom koji je izlazio s jedne strane, a sa dancetom s druge. Sve je opustošeno i čovek se pita da li su zaista neprijatelji mogli verovati da je ova starina, kao što je Kalemegdanski grad, mogla služiti za odbranu. Svakako, tu je bilo vojnika, ali oni su bili u donjim delovima duž Save i Dunava da sprečavaju prelazak neprijateljskim brodovima. Bio je tu takođe i jedan top od 75 za odbranu od monitora, sakriven u zelenilu, ali ovo izobilje projektila koje su slali Austro-Mađari da razore samo stare istorijske zidine, crkvu i napuštene zgrade bilo je samo jedno raspikućstvo bez ikakve koristi od njih.

Zadržavam se da posmatram lepu panoramu koju imam pred sobom. Sjajno sunce obasjava još mađarsku ravnicu i brežuljke Bežanije, na čijem kraju se vere varoš Zemun sa svojim gordim tornjem Hunjadija Janoša. Najednom, topovi naše artiljerije počinju da bombarduju brežuljke. Jasno se vidi kako se stvaraju nad visovima mali oblaci od šrapnela koji se rasprskavaju. Izgleda da iskrcavaju pešadiju u Bežaniji i da naše tobdžije hoće da pozdrave došljake. Švabe odgovaraju i granate prolaze iznad naših glava žureći se da na drugom mestu eksplodiraju, u varoši gde nema nijednog topa. Doista, lakše je ubijati nevine građane u nebranjenoj varoši nego pokušavati da se gađaju dobro zaklonjeni topovi na periferiji. Austro-Ugarska vodi „integralni rat", to jest, ona hoće da istrebi ceo srpski narod, a ne samo njegove vojnike! Izgleda da je to poslednja reč one „Kultur" sa nemačkim velikim K.

Vraćajući se u varoš, prolazimo pored Engleskog poslanstva. Na njegovom krovu se vije velika američka zastava, što nije sprečilo one s druge strane reke da pošalju jednu granatu koja je razrušila jedan paviljon u dvorištu i ozbiljno okrnjila krov.

Sada se spuštamo u donju varoš. Pristanište je pusto. Nekoliko „šlepova" je potopljeno i jedino njihovi kljunovi vire iz blatne savske vode. Gotovo sve kuće nose tragove projektila, neke su delimično porušene. Stanica je prazna. Sem nekoliko retkih straža, nema nikoga u ovom ogromnom ograđenom prostoru gde rđaju šine i gde su zidovi zdanja išarani rupama od granata i ogrebotinama od šrapnela.

Čak i bolnice, iako zaštićene crvenim krstom, već su bile bombardovane četiri puta, ali Austro-Mađarima je pošlo za rukom da naprave najviše pustoši oko zgrada Duvanskog monopola. Njegova zdanja su potpuno razrušena i zapaljena od zapaljivih granata, a mnoge privatne kućice koje iviče topčiderski drum samo su gomila kamenja i maltera.

Štab odbrane sektora Beograd-varoši nalazi se u živopisnoj kafani „Lepi izgled", koja još danas postoji. Mi svraćamo i tu nas dočekuje pešadijski kapetan Veselin Čajkanović koji je u građanstvu docent Univerziteta. Naravno, treba u prvom redu popiti kafu koju sprema gotovo pobožno jedna vrsta džina sa velikom bradom, jedan dobrovoljac s druge strane. Dok izmenjujemo svoje utiske sa kapetanom, vojnici trećeg poziva, nekoliko četnika koji još nose krst na svojim šubarama, sasvim mladi dobrovoljci dolaze i prolaze, pričaju, smeju se i pevaju.

Pošto smo popili kafu, kapetan nas vodi Savi. Na njenim obalama iskopani su rovovi ili ono što se tada nazivalo rovovima i koji nimalo nisu naličili na naše prave tvrđavske opkope na Solunskom frontu. Starci trećepozivci čuvaju stražu. Oni se suviše ne kriju. Srpska strana železničkog mosta bačena je u vazduh ekrazitom. Svuda okolo zemlja je još žuta od deflagracije. Sasvim blizu nas, sedeći iza velike hrpe zemlje, jedan mladi dobrovoljac peca ribu sa dugom ribarskom udicom. Pod nosom Švaba, on hvata večeru za sebe i za svoje drugove.

Sunce se već klonilo zapadu i obasjavalo svojim zlatnim zracima visoke topole na ivici reke. Treba se vratiti u varoš pre mraka. Pored kafane Štaba, na jednoj klupi javnog parka, punog rovova, jedan starac sedi nepomično. To je bio nekad srećan i ugledan čovek. Danas, on je izgubio ženu i svog sina jedinca, majora u vojsci, i on čeka ovde svaki dan granatu koja će ga poslati njegovom sinu. Našto se vraćati u Beograd, gde ga više niko ne čeka!

Još je bio dan kad smo stigli pred „Ruskog cara" i počeli da sladimo čašu piva, kad se začuše duga zviždanja, a posle njih silne eksplozije. Neprijatelj ponovo bombarduje vrh varoši. To pada svuda oko nas. Dosta mnogobrojna publika pri našem dolasku, iščezla je kao pod čarolijom. Svako je jurio u poneku kuću. To traje 10 do 15 minuta, i nekoliko časaka posle prolaska poslednje granate, ljudi su ponovo na ulici i dolaze da gase žeđ kod „Ruskog cara", jer im se od ove uzbune osušilo grlo.

Vraćajući se u naš kvart na Slaviji, sreo sam policijskog komesara koji je konstatovao smrt jednog deteta i jedne žene, kao i rane više drugih građana od poslednjeg bombardovanja. To je ono što Austro-Ugarska naziva „zaštititi svoja prava i svoje interese". Mučeništvo Beograda počelo je prvih dana meseca jula 1914. i završiće se tek 1. novembra 1918.

# PREKO SAVSKOG I DRINSKOG FRONTA

Putem Valjevo—Lajkovac—Ub—Trstenica stigli smo u Obrenovac. Austro-Mađari su hteli da pređu preko Save, bez uspeha uostalom, i bombardovali su varošicu, ali šteta nije velika. Nekoliko probušenih zidova i nekoliko ogrebotina od šrapnela. Jedino crkva i nekoliko okolnih kuća prilično su stradale! Crkveni zvonik mogao bi biti osmatračnica i zato su vojnici Franca Jozefa hteli da ga razruše. Ali njegove tobdžije nisu „asovi" kao tobdžije starog kralja Petra. Oni su ga promašali i porušili zidove mirnih susednih kuća. U Obrenovcu ima konjice iz nezavisne brigade i artiljerije prvog i drugog poziva. Konjički major Đorđević, čovek vrlo obrazovan i divan, koji je poginuo kasnije na polju časti, dočekao me je. Pored sve blizine neprijatelja, obrenovački stanovnici nisu napuštali svoju dragu varošicu i kod jednog od njih spremljen je za mene gotovo raskošni ručak. Tu, i u mnogo drugih prilika za vreme Velikog rata upoznao sam lepu starinsku gostoljubivost srpskog naroda koju je, čak u najtežim okolnostima, strogo održavao. Avaj! danas u ovoj ružnoj posleratnoj epohi u kojoj živimo, ona je našla utočišta na selu, napustivši velike varoši koje su postale egoistične i frivolne.

Pošto smo se potkrepili, idemo da obiđemo položaje. Tu je najpre Šumarica, artiljerijski položaj. Četiri stara Debanžova topa koji pale samo jedan metak u minuti i koji odskaču unazad kao koza svaki put kad pucaju, brižljivo su zaklonjeni iza pravih zidova od zemlje. Ipak, artiljerci su posvršavali lep posao sa svojim staromodnim topovima. Oni su sprečili tri neprijateljska puka da pređu preko Save. Vojnici su napravili kolibe od grudava zemlje koje su napola pod zemljom. Oni su veseli i dobro se hrane u svojim rupama. Na nekoliko stotina metara nalazi se obala Save. U poljima kukuruza koji još nije obran, pešadija je iskopala duge zmijolike rovove. S druge strane reke, jedva na 500 metara Švabe su se ukopale isto tako. Treba se kriti u kukuruzu, ne govoriti glasno i, kad padne mrak, ne pripaljivati cigaretu, ako čovek ne želi da bude odmah nišan puškama Njegovog apostolskog veličanstva. Od vremena na vreme sa obeju strana se opali po neki metak. Mislili su da nešto vide i pucanj ima da obavesti neprijatelja da se ne spava, a u isto vreme i da kaže drugovima kako treba biti na oprezu.

Noć je pala i mi se vraćamo u Obrenovac gde nas čeka obilata večera kod našega odličnog domaćina i uglednog čoveka gospodina Mišića. Čovek bi pomislio da je u Francuskoj ili kod nas u Švajcarskoj, jer ceo svet govori francuski i po zidovima vise lepe fotografije Lozane i Ženeve. Rezervni poručnik Jovanović, danas visoki činovnik u Ministarstvu finansija, svira nam na klaviru do kasno u noć bulevarske pesmice i srpske melodije.

Pored dobrih kreveta — čovek nije često nalazio takve za vreme rata — ustajemo rano i krećemo za Zabrežje na obali reke. Tu su neprijatelji hteli da pređu, vodeći sa sobom pet baterija. Železnička stanica i carinarnica napola su razrušene od projektila koji su ih pogodili. Svuda rovovi i tragovi kanonade i puščane paljbe pokazuju ogorčenost borbe. Austrijski rovovi su s druge strane vode i oni su puni vojnika. Ne treba se pokazivati, jer Švabe pucaju na sve, bili to vojnici, žene ili psi. Vojnici su napravili celu mrežu hodnika gde čovek može prolaziti samo pognut, istina, i doći do rovova ili zgrada koje, sa svojim izbušenim zidovima, čine odlične osmatračnice.

Zaista, odatle pogled zahvata rovove s druge strane i, često, vide se plave kape.

Od Zabrežja naš put nas vodi u Skelu. Skela je jedan od jakih položaja. Ovde su, pošavši od ovog sela, srpske trupe prešle Savu i držale devet dana pristojan deo mađarskog zemljišta. Isto tako, u Skelu trupe su se povukle, jer srpska vojska nije bila dovoljno mnogobrojna da sebi dozvoli raskoš da može da pređe granicu svoje sopstvene zemlje. Jadno selo Skela! Uzastopna bombardovanja porušila su ili jako oštetila sve kuće iz kojih je uostalom evakuisano stanovništvo. Tako je 1. avgusta palo na selo i neposrednu njegovu okolinu preko 2.000 granata. Sada je zatišje. Izgleda da, preko, u Kupinovu, nema više mnogo sveta. Ima, po austro-mađarskom običaju, osmatračnica na seoskom zvoniku, ali naši ne vole da pucaju na crkve. U Skeli se svet slobodno kreće, pored sve neprijateljske osmatračnice, i vojnici pecaju ribu da im prođe vreme.

U Zvečki se nalazi štab nezavisne konjičke divizije. Da čovek tamo stigne, treba ići Savom nekih pet do šest kilometara, sasvim pod okom neprijatelja. Oni ne pucaju i mi se iskrcavamo kod pukovnika Antića i njegovog pomoćnika, potpukovnika Marinkovića. Tu ne ostajemo dugo, jer još treba stići do Debrca gde loguruje glavnina brigade s njenim komandantom, pukovnikom Babićem koji nam dolazi u susret. Debrc je malo selo, sasvim nalik na ostala mačvanska sela. Njegovi stanovnici nisu napustili svoje kuće, pored sve blizine neprijatelja, i kad ne bi bilo vojnika s njihovim konjima, čovek bi mogao verovati da živi usred mira. Naravno, deca su radoznala i hoće da sve vide. Ona žive u velikom prijateljstvu sa konjanicima koji ih puštaju da se penju na njihove konje, dok ih čiste. Najprostranija kuća rezervisana je za pukovnika Babića i za oficirsku „menažu". Ja stanujem kod popa koji mi je spremio krevet u svojoj najboljoj sobi. Za večerom, svi oficiri su na okupu. Moral je odličan, i konverzacija živa. Ostajemo dugo za stolom i, dok se ja zatim povlačim da legnem u udobni popov krevet, dotle nekoliko oficira ostaje da igra karata do kasno u noć.

Otprilike na sedam kilometara od Debrca nalazi se Crvena mehana, logor pešadije trećeg poziva. Stari vojnici nose seljačko odelo, bajonet i pušku koja je, često ruskog porekla. Starešine ne nose nikakvu vidnu značku, ali njihovi drugovi poznaju ih i slušaju ih i ako ne vide njihove zvezdice. Oficiri su takođe stari i njihove uniforme su bile već nošene u drugim ratovima. Oficiri i vojnici čine jedno. To su prijatelji, svi sinovi zemlje, ali najtvrđe prijateljstvo ne isključuje strogu disciplinu, koja je usvojena od sveg srca, jer ovi starci znaju iz iskustva da, jedino, ova disciplina dozvoljava da se izvojuju velike pobede. Ceo ovaj svet živi u kolibama, napravljenim od kukuruzovine, počupane u poljima, i od granja. To nije toliko udobno kao soba jednog modernog „Grand hotela", ali ovako vojnik može da prostre svoje ćebe na suvoj zemlji i da se zavije, ne bojeći se mnogo onih kapi vode koje cure sa stropa. Uostalom, hrana je dobra i više nego dovoljna: 1 kilogram hleba, 400 grama mesa, supa sa pasuljom itd. dnevno. Ne znam zašto, ali za vreme celog rata ovi logori starih trećepozivaca uvek su me privlačili. Bilo je nečega sređenog, nekog spokojnog poverenja u ovoj sredini, koja je često umirivala živce mladih ljudi kadgod i suviše uzrujane od prenagljene akcije i mladalačkog žara.

Trenutno, u ovom sektoru vlada zatišje. Hajdemo dalje prema Šapcu. Treba da skrenemo s glavnog druma koji je već prilično rđav, jer ide duž Save čije su obale gole. Uzećemo dakle poprečne puteve da stignemo u Šabac preko Vladimiraca, što neće biti lako s našim teškim automobilom. Već ovaj prvi put je strašan i pun blata. Da nesreća bude veća, počela je još i kiša. Već u Skupljenu naša mašina odrekla je poslušnost i zaglibila se u debelom blatu u jarku. Nemoguće je da je odatle isteramo i moramo da rekviriramo četiri vola da je izvuku iz kritične situacije. Sa hiljadu teškoća napravili smo ponovo nekoliko kilometara u blatu i po kiši, dolazimo do jedne uzbrdice uz koju naših „50 konja" apsolutno odbija da se popne. Ponovo, gacajući u blatu do kolena, polazimo da negde otkrijemo volove i najzad ih nalazimo posle jednog sata mučnog traženja. Nema ih više mnogo u zemlji; Austrijanci su ih priličan broj pokrali, a drugi su otišli da pomažu komordžijama da snabdevaju trupe i da odvoze ranjenike. Pomoću ovih životinja, obodravanih vikom i udarcima seljaka, najzad smo uspeli da izvučemo našu krntiju na brežuljak. Ali ovoga puta ne puštamo više volove i rekviriramo ih zajedno sa vođama da nas vuku do Vladimiraca, gde smo noćili u mlinu gđe Šajnović iz Šapca. Za večerom, majka naše domaćice pričala mi je da se vratila sa groba svoga unuka, mladog dobrovoljca od 17 godina. Kod pokojnika nađeno je jedno pismo, upućeno njegovoj babi, u kome je ovaj dečko pričao da je, noć pre toga, snivao svoju majku koja je nedavno umrla, kako ga zove. Iste večeri on je poginuo od kuršuma koji mu je prosvirao čelo.

Sutradan ujutro, vreme je bilo lepo, ali putevi su u groznom stanju. Stoga, da ne započnemo iskustvo od pređašnjeg dana, rešili smo da idemo automobilom do Cerovca i odatle na seljačkim kolima. Ali imali smo čak teškoća da dovedemo naša glomazna kola do Cerovca.

Cerovac je naš avijatički centar, ako se tako može nazvati jedna livada na kojoj se nalazi jedini avion srpske vojske. To je jedan mali Blerio od 50 konja, sklonjen pod jedan improvizovani hangar: desetak kolaca iznad kojih je opružena jedna velika mušema. Kad duva vetar, jedan vojnik mora da se grčevito uhvati za svaki kolac da ne bi ceo „hangar" odleteo. Ima samo jedan avijatičar, poručnik Miodrag Tomić, Bleriov učenik. Tomić je hrabar. On svakog dana na svom malom aparatu vrši izvidničke letove koji moraju smetati Austro-Mađare, što svedoče mnogobrojni tragovi od kuršuma. To je bila cela avijatička služba srpske vojske u početku rata. Kasnije sam našao

## ŠTA SAM VIDEO I PROŽIVEO U VELIKIM DANIMA

Tomića u Vertekopu, na Solunskom frontu, ali tada francusko-srpska avijacija nije ustupala bugarsko-nemačkoj avijaciji.

Ostavili smo naš automobil kod Tomića, sa naredbom da nas stigne u Šapcu, a mi smo produžili put na seljačkim kolima bez „federa" i po blatu koje je kadgod dopiralo do osovina. Približavamo se Šapcu i već se vidi visoki crkveni zvonik koji se izdvaja beo na plavom nebu. Svakog trenutka konstatujemo da su ovuda prošle trupe Franca Jozefa po zapaljenim kućama i plastovima sena. Rovovi su ostali netaknuti. Ali kakvi rovovi kad se uporede sa onima u kojima smo se kasnije sklanjali. Jedan jarak i jedan mali nasip od zemlje iznad koga je pričvršćena neka vrsta krova od granja i grudava zemlje. Još smo bili usred pokretnoga rata u kome se nije znalo ni za intenzivnu artiljerijsku pripremu, ni za granate sa gasom, ni za „minenverfere", ni za pušku-mitraljez i kad su sami mitraljezi još bili relativno dosta retki. Tu je Jovanovac sa kućom u kojoj su „kulturtregeri" iskasapili 40 srpskih zarobljenika i ranjenika. Najzad, ulaz u Šabac obeležen je potpuno izgorelim kasarnama.

Što najviše pada čoveku u oči kad dolazi u onu varoš, to su razvaljena vrata i prozori i gvozdeni zastori radnja, obijeni polugama ili sikirama. Sredina varoši je potpuno opustošena divljačkim bombardovanjem. Crkva nosi mnogobrojne rane; Okružno načelstvo i Pošta isprobijani su rupama. Požar je uništio mnoge kuće; od drugih nije ostalo ništa više do nekoliko nakrivljenih zidova koji se lelujaju. Po ulicama leže mnogobrojne kase, obijene od Austrijanaca. Parčad granata i zrna od šrapnela pokrivaju zemlju. Neki stanovnici koji su ostali ili koji su se vratili, povukli su se u krajnje delove varoši, ali i tamo su padali topovski meci i razorili skromne kućice. Šabac je bio bogata varoš, vesela, trgovačka i čista — danas to je hrpa ruševina! A bombardovanje se produžava. Za vreme celog moga boravka, danju i noću, granate su padale kao kiša.

Ipak, bombardovanje je bilo samo jedan deo pustošnog rata ovih famoznih vojnika „Kulture". Oni su još i opljačkali celu varoš. Možete ući u koju bilo kuću, bogatu ili siromašnu: svuda je isti prizor — sve je opustošeno i opljačkano. Ono što se nije moglo odneti, pocepano je, polomljeno ili na neki način učinjeno neupotrebljivim. Tako su dušeci rasporeni, ogledala razbijena, stolice, stolovi, ormani, razlupani sikirama. Po radnjama roba je razbacana po zemlji, čak zagađena ljudskim izmetom, šeširi su probijeni, slike i fotelje razbucane. Obijeno je više od hiljadu kasa. U Vladičanskom dvoru, u Načelstvu, po bankama arhive su opustošene, a dokumenti i knjige pocepane. Odnesena je sva srebrnarija, nakit i bogate garderobe. Ovi heroji pljačke imali su sa sobom pokvarene žene koje su punile kola sa ukradenim predmetima i prevozile ih s druge strane Save.

„Kulturtregeri" su uzeli primer od pljačkaških ordija iz Tridesetogodišnjeg rata.

Bilans „rada" Austro-Mađara (do 25. septembra 1914) ovaj je: u Šapcu je razoreno ili ozbiljno oštećeno 2.500 kuća; oko 2.500 osoba izgubile su sve bombardovanjem i pljačkom; 1.500 građanskih osoba poginulo ili bilo odvedeno od neprijatelja; 537 porodica nestalo je. U Posavotamnavskom srezu: 3 osobe ubijene, 6 zapaljenih kuća, 10 porodica u bedi (samo u jednom selu). U Mačvanskom srezu: 457 kuća razorenih, 359 osoba ubijenih, 371 osoba odvedena, od kojih je mnogo ubijeno usput. U Azbukovačkom srezu: 182 osobe ubijene, 228 zapaljenih kuća i 42 osobe odvedene. U Jadranskom srezu: 741 kuća razorena, 1.738 porodica u bedi i mnogo iskasapljenih osoba. Za Rađevski srez nemoguće je dobiti podatke; jedan veliki deo ovog sreza još je u neprijateljskim rukama. Uostalom, tako je delom i za Jadranski i Azbukovački srez.

Što se tiče varoši Šapca, zverstva koja su izvršili austrougarski vojnici, bila su nečuvena: (za više pojedinosti, čitati moj izveštaj izrađen u tom trenutku za srpsku vladu i objavljen na francuskom i engleskom jeziku). Tako su vojnici Franca Jozefa kupili sve žene i devojke: oko 2.000. Jedan deo njih bio je zatvoren pet dana u hotelu „Evropa"; ženama nije davano ništa drugo sem malo hleba i vode. Prva noć je prošla bez incidenta. Druge noći, kaplari i narednici vodili su žene u jednu zasebnu sobu i pitali ih: „Gde su vaši muževi? Gde su položaji? Gde su trupe?" Kad su žene odgovarale da ne znaju, tukli su ih kundacima. Narednih noći, vojnici su ulazili u salu gde je spavalo ženskinje i odvodili su devojke. Jedan od vojnika uzimao ih je za noge, a drugi za glavu. Ako su vikale, zapušili su im usta maramom. Šta su radili s ovim devojkama? One bi se sutra vraćale očajne, ali bogato odevene u haljine iz garderoba opljačkanih kuća. Iz hotela „Evropa" žene su prevedene u hotel „Kasina" i odatle u crkvu, gde je već bilo mnogo sveta. Kad su naši, vraćajući se, bombardovali crkvu, naređeno je nesrećnicama da viču: „Živela Mađarska!" Oficiri su silovali devojke iza oltara. Dok se bombardovanje produžavalo, Austro-Mađari su namestili sirote žene po ulicama da se dobro vide, kako bi izginule od srpskih granata. Najzad, zatvorili su ih u štale Žandarmerije, odakle su ih oslobodile naše trupe.

Drugi deo pohvatanih žena i devojaka odveden je sa trupama. One su morale da idu ispred vojnika od 13.00 do 19.00 sati uveče. Od vremena na vreme, trupe su pucale i, na zapovest na mađarskom jeziku, žene su morale da legnu. Žena apotekara Gajića prevodila je naredbe. Među ovim jadnicama bile su dve-tri koje su rodile tek na dva dana pre ovoga mučenja.

Iza crkve, razbojnici, jer vojnici dostojni ovog časnog imena ne mogu vršiti slična nedela, iskasapili su veliki broj seljaka i varoških stanovnika i potrpali njihove leševe u zajedničku raku.

Ovo je jedan mali pregled onoga što su učinile trupe onih koji su se proglasili za „kulturtregere", napominjem da glavni krivci nisu bili prosti vojnici, već njihove starešine. Prelazeći danas posle četrnaest godina, u mislima, sve što sam video i čuo tada u Šapcu i dalje, obuzima me srdžba i ja se pitam da li su krivci dosta ispaštali? Zar nema izvesnih koji su bili dželati srpskog naroda i koji, zaštićeni svojim mestom rođenja, uživaju danas sve slobode i sva prava kao sunarodnici ovog istog naroda koji su hteli da unište sa jedinstvenom svirepošću?

Ali vratimo se manje žalostivim i manje turobnim stvarima.

Šabac je branilo 8.000 ljudi pod komandom pukovnika Miškovića. Inžinjerskoj trupi stoji na čelu pukovnik Vasić, odličan pirotehničar, belgijski đak i divan govornik. On me poziva da prisustvujem jednoj malo delikatnoj operaciji: da polažemo mine u Savi te da se bace u vazduh austrougarski monitori. Razume se samo po sebi da sam prihvatio poziv sa oduševljenjem. U 18.00 sati uveče, spustili smo se ćuteći i u malim grupama carinarnici na obali reke. Radilo se o tome da se ne probudi pažnja neprijatelja koji, u Klenku ima odlične osmatračnice. Na putu, čujemo dva monitora koji silaze niz Savu. Carinarnica je već prilično stradala od bombardovanja. Ali ona još uvek predstavlja dobar zaklon. Iza zgrade, čamci su spremni da budu pušteni u vodu. U svemu, nas ima oko pedeset ljudi i, dok pukovnik i oficiri ispituju dogledima Savu i jedva vidljive obale u mraku koji se spustio, vojnici pripremaju svoj posao, top grmi od Drenovca i daleke rakete osvetlavaju nebo. Ali u Klenku ima jedan reflektor i on od vremena na vreme baca svoj sjajni snop na našu obalu. Onda ceo svet poleže u žurbi. Najzad, sve je gotovo i vojnici delikatno spuštaju čamac u vodu. Reflektor se ipak vraća nama i, ovoga puta, ne napušta više naš položaj. Švabe su bez sumnje nešto primetile. Operacija je propala i ne preostaje nam ništa drugo nego da se povučemo iza carinarnice, jer će nas bombardovati. Zaista, jedva su prošla dva minuta, i prvi šrapnel rasu svoje kuglice po šupljem krovu zgrade; posle prvog šrapnela, naiđe mnoštvo drugih. Ali niko nije pogođen i kad su austrijski topovi prestali da sipaju vatru vratismo se u varoš da večeramo u apoteci i da pijemo odlični

Heres, zaštićen, u svojoj trbušastoj velikoj flaši, od neprijateljskih grla koja su tuda nailazila, etiketom na kojoj je bila napisana krupnim slovima reč „otrov". Oko ponoći, jedan od dva monitora koje smo videli kad su prošli, naišao je pred Šapcem na jednu minu i odleteo u vazduh. To je prvi od sedam monitora koji je uništen. Naše granate nisu dotle mogle ništa da učine protiv jakog oklopa ovih brodova; još nismo imali naročitih granata. Cele noći, uostalom, neprijatelj je produžio da bombarduje varoš, naravno sa jedinim rezultatom da razruši nekoliko kuća neboraca.

Austrijanci, koji su u Klenku, nervozni su. Oni pucaju na sve što vide, vojnike, stanovnike, kola i, čak, na pse. Desilo se tako da deca, bezbrižna pored svega bombardovanja, nalaze jednu kučku, okruženu celim bataljonom pasa. Deca se odmah setiše da može da se istera šega sa Švabama. Kamenicama, najuriše kučku, praćenu njenim obožavaocima, na jedno mesto koje se dobro vidi sa neprijateljskog privezanog balona. Tu ceo čopor pasa pušta srcu na volju, u bučnom i šaljivom prizoru. Ali ne zadugo, jer, jedan za drugim, prskaju tri šrapnela i rasteruju za tren oka jadne džukce, od kojih jedan ima jednu nogu manje.

Grb varoši Šapca nosi danas francuski i čehoslovački ratni krst. On ih može gordo nositi, jer su ih varoški stanovnici dostojno zaslužili. Saginjao sam se nad onim okrvavljenim telima da saznam šta se u njima zbivalo. Iz njihovih razderanih grudi otimao se samo jedan uzvik „Živela Srbija!"

Šabac nije daleko od Lipolista i mi stižemo tamo brzo našim automobilom. Lipolist je jedno od onih mačvanskih sela koja izgledaju da nikad nemaju kraja, jer je svaka kuća okružena velikim voćnjakom, ograđenim rđavo otesanim daskama, i jer su sve kuće na rubu jednog, kadgod dva puta. To je pre rata bilo bogato selo, kao što su gotovo sva sela u Mačvi, glavnoj žitnici Srbije. Ali sada, kako je sve tužno! Austro-Mađari su tuda prošli. Eno kuće Marinkovića, išarane kuršumima. Seljaci i seljanke sklonili su se u ovu kuću, malo jaču od ostalih; Švabe su pucale na njih kroz prozor kao na zečeve: petoro ubijenih i troje ranjenih! Druge od ovih životinja ušle su kod Marte Stojković, čiji je muž na frontu. Opljačkali su celu kuću i ubili, iz pušaka, njenog 12-godišnjeg dečaka Veselina, pa njegov leš prikovali za vrata gde je ostao dva dana. Sama majka je ranjena u kuk i nogu bajonetom. U mnogim voćnjacima vidim male humke u koje je poboden krst i bačeno nekoliko cvetova. To su grobovi austrougarskih žrtava za koje Austro-Mađari nisu dozvolili da se sahrane na groblju. Ovi varvari su čak zatrpali nekoliko mučenika u jarak pored puta.

Lipolist je Glavni stan armije vojvode Stepe Stepanovića. On sam me je primio u nekoj vrsti tvrđe fabrikovane od praznih sanduka od municije i bez krova. Tu on radi sam preko celog dana, jer voli samoću i ne voli da ostane u zatvorenoj sobi. On me ljubazno poziva da podelim sa oficirima ručak kome on sam predsedava — kasnije na Solunskom frontu jeo je sam pod svojim šatorom ili u svojoj kancelariji — i on mi je ponudio lepih jabuka koje su mu doneli seljaci. Izgleda da je to bila naročita ljubav, jer princ Aleksandar će me zapitati kasnije „šta sam učinio vojvodi da mi je ponudio jabuke". Često sam u toku rata video ponovo ovog velikog šefa i ovog velikog patriotu, i pokušaću, u jednom kasnijem poglavlju, da dadem njegov što moguće tačniji portret.

Sunce je bilo selo i ja sam čuo žalostivi „jao" žena koje su plakale na improviziranim grobovima njihove dece i muževa. Noć se spustila. Pod nebom punim zvezda vatre pred vojničkim šatorima osvetljavaju grube likove ljudi koji su se okupili oko rasplamtele vatre i koji tiho pevaju. Pored crkve, na jednom svežem grobu, treperi plamen jedne velike sveće. To je grob jednog majora i jedna pobožna ruka zapalila je ovu sveću, donesenu iz Šapca.

Ujutro je pala gusta magla. Velike topole i jablani izbijaju iz magle kao suve avetinje. Duž puta od Lipolista do Petkovice nalaze

## ŠTA SAM VIDEO I PROŽIVEO U VELIKIM DANIMA

se tragovi bezobzirnog begstva Austro-Mađara, proteranih sa Cera: ispreturana kola, brdski topovi, komordžijska kola, leševi konja, i po jarcima i utopljeni u vodi leševi u sivo-plavoj uniformi. Nedelja je, i mnogo seljanke promiču putem da potraže svoje rođake i prijatelje po drugim selima. Sve nose hranu, zamotanu u peškir, a uveče, kad se budu vraćale, nosiće drugu koju će dobiti na poklon. Na ulazu u selo Petkovicu, čeka nas kmet Pantelija Marić. U njegovoj opštini pobijeno je 56 osoba, 3 su ranjene, a 26 je odveo neprijatelj. Žrtve su naročito starci i sasvim mladi dečaci. Opština, kao i škola izgorele su. Neprijateljski vojnici su nosili sobom male lonce čijom su sadržinom prskali kuće i palili ih šibicom. Odmah je sve bilo u plamenu.

Seljanke dolaze da obiđu svoje mrtve mučenike, sahranjene svuda po voćnjacima. One tu pobadaju zapaljenu sveću i, ležeći na humci, one razgovaraju sa onima kojih je nestalo: „Mali moj, ti si bio moje blago; zašto si me ostavio?" Udaljavamo se ćuteći, sa teškim srcem i puni odvratnosti za one koji su odgovorni za ovaj pokolj nevinih.

Pođimo sa ovog mesta očajanja. Jutrošnja gusta magla digla se i mi prolazimo ravnicom koja izgleda kao jedna lepa jesenja slika. Ali to je tužna slika, na kojoj se ne vidi nijedan seljak da obrađuje plodnu zemlju, iako se top jutros ne čuje. Evo Ribare, koje je samo jedna duga ulica sa kućama sa obe strane puta i sa voćnjacima koji se duže u beskraj. Svuda pustoš: 30 zapaljenih kuća i 200 ambara! 58 osoba je pobijeno, a tri ili četiri ranjeno bajonetima ili iz pušaka. Mladi dečaci, Dragutin Krsmanović i Dragomir Pavlović pričaju nam da im je, kad su se Austro-Mađari približavali, jedna seljanka rekla da beže, jer Švabe ubijaju sve mladiće. Oni su poslušali taj savet, ali kad su se vratili u selo, našli su svoje očeve ubijene. Ljubomir Tarlanović, momak od 17 godina, bio je ranjen bajonetom u leđa. On je onda pobegao u svoju kuću i vojnici su pucali na njega, ali ga nisu pogodili. Dotle, njegov mali brat Mihailo još se nalazio na ulici.

Vojnici su ga isprobadali bajonetima. On je pao i zverovi iskaljuju na njemu sav svoj bes. Njegov leš je nosio 15 rana!

Naš cilj za ovaj dan bio je Prnjavor, mesto gde divljaštvo ordija Franca Jozefa nije više poznavalo granica. Naša kola, kupana lepim jesenskim suncem koje produžava da sija, pored svega tog što se čovečanstvo guši u pokolju, dovode nas za kratko vreme u ovo veliko bogato selo koje je brojalo 2.400 stanovnika. Bilans onoga što su učinili Austro-Mađari u ovom selu, više je nego strašan. Sudite po ovome: 109 osoba je odvedeno u Lešnicu i ubijeno u ovom mestu, 199 stanovnika je iskasapljeno ili spaljeno, 37 je odvedeno u Bosnu i od tada niko od njih nije dao glasa o sebi, 179 porodica ostale su bez imanja koja su izgorela.

Austrijanci su došli 30. jula i odmah okupili sve ljude u selu. Ako bi našli vojnu objavu kod nekog stanovnika ili da neko ima jedan puščani metak, odmah bi ga streljali. Oni koji su bili u poljima i nisu došli na poziv Švaba, bili su puškarani; 26 ljudi poginulo je na ovaj način. Invalidi iz dva prošla rata koji su pokazali svoja uverenja, isto tako su pobijeni. Četvrtog avgusta, na povratku sa Cera, Austro-Mađari su bili napadnuti od srpske konjice koja im je otela tri topa. Posle povlačenja naših, neprijatelj je onda sve masakrirao. Imao je spisak članova Narodne odbrane i sve ih je streljao.

U školi je bilo zatvoreno 17 starih osoba i one su bile žive spaljene. Vlada Praisović ima kuću pored crkve gde je Crkvena mala. On je primio u svoju kuću jednog teško ranjenog srpskog konjanika. Kad su došle Švabe, Praisović je pobegao misleći da će oni poštedeti njegovog ranjenika. Kad se vratio, našao je ovog siromaška vezanog i karbonizovanog u krevetu, ispod koga su divljaci naložili vatru. U kući Mirka Žikića bilo je osam ranjenika. Od njih su zverovi spalili četvoricu, a ostale pobili. Starci, žene i deca, njih oko 100, bili su izvedeni pred kuću Milana Milutinovića, pobijeni najpre na razne načine i onda bačeni u kuću u plamenu.

## ŠTA SAM VIDEO I PROŽIVEO U VELIKIM DANIMA

U ovom zlosrećnom Prnjavoru, ne vidi se ništa drugo sem izgorelih kuća i zajedničkih grobova gde počivaju izobličeni ostaci svih ovih ljudi, staraca, žena i dece, žrtava bestijalnog besa „kulturtregera". Oni koji su kao ja videli ovo, neće moći nikad oprostiti, pored svih Društava naroda, pored svih Lokarna, onima koji su se nepopravljivo osramotili u Mačvi.

Nemoguće je provesti noć u Prnjavoru. Treba da pođemo u Čokešinu, gde se nalazi štab Timočke divizije i njen komandant, pukovnik Mirko Milosavljević. Ali to nije daleko i lepa mesečina nam osvetljava put. Pukovnik nas je ispratio do manastira koji leži, kao i svi srpski manastiri, daleko od glavnog druma u živopisnoj udolici. Kod igumana našli smo jelo i konak. Još kasno uveče pričali smo sa kaluđerom o Srbiji iz prošlog vremena i o današnjoj Srbiji. Otkad sam došao u Srbiju već sam često razgovarao sa duhovnim licima, ali nikad, kao te večeri, još nisam imao tako jasan utisak da je u Karađorđevoj zemlji vera pre svega jedna nacionalna tradicija, blagodareći kojoj narod, za vreme dugih vekova pod jarmom, nije izgubio svoju narodnost.

Posle lepo provedene noći u manastiru, sišao sam u selo. I tu je neprijateljska soldateska pobila 32 osobe. Isti slučaj je i u Ivan selu, kuda smo pošli posle toga. Tuda su prošli četnici vojvode Vuka i savetovali stanovništvu da beži, ali seljaku je tako teško da se otrgne od svoje zemlje, i, na kraju krajeva, austrougarski vojnik je takođe ljudsko biće i, kao takvo, ne može učiniti zla bez razloga jednom drugom bezopasnom i mirnom biću. Mnogi su dakle ostali. Oni su se kasnije pokajali zbog svoga poverenja. Austro-Ugarski „kulturtregeri" ostavili su u ovom selu samo grobove, zapaljene kuće i silovane žene.

Lešnica! I tu su se zbili grozni prizori za koje pošten čovek jedva može da veruje da su istiniti. 109 stanovnika iz Prnjavora bilo je streljano, 11 u Lešnici pobijeno, a 5 u Jadranskoj Lešnici obešeno. Kuće su bile zapaljene, a selo opljačkano.

Pored stanice je velika zajednička raka od 20 metara dužine, 3 metra širine i 2 metra dubine. U ovoj raci pokopano je 109 prnjavorskih mučenika. Jovan Maletić, starac od 60 godina koji je prisustvovao sa 40 drugih stanovnika iz Lešnice kao talac ovom pokolju, priča nam o njemu: Kad su Švabe dovele 109 prnjavorskih stanovnika, njihovi vojnici su već bili iskopali grob. Povezali su ih zajedno užetima i okružili grupu bodljikavom žicom. Onda su vojnici stali na železnički nasip, na nekih 15 metara od žrtava, i opalili jedan plotun. Cela grupa se skotrljala u raku, a drugi vojnici su je zatrpali zemljom, ne tražeći da provere da li su svi mrtvi ili ih ima samo ranjenih. Izvesno je da mnogi nisu bili smrtno pogođeni, neki možda nimalo, ali njih su drugi povukli sa sobom u grob. Oni su živi sahranjeni! Za vreme ovog streljanja, dovedena je jedna druga grupa zarobljenika, među kojom je bilo mnogo žena. I kad su oni drugi bil streljani, dželati su primorali ovaj jadni svet da viče: „Živeo car Franc Jozef!"

Danas majke, žene, kćeri pohitale su da se mole Bogu na ovoj dugoj humci, gde počivaju njihovi pobijeni muževi, njihovi sinovi, njihovi očevi. One su donele jela koja meću na grob, i sveće koje zabadaju, zapaljene, u zemlju. I dok blagi jesenski vetrić leluja male plamenove i dok jarko sunce plavi sva polja, one koje ostaju, razgovaraju sa svojim pokojnicima kroz ravnodušnu zemlju na kojoj će naredno proleće učiniti da niknu, mesto pokrova, crveni makovi, plavi različci i bele rade.

Tronut do dna srca, polazim da nađem štab 13. pešadijskog puka kojim komanduje pukovnik Bacić, i on mi pokazuje što Srbi rade sa svojim poginulim neprijateljima. Oko oskrnavljene crkve, niču se grobovi Austro-Mađara, svaki obeležen krstom sa natpisom koji su stavili, oni vojnici što su ih zločinački ludaci Beča i Budimpešte hteli da istrebe. Plemenita osveta zaista dostojna junaka pesama o Kraljeviću Marku.

Pukovnik mi predlaže da, produžavajući svoj put prema Jadranskoj Lešnici, posetim položaje, prelazeći preko brda. Prihvatam naravno i krećemo na put na malim brdskim konjima. Svoju prvu posetu činimo Šancu, artiljerijskom položaju, gde nas dočekuje kapetan Bogdanović. Odatle puca širok vidik na Drinu, na planine Iverka i Gučeva, odakle se čuje živa topovska paljba i iznad čijih visova se vide beli oblačići šrapnela koji se rasprskavaju. Šanac nije položaj za spokojno odmaranje. Samo juče Austrijanci su izbacili 583 šrapnela, ali nisu uspeli da ubiju ni da rane nijednog vojnika. Topovi su francuski, od 75, ali optički instrumenti su iz Berlina i nose turske natpise. Uspomene iz 1912!

Sunce počinje da oduzava svoje zrake, a mi hoćemo još da vidimo Vidojevicu sa njenom neuporedivom panoramom. Zaista je lep pogled koji čovek ima sa ovog visa od 408 metara i koji se vidi iz Beograda u lepim vlažnim večerima. Šteta što se već diže magla u dolini Drine. Ipak se još jasno vidi, ispresecana mnogobrojnim adama, srebrna vrpca reke kako se vijuga kroz tamno zelenilo. Iverak i Gučevo veličanstveno se ističu na nebu crvenom od sunca na zalasku. Sam položaj je potpuno go i bez drveća i još nosi ostatke rimske tvrđave. Bio je u rukama neprijatelja i čovek ne može da objasni kako se ovaj dao odatle tako lako izbaciti. Vidojevica služi kao osmatračnica i odatle se podešava gađanje baterije na Šancu. Pravo pred sobom, video sam na austrijskim položajima, dve bele kuće sasvim blizu jedna druge i od kojih je jedna u ruševinama, a druga ne nosi tragove bombardovanja. Pitao sam zašto ova razlika u postupanju. Onda mi objašnjavaju da su zarobljenici, ispitivani, izjavili da je jedna od ovih kuća služila za previjalište, ali da ne nosi zastavu sa crvenim krstom. Odmah, cirkularom, štab je zabranio da se bombarduje ova kuća. Lešnica, Prnjavor, Vidojevica, eto razlike u poimanju rata između Austro-Mađara s jedne strane i Srba s druge. Noć pada i mi produžavamo svoj put kozjom stazom kroz grmlje i kamenjar. Silaženje je vrlo strmo. U jednom trenutku, jedan zec, koga smo isterali, proleti brzo ispred moga konja. Jedan skok u stranu stropoštao nas je obojicu i čudo je da se nisam skotrljao nekoliko stotina metara. Uspeo sam da ograničim naš pad, uhvativši se grčevito za jedan mali hrast i vratio sam svoga konja na stazu.

Bio je potpun mrak kad smo prolazili pored silnih rovova, okruženih bodljikavom žicom. To je Donji Dobrić pored Jadranske Lešnice. U ovom drugom selu primio nas je komandant mesta, jedan rezervni artiljerijski kapetan i kmet varoši Beograda, sa lekarom majorom Stanojem Milivojevićem. Lekar je bio sa prvim srpskim trupama posle povlačenja Austro-Mađara iz Šapca. On nam priča da je našao u osnovnoj školi, u bolnici i u gimnaziji u Šapcu oko 200 austrijskih ranjenika koje su čuvala dva bolničara. Jadnici su ležali na nosilima ili na zemlji, na ćilimima pokradenim po privatnim kućama. Nije bilo nikakvog sanitetskog materijala. Sve je bilo u neopisivom stanju prljavštine. Mnogi ranjenici nisu čak bili ni previjeni; drugi su imali apsolutno nedovoljne zavoje. Ostavili su ih tri-četiri dana bez hrane. Lekari su napustili svoje bolesnike i pobegli. A toliko su nam probili uši sa sanitetskom organizacijom centralnih vojsaka!

Sutradan smo krenuli rano na put. Nismo daleko od mesta gde se vode borbe pa mi se žuri da tamo stignem. Lepa šetnja kroz planinski predeo i sjajan izgled na Drinu i na visove koji je iviče. Ali top tutnji. U Gornjem Dobriću je štab Drinske divizije drugog poziva, kojom komanduje pukovnik Krsta Smiljanić. Major Milan Zavađil je njegov šef štaba. To je bio moj prvi susret sa ovom dvojicom valjanih oficira. Kasnije bio sam s njima na Kajmakčalanu, na Belom grotlu i na drugim mestima.

Spuštamo se niz Iverak i što se više približavamo Gučevu, sve više se čuje top i čak se razabira tak-tak mitraljeza. Još da prođemo Lipnicu i evo nas na Krstu, sasvim blizu Gučeva. Srpski položaji su na nekoliko stotina metara, okruženi granatama i šrapnelima. Krst je Glavni stan generala Rašića, komandanta kombinovane divizije. Malen, sa svojom gotovo belom bradom u šiljak, sa cvikerom, general Rašić ima pre izgled lekara nego vojnika. Ali kad ga čovek vidi gde raspravlja razložno sa svojim ađutantima, nagnut iznad karata; kad ga čuje gde izdaje kratke i precizne zapovesti i uvek mirnim glasom, čovek oseća da ima pred sobom šefa. Za danas, hteo bih da siđem u Loznicu koju bombarduju kao i put koji tamo vodi. General se koleba da mi dade odobrenje. Nalazi da je to suviše rizično, ako čovek nema da izvrši apsolutno neophodnu misiju. Ali ja navaljujem, tako da mi on najzad, daje traženu dozvolu. Polazimo dakle i približavamo se jednom haubičkom položaju, obasutom krupnim brizantnim projektilima koji se rasprskavaju. Komandant položaja ne nalazi da je naš pothvat vrlo pametan, ali s obzirom na generalovu objavu koju mu pokazujem, on ne može da se tome protivi. Pošto smo posmatrali neko vreme austrijsku vatru da se orijentišemo, krećemo na put. Ovaj je savršeno otkriven. Treba da se spustimo niz ceo vis livadama i poljima gde nema nijednog drveta da nas zakloni i mi smo upravo pred topovima sa Gučeva. Koješta, teško je pogoditi, čak sa šrapnelima, ljude koji odvojeno silaze niz jedan vis, udaljen najmanje jedan kilometar. Hajdemo! Spuštanje se vrši bez nezgode, ali čim smo dole stigli, kiša šrapnela rasu se iznad naših glava, bez ikakve štete uostalom sada smo u tučenom prostoru i Švabe nam šalju opet nove šrapnele, ovaj put sa više tačnosti. Lišće žbunja koje nas okružuje, strada od njih; mi smo zdravi i čitavi. Put je sada potpuno zaklonjen. Nemamo se više čega bojati do Loznice. Blizu ove varoši, prolazimo pored jednog gotovog mosta, spremnog da bude bačen preko Drine. Postoji dakle namera da se učini jedna mala poseta na drugu stranu reke.

Evo Loznice gde nema više nikoga sem jednog policijskog komesara koji ima junačko srce, i jednog kmeta koji neće da napusti svoju varoš i dvadesetak vojnika koji nalaze da je večno bombardovanje potpuno dosadno. Bože moj, koliko je oštećena ova varošica! Svakog dana, vojnici njegovog bečkog veličanstva, pošto su je opljačkali od vrha do dna prilikom svog prolaska, bombarduju otvorenu varošicu naročito sa fugasnim granatama koje svuda izazivaju požar. I tu su vandali pobili nevine stanovnike i odveli 160 talaca. Pod uslovom da im se dade 30.000 kruna, oni su obećali da ne uzimaju taoce, ali kad im je novac bio u džepu, oni su ipak pokupili taoce za čiju sudbinu se ne zna. Celo vreme što šetam opustošenim ulicama, svakih deset minuta pada po jedna granata u varoš. Da se uzmognemo mirno vratiti, rešavamo se da pričekamo veče kad nas neće moći videti na otkrivenom putu. Dok čekamo da sunce zađe, vojnici nam donose rakije koja je izmakla pljačkaškim Švabama.

Po zalasku sunca, krećemo i idemo istim putem kojim smo i došli, i stižemo na Krst, a nisu nas pozdravile granate. Naš konak je ipak dalje. On je na divizijskom previjalištu, kojim upravlja pukovnik dr Čeda Mihailović, u Gnjili koje je udaljeno 2 kilometra od Krsta. Primljeni oduševljeno od strane pukovnika i njegovih lekara, večeramo pod prostranim šatorom i, posle kafa, vojnici-Cigani sviraju nam i pevaju domaće melodije. Noć je prekrasna a, na visovima, vodi se borba. Pukovnik Čeda je udesio sve što treba. On je od granja dao napraviti kolibe koje se mogu ložiti. Čovek bi rekao da on namerava da provede celu zimu u Gnjili. U jednoj od ovih koliba proveo sam odličnu noć, uspavljivan muzikom topova i mitraljeza koji neće da umuknu.

Brezjak, gde je neprijatelj počinio nedela koja se ne dadu opisati, nije daleko od Gnjile. Koristim se dakle prilikom da tamo pođem.

## ŠTA SAM VIDEO I PROŽIVEO U VELIKIM DANIMA

Brezjačku opštinu sačinjavaju sela Slatina, Gornje i Donje Nedeljice. 54 stanovnika su pobijena na najraznovrsniji način. Ipak, većini su prosuta creva širokim pionirskim bajonetima. Kao i na drugim mestima, mnogi leševi su bili unakaženi. Naravno, sve je bilo opljačkano i ono što se nije moglo poneti, bilo je uništeno. Predsednik opštine oženjen je sa jednom Berlinkom koja je dugo živela u Austriji. Ona mi je rekla da je bila sigurna da će se neprijateljski vojnici pristojno ponašati. Ipak, iz predostrožnosti, ona je pobegla sa svojim mužem kad su se oni približavali. Izrazila mi je takođe koliko se čudi i gnuša kad je videla po svom povratku, što su učinili Austro-Mađari. Iako su znali da je ona poreklom Nemica, sve su pokrali i upropastili po kući. Oni su tražili i nju i njenu decu da ih poubijaju, a naročito su bili kivni na njenog muža kojega su hteli da „ispeku". „Nekad sam bila gorda na svoju bivšu narodnost, a danas se nje stidim", rekla mi je. Kao zločinci od zanata koji nikad ne mogu da vide čist zid u zatvoru, a da po njemu ne pišu, vojnici „Kulture" prekrili su isto tako zidove zapisima koji su često toliko skaredni da se čovek buni. „Hoch Oesterreich!" „Nider mit den Schweine Serben!" itd. trebalo je da svedoči o superiornosti njihove rase.

Na Krstu, našao sam generala Pavla Jurišića Šturma, komandanta Treće armije. Poreklom iz saksonske Lužice, on je bio mlad pruski potporučnik za vreme rata 1870. Kad je planuo tursko-ruski rat, Jurišić je napustio Pruse da ponudi svoje usluge Turcima. Ali kad je stigao u Beograd, rečeno mu je: „Ne možete proći". Mladić koji je snivao o slavi, tražio je tada da ga prime u srpsku vojsku koja se spremala da se uhvati u krvavo kolo. Njegova želja je bila uslišena i Jurišić se tako istakao da je prošao celu vojnu hijerahiju do najviših činova. Mladi potporučnik Šturm postao je ugledni general Jurišić, ađutant kralja Petra, i koji se mogao ponositi gromkim pobedama u balkanskim ratovima. Visok, rumen, vrlo vojničkog držanja, on još uvek ima nešto od pruskog oficira u svojoj spoljašnjosti, ali njegova duša je postala srpska sa svim žarom. Govoreći mi o austrougarskim zverstvima i o nemačkim pokoljima u Belgiji, rekao mi je: „Ja to ne razumem. Kad bi moji stari drugovi iz 1870. znali šta rade njihovi sinovi i unuci, oni bi se prevrnuli u svom grobu". On me je pozvao da prisustvujem bitki koja besni — poziv koji sam primio s oduševljenjem.

Topovska paljba je intenzivna kako samo može biti i čuje se neprekidno praskanje pušaka i mitraljeza. Položaji na kojima smo bili juče, nalaze se pod kišom granata svih kalibara. Šrapneli se rasprskavaju iznad nas i jedan izviđački avion, sa svojom crno-žutom vrpcom, leti iznad naših glava. Naslonjen na jedno veliko drvo čije lišće me zaklanja od neprijateljskih očiju koje vrebaju, posmatram ovu kasapnicu između ljudi, čija strahota ne može da ugasi sjajno sunce koje sve kupa i koje izgleda kao da hoće da nam pokaže sve ništavilo ljudskih preduzeća. U stvari, šta su ove silne granate na koje su ljudi iz Beča i Budimpešte bili tako gordi? Rasprskavajući se, one ubijaju nekoliko jadnih ljudskih bića i ispreturaju malo zemlje koja će blagodareći prirodi prema kojoj smo nemoćni, biti ponovno prekrivena zelenilom kroz nekoliko dana! Preda mnom je Crni vrh i Orlovče, koje drže Austro-Mađari, i kota 708 i Eminove vode koje držimo mi. Naši su takođe na visu Kulište, dok neprijatelj ima u rukama južnu stranu i drugu kosu brda. Beli kamen ponovo je naš.

Moja osmatračnica, iako odlična, izgleda mi ipak nedovoljna da sve vidim. Ugledao sam dakle jednu grupu drveća u rastojanju od 300 metara i učinilo mi se da je odande izgled mnogo bolji. Pošao sam tamo za vreme jednog malog zatišja. Tek što sam se tamo namestio, jedna velika granata od 305 smrvila je u prašinu drvo koje je bilo moja prva osmatračnica. Eto šta je sudbina! U 14.00 sati ogromna detonacija. Veliko drveće u šumi na visu iznad nas pada u oblaku dima, pomešanog sa grudvama izbačene zemlje. To eksplodiraju naše mine i ruše neprijateljske rovove. Besnilo topova, pušaka i mitraljeza izgleda da se još pojačava. Švabe su dobro gađale; naši topovi su bukvalno okruženi ogromnim dubokim jamama koje su iskopale njihove granate. Ali pored svega toga, mali broj artiljeraca bio je pogođen. Meci bivaju sve ređi i, na svome konju koji je bio dobro zaklonjen u jednoj jaruzi za vreme bitke, hitam prema previjalištu u Gnjili.

Ono je već puno i lekari previjaju, previjaju, a da nemaju vremena da odbiju dim iz jedne male cigarete. Ima teških ranjenika od eksplozivnih kuršuma. Ima ih koji su doneseni na nosilima, a većina ipak, sa svojim ranama koje su pokatkad strahovite, sišli su sa visa pešice, podupirući se na neki isečen štap ili na svoju pušku, ili podržavani od drugova koji su manje ranjeni. Nijednog jauka, ali često šale onih ubogih đavola koje previjaju na brzu ruku. Od vremena na vreme, jedan bezoblični paket na jednim nosilima ukoči se u grču. To je jedan mladi život koji odlazi. A gotovo svi, čak i oni koji su najteže ranjeni, puše. Oni koji misle rđavo nikotijaninoj biljci, neka pođu na previjališta na frontu da vide koliko duvan od koga se oni užasavaju, može da uteši nesrećnike i da im podigne moral!

Previjeni i snabdeveni objavom, prikačenom za šinjel, ovi vojnici odlaze pešice prema bolnicama u pozadini. Teško ranjeni očekuju volujska kola da ih prevezu, a oni koji nisu za prevoz, spremaju se stoički da napuste ovaj svet. Dr Mihailović mi kaže: „Sve je dobro, čim su ranjenici dobre volje".

Jarebice su sedište Treće armije. Tu se još čuje top sa Gučeva. To je jedno malo selo koje je, nekada, živelo u blagostanju. Danas, to selo je opljačkano do dna duše, a 23 stanovnika bila su ubijena, a 10 njih je nestalo. Sedamnaest ljudi iz Jarebica bilo je streljano u Krivajci. Uostalom, sva sela u okolini oplakuju svoje pokojnike, poubijane od strane austrougarske soldateske. Tako u Zavlaci ima 20 ubijenih, a 7 nestalih. U Likodri pobijeno je 57 ljudi.

Iz Likodre penjemo se do štaba Moravske divizije drugog poziva, kojom komanduje pukovnik Ljuba Milić, docnije general na

Makedonskom frontu, i slatkorečivi Kalafatović, budući i neumorni šef drugog obaveštajnog biroa u Solunu. Ova gospoda su postavila svoj šator-kancelariju u Barama u jednoj lepoj bukovoj šumi. Tu su mi pokazivali gvožđa kojima se vezuju vojnici za ruke i noge, gvožđa nađena na austrijskim položajima, prava oruđa za muke. Duh u vojsci Franca Jozefa mora biti rđav, čim su primorani da upotrebljavaju ovakva sredstva za kažnjavanje. Položaji na Barama nisu daleko od komandantova šatora. Oni stoje prema Belom kamenu i Kostajniku. Kad sam tamo stigao, topovi su bili u akciji i iz rova u rov odgovaralo se puščanom paljbom. Tako je gotovo svakodnevno, i nema dana da gde ne sahrane nekoliko junaka koji su poginuli za slobodu svoje zemlje. Da, svuda na frontu oni koji se biju, ubeđeni su da će se rat završiti pobedom Prava i Slobode. Srbija nije htela rat. Ona trpi nepravedan i divljački napadaj. Svi veruju da nepravda ne može biti pobedonosna i da će oni koji su je učinili, biti kažnjeni.

Sa Bara silazimo rđavim vrlo strmim putem u Krupanj, šćućuren u tesnoj dolini. Tu je Dunavska divizija drugog poziva. Njen komandant, pukovnik Miloš Vasić, smestio se u zgradi Direkcije antimonskog rudnika. Varošica Krupanj nije velika, 1.300 stanovnika, ali kao i sva druga sela i varošice u tom kraju, ona je grdno stradala za vreme privremene austrougarske okupacije.

Dok ručam skroman ručak u mahali, mehandžika, Persida Simović, priča mi šta su radile Švabe. U njenoj kući bio se smestio jedan general sa svojim štabom. Prva stvar koju su od nje tražili, bile su bombe. „Kod vas, u Srbiji, čak žene imaju bombe, dajte nam ih odmah", govorili su joj oficiri. Jedan lekar tražio je od nje jaja za generala. Ona ih nije imala, ali je našla jedno u varoši i lekar joj je savetovao da ga sama preda generalu koji je govorio srpski. „To jaje mi je spaslo život", govorila mi je ona. Generalov ađutant bio je vrlo svirep. Svaki put kad su mu dovodili seljake iz okolnih sela, on je naređivao: „Na orah!" Tako je Persida videla kad su prvi put obesili petoro seljaka, zatim u dva maha sedmoro i jednom jednoga. Svi ti jadni ljudi bili su povešani o drveće ispred njene kuće. Kad je pitala vojnike dželate zašto to čine, oni su joj odgovorili: „Naređeno nam je da tako radimo". Kod nje su takođe stanovala četiri oficira koji su joj zapovedili da im sašije vrećice da u njih metnu novac nađen u džepovima obešenih i opljačkan po kućama. Persida se usudila da ih zapita kako oni, kao oficiri, mogu da čine takvu stvar. Oni su joj odgovorili da, pošto je rat vrlo skup, taj novac treba da pomogne njihovoj državi da podnese troškove.

Da se pođe iz Krupnja u Pecku, treba se vratiti u Likodru i odatle preći preko planine. Dan je bio divan. Priroda se ukrasila svojim najlepšim jesenjim bojama. Ali svuda, na svim visovima, u svima dolinama, čuje se bolni lelek majki koje plaču na grobovima svoje poklane dece. Prolazimo kroz Belu Crkvu i Stave, sela podignuta po visokim brežuljcima. Sada silazim u Pecku, sedište štaba Prve armije. Tu nalazimo generala Bojovića, čija noga nije još sasvim zalečena od rane koju je zadobio u borbama oko Šapca. Pokušaću, u jednom kasnijem poglavlju, da dadem skicu ovog velikog vojskovođe. Pecka je mirno. Čuje se samo top jako, ali izdaleka. To je već gotovo pozadina. Stoga se tu ne zadržavam dugo i vraćam se, preko Stave u Valjevo.

Tako sam prešao ceo aktivni srpsko-austrijski front. Utisak koji sam poneo sa ovog izleta, bio je vrlo dobar. Srpska vojska bila je vrlo rđavo odevena, ali njen moral i njena izdržljivost bili su savršeni. Ipak, imao sam takođe utisak da se to mora uskoro svršiti, jer su četiri rata iscrpla zemlju. Avaj! mnogo sam se prevario u tom pogledu. Ono što sam preživljavao, bio je samo početak jednog dugog mučeništva i vojska nije bila nimalo iscrpljena, jer je kasnije mogla da izvrši povlačenje kroz Albaniju i jer je slavno osvojila celu svoju zemlju, pregaženu koalicijom njenih neprijatelja. Najzad sam vrlo jasno konstatovao da se austrougarska vojska osramotila zauvek, jer nije vodila lojalan rat protiv vojske svoga protivnika, nego se trudila da istrebi ceo narod, ubijajući bez razlike borce i mirne žene, decu i starije. Austro-Ugarska je morala da plati ovaj zločin iščezavanjem sa karte Evrope. Neumitna pravda može da bude spora, ali, najzad ona dejstvuje.

# PROLEĆE 1915. KRAGUJEVAC

Novembar 1914. video je pokušaj revanša Austro-Mađara za njihov poraz na Jadru i na Ceru. Poćorekove trupe već su se smatrale pobedonosnima i bile zauzele prestonicu, kad ih je strahovita metla sa Kolubare i Rudnika počistila kao plevu. Preneraženi svet prisustvovao je ovoj gotovo neverovatnoj pobedi srpskih vojnika-seljaka koji nisu više imali municije i koji su proterali neprijatelja, okrećući protiv njega njegove sopstvene topove. Držanje starog kralja, koji je sišao u rovove da pobedi ili da umre sa svojim vojnicima, ostaće legendarno. A zatim strašno iskušenje tifusa svirepo je desetkovalo pobedonosnu vojsku i građansko stanovništvo.

Ja sam krajem godine činio dug izlet po Južnoj Srbiji duž bugarske granice, upućen od nadležnih vlasti da ispitam da li sofijske optužbe, ponavljane neprestano kod saveznika Srbije, imaju osnova ili ne. To je bio moj prvi intimni dodir sa Južnom Srbijom koja mi je postala tako draga. Zatim, trebalo je da izradim svoj izveštaj o zverstvima koja su počinili Austro-Mađari u prvoj fazi rata. Da to učinim, trebalo mi je mira koji sam mogao naći samo kod kuće u Lozani. Otputovao sam dakle za Švajcarsku i, za malo vremena, moj izveštaj, objavljen kasnije, bio je gotov. Ipak, mir koji sam uživao u Švajcarskoj, bio je tek vrlo relativan. Za sve vreme svoga boravka kod kuće bio sam žučno napadan od savezničkih neprijatelja i njihovih pristalica. Povrh toga, nedela neprijatelja Srbije izgledala su tako neverovatna najboljim prijateljima saveznika, pa čak i samim saveznicima da im je trebalo neprestano iznositi dokaze, dokumente itd. na konferencijama, u publikacijama i u drugim manifestacijama.

Posle povlačenja kroz Albaniju bio sam po drugi put u Švajcarskoj, dakle u neutralnoj zemlji, i ne kolebam se da kažem da je, za borca, boravak u neutralnoj zemlji bio mučniji od boravka na frontu. Trebalo je čoveku mnogo više hrabrosti da produži borbu, pitajući se svakog jutra kakvo će mu novo blato baciti toga dana u lice, nego što mu je trebalo hrabrosti među hrabrim drugovima na frontu.

Čim sam završio svoj rad u Lozani, otputovao sam za Pariz gde je „Alians Fransez" tražila od mene da održim jednu konferenciju na Sorboni sa temom: O ponašanju Austro-Mađara u Srbiji u koju su upali. Šta je bila ova konferencija, nekoliko Srba koji su joj prisustvovali, još će se sećati. Retko sam video slično oduševljenje kao ono koje je vladalo u ogromnoj sali. Počeo sam svoju konferenciju rečima: „Pred zločinom, nema moguće neutralnosti!" Ova fraza je ostala tipična kroz ceo rat i neprestano su je citirali, ne sećajući se više odakle je ona došla i ko ju je prvi izgovorio.

Francuska vlada i Glavni stan pozvali su me da obiđem francuski front. Sa uživanjem sam prihvatio ovu ponudu i tako sam video slavna mesta kao što su Betin, Alber, Karansi, Ne-le-Min, Notr-Dam-de-Loret itd. Došao sam u dodir sa šefovima koji su postali slavni kasnije, kao Peten, i divio sam se francuskom „poaliu". Odmah posle ove posete, otputovao sam za Srbiju i, prvih dana meseca aprila, bio sam u Kragujevcu, novom Glavnom stanu srpske vojske.

Čim sam se iskrcao iz voza na kragujevačkoj stanici sa njenim jedinim acetilenskim reflektorom koji je, kad padne noć, imao za dužnost da osvetljava celu stanicu, imao sam utisak da ima neke promene, a da nisam mogao znati u čemu je ona. Video sam zatim da to dolazi od toga što je vojno i građansko osoblje u Glavnom stanu znatno mnogobrojnije nego u Valjevu i da nismo više sami. Saveznici su uputili mnogobrojne misije. Sada kad su Srbi izdržali sami veliki neprijateljski udarac, saveznici su počeli da se njima bave. U Valjevu bili smo kao u porodici; u Kragujevcu je trebalo paziti na protokol. Tifus je još bio u punom jeku, istina, u opadanju. Više se nisu viđala kola jedna za drugima, natovarena grubo slupanim sanducima pomoću nekoliko dasaka i koji su imali mesto dna, da bi se uštedelo drvo, nekoliko letava između kojih su se pomaljale noge mrtvaca. Ali mrtvaci su još uvek bili mnogobrojni i u groblju, proširenom preko mere, grobari su kopali rake od zore do mraka. Bile su tri vrste tifusa koji je besneo među vojnicima i građanima: pegavi tifus, trbušni tifus i povratni tifus. Najviše života pokosio je pegavi tifus koji su doneli Austro-Mađari prilikom svoje ofanzive od novembra i decembra, ofanzive koja se preobrazila u begstvo bez obzira, u „dobro izvršeno strategijsko povlačenje", kako su leporečivo govorila zvanična saopštenja Beča i Pešte. Uostalom, Austro-Mađari su isto tako obdarili ovom strašnom bolešću svoje bugarske prijatelje koji još nisu bili u objavljenom ratu, ali koji su već bili saučesnici. Uistinu, u političkom cilju koji je lako pogoditi, vlada Franca Jozefa uputila je u Bugarsku srpske zarobljenike, rodom iz Južne Srbije i oni su, pošto su se dugo vukli po zaraženoj zemlji, doneli klicu bolesti u zemlju Ferdinanda Verolomnog.

Evo statistike tifoidnih bolesnika u srpskoj vojsci od januara 1915:
1. januar: 360 pegavca, 871 trbušnog, 6.604 povratnog;
1. februar: 2.194 pegavca, 1.933 trbušnog, 6.604 povratnog;
1. mart: 5.361 pegavca, 1.661 trbušnog, 8.045 povratnog;
1. april: 7.530 pegavca, 1.109 trbušnog, 5.867 povratnog;
10. april: 6.317 pegavca, 979 trbušnog, 3.918 povratnog.

Blagodareći preduzetim merama i oslabljenju virusa, koje dolazi uvek za vreme cele epidemije, strahovita smrtnost koja je u početku dostizala do 30%, bila je pala na 15%, a 24. aprila u Kragujevcu je bilo samo 695 obolelih od pegavca. Ali četvrtina srpskih lekara, već inače malobrojnih od objave rata, ostavili su živote na svom bojištu pored svojih bolesnika. Među ovim herojima dužnosti i samoodricanja nalazi se takođe jedan švajcarski lekar koji je pohitao u pomoć Srbiji, dr Ernst iz Berna. On je do poslednjega časa negovao svoje sopstvene kolege, i pao je mrtav pored kreveta jednog svog bolesnika. Iako je njegov grob dugo zaboravljen, srpski narod će umeti da se seti ovog usamljenog groba gde počiva zauvek jedan čovek daleko od svoje otadžbine, čovek koji se žrtvovao iz prijateljstva za svetu stvar na krst razapete Srbije.

Pegavi tifus predstavljao je još jednu opasnost: da su, kod ranije ranjenih vojnika, stare rane počele da se gangreniziraju i jadnici koji su se oteli od tifusa — umirali su od gangrene. Vaši, ova ratna rana, bile su prenosioci klice ove bolesti. Stoga je ova odvratna životinja bila neumoljivo gonjena. Bilo je zabranjeno rukovanje. Sudovi puni rastvora sublimata bili su namešteni u svakom lokalu gde su se ljudi sastajali. Kafane i restorani blli su otvoreni samo od 7.00 do 9.00 sati ujutro, od 11.00 do 14.00 i od 18.00 do 22.00 sata. Patosi su ribani sa smesom od zejtina i petroleja, a kafanske sale bile su okrečene.

Uostalom, gotovo sve malo važnije kafane bile su pretvorene u ambulante za ubrizgavanje, ili u bolnice gde se neguju stari ranjenici. Nema više novih ranjenika, jer, posle batina koje su dobili u mesecu decembru, Austro-Mađari se drže vrlo mirno i, u pogledu ratnih operacija, izmenjuje se po koji metak s jednog položaja na drugi, a s vremena na vreme bombarduje se Beograd, te ginu žene i deca. Ali beogradski ranjenici ne dolaze u Kragujevcu. U kafani kod „Šiška" ima 27 bolesnika, kod „Šumadije" 30, u gimnaziji 394 itd. To su, kao što sam rekao, stari ranjenici i među njima ima vrlo mali broj koji boluju od tifusa. Njih neguju u naročitim barakama.

Kragujevac je pun savezničkih lekara i bolničarki. Tu je engleska vojna misija sa pukovnikom-lekarom Hanterom na čelu. Tu je ruska bolnica, preseljena iz Valjeva u Kragujevac. Tu je isto tako francuska vojna misija koja broji 100 lekara i kojom upravlja pukovnik lekar

## ŠTA SAM VIDEO I PROŽIVEO U VELIKIM DANIMA

Žuber. Englezi su dali svojoj misiji jedan sasvim naročiti cilj i imaju nameru da sami upravljaju svojim izaslanicima. London izigrava, kao za vreme celog rata, ulogu zaštitnika prema Srbiji, zaštitnika koji, istina hoće da pomaže, ali koji hoće takođe da zapoveda. Francuzi su stavili svoje lekare na potpuno raspoloženje srpskog generalštaba. Oni se smatraju kao saveznici s istim pravom u Karađorđevoj zemlji, a ne kao zaštitnici koji čine delo milosrđa. Ne ustežem se da kažem da sam već za vreme rata uvideo, a kasnije mi se to još više potvrdilo, da su Francuzi bili jedini saveznici koji su shvatili srpski narod, njegovu dušu i njegove aspiracije.

U ovim okolnostima, nije dakle nimalo čudno da je francuska vojna misija imala mnogo bolji rezultat nego engleska. Čovek je svuda sretao francuske lekare na frontu, u jedinicama, po varošima i po selima, gde pelcuju građansko stanovništvo i vojne ličnosti. U Kragujevcu, u jednoj sali kafane „Šumadija", radio je dr Garnis. On je pelcovao 1.500 stanovnika nedeljno protiv kolere, i oni dolaze dobrovoljno, iako pelcovanje nije obavezno. Uostalom, nemam nimalo namera da tvrdim da Hanterova misija nije bila takođe korisna. Ali njoj je London strogo propisao njen zadatak, iako London nije mogao znati gde je njena pomoć bila najhitnija.

Pored ove engleske vojne misije, bilo je još privatnih misija istog porekla. Tu je misija gospođe Stobart, jedne opasne feministkinje. Sem njenog muža i pastora, celo njeno osoblje je žensko i prošlo je prvu mladost, sem jedne devojke koja je vrlo mlada i kojoj se stoga mnogo udvaraju mladi ljudi u vojsci.

Bolnica pod šatorima gospođe Stobart bila je divno smeštena na jednoj velikoj livadi. Tu je sve bilo novo i trebalo je da posluži za lečenje zaraznih bolesti. Nažalost, jedine zarazne bolesti koje su tu bile negovane, bile su bolesti nekoliko lekarskih članova misije, od kojih su dve-tri podlegle.

Tu je takođe misija škotskih žena i Serbien Relif Fond. Škotske žene su čestite žene koje predano rade kao lekarke ili bolničarke, ali njihov cilj sifražetske propagande i ženske emancipacije, koji bi se morao uspavati za vreme rata, često je bio i suviše očigledan.

U svemu, uvek sam imao utisak da su Englezi koji su vrlo dobro snabdevali svoje misije, trošili ogromno novca.

U ovom nabrajanju, ne treba zaboraviti lično delo jedne Engleskinje, ledi Pedžet, žene engleskog ministra. Ova plemenita žena se lično zalagala i, iako radeći sa mnogo ograničenijim sredstvima nego druge misije, ona je učinila srazmerno beskrajno veće usluge. Ova hrabra žena nije htela da ostavi svoje ranjenike kad su Bugari zaboli Srbiji nož u leđa. Smelo, pored kreveta bolesnika ona je čekala upadača.

Sem ovih stalnih misija, bilo je takođe u Kragujevcu „misionara" na prolasku. To su bili francuski ili drugi političari koji su išli u Rusiju ili se vraćali iz te zemlje. Oni su se zaustavili u Nišu i Kragujevcu, pričali mnogo, bili dekorisani i razumevali malo o zemlji koju su posećivali. Imali smo takođe posetu velikih trgovaca „u misiji", kao ser Tomasa Liptona, engleskog kralja čaja. On je imao jednu jahtu za uživanje, koju su rekvirirale britanske vlasti za transporte Crvenog krsta. Prilikom jednog njenog putovanja kad je prevozila sanitetski materijal za engleske misije u Srbiji, on je došao u Solun. Ser Tomas, radoznao da vidi ovu zemlju u ratu, dobio je odobrenje da putuje na svom sopstvenom brodu i tako nam je stigao „u misiji", bio dočekan s počastima i odlikovan lentom Svetog Save, pa i danas, deset godina posle rata, vidi se u svima bakalskim izlozima u prestonici i unutrašnjosti „Lintonov čaj".

Bilo je još „obaveštajnih misija" savezničkih i neutralnih novinara koji su prohujali kao vetar kroz zemlju, ne razumevajući ni njen jezik ni njen mentalitet, ali ne prezajući da o njoj daju povoljne ili nepovoljne opise, prema političkoj boji lista koji su zastupali. Tako smo isto imali posetu famoznog Barbisa koji, danas optužuje Srbe zbog najgorih zločina i koji je, pošto se obogatio svojim knjigama punim talenta, ali i najštetnijeg duha, jedan od stubova boljševičkog komunizma u Francuskoj. Govoriću na drugom mestu o „stalnim ratnim dopisnicima", a ovde ću se ograničiti da kažem da smo imali među nama u Kragujevcu njih nekoliko koji su bili vrlo ozbiljni i pravi prijatelji Srbije, kao što je bio Robinson iz „Tajmsa" i Pol di Boše iz „Žurnal de Ženev", ali imali smo takođe i drugih koji su bili pomalo fantastični, kao onaj ruski dopisnik koji je uvek bio besprekorno utegnut u novu novcatu uniformu i sa čizmama koje su izazivale ljubomornost svih mladih konjičkih oficira.

Već sam kazao da je ruska bolnica iz Valjeva preseljena u Kragujevac. Ona je bila smeštena u jednoj dugačkoj zgradi koja je, čini mi se, bila poljoprivredna škola pre rata, na putu za Gornji Milanovac i preko puta varoškog fudbalskog igrališta. Tu su od vremena na vreme organizovani koncerti koje su posećivali vrhovi vojne hijerarhije i mladi poručnici ataširani Glavnom stanu ili rekovalescenti, privučeni dražima nekih ženskih članova misije. Ipak kuća u kojoj su stanovale „sestre" u varoši bila je još više posećivana od ratnika koji su želeli da malo flertuju. Bilo je teško, u vreme čaja, da čovek tamo ne nađe društva. Gospođa Tamara, lepa Tamara, kao što smo je nazivali među nama, bila je divna domaćica koje će se verno sećati oni koji su bili u Valjevu i Kragujevcu.

Kragujevac, u samom srcu Šumadije, relativno malo je postradao od rata, sem od epidemije tifusa koja je tamo vladala kao i u drugim mestima prvih meseci 1915. Na svaki način, mnogo ljudi koji su bili u godinama da nose oružje, otišli su odavde da se pridruže vojsci i mnogi između njih već su platili svojim životom svoj dug otadžbini. Ali život se produžavao u ovoj lepoj varoši u punom zelenilu. Mnogobrojne vojne ličnosti u Glavnom stanu, arsenalski i pirotehnički radnici, stanovnici koji su svi ostali kod svojih kuća, dozvoljavali su trgovini da radi, što je održavalo blagostanje varoši.

Zaista, šetajući se na pazarni dan velikim trgom iza parnog mlina i javnoga kupatila, čistog i dobro udešenog, čovek nije mogao da se kreće, toliko je tu bilo seljačkih kola kojima su upravljali starci ili seljanke, pune s buradima rakije, džakova, žita, drva, zeleni itd., a slobodna mesta su bila zakrčena jaganjcima, ovcama, svinjama i kravama. Okupljeni u grupe, seljaci i seljanke, obilato gestikulišući, pogađaju se sa građanskim kupcima ili onima koji su došli naročito sa sela da kupe konja, kravu ili svinju, koje nemaju. Cene su još blage. Trideset para tuce jaja! Kad prodaju svoju robu prodavci i prodavačice posedaju u krug po zemlji, jedući hleba, sira i luka i zalivajući rakijom iz čuture koja ide od ruke do ruke.

Radnje su otvorene, a naročito, na pijačni dan, ima navale. Očigledno, police se prazne, jer je više gotovo nemoguće popuniti prodanu robu koja je većinom dolazila iz Austro-Ugarske i Nemačke, ali ima je još dosta da posao može da ide. Trgovci se zaklinju da, posle rata, neće više nikad kupovati trulu robu u Beču, Budempešti i Berlinu. Sećaju li se oni još danas te zakletve? Mislim da se ne sećaju i verujem da su njihove police ponovo ispunjene ovom robom bivših neprijatelja.

Kao što sam kazao na drugom mestu, za vreme zaraze tifusa kafane i restorani koji nisu bili upotrebljeni za potrebe vojske mogli su se otvarati samo u izvesne sate, određene od lekarskih vlasti. Ali u te sate oni su bili puni. Već u toku meseca maja bolesnici su bili evakuisani u bolnice, jer nije bilo ozbiljnijih borbi i, s toga, nije bilo ni novih ranjenika. U isto vreme svima je dana potpuna sloboda. Onda se namestio jedan bioskop kod „Takova", i imali smo prilike da provodimo večeri u pretrpanoj sali i da se divimo starim Vomonovim filmovima ili nemačkim predratnim filmovima, pronađenima u postojećim rezervama u trenutku kad je buknuo ratni požar. Kafana preko puta, „Pivnica", pošla je za primerom „Takova" i namestila i ona svoj bioskop koji je činio opasnu konkurenciju drugom. Ipak, i jedan i drugi nisu bili suvišni da pruže večernje razonode svima vojnim i građanskim licima, koja su završila svoj posao. Od vremena na vreme davani su filmovi kinematografskog servisa francuske vojske. Publika ih je primala s oduševljenjem. Još je postojala želja za ratnim filmovima koji su kasnije u solunskim bioskopima privlačili samo malo sveta.

Kafane su morale dobro zarađivati u Kragujevcu, sedištu Glavnog stana vojske. Često je bilo teško naći praznog mesta od 18.00 do 22.00 sata uveče.

Velika razonoda Kragujevca bio je njegov „park". Od 17.00 sati uveče, tu se sleže sve što ima omladine u varoši i ubrzo, sastaju se samo parovi i male grupe mladića i devojaka, koji flertuju i smeju se pored svega rata. Oko 18.00 časova dolaze vojna lica. Nekoliko grupa viših oficira koji obično raspravljaju i mnogo mladih poručnika i podoficira, zdravih ili koji se oporavljaju, i koji traže drugaricu da ih prati na njihovoj šetnji posle rada i pre večere. Mladi podoficiri iz francuske radiotelegrafske stanice, Bernade i ostali, u te sate su dnevni gosti parka. Oni su se doterali i obukli svoju uniformu plave boje kao nebo, koju je krojio dobar krojač. Oni su dobro utegli svoj mladićki struk u svoj pojas i pritegli svoje noge u besprekorne dokolenice. Već svaki od njih ima svoju malu prijateljicu i oni pokušavaju da razgovaraju francuski, mešajući nekoliko rđavo izgovorenih srpskih reči. Njihove prijateljice ne razumevaju bogzna koliko od ove konverzacije, ali one gledaju mlada i nasmejana lica i to im je dovoljno da i one postanu vesele. To je bezbrižna omladina prošlosti i budućnosti! Bernade, već dva puta teško ranjen na francuskom frontu, vidi samo lepo proleće, blistavo sunce i zelene livade. Šta je bilo od ovog lepog i veselog francuskog momka?

Jedan od vernih posetilaca parka isto tako je moj dobri i čestiti prijatelj Di Boše iz „Žurnal de Ženev". I on sam smatra da je najbolji način da nauči ovaj teški jezik kao što je srpski, da ima jednu lepo sastavljenu gramatiku u obliku jedne devojke. On se dobro koristio ne svojom gramatikom, već svojim gramatikama. On i Marjanović, vrlo sposobni fotografi, isti Marjanović koji je za vreme povlačenja kroz Albaniju imao hrabrosti da ne misli da čuva svoju kožu nego da skuplja neocenjive dokumente za srpsku istoriju, bili su tipske ličnosti za kragujevački park u proleće 1915.

Kad govorim o Marjanoviću koga smatram najzaslužnijim fotografom u ovoj prvoj fazi rata, moram pomenuti još jednog drugoga, Černova, ruskog fotografa koji je, zaista, imao isto tako mnogo talenta i koji je bio mnogo čovek od zanata. Kakva čudna i zagonetna ličnost je bio taj Černov koji je već pratio srpsku vojsku za vreme balkanskih ratova. Da li je on bio Rus ili kosmopolitski Jevrejin, kao što su mnogi tvrdili? Ne znam. Taj mali plećati čovek sa obrijanom lobanjom mogao je biti isto tako Rus kao i Jevrejin. Ali ono što znam, to je da je, pored stvarne hrabrosti, imao paklenu drskost. Zar se on nije usudio da dovede na front, svoju prijateljicu koja je bila debela i punokrvna Mađarica. Černov je bio čovek od poslova. Da li je on zaista bio iskreni prijetalj Srbije? Ne znam, ali znam da je umeo da dobro pretvori u novac svoje pravo ili tobožnje prijateljstvo. Ovaj čovek je iščeznuo posle povlačenja kroz Albaniju i ja sam ga video samo jednog dana, 1916, u Solunu u jednoj fantazijskoj uniformi ruske vrste. Od toga dana više ga niko nije video.

U pogledu razonođenja, Kragujevac još ima svoje pozorište, smešteno u kafani „Talpara". Ovo pozorište je prava pesma. Nameštено u „bašti" kafane, gledaoci su vrlo relativno zaštićeni od kiše debelom zavesom zelenila. U dnu, jedna sasvim mala pozornica, a prema ulici, jedna staklena pregrada na kojoj je jedna bomba austrijskog aviona porazbijala gotovo sva okna, deli publiku sa ulice koja ne plaća od publike u bašti koja plaća. Na ovoj pozornici igraju se sve vrste vodvilja i komedija i tu dobra volja glumaca naknađuje kostime i dekoracije. Uostalom, nekoliko glumaca nije bez talenta, ali čovek ima utisak da su se srozali kad ih vidi gde se kreću na ovoj pozornici desetog reda. Četiri ili pet svirača Cigana pokušavaju da gledaoce zanimaju između činova. Oni ne sviraju na violini, oni upravo stružu o nju, i kad jedan francuski oficir ili podoficir ulazi u pozorište, oni ga pozdravljaju „Marseljezom" u ciganskom prevodu. Publika je vrlo šarena. Oficiri, vojnici, nekoliko gospođa i građana sede za stolovima gde poručuju piće. Jedan stari glumac deli ulaznice po dinar i po dok „gospodin direktor" nadgleda salu i odlazi pokatkad da odigra neku malu ulogu na pozornici. Bogami, prihodi ne moraju biti jako sjajni.

U proleće i u leto 1915, na frontu je sve mirno i to se oseća u Kragujevcu. Kad ne bi bilo velikog broja oficira, vojnika, članova raznih stranih misija, austrougarskih zarobljenika koji se, zakićeni malom trobojnom trakom, šetaju slobodno ulicama; kad ne bi bilo mnogih crnih zastava na niskim kućama, čovek bi verovao da se nalazi usred mira.

Ipak, 9. juna bio sam probuđen malo posle pet sati ujutro ogromnim treskom dveju detonacija i zvučnim breketom jednog aeroplana. Kragujevac je bombardovan bombama sa aviona. Brzo ustajem, navlačim pantalone i cipele i odlazim da vidim šta se dešava. Moja gazdarica i njena deca već su napolju. Iznad varoši leti jedan aeroplan, za koji svet misli da je francuski. Ja ih razuveravam i, uskoro, dve nove detonacije i gust smeđ dim daju nam na znanje da su projektili pali na nekih 300 metara od naše kuće. Avion opisuje jedan krug i još baca bombe, i mi čujemo njihovo karakteristično šištanje i vidimo dim od eksplozija. Moja gazdarica i njena deca su pomalo uzbuđeni i trebalo ih je umiriti, što nije lako kad čovek zna samo nekoliko reči srpski. Sada avion odlazi, praćen mnogobrojnim puščanim kuršumima i perjanicom dvaju šrapnela. Jedan drugi avion dolazi i ponovo baca bombe. Brzo, oblačim se do kraja i polazim da obiđem mesta gde su pale bombe.

Kod mlina vidim jednu kućicu razorenu i jednog mrtvog čoveka koji leži u bašti. Njegova mati je opružena na ulici. Ona nije mrtva, ali je ozbiljno ranjena otpacima zida koji se srušio na nju. Mali brat, ranjen u bedra, već je odnesen u ambulantu. Preko puta crkve, u glavnoj ulici i pred apotekom, jedna malo duboka rupa na kaldrmi pokazuje da je i ovde pala jedna bomba. Apoteka, kafana pored nje i „Talpara" oštećene su i svi prozori su razbijeni. Barice krvi po kaldrmi dokazuju da je i ovde bilo pogođenog sveta. Lišće na kestenovima iscepano je i jedno drvo je presečeno. Svi zidovi uokolo nose tragove od bombinih parčadi. Ima samo sto i nekoliko metara od mesta gde je pao projektil, do kuće princa Aleksandra. Izvesno je da su nju gađali.

Malo dalje, u jednoj sporednoj ulici, probijena je jedna kuća. Jedna žena je tu ubijena u trenutku kad se umivala. Dve bombe su pale pored logora gđe Stobart. Ipak, ono čemu je služio ovaj logor, bilo je jasno pokazano velikom zastavom sa crvenim krstom, a Haška konvencija zabranjuje bombardovanje sanitetskih ustanova.

U svemu je bačeno devet bombi koje su ubile dva građanina i jednu ženu, i ranile deset građana. Saznajemo kasnije da je jedan od tri aviona koji su leteli iznad varoši, bio oboren od francuskih aviona sa Banjice kod Smedereva. Ovaj atentat na Kragujevac verovatno je austrougarski odgovor na činjenicu da su naši zaplenili jedan nemački avion koji je prenosio poštu iz Turske, kod Kumanova, a isto tako i zbog toga što su dan ranije, francuski aeroplani bacili bombe na austrijski aerodrom u Oršavi i tu ubili jednog avijatičara i jednog vojnika.

Stanovništvo nije bilo suviše uzbuđeno, iako je ovo prvi put da njihova varoš prima posetu ovih ratnih sprava. Kragujevac nije bio branjen do toga dana od neprijateljskih aviona, ali to će već biti sutra.

## ŠTA SAM VIDEO I PROŽIVEO U VELIKIM DANIMA

I zaista, sutradan ujutro čujemo besomučnu paljbu topova od 75 kao protivavionskih topova. Ali to je samo bila lažna uzbuna. Dva bombardovana aviona bila su tek dva velika orla. To nije smetalo da je u parku, među jutarnjim šetačima, nastala lepa mala panika.

Oficirska menaža nalazi se u konaku, lepom i velikom zdanju u srpsko-turskom stilu, a koje je bilo rezidencija kneza Miloša. Broj gostiju u ovoj menaži mnogo je veći nego u Valjevu. Ima mnogo više oficira i mnogo više građanskih lica koja nose titule vojnih činovnika. Ton koji tu vlada, takođe je mnogo zvaničniji i protokolarniji nego što je bio u maloj varoši na obalama Kolubare. Jedan veliki predsednički sto na sredini koga gordo zasedava ljubazni, ali malo nagluvi artiljerijski pukovnik Milivojević. Oko njega saveznički vojni atašei, pukovnik Furnis, pukovnik Harison, pukovnik Artamonov i, kasnije posle ulaska Italije u rat, major Sola. Crnogorski vojni ataše, Jovan Bećir, nije više tu. Naprotiv, tu se kadgod vide, na dan-dva, neutralni atašei Grčke i Španije koji se dosađuju u Nišu i koji bi hteli videti nešto što im se ne pokazuje. Sem toga, tu je moj prijatelj Di Boše iz „Žurnal de Ženev" i kapetan Jovanović, jedan ljubazan čovek, atеširan naročito stranim zvaničnim ličnostima, ali koji, pored svega svoga svojstva diplomata u civilu, nije bio uvek vrlo diplomatski. Ni vojvoda Putnik, ni pukovnik Pavlović ne posećuju menažu.

Prema predsednikovom stolu nalazi se dosta stolova, zauzetih, po hijerarhijskom redu, od mnoštva vojnih i građanskih lica. Sasvim u dnu ima jedan sto gde smeh nikada ne prestaje pa čak i kad je cela sala jako ozbiljna. Za tim stolom sedi Slobodan Jovanović, koji bez predaha sipa svoje male pakosti čijom tajnom vešto raspolaže.

Od vremena na vreme, ima svečanih ručkova i večera kad dolaze ugledni gosti, kao ser i ledi Pedžet, itd., ili opet kad odlazi neka misija. Tako je bio proslavljen odlazak misije škotskih gospođa koje su napustile Kragujevac za Paraćin. Te večeri imali smo čak gardijsku muziku koja nas je uveseljavala izabranim tačkama. A svim tim je upravljao onaj odlični pukovnik Antonio Mitrović, energičnom rukom, katkad malo potežom na veliku muku ordonansa.

Ne mogu govoriti o Kragujevcu, a da ne pomenem „presbiro", odeljenje za zaštitu Glavnog stana, kojim je upravljao, kao i u Valjevu Slobodan Jovanović. Tu je on apsolutni gospodar, to je njegova stvar. On je tu namestio mnoštvo mladih ljudi i ljudi zrelih godina, koji nalaze da je lakše držati pero nego pušku. Uostalom, oni se ne služe suviše često svojim perom. Oni teraju šalu i to je gotovo sve što od njih traži njihov šef. Tu takođe nalazimo profesora Branu Petronijevića koji čita i filozofira i preduzima najsavesnije mere predostrožnosti protiv rđavih mikroba. Prijatelj Slobodan je jedini koji zaista radi. On gotovo sasvim sam sačinjava Ratni dnevnik, novine vojske. Ali ovaj posao ostavlja mu još dosta vremena da se zabavlja sa svojim osobljem i da organizuje tombole na kojima srećni dobitnik dobija ćurana. Neću nikad zaboraviti onaj prvi sprat jedne prostrane kuće u glavnoj ulici, gde je čovek bio siguran da će pomalo da se razonodi, ako mu je suviše bilo dosadno u dane kad je bilo rđavo vreme.

U jednoj maloj povučenoj kući živi i radi vojvoda Putnik sa svojom desnom rukom, pukovnikom Živkom Pavlovićem. Njegova astma je još pošla na gore. Gotovo stalno ga potresa mučan i bolan kašalj. On je često prinuđen da ostane u krevetu, ali on produžava da radi danju i noću sa Pavlovićem koji sedi pored kreveta kao milosrdna sestra. On gotovo ne prima više nikoga sem šefova svoga štaba. Imao sam ipak sreću da mene primi. Našao sam se tada pred jednim starcem vrlo, vrlo bolesnim, koga jedino njegov patriotizam, njegovo požrtvovanje za njegovu zemlju još održava među živima. On sada zna ko sam i govori mi otvorenog srca. Slabi zvuci njegovih reči mučno napuštaju njegove blede usne. On je stalno primoran da se prekida; napad kašlja trese tada ovo istrošeno telo. On mi priča sve svoje zebnje, ali takođe sve svoje nade. Srbija hoće, ona treba da živi!

## ŠTA SAM VIDEO I PROŽIVEO U VELIKIM DANIMA

On me polako prati do izlaza gotovo se više ne drži na nogama i, dok ja silazim niz stepenice, on mi i pored jednog novog nastupa kašlja kaže zbogom svojom rukom bez mesa. To je poslednja uspomena koju imam o ovom čoveku, čoveku koji je bio heroj samoodricanja i mučenik. Nisam ga više video. Danas, posle dugog izgnanstva u prijateljskoj zemlji, njegovo telo počiva u rodnoj grudi u beogradskom groblju. Išao sam tamo na hadžiluk i nisam mogao da se uzdržim da ne pomislim da mesto za ovaj grob nije u ovom banalnom groblju. Njegovo mesto bilo bi na jednom od najviših vrhunaca srpske Otadžbine gde bi njegov kovčeg, izložen slobodnom vazduhu, suncu i buri, mogao posmatrati sve one zemlje za koje je vojvoda Putnik živeo, patio se i umro.

Duhovna atmosfera u Kragujevcu nije više ista kao u Valjevu. U Valjevu još se bilo u punoj akciji. Uspesi i nedaće nizale su se i čovek nije imao vremena da misli dalje od sutra. Povrh toga, oduševljenje prvih dana bilo je još živo. Francuska, Engleska, Rusija bile su se digle da brane Pravo i Slobodu. Takvi saveznici nisu mogli pustiti da se pregazi Srbija. I zaista, bila je Marna koja je dopuštala sve nade. Od tog doba, rat se preobrazio na francuskom frontu u rat otpora, rat krtica, kao što su govorili „poali", gde se napredovalo ili ustupalo samo po desetak metara. U Rusiji, posle dva znatna uspeha, počela je crna serija gde ne samo što je bio izgubljen sav dobitak, već je neprijatelj duboko prodro u rusku zemlju. Varšava je već bila u rukama Nemaca. Na srpskom frontu, posle nezaboravnog Poćorekovog poraza u decembru 1914, bila je neaktivnost, otežana tifusnom zarazom koja je desetkovala vojsku i građansko stanovništvo.

Sve ovo tištalo je duhove i, razgovarajući sa mnom jedan stari rezervni kapetan, vrlo dobar posmatrač, rekao mi je: „U tri rata bile su kod nas tri faze: u srpsko-turskom ratu to je bilo oduševljenje, u srpsko-bugarskom ratu osveta, u sadašnjem ratu apatija". Moj kapetan se prevario što se tiče poslednjeg rata. Nije vladala apatija, već rezignacija. Da, rezignacija čami u Kragujevcu, ali ona ipak ne sprečava da se svi nadaju i veruju da će, najzad, pravo trijumfovati i svi su rešeni da se bore do poslednje kapi krvi.

Rat traje i dobar sklad između saveznika, koji više ne podržava oduševljenje iz prvih dana, dolazi u opasnost da se pomuti. Mala Srbija najviše strada zbog ovog stanja stvari. Mučne borbe na francuskom frontu, nedaće na ruskoj ratnoj pozornici čine da veliki saveznici žele jednu diverziju koja bi olakšala ova dva fronta. I u njihovoj misli, srpska vojska bi trebala da to izvrši, preduzimajući ofanzivu protiv Austro-Ugarske. „Gotovo više nema trupa protiv vas. Vi više ne činite ništa. Pređite Savu i Dunav i pođite na Budimpeštu", kažu London, Pariz i Petrograd. „Mi to ne možemo. Naše trupe su desetkovane tifusom, pošto su izgubile mnogo ljudi prošle jeseni u krvavim borabma na Ceru i Jadru, na Rudniku i Kolubari. Ako smo malo bolje opremljeni nego ranije, nama ipak nedostaje mnogo najpotrebnijih stvari da se upustimo u sličnu avanturu. I, recimo da uputimo 150.000 do 200.000 ljudi u Mađarsku, ko će braniti naših oko 1.000 kilometara granice od Bugarske koja čeka samo zgodan momenat da nas napadne? Najzad, ako Austro-Nemci odvoje sa svog ruskog fronta jednu jaku vojsku — a oni to mogu da učine — koja će preseći našu i uništiti je, da li će vama biti nešto bolje onda kad neprijatelj zauzme Srbiju i pruži ruku preko Bugarske, nemoćne ili već zadobijene za centralne sile, Turcima? Mi bismo rado pošli u Budimpeštu, ali zamenite onda našu vojsku u Srbiji sa 150.000 savezničkih vojnika", odgovara Kragujevac. Veliki saveznici odgovaraju: „Mi ne možemo da odvojimo tolike snage u Srbiju čiji je front samo sporedni front. Glavni front je francuski, a zatim ruski. Na vašoj strani neće se izvojevati odsudna pobeda. Vi možete bez brige prevesti vašu vojsku s druge strane, jer nemate ničega da se bojite od Bugarske. Ona će ostati neutralna ili će ona biti s nama. Naši diplomati odozdo nam to tvrde. Napadnite, ceo svet treba da radi, a ne da ne čini ništa kao vi sada". Ali veliki saveznici su se dvostruko prevarili. Najpre, Bugarska nije ostala neutralna, ona se borila na strani centralnih carevina. Zatim, odsudna pobeda u ratu izvojevana je na Dobrom polju. Bez ove pobede, poraz Nemaca bio bi daleko od toga da bude potpun. 150.000 savezničkih vojnika, upućenih u proleće 1915. u Srbiju, skratili bi rat za tri godine. Povrh toga, diplomatske bitke koje se vode u ovom trenutku, isto toliko su važne kao i strategijske bitke. Rusima ne ide dobro i saveznici Antante trebaju novih snaga, regrutovanih među neutralnima. Stoga bi oni hteli uvući u borbu i Rumuniju. Ali ove zemlje čekaju da im se masno plati njihova pomoć, a saveznici, to jest Rusija, Engleska, Francuska obećavaju im sve što hoće... na štetu Srbije i bez njenog pitanja. Tako je obećano Bugarskoj, u slučaju da Srbija dobije Bosnu i Hercegovinu, da joj se ustupi cela srpska Makedonija: Veles, Štip, Bitolj, Prilep i, čak, Ohrid. Ona bi isto tako dobila od grčke strane Kavalu, Dramu, Seres. Najzad, ustupa joj se Jedrene i linija Midije. Tako bi mirno lišili Srbiju ploda njena dva poslednja rata. Srbi ne traže ništa, ali oni isto tako neće da se raspolaže njihovom teritorijom čak da se i ne pitaju. I oni imaju potpuno pravo!

Rumunima saveznici obećavaju kao cenu za njihovu intervenciju ceo Banat do Zemuna, Bukovinu i Transilvaniju. Rumuni od svoje strane vratili bi Bugarima što su im uzeli 1913.

Pored toga, Italija se kreće. Ona je već tražila kao odštetu za svoj ulazak u rat jedan deo Dalmacije sa Splitom, Šibenikom i ostrvima, Trst, Rijeku i Trentin, rudnike u Tunisu, zemljište u Maloj Aziji i Dodekanezu. Sada ona neće Veliku Srbiju — još se nije govorilo o Jugoslaviji — ali ona želi mnoštvo malih balkanskih država u kojima bi ona lako uspostavila svoj uticaj. Tako ona sada flertuje iza kulisa sa onim starim lukavcem kao što je bio crnogorski kralj Nikola. Ona zato traži autonomiju Hrvatske i podržava načelo potrebe albanske države.

Dok tako raspolažu, i ne pitajući je, sa malom saveznicom, veliki dele između sebe kožu Austro-Ugarske i Nemačke. Engleska, na primer, traži sve nemačke kolonije. Ona koja je žrtvovana, to je Srbija. Pa ipak, ona ne zaslužuje takav postupak. Najpre, ona je tukla zajedničkog neprijatelja. Zatim, verna svome obećanju, ona je uvek odbijala separatni mir. Čak u ovom trenutku Austro-Ugarska traži da sa njom zaključi mir i to posredstvom rumunskog državnika Margilomana. Austro-Ugarska bi ustupila Srbiji Bosnu, ali ona odbija. „Rat je počeo u našoj zemlji", kazao mi je princ-regent, „i pored svega toga što je on bio odlučen i što bi bio planuo takođe iz neke druge pobude, da nisu našli kao izgovor Sarajevski atentat, Srbija namerava da ostane verna obavezama koje je preuzela prema svojim saveznicima".

To su zaista bile plemenite reči, ako čovek poznaje diplomatsku akciju velikih sila Antante, akciju koja može da obeshrabri i najhrabrije. Rusi se pokazuju gotovo uvek najnepopustljiviji. Vojska Karađorđevića morala je da zauzme jedan deo Albanije do Elbasana da bi mogla da se brani. Kao i 1913, rođeni saveznici Srbije hoće da je odatle izagnaju i veliki knez Nikolaj uputio je jedan besan telegram princu Aleksandru. Saveznici i veliki knez Nikolaj potpuno zaboravljaju da ako situacija nije tako dobra kao što bi mogla da bude krivica pada na prvom mestu na nedostatke Rusa koji se daju glupo hvatati kao pitomi zečevi.

Manervi Bugarske su zanimljivi. Njeno držanje ostaje zagonetno. Njoj na čelu stoji kralj koji je mnogo više Mađar i Nemac nego Bugarin, i otvoreno austrofilsko ministarstvo.

Radoslavov je studirao u Hajdelbergu i poznat kao stari pristalica Stambolova. Njegove veze i njegovi austro i germanofilski osećaji poznati su. S druge strane, jedan deo naroda drži se Rusije i vlada je primorana da mu čini ustupke. Ona to čini na način Salandrinog kabineta pre ulaska Italije u rat, a koji je, ostajući potajno na strani

Trojnog sporazuma, pregovarao forme radi sa Austrijom. Isto tako, Radoslavovljev kabinet pregovara sa Rusijom. Ipak, da bi učinio sporazum nemogućnim, on postavlja neostvarive uslove. Tako on traži ne samo celu Makedoniju, podrazumevajući tu i deo o čijem pripadanju je trebala, po srpsko-bugarskoj konvenciji od 1912, da odluči arbitraža ruskog cara, nego on još ište srpske varoši Pirot, Vranje, Zaječar i, povrh toga, izlazak na Jadransko more, dakle on hoće da anektira bar jedan deo Albanije. Ovi zahtevi su takvi da, nikada, srpska vlada ne bi mogla da ih primi i to tim manje, jer zna da su Bugari nezasiti. Oni će onda tražiti i Niš koji im je davao Sanstefanski projekt Rusa Ignjatijeva, i dolinu Morave kao prirodio produženje Vardarske doline. Ceo svet u Kragujevcu ima vrlo jasan utisak da su se Bugari rešili već odavno. Oni su već na strani centralnih sila i čekaju samo povoljnu priliku, gde je uspeh osiguran, da otvoreno stanu protiv saveznika Antante.

Ali engleski, francuski i ruski diplomati ne vide opasnost. Oni su ubeđeni da Bugari samo traže da pođu s njima pod uslovom da ih Srbija plati. Ova zaslepljenost postaje prosto neverovatna na kraju leta, kad saveznici naređuju Srbima i Grcima da dadu Bugarima celu Makedoniju i kad ovi poslednji, pored sve srpske rezignacije, postavljaju nove zahteve da dobiju vremena da završe svoje pripreme za ulazak u rat na strani centralnih carevina. Pa čak i u poslednjem trenutku, kad je naređena bugarska mobilizacija, ovi slepci ili ludaci misle da je ova mobilizacija upravljena protiv Turske. Tako, kad srpski ministar u Sofiji, Čolak Antić interpeliše engleskog ministra zbog mobilizacije, ovaj mu odgovara: „Ali zar ne vidite da je ona upravljena protiv Turske? Bugari su s nama". Koliko su učinili zla saveznicima, a naročito Srbima razni Panafie, Trubeckoj itd., to se ne da zamisliti. Zar ovaj poslednji nije zapretio da će Srbija saveznica biti potpuno napuštena, ako preduzme ma šta bilo protiv Bugarske? Uistinu, vlada kralja Petra nije se nikad varala o pravim namerama

Sofije i, u poslednjem trenutku, predložila je svojim saveznicima da spreči bugarski narod, zauzimajući prestonicu Bugarske. Zaslepljenost, apsolutni nedostatak dalekovidnosti diplomata velikih savezničkih sila bili su razlog srpskog sloma u jesen 1915.

Grčka je zvanična saveznica Srbije. Savez je pre svega balkanski savez i srpska vlada nije tražila pomoć prilikom austrougarskog napadaja. Ona je pristala na grčku neutralnost, nadajući se da ova neutralnost bude prijateljska. Ali Grčka nije igrala iskrenu igru. Tako, u trenutku srpskog povlačenja u novembru 1914. princ Aleksandar zatražio je od svog saveznika, grčkog kralja, preko svoga ministra u Atini da mu pozajmi šest baterija brdskih topova, jedinih koje su se mogle upotrebiti u blatu kao što je tada bilo na putevima Srbije. Konstantin odgovara da, lično, on nema ništa protiv te pozajmice, ali da se šef njegovog generalštaba, Dusmani, tome protivi zbog bugarske pretnje. U proleće 1915, princ Aleksandar je ponovo tražio od Grka lokomotive i vagone koje su imali i nisu upotrebljavali. Princ obećava da ih zameni novim lokomativama i vagonima u roku od jednog meseca, pošto je Srbija učinila porudžbinu u Americi, koja je trebala da bude gotova u tom času. Ali Grci ponovo odbijaju, iako savršeno znaju da je stari materijal na jednoj pruzi Solun—Niš za snabdevanje Srbije i Rumunije bio apsolutno nedovoljan. Srećom je Venizelos bio u Atini, i on je uvek bio iskren prijatelj svoga srpskog suseda. Bez njega vrlo je verovatno da bi Konstantin i njegova germanofilska stranka učinili još nekoliko opasnijih podvala svojoj saveznici. Nekoliko meseci kasnije, kraljevska Grčka je otvoreno izdala svoje svečane obaveze prema Srbiji.

Držanje Rumunije prema svome susedu takođe nije bilo iskreno. Malo vremena pre rata, Rumunija je imala teškoća sa Bugarskom. Desili su se dosta ozbiljni pogranični incidenti. Rumunija je tada pitala Srbiju da li bi ona eventualno pošla sa njom protiv Bugara. Na afirmativni odgovor, Rumunija izlaže stvar pobliže i Srbiji ponovo odgovara afirmativno. U to dolazi Austrougarski ultimatum i Beograd predviđa da Bugari neće propustiti ovu priliku za revanš. Tada srpska vlada pita da li bi Rumunija intervenisala u slučaju da Bugarska napadne? Ali Bukurešt je odgovorio da jedan opšti evropski rat cepa Bukureški ugovor. Rumunija je dakle ostala neutralna i za vreme svoje neutralnosti, ona je zaradila mnogo novca. Ipak treba priznati da je držanje Rumunije, pre njenog ulaska u rat, bilo uvek prijateljsko za Srbiju.

Publika nije znala sve ovo što pričam, ali ono što je znala, već je bilo dovoljno da izazove kod nje izvesnu nelagodnost. To je bio period kad su se Srbija i njeni saveznici najmanje razumevali. Pa ipak, imalo se poverenja u krajnji ishod borbe.

Dok međunarodna diplomatska situacija već zadaje dosta brige srpskim rodoljubima, njihovi poslanici koji zasedaju u Nišu još je više otežavaju. Poslanici, pošto su izglasali zakon prema kojemu izabranici ne moraju služiti u vojsci, preneli su Skupštinu u unutrašnjost i tu produžavaju svoje poslove i, takođe svoje stranačke svađe. Ove poslednje izazivaju ministarske krize i one daju žalostan utisak u situaciji u kojoj se nalazi zemlja. Da li je suviše tražiti od poslanika da pokažu primer narodne sloge u trenutku kad hiljade i hiljade njihovih sunarodnika žrtvuju svoj život za spas Otadžbine? U svakom slučaju, poslanici niške i krfske Skupštine nisu dali ovaj primer.

I dok se diplomati i političari uzrujavaju, život se u Kragujevcu produžava mirno očekujući događaje koji su imali da iz temelja preobraze srpsku Otadžbinu i dadu jedan tako krvav demanti tobožnjoj razboritosti diplomata Antante. Polja su lepa. Radi se tu neumorno. Ali tu čovek vidi samo žene, starce i decu gde vode snažne volove koji vuku velika kola puna mirisnog sena ili koji žanju zlatno žito. Ja šetam bez cilja po ovim poljima koja izgledaju mirna i, na jednom zavijutku puta, našao sam se pred vojničkim grobljem. Koliko krstova! Strašno je videti prostor ovog polja pokoja. Čitam natpise na prostim krstačama, postrojenima kao vojnici na komandu „mirno". Ima ih koje nose datum 1913, ali velika većina je od 1914. i 1915. Ima pokojnika svih godina: 17 godina, 20 godina, 25, 35, 40, 50, 60 godina. Ima ih tu na hiljade. Većina grobova su bez ukrasa. Na najstarijima priroda je učinila da nikne obilno trava i poljsko cveće. Na nekima je usađena trobojna zastava. To su grobovi pokojnika čiji roditelji žive u Kragujevcu ili u okolini. Najzad, nekoliko krstača nose napomenu „nepoznat".

Na ulazu u groblje, jedna koliba od slame na koju se uzverala loza od bundeve svojim dugim rukama, pretpanima lepim lišćem i krupnim žutim cvetovima. Ovde žive čuvari groblja, dvoje-troje čiča iz trećeg poziva. Oni su postali filozofi, otkad su videli toliko žalosti!

Izlazeći iz groblja, naišao sam na jedan mali logor drugog poziva. To je bio čas večere i straže zauzimaju svoje mesto da čuvaju park, pun divnih volova sa dugačkim rogovima, i dve velike haubice koje čekaju novi posao. Vojnici, pre nego što zaspe pod svojim privremenim šatorima, izazivaju sećanje na svoj mali zavičaj pesmom, praćenom tamburicom koju oni sami prave.

Eto kakvo je bilo proleće 1915. u Kragujevcu. Zatišje posle velikih žalosti i atmosfera prepuna teških neodređenih pretnji, ali one ipak nisu uspele da istroše hrabrost onih od kojih je mnogima bilo suđeno da uskoro nađu smrt.

## NA DUNAVSKOM FRONTU

Kao što sam već kazao, ovog proleća i ovog leta 1915. front je bio miran. Ipak, srpska vojska je raspoređena duž granica države. Ona ih je čak i prešla sa strane Višegrada i bila je primorana da zauzme izvestan deo Albanije zbog nemira i otvoreno neprijateljskih namera ovog malo pogodnog suseda. Ipak, Srbija nije nikad imala želje da ova okupacija ostane definitivna. Stari Pašić mi je izjavio ovim povodom: „Mi nećemo Albaniju. Mi je suviše dobro poznajemo. To je osinjak i svaki onaj koji zavuče u njega ruku, biva uboden. Mi samo hoćemo da ona bude istinski nezavisna, a ne igračka u rukama drugih". Ove reči izražavaju dobro opšte osećanje zemlje Karađorđevića. Vojska čeka. Njen privremeni odmor tek je retko prekidan pokojim malim okršajem bez važnosti. Da ne zarđaju topovi i puške, puca se, pokatkad i neprijatelj odgovara, ali štete nanesene na obema stranama ovim „dvobojima" beznačajne su. Jedini Beograd čini izuzetak. Austro-Mađari produžavaju da ogorčeno napadaju na prestonicu. Ali oni puštaju samo svoje topove da govore. Njihove trupe se dobro čuvaju da pokušaju da pređu reku, znajući da bi prijem na koji bi naišle, bio vreo. Bugarska, još u svojoj lažnoj neutralnosti, postaje sve agresivnija. Ona šalje svoje komite-vojnike da ruše mostove na Vardaru i da ubijaju mnoštvo srpskih vojnika. Generalštab je primoran da upotrebi znatne snage da zaštiti Južnu Srbiju od upada „neutralaca" iz Sofije koju toliko maze veliki saveznici.

Ali, čak u zatišju, srpski front je zanimljiv i ja sam iskoristio svaku priliku da ga obiđem. Pokušaću da u redovima koji dolaze, dadem utisak o njemu.

Na početku proleća 1915, niški voz vas je izbacio u Rakovici i nekoliko preistorijskih fijakera čekalo vas je da vas poveze u Beograd. Kasnije, bilo je više smelosti. Voz je išao do Topčidera, ali ako ste hteli ući kolima u varoš, morali ste uzeti put koji ide naviše, a zatim put Banjica—Slavija. Topčiderski drum duž Save nalazi se pod punom neprijateljskom vatrom i kola tuda ne smeju. Ipak, ako idete pešice, čovek se potpuno može poslužiti tim putem. Švabe ne pucaju često na usamljene šetače.

Na visu, pored sadašnjeg dedinjskog puta, nalazi se kuća bankara Bulia, skromna vila 1915, prava palata 1927. Tu je sedište odbrane varoši Beograda, čiji je šef pukovnik Tufegdžić. To je hrabar ratnik. On me je primio ljubazno. Govori savršeno francuski, ali ima čudnu naviku da dodaje posle svake pete-šeste reči pitanje: „N'est-ce pas?" Posle tradicionalnih čašica rakije, silazim u Beograd gde, ovaj put, dobijam sobu u hotelu „Balkan". Pred ovim hotelom, za vreme njihove kratke okupacije Beograda u decembru 1914, Austro-Mađari su bili podigli jedna vešala i tu obesili nekog siromaška od 17 godina pod izgovorom da je pripadao komitskoj četi. Dželat, pukovnik Švarc, ostavio je leš mučenika 24 sata na vešalima, i oficiri Njegovog apostolskog veličanstva mirno su se hranili u hotelu koji je imao, kao firmu, ovaj dokaz njihovog divljaštva. Tek na proteste američke sanitetske misije leš ove žrtve bio je uklonjen.

Švabe, od jeseni 1914, produžile su da bombarduju Beograd. Konstatujem da je šteta postala mnogo znatnija i da se broj grobova dece, staraca i žena isto tako jako povećao. Ali svet, a ima ga još mnogo, sada se sasvim privikao na stalnu opasnost koja ga vreba. Na terasi „Ruskog cara" koja je zaista postala centar Beograda, gosti se guraju. Pored oficira garnizona, tu čovek vidi koliko još u Beogradu ima uglednih ličnosti. Luković, glavni urednik „Pijemonta" koji i dalje redovno izlazi, dr Buli, kao vojni lekar koji traži od kelnera kišobran kad Austrijanci počnu da bombarduju varoš, oficiri francuske pomorske misije itd. — sve su to verni posetioci ovog lokala.

A tvrđava je dalje ostala nišan za neprijateljske tobdžije, ali nova šteta se mnogo ne primećuje. Prva bombardovanja su već toliko oštetila ovaj istorijski spomenik da se gotovo i ne vide mnogobrojne nove rupe, kao ni fakat da su zdanja još malo više u ruševinama nego ranije. Sa osmatračnice se vidi jedan neprijateljski izvidnički brod koji je potopila srpska artiljerija, pošto ga je otkrio francuski reflektor. On leži pred Kožarskim ostrvom i vojnici engleske misije admirala Trubridža hteli su ga izvući, ali su se vratili praznih ruku, pošto se brod zaglibio u mulj. Svuda okolo Beograda, Sava i Dunav jako su preplavili svoje obale, što naročito smeta Austro-Mađare.

Neprijateljska aeronautička služba postala je mnogo aktivnija od prošle jeseni, ali, ovoga puta, mi imamo i našu. Francuski avijatičari su došli da se smeste na Banjici i dobro čuvaju. Upravo u ovom trenutku jedan austrijski avion leti iznad nas, ali doleti jedan Francuz i napada protivnika odozgo, opalivši nekoliko metaka iz puške, jer je, izgleda, zaboravio svoj mitraljez. Austrijanac nije uporan i beži, a Francuz se vraća na Banjicu praćen šrapnelima s druge strane, ali sa suviše kratkim zamašajem.

Duž spoljnog bedema grada, koji ide uz Savu i Dunav, iskopani su rovovi koje čuvaju vojnici. Sa teleskopima koji se tu nalaze, mogu se otkriti monitori, prikriveni iza Zemuna. Vojnici se odmaraju preko dana. Oni se briju ili se kockaju. Trenutno, njihova dužnost nije opasna, te im je vreme s toga dosadno. Kalemegdanski park je zatvoren za publiku. On je ispreturan mnogobrojnim rovovima i granate su ga razoravale. Ipak, pogled koji tu oko uživa, ostaje divan. Kad ne bi bilo sve tako mirno u luci i na železničkom mostu, razorenom na tri mesta, čovek bi pomislio da ima pred sobom panoramu jedne zemlje u dubokom miru, obasjane čarobnom svetlošću sunca na zalasku.

Inžinjerski kapetan Stojanović dolazi da me potraži da obiđem položaje u Topčideru i na Čukarici. Krenuli smo putem za Topčidersko brdo, prelazeći preko položaja francuske artiljerije. Kad smo stigli blizu Topčidera, jedan stražar trećepozivac neće da nas pusti da prođemo. „Slušaj — kaže kapetan — ja sam komandant trupa kantonovanih u Topčideru. Kuda hoćeš da prođem? Pusti nas da produžimo naš put". Mi smo na konjima i pored otpora, prolazimo. Malo vremena iza toga, mi smo kod čukaričke fabrike, pretvorene u stan komandanta inžinjerskog bataljona. Jedna granata od 305 razrušila je kuću direkcije ove fabrike koja je pripadala Vilhelmu od Hoencolerna i princu od Turna-Taksisa. Srećom da je bila pusta u času kad ju je pogodio projektil.

Preko mosta, napravljenog od trupaca i od golih dasaka, dolazimo na Adu Ciganliju gde nas dočekuju poručnik dr Stojiljković, profesor fizike na Univerzitetu, i komandant bataljona. Ali Ada je poplavljena i straže i osmatračnice su privremeno nameštene na visokim vrbama koje iviče Savu. Da se tamo dođe, mora se ići čamcem.

Neko vreme posle ove prve posete, ja sam opet otišao na Adu Ciganliju. Ovaj put, ona nije pod vodom i, svuda uokolo, organizovana je prava pomorska služba. U stvari, fabrikovano je nekoliko blindiranih motornih lađica koje se mogu snabdeti mitraljezima za rečnu odbranu. U više mahova, ove lađice su zakačile Švabe. Ukrcali smo se na jedan od ovih „monitora", dok se „podmornica" „Jadar", potpuno pokrivena oklopom, kretala ispred nas. Iskrcali smo se na Adi i opet razgledamo jednu lađicu za odbranu koju su Englezi snabdeli jednom spravom za bacanje torpeda, ali koja nije blindirana.

Upadosmo usred jedne grupe dobrovoljaca četnika, sasvim mladih ljudi kojima komanduje poručnik Kiršner, i on sam dobrovoljac i vrlo hrabar. Oni su baš bili posedali da jedu i ne prestaju da se šale među sobom. Kapetan Stojanović još uvek komanduje ovom stražom beogradske odbrane. Bio je dobar organizator, što se moglo zaključiti i po odličnom ručku kojim nas je počastio, i koji bi činio čast ma kojem beogradskom restoranu prvog reda. Među oficirima našao sam poručnika Predića, staro poznanstvo sa Skele.

Ada je pokrivena raskošnom, gotovo tropskom vegetacijom. Drveće je poraslo od proletnje poplave, a naročito nisko žbunje koje čini trnjak, te je čoveku teško prokrčiti put. Usred ove šume devičanskog žbunja logoruju vojnici pod kolibama od granja i, ponegde, u kabinama od potopljenih brodova. To podseća na crnačka sela u centralnoj Africi. Rovovi su usred šume, dobro zaštićeni od pogleda Austro-Mađara. Naprotiv, austrougarski rovovi, iskopani na mnogo golijem terenu, savršeno su vidljivi. Od vremena na vreme, ipak retko, neprijateljska artiljerija baci pokoju granatu koja se duboko uvaljuje u vlažnu zemlju Ade i ne čini mnogo štete. Prijatno je provoditi tople dane u dubokoj hladovini šume na Adi Ciganliji, ali ovo zadovoljstvo čovek mora da skupo ispašta ubodima bezbrojnih komaraca.

Iza trkališta, u kući koja je posle rata služila za stan upravniku topčiderske ekonomije, a koja sada pripada terenu štamparije Narodne banke, smešten je kantonman komandanta topčiderske odbrane. Neprijatelj stalno bombarduje stanicu velikim granatama od 305, ali nije uspeo da pogodi ni stanicu ni njene pruge, koje dobro zaštićava brežuljak. Naprotiv, projektili su iskopali mnogobrojne duboke kratere u parku, razrušili jedan mali ornamentski hram od kamena i oštetili nekoliko od onih divnih topola koje su činile aleju, drveće koje je danas gotovo potpuno iščezlo.

Iz Topčidera penjemo se do položaja francuskih mornara kojima komanduje major Piko. Tu ima jedan dug marinski top od 110, dobro prikriven od pogleda protivničke avijacije. Mornari su sagradili neku vrstu podzemne kasarne sa odeljenjima u kojima su obešeni kreveti s lađa. Njihov top naročito puca na tešku artiljeriju na Bežaniji i na monitore. Francuzi žive u odličnim odnosima sa stanovništvom i kažu da im nije nimalo dosadno. Kod mornara nalazi se jedna velika srpska haubica koja je već dejstvovala pred Jedrenom. Francuzi me uveravaju da je njezino gađanje neobično tačno.

Jednog lepog i toplog dana, odlučio sam da obiđem položaje u Šainovcu. Kad sam rano ujutro izišao iz hotela „Balkan" topovska paljba me je obavestila da je došao jedan austrijski aeroplan i, na nebu, vidim kite od šrapnelskog dima. Beograđani su navikli na ovaj prizor i mnogi čak ne dižu glavu da gledaju.

Idući najpre uz Dunav, penjemo se zatim jednim dosta rđavim putem do položaja Šainovca ili Bele stene. Ove položaje obrazuje jedan niz brežuljaka, iznesenih nad Dunavom, i na kojima su namešteni Debanžovi topovi, haubice od 120 i jedan drugi francuski marinski top. Ovi topovi brane reku od beogradskih predgrađa do okoline Smedereva. Oni prete Pančevu i selu Ovči. Stari Debanžovi topovi još uvek lepo svršavaju svoj posao.

Kapetan Kostić i njegovi oficiri dočekuju nas. Veselo je ovo društvo oficira na Beloj steni. Tu je mladi zastavnik broda Ser, Francuz iz Alžira. Gotovo još dete, malen, sa finom glavom, on već nosi na svojoj bluzi ratni krst i Obilićevu medalju. Zatim, tu je Serov pobratim, poručnik Janković od Debanžovih topova. To je početak raspoloženja na položaju. On nam govori crnačkim žargonom: mešavinom srpskog, francuskog, nemačkog i latinskog. Ser je jedini koji za divno čudo razume ovaj međunarodni jezik. Ali kakvo dobro raspoloženje kod ovog hrabrog mladića koji nam se više nije vratio iz rata! To je bio pljusak dosetaka i šaljivih priča.

Top francuske marine nalazi se na položaju Samar, malo ispred Bele stene. Austrijanci su ga tražili i pronašli, ali njihove granate nisu nanele nikakve štete topu ni njegovoj posluzi. Kao njihove kolege u Topčideru, mornari na Samaru sagradili su vrlo čistu podzemnu kasarnu i oni su obesili svoje krevete s lađe. Oni su usvojili jedno malo srpsko siroče i obukli ga, i ovaj dečko vrši njihove poruke. Dva psa, „Petrol" i „Šnaps" i jedan ovan služe im za razonodu. Švabe su namestile jedan reflektor na zvoniku pančevačke crkve i Ser i njegovi mornari hteli bi da ga skinu. Ali to im se ne dozvoljava, jer srpska vojska ne voli da puca na crkvu. Ipak, „Samarsko strašilo", kao što zovu velikog francuskog bumbara, moglo je jednom pucati na varoš. Izbačeno je 39 velikih granata u ime represalija za bombardovanje Beograda. Izgleda da je gađanje bilo uspešno, jer su stanovnici i vojnici napuštali navrat-nanos varoš kao pčele košnicu kad se u nju ubaci krupan šljunak.

Bela stena nije daleko od Slanca, malog sela u dolini gde je kantonovan jedan puk trećeg poziva kojim komanduje pukovnik Ivković, zet vojvode Putnika. Ovaj puk se odlikovao, u jesen 1914, zadržavši sa divnom hrabrošću upadačke trupe na Kosmaju.

Mesec maj 1915. bio je dosta buran i obilate kiše koje padaju ne popravljaju puteve, prekrivene debelim blatom, kroz koje seljačka kola imaju muke da prokrče put i u kome se zaglibljuju automobili. Uostalom, automobili su još dosta retki u srpskoj vojsci. To su nekoliko starih kola koja su već bila u balkanskom ratu, i privatna kola rekvirirana u početku rata i brzo iskvarena od vrlo smelih improvizovanih šofera, ali malo iskusnih i malo brižljivih. U vreme kiše, nije bilo nikakvo čudo da čovek zastane na pola puta, i trebalo je čekati da se putevi potpuno osuše da se čovek na njih usudi automobilom.

To mi se desilo u više mahova, a naročito u Beogradu. Šta da čovek onda radi u ovoj varoši gde je jedina razonoda bilo bombardovanje? Trebalo je da učini što i ja, da obilazi nastanjene delove varoši ili da provodi svoje vreme kod francuskih avijatičara na Banjici.

Najzanimljiviji od ovih delova varoši svakako je ciganska Čubura. Tu su ostali svi stanovnici, naravno sem mobilizovanih, jer, pored svega toga što je većina njih siromašna, oni se ne mogu odvojiti od svojih straćara i od svojih prnja. Uostalom, ovaj kvart relativno retko prima neprijateljske granate. Čim se čovek ovamo uputi, vaše prisustvo je primećeno i „kmet" kolonije dolazi da vas pozdravi i poziva vas na jednu rakiju u jednu od onih živopisnih kafanica koje, danas, sve više iščezavaju. Ako ste stranac koji ne govori srpski, zovu „zvaničnog" tumača, Dobrivoja Popadića, jednu vrstu starog propalice koji je bio, nekada, student u Parizu i Monpeljeu i koji govori vanredno francuski. Na kraju krajeva, dobar tip i oduševljen rodoljub koga je alkohol srozao. Sa melanholijom on vam priča o onome lepome vremenu kad je bio mlad student u Francuskoj, verujući u budućnost punu obećanja. Sada je on ruševina, koja čak više nema snage da uzme pušku da brani svoju zemlju. Da li je jedna milosrdna granata zauvek uspavala ovu slabu i zabludelu dušu koja bi bolje vođena, možda dala jednog heroja?

Cigani, muškarci i žene, okružuju nas. Oni su mnogo stradali, jer su Švabe, prilikom svoje kratke okupacije Beograda, mnogo njih odveli kao taoce. Oni su uznemireni zbog sudbine svojih o kojima ne znaju više ništa. Oni vas mole da učinite sve što možete da se oslobode njihovi sinovi, njihovi muževi, njihova braća. Avaj! mi smo nemoćni, ali, da im dademo malo nade, obećavamo im da ćemo možda postići neki rezultat intervencijom ženevskog Crvenog krsta.

Avijacija na Banjici još je potpuno francuska. Ima ipak malo jezgro srpske avijacije, sada u Požarevcu, ali njih dve će se stopiti tek kasnije na Solunskom frontu. Šef francuske avijatičke misije to je major Vitra, vatren prijatelj Srbije koji će takođe komandovati, s velikim uspehom, francusko-srpskom avijacijom do trenutka kad su ga intrige ljubomornih francuskih drugova udaljile sa srpskog fronta i odvele u Francusku, gde se ponovo istakao. Vitra je ostao odan svojim srpskim drugovima i, kad sam ga sreo posle rata u Parizu, mogao sam utvrditi da je njegova najdraža želja bila da ponovo vidi one sa kojima se patio, borio i među kojima je ostavio toplih prijateljstava koja se ne gase. Zašto oni koji upravljaju mladom i hrabrom jugoslovenskom avijacijom nisu načinili mesta ovom francuskom pobratimu koji je bio tvorac njihove avijacije?

Njegov srpski pomoćnik i njegov nerazdvojni prijatelj bio je kapetan Predić, sada direktor jedne od najvećih banaka u prestonici. Ovog ljubaznog čoveka, uvek spremnog da vam čini usluge, zavolele su sve njegove francuske kolege. Kao piloti, tu su Poljan koji je bio jedan od pravih i najslavnijih avijatičara, Anželzer de Laranti, koji je kasnije poginuo na francuskom frontu, Tiroen, Maveti, Martine, isto tako jedan od prvih u avijaciji, i Mortire koji je služio kao osmatrač. Našao sam ponovo kasnije na Solunskom frontu Tiroena, Mavetia i Martinea koji je poginuo u jednom glupom nesrećnom slučaju u Mikri. Kao lekar eskadrile nalazi se dr Dima koji će kasnije biti šef „bara" u Vertekopu. Vojnik-šofer je sin najbogatijeg pariskog Rotšilda. U više mahova, išao sam u vazdušne šetnje sa De Larantiem na onim farmanima koje su već nazivali „kavezima za kokoške" i koje više nisu hteli na Solunskom frontu. To je svečanost leteti sa jednim pilotom ove vrednosti. On se brzo digao od zemlje s aparatom i mi se penjemo u pravcu Avale. Aparat se diže bez smetnje i čovek ne oseća da se diže. Jedino kuće postaju sve manje, a ljudi kao mravi. Pejzaž dobija izgled geografske karte na kojoj se divno ocrtavaju putevi i rovovi. Letimo nad Avalom na 1.400 metara visine i guramo prema Ralji. Zatim se obraćamo prema Smederevu da idemo duž Dunava. Vraćajući se nad Beograd, skrećemo prema Zemunu, primajući kao pozdrav nekoliko šrapnela, i vraćamo se na Banjicu. Kad smo stigli nad hangare, De Laranti zaustavlja motor i mi se spuštamo u vretenu na aerodrom. Aparat lagano dodiruje zemlju, dok naše uši bruje od naglog spuštanja.

Logor je vrlo dobro organizovan. Veliki i lepi hangari od platna zaštićavaju aparate. Pored njega, počeli su praviti novi logor, napola ukopan u zemlji, za zimu. Nažalost, on nije upotrebljen. Svuda vlada savršen red. Oficiri i vojnici održavaju među sobom najbolje odnose. Oni su drugovi, ali u isto vreme znaju da je, za izvojevanje pobede, potrebna stroga disciplina. Banjički logor ima dve „maskote": jednu svinju i jednog patka koga su vojnici krstili imenom „Bosi", jer je bio brbljiv kao i onaj.

Odmah pored logora nalazi se hangar za pričvršćeni balon koji je nedavno primljen iz Rusije. To je jedan lep balon čija aluminijumska uglačanost blešti pod suncem kao srebro. Vojnici se šale njegovim oblikom koji podseća, sa njegovim dodatkom, na izvestan deo ljudskog tela. Jedan kapetan komanduje manevrisanjem ove ratne spreme i on je gord da je pokazuje onima koji dolaze da ga posete.

Isto tako pored Francuza logoruje albanski bataljon, obrazovan od mladića iz arnautskih krajeva Južne Srbije. Ima pravoslavnih i muslimana. Izvode ih da manevrišu pred nama. Obučeni u ruske bluze, „kaki" boje, oni su divni u gipkosti i preciznosti. Major Vitra koji je s nama i koji je bio pešak pre nego što je postao avijatičar, oduševljen je njima.

Prema Beloj steni, na Dunavu, nalaze se tri ostrva od kojih je Štefanac i Đavolje ostrvo u našim rukama. Njih brani jedan odred kojim komanduje kapetan Antonović. To su četnici. Išao sam da živim nekoliko dana sa ovim hrabrima i ne mogu dati bolji opis od onoga koji sam tada uputio listovima. Evo ga:

„Nalazim se na Đavoljem ostrvu, jedinom od onih mnogobrojnih dunavskih ostrva, na austrougarskom teritoriju, koje u sadašnjem času drži srpska vojska. Nema nijedne kuće za stanovanje na ovom zemljištu, jer, dobrim delom godine, njega plave mutne vode velike reke. Danas, ostrvo je pokriveno žbunjem koje raste gusto između vrba. Ovo malo podseća na tropsku i čudovišnu vegetaciju brazilskog „mato", kojim sam prolazio pre dve godine.

## ŠTA SAM VIDEO I PROŽIVEO U VELIKIM DANIMA

Usred ovog žbunja nalazi se logor dobrovoljaca četnika kojima je poverena čast da brane ovu predstražu srpske vojske i oni su me pozvali da, za nekoliko dana, delim s njima njihove skromne obroke. Dobrovoljci, koje u zemlji nazivaju komitama ili, bolje, četnicima, predstavljaju strah i užas za vojnike starog Franca Jozefa. Danas, srpski komita-četnik preobrazio se u dobrovoljnog vojnika. Zašto onda nisu prosto uvrstili ove ljude u pukove? Zapitaće onaj koji ne poznaje balkanske zemlje. Razlozi su za to ovi: najpre, mnogo ovih dobrovoljaca-četnika nemaju godine da redovno stupe u vojsku; i onda, jedan izvestan broj među njima, iako je srpske narodnosti, nije iz same Kraljevine. Zatim, to su mladići koji hoće da žrtvuju svoj život za patriotsku stvar i koji traže naročito opasne misije za koje bi se nadležni kolebali da ih dadu u izvršenje vojnicima, koji su često očevi porodica. Najzad, četnicima, upravo zato što stavljaju svoj život svakog trenutka na kocku, treba izvesna sloboda koja im se ne bi nikako mogla dozvoliti u puku.

Ipak, srpski ratni četnici sačinjavaju deo redovne vojske. Pored svega toga što se malo pazi na formu, disciplina je kod četnika vrlo stroga i greške o nju kazne se vrlo strogo.

Dakle, ja sam bio primljen u sredini ovih naročitih vojnika. Jedna delegacija došla je da me prihvati na dunavskoj obali i dovela me, kroz šibljak, do neke vrste crnačkog sela, potpuno sakrivenog pod vrbama. Ljudi su sagradili kolibe iz izukrštanog granja i pokrili ih slamom i trskom. Jedna strana stana ostavljena je otvorena za vetrenje. Svuda se lože vatre da se rasteraju dimom bezbrojni komarci.

Na ulazu u logor, jedan mlad regrut čuva stražu. On još nije „obučen" i cela odeća mu se sastoji od košulje i pantalona. Bosonog, sa dečačkim licem i sa puškom o ramenu, to je pravi lik sankilota iz velike revolucije.

Nude mi prvu čašu rakije da mi požele dobrodošlicu i ja se koristim prilikom da osmotrim svoje domaćine. Tu je jedan stari komita iz Kumanova. Njegovo opaljeno lice, sa krupnim crnim obrvama i sa bradom iste boje i brižljivo razdeljenom, energično je. On nosi seljačko odelo sa šubarom sa srpskim orlom, a redenici sa više redova, opasuju ga kao oklop. To je starac koji je, pre deset godina, četovao u Makedoniji, i zato on ne nosi vojničku bluzu koju su usvojili gotovo svi mladići. Pored njega je jedan krupan mladić sa veselim izrazom: Voja. On je tipograf u Beogradu i, umesto da je otišao u svoj puk, on je tražio povlasticu da može da izlaže svoj život u smelim četničkim pothvatima. Branko, čovek pedesetih godina, sa dugim spuštenim prosedim brcima, bio je pre rata prvi računovođa jedne velike banke u prestonici. Iz razloga što je prešao godine za službu u vojsci, on se upisao u četnike. Jedan vitak mladić sa finom i otmenom glavom, utegnut je svojim redenicima koji mu se penju do grudi. To je jedan Srbin iz Pančeva — još mađarske varoši — koji nije hteo da puca na svoju braću. Predstavljaju mi takođe jednog čoveka od dvadesetak godina. Njegovo lice sa razvijenim čeljustima ne naliči na srpsko. On dolazi iz Bugarske i više voli da puca sa Slovenima protiv Austrije nego da bude primoran od svoga kralja da se bori uz Dvostruki savez i uz Turke.

Četnici-dobrovoljci imaju svoju zastavu. To je ona ista zastava koju su nosili bosanski dobrovoljci za vreme bosanskog ustanka pod komandom Petra Karađorđevića, tada Petra Mrkonjića, danas Petra I, kralja Srbije.

Sada moji novi poznanici hoće da pohodim njihove rovove i mi prolazimo ispod šibljaka do obale Dunava. Drugi četnici čuvaju stražu u rovovima, brižljivo izrađenim. Pored njih, jedva na 200 metara od neprijatelja, jedan mladi komita bacio je udice i odlazi, od vremena na vreme, bezbrižno, da izvlači divne šarane i štuke, koje su se dale namamiti glistama sa udica. Međutim, osmatrač je primetio jedan neobičan pokret s druge strane reke, i, začas, puške četnika, otete ranije od Turaka, počinju da seju kuršume preko Dunava;

na puškaranje odmah odgovara dvostruka detonacija austrijskih kuršuma.

Posle ovog okršaja vraćamo se u logor, jer već počinje da se spušta mrak. Logor je sada sasvim živopisan sa svojim kolibama osvetljenim velikim vatrama nad kojima cvrče lonci i iznad kojih ljudi, u prslucima, okreću duge ražnjeve sa prasićima.

Usred trpezarije namešten je sto za kojim zauzimamo mesto, dok se četnici kupe oko kolibe, fantastično osvetljene crvenom svetlošću žeravice. Uskoro oni počinju da pevaju svoje melanholične pesme i, kad su stigli ciganski svirači iz obližnjeg logora nekog bataljona trećeg poziva, oni povedoše đavolska kola. Dobro raspoloženje je zarazno, i oficiri, pa i sam ja, najzad se hvatamo u kolo koje, u dugoj indijskoj povorci, pretrčavaše logor kroz vatru od raspaljenog žara.

Ponoć je, vreme da se spava, jer sutrašnji program je i suviše velik. Kucamo se čašama poslednji put, dok ljudi zapevaše lepu i ozbiljnu srpsku himnu. Sa kreveta od sena iz moje kolibe i braneći se koliko bolje umem od komaraca, čujem do zore pesme ovih mladića koji neće da spavaju i koji su žrtvovali svoj život".

Posle Beograda i duž Dunava, prvi položaj od velike važnosti jeste Smederevo. Hoću tamo da pođem, ali to nije tako lako u ovo proleće kad se sunce izmenjuje sa kišom i kad blato na rđavim putevima nije imalo vremena da se osuši. Ipak odlazimo kolima, u jednoj starodrevnoj „viktoriji", i stižemo jednim pristojno isprovaljivanim putem i korakom u Boleč, gde treba hraniti konje. Tek što smo se ponovo krenuli, vreme se kvari i počinju da padaju krupne kaplje koje se, uskoro, pretvaraju u pljusak. Put postaje tada strahovit i, često, primorani smo da se skidamo s kola da bi konji mogli da izvuku kola iz rupa, ispunjenih blatom i vodom.

Najzad, stižemo u Grocku u 15.00 sati. Kao svuda na frontu, nailazimo na lep doček kod komandanta stanice. On nas odvraća da za danas krećemo dalje. Zbog kiša, put za Smederevo postao je gotovo neupotrebljiv. Rešavam se dakle da provedem noć u ovom selu na obali Dunava. Naše trupe drže desnu obalu i malu adu prema njoj; Švabe imaju levu obalu, ali ne pucaju često. Rusi su namestili na obali reke i sasvim blizu sela stanicu za torpediranje. Da li su torpedi često bili upotrebljavani? Ne znam, ali sumnjam. Ali ono što znam, to je da me mladi oficir koji me dočekuje na stanici, zaprepašćuje svojom doteranošću: veličanstvene lakovane čizme bez ijedne mrlje od blata pored svega rđavog vremena, bluza od finog sukna, utegnuta u struku širokim sjajnim pojasom kao ogledalom. Čovek bi rekao da onaj mladić polazi na kakav bal. Na brežuljku su nameštni srpski topovi, od 75, i dva engleska od 120, kojima komanduje jedan od naših, ali ima među svojom desetinom ljudi posluge tri engleska vojnika. Dok mi ovi poslednji objašnjavaju u jednom živopisnom žargonu, mešavinom engleskog sa nekoliko srpskih reči izgovorenih na engleski način, kako se rukuje njihovim topovima na koje su oni vrlo gordi, kiša počinje da pada pljuskom. Srećom, komandantova zemunica je blizu i mi možemo da se u nju sklonimo i da pijemo čaja i rakije. Što se može piti na frontu, to je neverovatno! Kad smo se vratili u Grocku, bili smo iskisli kao miševi, ali za bogatom večerom koja nam je iznesena i za kojom su nam se pridružili dva lekara francuske vojne misije, Valter i Falo, imamo vremena da se osušimo spolja i da se pokvasimo iznutra.

    Sutradan ujutro bilo je lepo vreme i jedna seljačka kola povezoše nas za Smederevo. Mestimice, put je strahovit i ja se još danas pitam kako su naša dva konjića mogla da izvuku svoj teret. Naprotiv, vidik je divan, čim se stigne na visoravan. Pred nama, u dnu i u lakoj jutarnjoj magli Smederevo sa svojim gradom; iza nas Grocka, sva zagnjurena u zelenilo. Ali put prolazi ispred jednog položaja trupa, a nemoguće je proći ispred ma koga položaja, a da vas ne pozovu da nešto uzmete. Rezervni kapetan Mesarović — umro je kasnije — dovikuje nas. Nemoguće odbiti da se ne obredimo po nekoliko puta rakijom i kafom, koju nam nudi. Najzad se spuštamo prema Smederevu i idemo ponovo duž obale Dunava na dogled neprijatelja. Ali oni se ne usuđuju da pucaju na nas, jer znaju da će major Srb koji komanduje u varoši, vratiti svaki metak granatama izbačenim na mađarska sela. Tu su, prošle jeseni, Vardarci tukli 6.000 Švaba. Naš dolazak je bio javljen i oficiri nas čekaju na ulazu u varoš. Glavni stan je smešten u školi. Srb tu komanduje i to tako dobro da vojnici, govoreći o njemu, kažu: „Blagi Bog na nebu i major Srb u Smederevu". Srb je divan čovek, pravi čovek od starog kolena. Vrlo inteligentan, hrabar do neustrašivosti i vojnik od glave do pete, on voli život, ne brinući se za sutra. Njegovi vojnici ga obožavaju, a njegovi oficiri ga vole. Umro je u Rusiji, ubijen od boljševika. Sačuvaću uvek vernu uspomenu na ovog hrabrog i veselog druga koji je ostao za mene ovaploćenje srpskog vojnika iz Velikog rata. U Smederevu je bio i pop Janjić, tada pukovski sveštenik koji je postao kasnije ministar vera. Smederevski pop je najveseliji i najljubazniji od sveštenika koje sam poznavao. Obdaren divnim tenorom, on je ulepšao lepe večeri. Kao operski tenor, on bi napravio karijeru da bi sam Karuzo pozeleneo od ljubomornosti. Video sam Janjića ponovo posle rata, ali tada je bio ministar, a ministar nije više nimalo naličio na dobrog druga iz Smedereva. Kapetan Bošković, poginuo 1915, major Vasojević, artiljerijski kapetan Tomić i Jovanović, francuski lekari Valter i Falo — ovaj poslednji je umro za vreme povlačenja kroz Albaniju — i mnogo drugih čijih se imena više ne sećam, bili su verni drugovi za stolom prilikom naših veselih sastanaka u Smederevu.

Kad smo stigli — bio je praznik — naši drugovi su nam pripremili lep doček. Uistinu, pošto smo bogato ručali, poveli su nas u staru tvrđavu gde se okupilo građansko stanovništvo i gde nas dočekuje ciganska muzika, svirajući „Marseljezu", prevedenu na ciganski. U velikoj povorci posetili smo ovaj starinski spomenik, i topove, nameštene na kulama starog grada, za zaštitu varoši od monitora.

Austro-Mađare razdvaja od nas samo širina Dunava. Oni nas vide, ali se ne usuđuju da pucaju. Smederevo je izvesno tačka fronta, gde se najmanje zazire od neprijatelja. Posle ove posete, pomešali smo se sa stanovništvom koje pije, igra kolo i kugla se, uz zvuke ciganske svirke. Uveče svečana večera u oficirskoj menaži, u jednoj sali stare kafane, i posle toga ostajemo da pijemo dobro smederevsko vino. Ubrzo, duhovi se zagrevaju i ceo svet postaje vrlo veseo. Pop Janjić peva, a ciganska svirka razveseljava nas. Veče se završava time što je ceo svet propisno pijan. Dva francuska lekara su „mrtva". Odnose ih u povorci i uz pratnju muzike u krevet. Di Boše, iz „Žurnal de Ženev", koji je s nama, nije prošao jeftino. Sutra će prespavati celo pre podne u krevetu, čekajući da mu se opravi cipela od koje je izgubio potpeticu, pokušavajući da igra kolo. Ja sam podvaljivao i patos pod stolom više je popio nego ja. Divim se konjičkom naredniku Jovi Panteliću, iz presbiroa, koji mi je bio mio prijatelj i, često, odličan vođ. On je popio neverovatne količine vina i nije bio mrtav pijan.

Osmatračnica majora Srba smeštena je malo van varoši prema vrhu Smederevskog ostrva. Tu Švabe drže jedan položaj sa znatnim brojem vojnika. Sada se Mađari nalaze u rovovima. Kao obično u Smederevu, niko se ne pribojava. Svet ne krijući se prolazi neprijatelju ispred nosa. Srb, sa kojim idem, dovikuje Austro-Mađarima: „Servus, Švabe!" i oni odgovaraju: „Servus!" Katkad oni traže od majora odobrenje da mogu pecati ribu, i to im je često dozvoljeno.

Na visu iza osmatračnice nameštaeni su Debanžovi topovi za koje tobdžije kažu da su nepoderivi. Kad sam se tamo popeo sa majorom Vasojevićem, komandir baterije hoće da učini preda mnom praktičnu demonstraciju i on naređuje da se opale četiri šrapnela na neprijatelja. Ispevši se na sami zaklon topa, ja kritikujem gađanje: prvi metak je suviše dug, drugi ide dobro, treći je još malo suviše dug, a četvrti pogađa u cilj. Srbi su rođeni artiljerci, kao što je kod nas u Švajcarskoj čovek rođen s karabinom u ruci! Austrijanci ne

## ŠTA SAM VIDEO I PROŽIVEO U VELIKIM DANIMA

odgovaraju, ali, naprotiv, digla se oluja i mi smo čekali da ona prođe zaštićeni u topovskim rovovima i slušajući pričanje kapetana Tomića o Smederevskoj bitki, gde su se proslavili treći poziv i mladi Vardarci. Vraćajući se u varoš, mi prolazimo preko pešadijskih položaja na Karađorđevom brdu, i kad smo stigli, izveštavaju nas da se od 7.00 sati izjutra Italija nalazi u ratu s Austro-Ugarskom. Odmah blizu varoši nalazi se takođe jedna haubička baterija od 120 milimetara. To su Krupove haubice, otete od Turaka 1912.

Položaj sa velikim opsadnim topovima nalazi se na Udovici, na sat i po jahanja. Pored njih ima takođe jedna baterija debanžovaca. Odlazim da ih obiđem, ali kad smo stigli u njihovu blizinu, udari oluja i pljusak, pretvorivši odmah puteve u jedno neuporedivo blato. Ipak sam se potrudio do opsadnih topova, gde me je dočekao njihov komandir, kapetan Jovanović. On je naredio da njegove tobdžije izvrše preda mnom manevrisanje s ovim topovima — njegovi artiljerci su lepi momci iz aktive i rezerve. Topovi koji su učestvovali u opsadi Jedrena, sijaju se očišćeni kao dobro čuvane igračke. Jedan grudobran, zasađen ječmom da ih učini nevidljivima za neprijateljske avione, štiti ih, a pred njima se pruža jedna mala dobro održavana baštica, gde natpisi kazuju imena biljaka i cveća. Ljudi, vrlo disciplinovani, slažu se divno sa svojim kapetanom i tražili su od njega da im daje lekcije iz francuskog. Po strahovitom blatu dolazimo do kapetanovog stana, jedne male vrlo čiste seljačke kućice. Kapetan mi ne da da se tako brzo vratim za Smederevo i hoće da ostanem na ručku. Nemoguće da mu to odbijem i to tim manje što je kapetan Terzić, komandir jedne baterije od 75 u okolini, došao da nam se pridruži. Ostajem dakle, i odličan ručak koji je spremila Jovanovićeva domaćica, pesme koje su svirali Cigani, govori i opšte dobro raspoloženje učinilo je da mi je vreme i suviše brzo prošlo. Predveče, krećemo na put da se vratimo, praćeni od kapetana Tomića, pravog „kauboja", koji od zadovoljstva pali bezbroj puta iz revolvera. Kad smo izišli na drum,

Tomić izigrava ludaka i puca na Švabe koje reka deli od nas. Oni se svete, pucajući iz mitraljeza na Smederevski grad. Ponovo sam video Tomića kao osmatrača eskadrile u Vertekopu i, mnogo kasnije posle rata, kao kolonistu u Kumanovu. Ostareo je i smirio se. To nije više neukrotivi kapetan iz 1915.

Ići iz Smedereva u Požarevac kad je ravnica poplavljena velikim proletnjim kišama, nije laka stvar. Ipak smo uspeli da prevalimo ovaj put bez nezgode. Dobra kola koja mi je dao major Srb, pobeđuju debelo blato na putu i prolaze preko poplavljenih mesta plodne ravnice, ukrašene veličanstvenim zelenilom. U Krani posećujemo potpukovnika Popovića komandanta 18. pešadijskog puka i druga iz smederevske menaže, i produžavamo zatim prema Požarevcu. Često kola upadaju u vodu do osovina, ali naši konji su dobri i tako stižemo do Morave. Malo posle njenog prelaska, dolazimo do ergelane koju sada zauzima konjica, gde nas kapetan Anđelković, kažnjen na 24 dana zatvora, poziva na ručak. Udaljenost do Požarevca nije više velika i, malo vremena posle ručka, mi stižemo u „Grand hotel" ove varoši. Ima prilično trupa u Požarevcu, a tu je i logor srpske avijacije.

Bogami, ova avijacija nije još tako snažna: dva aviona Blerio sa dva mesta i Tomićev mali avion sa jednim mestom. Tomića sam video u Cerovcu prošle godine. Upravo ovoga dana su hteli da oprobaju jednu novu avionsku bombu, koju je pronašao pukovnik Vasić moj stari poznanik iz Šapca i koji s nama prisustvuje probi. Aeroplan se diže sa svojim pilotom i osmatračem. Kad se popeo na 1.000 metara visine, on baca bombu koja je teška 16 kg. Ona pada na nekih 300 metara od nas i eksplodira, razvijajući debeo stub crnog dima. Rupa, iskopana eksplozijom u zemlji, malena je; ceo efekt se proizvodi u širinu i u visinu. Ne znam da li su ove bombe koje su srpski pronalazak, bile kasnije upotrebljavane u ratu. Ipak, ne verujem u to, jer ih nikad nisam video na Solunskom frontu.

Kad sam se vratio u varoš, proveo sam veče s oficirima koji nisu mnogo zadovoljni neaktivnošću na srpskom frontu. Naposletku, noć je bila malo i suviše burna, jer pored svega svoga zvučnog imena „Grand hotel", ovaj lokal raspolaže jednom armijom stenica čiji front ne zna za zatišje i koje napadaju neumorno. Jedan rđav put kroz polja vodi iz Požarevca u Petku, glavni stan 8. puka trećeg poziva, kojim komanduje potpukovnik Baltić. Tu je takođe kantonovan čuveni vardarski bataljon, „Vardarci", junaci sa Smedereva koji su zarobili 2.600 vojnika, a sami nisu izgubili više od dvadesetine ranjenih i mrtvih. Njima komanduje major Naumović i on je vrlo gord da nam pokaže njihove pešadijske i mitraljeske vežbe. To se završilo kolom koje su igrali vojnici i oficiri. Sad je red na treći poziv da se pokaže i starci manevrišu besprekorno pred nama sa mitraljezima, oduzetima od Švaba. Njihov major Popović mi se predstavlja kao „major trećeg poziva i profesor teologije u rezervi". Vreme je prijatno, i čovek je gladan i žedan. Popović hoće da nas posluži aperitivom sa mezetlucima, ali on to čini u tolikom izobilju da ja nisam više imao mogućnosti da se pristojno pojavim na ručku kod potpukovnika Baltića. Sem pri povlačenju kroz Albaniju, čovek nije bio nikad gladan na srpskom frontu.

Čovek bi hteo da ostane kod ovih simpatičnih prijatelja, ali treba još obići i druge položaje duž Dunava. Polazimo dakle i napuštamo Stig, ravnicu Morave, da se popnemo na brežuljke koji nas razdvajaju od Dunava. Ovog divnog proletnjeg poslepodneva, prolazimo kroz sela Letnjikovac i Pratinac, sva bela od rascvetanih bagremova, idemo pored velikog izgorelog mlina kapetana Mesarovića, i najpre prelazimo ogromna polja žita i livade da se zatim dohvatimo brežuljaka, prekrivenih zelenilom. Nastaje provedrica. Tu je prijatno selo Majlovac uokvireno drvećem u cvetu. Kad je sunce počelo da se spušta, stižemo do Dunava. Još jedan sat uz reku i evo nas na našoj etapi, Gradištu. To je varoš od 4.000 stanovnika, i, pre rata, Gradište je izvozilo 30.000.000 kg kukuruza, 25.000.000 kg žita i 500 do 800 vagona pasulja. Sada ono nema više od 1.000 stanovnika. Ceo kvart u luci napola je razrušen od bombardovanja sa 1.470 granata i šrapnela, koje su izbacile Švabe.

Dobili smo sobu u maloj gostionici kod „Zlatnog šarana". Uveče nalazimo kod jednog bogatog trgovca, koji je ostao u svojoj varoši, majora Tankosića, čuvenog šefa četnika, koga su toliko mrzeli Austro-Mađari da su, prilikom invazije u jesen 1915, iskopali njegov leš i obesili ga!

Ovo nije prvi put da ga sretam. Kakav čudan čovek i pun kontrasta beše ovaj Tankosić! Omalen i slabuljav, on je u isti mah veseo i melanholičan. Da dade podstreka svome suviše slabom telu za zadatak koji mu je nametnuo, on pije, čak mnogo pije. To je gvozdena duša u jednoj lomnoj ljusci. Njegovi podvizi su poznati, oni su izvanredni. Ovaj put, njega prati desetina njegovih ljudi koji su kantonovani u Petki. Dan pre moga dolaska, nekoliko njegovih četnika pošlo je na čamcu s druge strane kod neprijatelja da „uhvate jedan jezik", to jest jednog Austrijanca koji će morati pričati. Njihov plan nije uspeo. Bili su iznenađeni i jedan od njih je poginuo, dok su ostali mogli da se vrate u Gradište. Pre nekoliko dana austrijski listovi su javili da su njihovi zarobili Tankosića na ruskom frontu, preobučenog u bolničarku. On je tu, pored mene, i mi smo se slatko nasmejali ovoj patki listova Franca Jozefa.

Gradište dobro brane baterije, sakrivene u zelenilo. Na protivnoj strani diže se brdo od obale reke, brdo obraslo travom i šumama. Sa jedne strane osmatračnice, nameštene u jednom senjaku na obali vode, mogu da posmatram po volji položaje Austro-Mađara na kojima se čak jasno vidi kako se kreću vojnici.

Posle Gradišta ulazi se u dolinu Peka, koja se sve više sužava da obrazuje najzad pravi klanac čije su kose pokrivene rascvetanim divljim ljiljanom. Kad se prođe kroz ove klance, dolina se ponovo širi i mi u sumrak stižemo u selo Kučevo. Zabačeno u divlju prirodu, ovo selo ima sresko načelstvo. U njegovom zatvoru uhapšena je cela jedna četa razbojnika od kojih su četvorica osuđena na smrt, ali smrtna kazna neće nikad biti izvršena, jer se nalazimo u ratu, a njihov proces je stariji od tri godine.

Ide se uz Pek do ispiraonica zlata, vlasništva jednog francuskog društva koje, za trenutak, ima samo dva činovnika, jednog Švajcarca iz Ciriha i jednog Francuza. Nailazimo na gustu šumu, veličanstvene bukve. Satima i satima vozi se kroz ovu šumu. Kažu nam da put nije bio uvek vrlo siguran, jer ima nekoliko dezertera koji su postali razbojnici u šumi, ali ih mi nismo sreli. Usred ovih šuma ima još jedan rudnik, ali u običnoj kući njegovog sopstvenika živi samo njegova žena.

Najzad, mi izlazimo iz šume i prolazimo pored starih rudnika i visokih peći za topljenje rude, koje su u svoje vreme eksploatisali Englezi. Evo Majdanpek. Rudnik više ne radi. Nema više novca za rad. Njegov direktor, jedan vrlo simpatičan Belgijanac, ostao je na svome mestu. On će deliti udes preduzeća koje mu je povereno. Kako je tužno kad čovek vidi napuštene sve radionice, sva ova stvaranja ljudske tehničke aktivnosti, od kojih je živeo ceo jedan kraj! U ovu dolinu, izgubljenu u planini i šumama, koja je nekad odjekivala od rada, huk rata ne prodire, jedino njena mrtvačka tišina pokriva sve kao nekakvim pokrovom.

Ostavimo ovo ćutljivo mesto i pođimo aktivnosti, čak i ako je ona ubistvena. Pođimo da nađemo one koji čuvaju stražu. Penjem se uz strmu kosu rđavim putem. Ponovo smo u šumi koju ćemo napustiti tek sasvim blizu Dunava. Od vremena na vreme, kablovi i piloni telefona majdanpečkog društva presecaju put. Kotarice koje su prenosile bakar u Donji Milanovac, zaustavljene su, prazne. Kad će ponovo krenuti svojim putem? Doskora mi smo na visu koji se uznosi nad Milanovac. Silazimo pešice otkrivenom kosom, krijući se da ne privučemo projektile na ovu malu varoš u kojoj su divljački protivnici ubili i još ubijaju nevine građane svojim šrapnelima i svojim kuršumima. Kako je lepa ova varošica na obali veličanstvene reke i u svom okviru od zelenila! Kako ovde mora biti prijatno živeti usred mira! Ali danas, varoš je sumorna, pored svega lepog sunca. Ima u njoj suviše žalosti i ona je suviše blizu onima koji su se zakleli da unište srpski narod. Ipak, nada u bolja vremena i u pobedu Prava i Slobode nije ju napustila. Ubedio sam se o tome u toku jednog veličanstvenog ručka, zalivenog najboljim vinom iz ovog kraja, kod jednog prvaka, Milana Rajkovića, čije sam devojčice kasnije prihvatio u Solunu posle povlačenja da posle toga ostanu kod nas u Švajcarskoj do završetka rata.

Posle Milanovca naš put ide uz Dunav pa se zatim penje prema Miroču. Sunce je već odavno zašlo i mesečina osvetljava naš put, kad smo stigli do ovog položaja na ivici velike hrastove šume. Tu komanduje potpukovnik Cvetković i on nas prima u kafani koja mu služi za Glavni stan.

Miroč je dosta daleko od neprijateljskih položaja, ali naš put nas ponovo približava tim položajima. Zaista, posle dugog parčeta puta po grebenu i po lepoj šumi, na jednoj okuci ugledasmo ponovo pred sobom Dunav, ali ovoga puta njegova protivna obala nije više mađarska, već rumunska. Mi smo presekli ispupčenje koje čini srpska granica i nalazimo se sada prema Rumuniji. Na jakoj strmini i opisujući mnogobrojne okuke put se brzo spušta u Brzu Palanku. Dobar drum vodi nas odatle u Kladovo, preko puta od Turn Severina. Naravno, da bismo mogli videti položaje treba da se vratim prema Austro-Mađarima.

To i činimo odlazeći u Sip, malo ribarsko selo na ulazu u kanal, iskopan u Dunavu, da se omogući plovidba ka tom mestu. Oko Sipa nalaze se mnogobrojni odredi, obrazovani od starijih ljudi drugog i trećeg poziva, koji brane obalu reke. Tu su takođe, sakriveni u raskošnoj vegetaciji, stari topovi od 120 koji datiraju iz 1865. i koji se pune odnapred. Kad pucaju, oni ustuknu po više metara, ali još dobro vrše svoj posao, čak toliko dobro da ih Švabe traže velikim granatama od 305. Dunavska dolina je vrlo tesna u ovom kraju i naše straže su postavljene u mnogobrojnim jarugama gde projektil ne stiže. Naši vojnici imaju vrlo malo gubitaka, ali dosadno im je i neaktivnost im teško pada.

Strmom stazom i napola uništenom od kiša ovih dana, zatim blatnim putem koji su izradili pešaci, penjemo se do kantonmana jednog bataljona trećeg poziva Krajinskog odreda. Vojnici su iskopali, kao krtice, rupe u zemlji, koje su pokrili busenjem. Pored njih su se smestili artiljerci. Artiljerijski kapetan Vladimir Gačević pokazuje nam njihove položaje. Debanžovci, haubice i brzometni topovi od 75 vešto su zaklonjeni na grebenu. Neprijatelji su ih ipak pronašli i svuda oko topova konstatuje se neprijateljsko dejstvo po mnogobrojnim rupama od granata svih kalibara do 305. Položaji Krajinskog odreda su gotovo svakodnevno bombardovani i pokazuju nam jedan Debanžov top, gde je austrijska granata prošla kroz sedište posluge i odnela nišan na topu, a da nije nikome ništa učinila. Uostalom, kao što sam već rekao, gubici na ovim položajima, pored sve kiše projektila koja tu pada, minimalni su. Ipak, odstojanje za gađanje iznosi samo 1.200 metara.

Kakav se divan vidik otvara odozgo. U tesnoj dolini, između zelenih obala, Dunav teče veličanstveno. S druge strane je Oršava i tursko ostrvo Ada Kale. Pokatkad kakav topovski metak poremeti tišinu i projektil se uvaljuje često bez eksplozije, u mokro šumsko zemljište. Pošto smo sišli u Sip, vraćamo se u Kladovo, praćeni srpskim, ruskim, austrijskim i rumunskim reflektorima.

Kladovska luka prikriva celu jednu malu ratnu flotilu. Rusi su doveli iz Crnog mora male jedinice, neku vrstu minijaturnih torpiljera, koji služe da vrše patrole i od kojih je najveći snabdeven jakim reflektorom. Svake večeri, ovaj reflektor, kao i austrijski, srpski i rumunski, ispituje reku i njene obale. Prahovo je sasvim blizu, a Prahovo je luka za snabdevanje Rumunije i Rusije.

Turn Severin, rumunska varoš, nalazi se na drugoj strani Dunava sa svojim lepim i belim kućama. Imali smo ludu želju da se jednom ponovo prošetamo po jednoj varoši u miru. Pukovnik Dimitrijević, komandant divizije u Petrovom selu, dobio je za nas objavu od Glavnog stana da tamo pođemo, pored svega toga što se nerado daje ovakva objava zbog bezbrojnih austrougarskih i nemačkih špijuna koji se bave u Turn Severinu. Ruski mornari su nam stavili na raspoloženje jedan motorni čamac u koji sam se ukrcao sa trojicom engleskih vojnih lekara, Braunom, Skotom i Ivringom. Prelaz je trajao samo četvrt sata. Kad smo izišli iz čamca, Rumuni su tražili od nas isprave. Srpska objava bila je dovoljna da se legitimišemo. Ipak, treba proći kroz dezinfekciju koju vrši jedan činovnik, pokvasivši nas sa lizolnom vodom iz jednog pulverizatora za sumporisanje vinograda.

Turn Severin je važna varoš sa mnogobrojnim i velikim novim zgradama. Ona je prostrana i čista. Vrućina je i mi zauzimamo mesto na terasi jedne kafane na velikom trgu da posmatramo defilovanje nedeljnih šetača. Naviknuti na jednostavnost naših ratnih uniformi koja se kadgod tera u krajnost, mi se divimo doteranosti rumunskih oficira, svežim i bogatim toaletama dama i otmenom držanju mnogobrojnih mladih vojnika, očigledno varoške dece koja služe svoj rok. Oni u svojim mundirima bez bore, utegnutima u struku pojasom od lakovane kože, udvaraju se devojkama koje se besprekidno smeju. U ovom trenutku Rumunija još nije poznavala nevolje rata! Kad je sunce odužilo svoje zrake, prešli smo reku i vratili se opet u našu zemlju u ratu.

Kad smo sutradan otputovali iz Kladova, potopska kiša je razvalila puteve u toku noći. Neprestano pljušti, ali stižemo u Brzu Palanku

## ŠTA SAM VIDEO I PROŽIVEO U VELIKIM DANIMA

bez mnogo muke. Iz Palanke u Prahovo, iako je kiša prestala, put koji ide duž Dunava nalazi se u strahovitom stanju. Sada skrećemo u stranu ka Negotinu gde nas put vodi u pravoj liniji. Ovaj put, na mnogo mesta, postao je prava reka koju treba pregaziti. Naši konji po njoj gacaju do trbuha. Ima malo vojnika u Negotinu. To je već pozadina. U „Grand hotelu" su nas stigli engleski lekari koji su uzeli isti put kao i mi, ali njihovi konji nisu bili tako dobri kao naši, i ova gospoda su bila primorana da sami vuku svoja kola kroz blato. Oni su hitno pozvani u Kragujevac. Cela njihova misija otputovaće za Maltu i Dardanele, gde ranjenici postaju sve mnogobrojniji. Suviše je kasno da se otputuje. Stoga smo primorani da ostanemo u Negotinu i da spavamo u „Grand hotelu" koji je kao i drugi koji se titulišu reči „grand" i na koje smo se namerili na putu, prepun stenica koje nas cele noći bacaju u očajanje.

Rekvirirali smo u Miroču seljačka kola koja smo u nedostatku drugih saobraćajnih sredstava morali zadržati. Pre polaska naši kočijaši su nas ostavili da čekamo. Treba potkovati konje, opraviti točak itd. Najzad, mogli smo da krenemo na put, ali smo najpre morali da pređemo jedno pravo jezero koje je stvorila poplava. Zatim, put ide naviše i, po letnjoj vrućini penjemo se lagano uz brdo. U Salašu nas čeka jedan fijaker koji nas dobrom brzinom vozi kroz jedan divan kraj osvetljen blagom večernjom svetlošću. Kako su lepe ove timočke kuće sa svojim kamenim basamacima i svojim terasama sa obojenim stubovima! Kad je mesec izašao, mi smo već bili u Zaječaru.

Pukovnik divizijar, koji je u ovoj varoši, javlja nam da je put Knjaževac—Paraćin presečen pravim vodenim vejavicama koje su se oborile na ovaj kraj. Više stotina osoba potpuno je u vodi. Treba dakle da uzmemo voz do Knjaževca gde ćemo naći auto-kamione da nas odvezu u Niš. Pukovnik nam takođe javlja da su Nemci zauzeli Pšemisl i da se Rusi povlače na celoj liniji. Stvari ne idu. Briga se čita na svima licima. Nadajmo se još da je to jedna od mnogobrojnih plima i oseka, na koje su nas Rusi naučili.

Jedan voz pun ruskih konja, kome je prikačen jedan vagon za nas, ide od Zaječara do Knjaževca za tri sata. Knjaževac još nosi tragove bugarske varvarske invazije od 1913. Tu je već čovek sasvim u pozadini i vlasti, čak i vojne, tu su sačuvale mudru birokratsku sporost. Stoga moramo da čekamo odlazak auto-kamiona tako dugo da smo sjajno propustili dolazak našeg voza za Niš. Posađeni na sedišta kamiona mi za četiri sata prevaljujemo 60 kilometara koji nas dele od privremene prestonice. To je zato što se treba serpentinama popeti na brdo. Moj šofer je jedan mladi austrijski zarobljenik, prijatan, ali rezervisan što se tiče njegovih utisaka o ratu. On se odlično slaže sa svojim srpskim drugovima koji sa njim postupaju kao da je jedan od njihovih. Plaćaju ga dva dinara dnevno, a povrh toga hrana i konak. On je zadovoljan.

Primoran da se zadržim jedan dan u Nišu, susrećem mnogobrojne poznanike. Ali ja sam već i suviše navikao na duh fronta, pa sam se rđavo osećao u ovoj varoši u pozadini, gde je egoizam već uspeo da za sebe naknadi dobar deo onoga što je bio izgubio u patriotskom oduševljenju prvih meseci. Rat traje, a ljudi koji nisu u dodiru sa opasnošću, upadaju u spletkaško sitničarenje običnog života.

# LETO I RANA JESEN 1916.

Mračno predosećanje koje su imale srpske vojskovođe celog leta 1915, bilo je nažalost i suviše osnovano. Uzalud su generali i državnici kukali kod saveznika i tražili odobrenje da zauzmu Sofiju pre nego što bude suviše kasno, Pariz, London i, naročito, Petrograd bili su gluvi za opomene. Neverovatno slepa, diplomatija Antante bila je istrajna u kobnoj bugarskoj hipnozi. I onda se desilo ono što je bilo neizbežno. Napadnuta austro-nemačkim snagama, snabdevenima sa svim modernim oruđima rata, a koje su bile dvostruko jače od njenih, udarena nožem u leđa od bugarskog krivokletnika, Srbija je bila zauzeta i njena vojska, za kojom su pošli mnogobrojni građani, povlačila se kroz hladnu i neprijateljsku Albaniju. Opisaću u naročitoj knjizi kakvo je bilo ovo strašno povlačenje cele jedne vojske i celog jednog naroda koji su bili izgubili svoju zemlju, ali koji nisu bili pobeđeni. Jedna mala saveznička vojska pod komandom generala Saraja, bila je, istina, pokušala da priteče u pomoć Vardarskom dolinom svojim srpskim drugovima. Ali bilo je suviše kasno. Cveće i venci kojima se bio okitio Niš na vest o dolasku savezničkih trupa u Solun uvenuli su, a nisu čuli razigranog francuskog trubača, i suvo lišće visilo je žalostivo kad je svirepi Bugarin prodro u varoš. Zaslepljenost saveznika dozvolila je Austro-Bugaro-Nemcima da drže pod čizmom Srbiju bez daha. Ipak je srpska vojska bila spasena i, 1. januara 1916, nijedan od njenih vojnika nije više bio u opasnosti da padne u neprijateljske ruke. Ali sa ostrva Vida, u zoru, odlazile su svakog jutra ćutljive barke sa svojim pogrebnim tovarom. Na pučini, hiljade i hiljade srpskih vojnika, umrlih za otadžbinu, bili su spušteni u plave talase da tu večno čuvaju stražu. Velika Kalvarija Srbije bila je započela.

Bio sam napustio srpsku vojsku posle ovog mučnog iskušenja da pripremam u Švajcarskoj prijem mnogobrojnih izbeglica i da obavestim svet o onome što se dogodilo. Bio sam dakle jedan deo zime, u proleće, i jedan deo leta 1916. u Švajcarskoj, dok su se, uz uspešnu i prijateljsku pomoć Francuske, vojnici starog kralja Petra reorganizovali na Krfu. Sudbina je htela da sam za ovih nekoliko meseci provedenih u svojoj zemlji uveliko imao prilike da budem od koristi ne samo Srbiji nego i drugim savezničkim zemljama, naročito Francuskoj i Italiji. To nije bilo uvek tako lako. Švajcarska, kao neutralna zemlja usred zaraćenih strana, morala je neophodno da preduzme naročite mere koje se nisu slagale sa interesima zemalja za koje sam se ja borio. Povrh toga, iako je ostajalo nepokolebivo švajcarsko, javno mnjenje je bilo podeljeno. Jedni, mislim da mogu reći većina, bili su za saveznike Antante, drugi su simpatisali Nemcima i Austrijancima. Boreći se delima, perom i reči za Antantu, bio sam izložen napadajima germanofila i intrigama bezbrojnih agenata centralnih carevina koji su bili poplavili moju zemlju. A ove intrige nisu prezale ni pred kakvom podlošću, ni pred kakvom laži. Kad mi je kasnije na Solunskom frontu, predana medalja za hrabrost, ja je nisam primio zbog onoga što sam učinio na frontu — tu je ceo svet bio hrabar i trebalo je samo raditi po primeru drugih, što je bilo lako, jer je hrabrost zarazna — nego za ono što sam učinio u Švajcarskoj. Tu je, zaista, trebalo imati hrabrosti da se radi, i, ostavljajući svu lažnu skromnost na stranu, radio sam onako kako je bilo najbolje za srpske i savezničke interese.

Našao sam vrlo veliku pomoć u našem stanovništvu. Simpatija našeg sveta bila je duboka i blagotvorna. Tako sam mogao da postavim na čvrste noge jedno delo za pomoć srpskoj siročadi lišenoj roditelja. Ovo delo je izdržavalo 100 srpske dece kroz tri godine i tako spaslo dragocene živote. Sa mojim sunarodnicima ja sam takođe organizovao uspešnu pomoć za stanovništvo koje je ostalo u okupiranoj Srbiji. Znam da sada, deset godina posle rata, većina sveta, čak i od onih koji su se koristili helvetskom simpatijom, ne misle gotovo na one koji su se prignuli nad njih kad su bili u nevolji. Ali ja još za to mislim i uvek ću na to misliti, i, na ovom mestu, u jednoj knjizi koja je namenjena Srbiji i Srbima, ja, Švajcarac, toplo blagodarim svojim sunarodnicima za ono što su učinili za zemlju za koju sam se ja borio.

Izbeglice su pritcale u Švajcarsku u velikom broju. Izvesno, bilo ih je mnogo više u Francuskoj, ali, kad se uzme u obzir stešnjenost moje zemlje, broj koji je tu našao utočišta, bio je znatan. Ogromna većina ovih izbeglica bila je jako simpatična, ali bilo ih je takođe, u ovom broju koji nisu uživali simpatije. To su bili naročito ljudi u onim godinama u kojima su mogli i trebali da brane svoju otadžbinu sa puškom u ruci, a koji su našli da je za njih korisnije da se ukopaju u ženevske rovove i po drugim mestima, da tu trguju dok su njihovi vršnjaci ratovali, i da prenesu jalove partijske borbe iz svoje zemlje na švajcarsko zemljište.

Izbeglice iz srpske zemlje našle su u Švajcarskoj mnogobrojnu braću s druge strane Save i Dunava koji su isto tako potražili u ovoj zemlji da se sklone od svojih ugnjetača, Austro-Mađara. U tom času, niko u inostranstvu još nije poznavao reč „Jugosloven"; ja sam, mislim, bio prvi koji ju je upotrebio u našim listovima. Svi ovi Jugosloveni smatrani su dakle za Srbe i sami su se nazivali Srbima. Kao Srbi oni su svuda bili vrlo dobro primani. Tek kasnije pronađeno je vrlo oprezno ime Jugoslovena. Tim je čudnije da se izvesni od ovih bivših izbeglica, koje je uostalom vlada kralja Petra obilato pomagala, odriču danas srpskog imena. Poznajem jednog velikog umetnika, koji je bio izbegao u Švajcarsku i dok je jedan mnogo stariji švajcarski građanin bio na srpskom frontu, taj umetnik je blagodareći srpskoj narodnosti, kojoj je on tada, po svome tvrđenju pripadao, ne samo živeo vrlo dobro u inostranstvu nego je čak i zarađivao lepe pare. Danas on neće više da ga zovu Srbinom. On prezire one čija je zastava zadobila simpatije za njega u danima progonstva.

Već sam pomenuo da izvesne izbeglice nisu mogle da zaborave, čak i u to bolno vreme, svoje svađe političkih stranaka. Već u vreme mira ove svađe su nanosile zla njihovoj zemlji — a bogzna koliko Kraljevina SHS danas od njih pati — ali zlo koje su one činile za vreme rata nije bilo manje. To sam i sam dobro osetio. Pozvan u početku rata od strane Pašićevog kabineta, ne znajući ništa o unutrašnjoj politici Srbije i nemajući pojma o raspravama koje postoje između raznih stranki, ja sam bio, zato što me je pozvao Pašić, kršten radikalom. Posledica toga bila je da su se neki protivnici radikala izbeglice u Švajcarskoj, borili protiv mene podmuklo u mome radu za Srbe i da sam čak bio izložen izvesnim vrlo pakosnim intrigama.

Ali ove mračne tačke iščezavaju pred znacima ljubavi, simpatije, blagodarnosti i poverenja, koje sam primao od velike većine izbeglica, i pred zadovoljstvom da vidim da su moji napori krunisani uspehom. Bilo mi je dozvoljeno da sarađujem svom snagom na tome da učinim Srbiju i Srbe simpatične mojim sunarodnicima, saveznicima i izvesnim neutralcima. Moja jedina i moja najlepša nagrada za sve žrtve koje sam podneo na tome poslu jeste ubeđena savest da sam, ma i najmanjim delom pomogao stvaranje velike Kraljevine SHS.

Dok sam bio u Švajcarskoj, srpska vojska je, uz pomoć francuske, bila rekonstituisana na Krfu, i oni vojnici koji su preživeli strahovito povlačenje i njegove posledice, mogli su da se odmaraju od svojih patnji i da se spremaju da preotmu od neprijatelja svoju porobljenu zemlju. Građanska srpska nadleštva, vlada i parlament bili su takođe uspostavljeni na ovom ostrvu, gde je klima tako blaga i zdrava. Ova

## ŠTA SAM VIDEO I PROŽIVEO U VELIKIM DANIMA

miroljubiva okupacija Krfa davala mu je jedan sasvim naročiti karakter koji ne mogu bolje opisati nego navodeći jedno od svojih pisama, pisano na Krfu prilkom moga prolaska na putu za front: "Nije lako putovati u vreme rata iz Lozane na Krf. Ipak, kad čovek uluči zgodno vreme i blagodareći dobroj volji koju pokazuje francuska vlada svima svojim prijateljima, stigao sam tamo gde sam želeo za relativno kratko vreme, a pri tom nisam imao nezgodnog susreta sa kakvom gusarskom podmornicom centralnih carevina. Iako sam primoran na malo diskrecije što se tiče mojih prevoznih sredstava, ipak mislim da smem reći da sam putovao na jednoj od najlepših jedinica francuske ratne mornarice (na krstarici "Frans") i da sam pun divljenja za sve što sam video. Da li će mi biti dozvoljeno da izjavim ovde svu svoju blagodarnost hrabrim, a ipak tako prostodušnim oficirima ovog sjajnog ratnog broda, onim oficirima koji su, sa svojim srčanim mornarima, branili i umeće da brane dostojno i u budućnosti slobodu sveta?

Stigao sam na Krf, posle zadržavanja u jednoj grčkoj luci (Argostoli), pretvorenoj u francusku pomorsku bazu, i našao sam da se mnogo promenilo ostrvo Tetokisa, a naročito njegova glavna varoš. Krf je postao međunarodna ratna varoš, pošto je bio turističko mesto koje su posećivali naročito Nemci zbog slavnog Ahiliona, nekadašnjeg austrijskog dvorca, koji je docnije bio nemačka carska svojina, danas francuska bolnica.

Krf je izgubio svoj izgled centra grčko-nemačkog turizma. Tu se više ne vidi zeleni šešir sa tetrebovim perima, ni suknje od "lodena" koje se mogu zadići pomoću mnogobrojnih pantljika pričvršćenih za dugmad koja okružuju struk. Danas, tu čovek susreće zuave, francuske pešake i mornare, nekoliko engleskih tomia i mnogo srpskih vojnika. Svakako, kralj Konstantin hoće još da pokaže da krfsko ostrvo pripada njegovoj kruni, i zato on daje da šefovi vojnici manevrišu svaki dan sa trubačem na čelu kroz ulice glavnog mesta, ali te demonstracije su gotovo smešne i mučne za gledanje za one koji su, pored svega, sačuvali svoje prijateljstvo ne za vladu nego za grčki narod. Zašto kralj Kostantin nameće svojim vojnicima koji su se, još nedavno, hrabro borili protiv Bugara, jedno naknadno poniženje sa ovom paradom putujućeg cirkusa, hoće li da načini od svoje vojske školu gde se uči da se ne bori? Grčki narod vredi više od onih koji njim upravljaju i, kad čovek vidi kako defiluju ovi „miroljubivi" oficiri sa brižljivo namazanim brkovima, mora da oseti za njega duboko zažaljenje.

Ali ne zaustavljajmo se na ovom jednom prizoru. Bolje da vidimo što je učinila srpska država, neukroćena i neukrotiva u svojoj privremenoj prestonici i van svojih redovnih granica. Ako se ispituje Krf pod ovim uglom, ono što se vidi podiže duh. Sa svojom nečuvenom vitalnom snagom, Srbija je umela da stvori, u stranoj, nekad savezničkoj zemlji, jedan novi centar. „Grand hotel engleski" uzet je pod kiriju i preobražen u vladin dom na kome se gordo vije neoskrnavljena trobojna zastava. Tu se nalaze ministarstva, kao i ministarstvo starog borca Pašića, bivšeg diplomiranog studenta ciriške politehnike. Nekoliko ministarstava imaju svoje kancelarije u drugim zgradama. Većina ih je, ipak, udobno smeštena u ovom velikom zdanju čiji sopstvenik je interniran kao sumnjiv. Na nekoliko koraka dalje, mi nailazimo na jednu čudnu zgradu, pola od dasaka, pola od platna. To je štamparija zvaničnog srpskog lista „Srpskih novina". Danju i noću slagači i mašine rade da ispošilju svuda po svetu i svakodnevno 10.000 primeraka ovog vrlo dobro uređenog lista u progonstvu. Čudan udes je u tome faktu, da je na sto godina pre ovog privremenog progonstva prvi broj ovog lista bio štampan u Beču, danas neprijateljskoj prestonici! Gore u varoši nalazimo svuda pokoju srpsku kancelariju i, svuda, susrećemo vojnike i građane iz Kraljevine Petra I. Pozorište je rekvirirano da služi za parlament predstavnicima Šumadije. Prisustvovao sam jutros jednoj sednici Skupštine i uveravam vas da prizor ovih predstavnika jednog naroda u progonstvu čini utisak. Mirni, pod predsedništvom jednog mudrog patriote, Andre Nikolića, poslanici su raspravljali i izglasali potrebne mere u sadašnjoj situaciji. Nije bilo prisutno do jedva četrdeset poslanika.

Kad se spusti veče, francuske i srpske ili francusko-srpske patrole obilaze varoš i bdiju nad njom. Konstantinovi vojnički „pacifisti" iščezli su. Na zanimljivom žargonu, srpski i francuski „poali" menjaju misli. To su prijatelji koji izlažu svoja lingvistička znanja. Ali ako njihov govor nije uvek pravilan i ako nisu uvek u saglasnosti sa primenom francuskih i srpskih gramatičkih pravila, oni su ipak apsolutno ubeđeni u jednu stvar, a to je da će pravo i sloboda odneti pobedu i da će, stoga, srpska zemlja biti oslobođena od ljage osvajača. I u tom času, Krf će ponovo postati svojina Grka koji će, nadajmo se, umeti dotle da se oslobode od gospodara podlaca."

Srpska vojska na Krfu imala je oko 200.000 ljudi na kazanu. Ipak, znatan broj ovih ljudi nije više bio sposoban za borce. Trebalo ih je kasnije upotrebiti u pozadini ili ih ostaviti u depoima Mikre i Severne Afrike. Povrh toga, među ovim ljudima na vojničkoj hrani, bilo je mnogo građana. Vojska koja je začudo brzo oporavljena stavljena na noge, trebala je da bude prevezena u Solun, gde je, međutim, general Saraj sa mnogo energije i veštine organizovao jedan ogroman koncentracioni logor. Pitanje prevoza trupa bilo je trnovito. Sa očiglednom rđavom voljom, vlada kralja Konstantina i pod izgovorom neutralnosti njene zemlje činila je bezbroj teškoća saveznicima Antante. Ali francuska mornarica koja je vršila prevoz, likovala je nad svima teškoćama. Prvi transport krenuo je 21. aprila sa Krfa, a poslednji je stigao u Solun 19. juna 1916, a da nijedan brod nije potopljen i da nijedan čovek nije bio izgubljen.

Kad je vojska avetinja, umakla iz albanskog pakla, stigla na Krf, bila je dosta rđavo dočekana od krfskog stanovništva, raspaljenog od nemačke propagande. Ali kad je polazila na front, ostavila je jednodušna žaljenja među tim istim stanovništvom. Srpski vojnici su se zaista besprekorno ponašali. Ulogoreni gotovo bez zaklona u početku i trpeći osetnu zimu te godine, oni nisu hteli da poseku nijedno jedino drvo. Nikad nisu uzeli ni najmanju sitnicu, a da ne plate. A sve je od njih naplaćivano vrlo skupo i to menjajući njihove banknote od 10 dinara za tri drahme!

Najpre smeštena kod Soluna u logorima za spremanje, srpska vojska gura malo-pomalo svoje elemente na položaje na frontu. 16. avgusta 1916. srpske predstraže su zauzimale liniju koja polazi od sela Ljumnice, ide rekom do sela Borislova, produžuje preko Zborskog, Kovila, Kukuruza, Čegan planine, Stare popadije, Sative Kose, prolazi zatim južno od Voštarana i Neokasia preko brežuljaka Vrbena i Kalenika, Kleštine, južno od Bufa, i ide rekom Bermanom do jugozapadno od Prespanskog jezera, kotom 1560 i selom Jafa-Babićem.

17. avgusta bugarski Glavni stan otpočeo je snažnu ofanzivu protiv rekonstituisane srpske vojske, ofanzivu čiji glavni udarac je upravljen protiv Treće armije pod komandom generala Pavla Jurišića. Kao što sam kasnije saznao iz samih usta zarobljenika, Bugari su očekivali da nađu pred sobom jedino Francuze. Oni su bili užasnuti kad su videli pred sobom srpske pukove koje je obični redov kralja Ferdinanda smatrao da su zauvek uništeni. Napadajući sa mnogo nadmoćnijim snagama nego što su bile srpske na mestima napadaja, Bojadžijev je imao u početku uspeha. Treća armija se morala povući i njeno krajnje levo krilo koje je obrazovao vojvoda Vuk sa svojim četnicima, bilo je odsečeno. Ipak, ovo iako prinudno povlačenje bilo je metodično, što je dozvolilo Glavnom stanu da mu pošalje na vreme pojačanja. 29. avgusta neprijatelj je bio definitivno zaustavljen, pošto je pretrpeo velike gubitke. Vuk sa svojim vernim četnicima probio se kroz neprijateljske redove i stigao u solunski utvrđeni logor. Ovaj prividni uspeh Bugara početkom meseca avgusta 1916. bio je jedini

koji je Ferdinand Krivokletnik imao da zabeleži na ovom frontu.

Treba biti pravedan i priznati da se bugarska vojska vrlo hrabro tukla na Solunskom frontu, ali njena stvar je bila rđava i ona je bila nemoćna da se odupre vaskrslim srpskim junacima, koji su se borili za svoje pravo i za svoju slobodu. Polako, ali sigurno, ona je zatim išla iz poraza u poraz, pored silne pomoći koju su joj davali njezini austro-nemački saučesnici.

Bugari su isto tako napali i srpske trupe koje su držale front Moglenice sa Drugom armijom pod komandom vojvode Stepe. Ali nisu postigli nikakav rezultat. Šest bataljona upućenih na juriš protiv Gornjeg Požara i Katunca morali su se vratiti četvrti dan u svoje rovove odakle su pošli, pošto su mnogo postradali i bili preplavljeni.

5. septembra izdana je naredba da se sprema opšta ofanziva. Rumuni su bili ušli u rat i saveznici hoće da olakšaju, ukoliko je moguće, svoj front na zapadu privlačeći Austro-Bugaro-Nemce na Solunski front. Vojvoda Mišić komanduje Prvom armijom, vojvoda Stepa Stepanović Drugom i general Miloš Vasić Trećom. Francuska pešadija i artiljerija pojačava srpsku vojsku.

12. septembra u zoru princ regent Aleksandar, pošto se prekrstio, opalio je prvi topovski metak ofanzive koja je bila predigra sloma Bugara i njihovih austro-nemačkih saučesnika.

13. septembra Gorničevo je palo u naše ruke. To je bila oštra borba. Po pričanju zarobljenika, samo u jednom bugarskom puku, 1.500 vojnika je izbačeno iz stroja jedino artiljerijskom pripremom. 29 topova, 50 municionih kara, mnogobrojni mitraljezi i ogromno mnoštvo pušaka bili su plen pobedničke srpske vojske. Neprijateljski topovi, obrnuti na drugu stranu, gonili su Bugare koji su bežali prema Florinskoj ravnici.

Sutradan, ova dnevna naredba bila je čitana u svima jedinicama: „Junaci!

Vi ste pobedonosno odbili neprijatelja, naneli mu ogromne gubitke i zaplenili 29 topova. Imate sada pred sobom vašu dragu još porobljenu otadžbinu. Pred vama se otvara put naših slavnih tradicija, a takođe put naših mučeničkih iskušenja. Pred vama su grobovi koji nisu bili ni prekađeni, ni preliveni, ni opojani. Pred vama su oni koji su vam mili: vaša deca, malaksala od patnji, okreću prema vama svoje očajne oči, osluškujući u grozničavoj nadi da li će najzad čuti riku naših topova i gromko i neustrašivo „ura!" koje će biti za njih i za ceo srpski narod znak slobode.

Junaci!

Čestitajući vam na vašoj junačkoj hrabrosti, kao i na vašim hrabrim pobedama koje ste tako srećno započeli, izražavam vam svoje zadovoljstvo i svoju naročitu blagodarnost.

Ujedinimo sve svoje snage i, sa pouzdanjem u Boga kao i u pravdu naše svete stvari, napred ka slavi i ka konačnoj pobedi!

Živela moja junačka i gorda vojska!

Aleksandar".

Pošto je zauzeto Gorničevo, gonjenje je produženo u ravnici. Prednji delovi stižu do okoline Voštarana i čak do Broda. 18. septembra zauzet je Armenohor, a 19. levo krilo Treće armije nalazi se na liniji Barešnica—Florinska stanica. Ali usred terena koji drži neprijatelj, uzdiže se silna tvrđava od 2.525 metara visine, tvrđava koju su Bugaro-Nemci smatrali neosvojivom: Kajmakčalan. Treba ga zauzeti, ako se hoće produžiti pobedničko napredovanje. Bugari osećaju opasnost i da ih ohrabri, njihov princ prestolonaslednik Boris uputio im je ovaj telegram:

„Iz Glavnog stana komandantu 1/3 brigade, pukovniku A. Popovu.

Pozdravljam sjajnog branioca Kajmakčalana, nadajući se da će sa svojom dobro poznatom upornošću i energijom uspeti da zada smrtni udarac neprijateljskim izdajnicima i da će uvek održati ovu tačku od tako velike važnosti za naš front. Moja iskrena blagodarnost vama i vašim hrabrim trupama. Boris."

Ovaj telegram je stigao onome kome je bio upućen, tek na nekoliko sati pre nego što je Kajmakčalan zauzela srpska vojska. Kajmakčalanska bitka bila je niz upornih borbi u kojima su uzele učešća Drinska i Dunavska divizija i Prva timočka brigada, pomagane jakom srpsko-francuskom artiljerijom.

Ofanziva počinje 16. septembra i Drinska divizija zauzima važan položaj Kamenički ćuvik. Dunavska divizija zauzima prve kontraforove Soviča, ali borba ostaje neodlučena. 18. septembra general Vasić hoće da zauzme vrh Kajmakčalana. Od praskozorja počinje priprema artiljerije, ali kakva priprema! Vrh planine iščezava u crnom i belom dimu. Depoi bugarske municije eksplodiraju i mešaju strahoviti tresak svoje eksplozije sa suvom i metalnom eksplozijom srpskih granata koje udaraju o stene. Do 16.00 sati traje ovaj pakleni urnebes i, najednom, grobna tišina prekinuta naređenjem: Pešadija napred! Tada se vidi kako se u dimu i magli pojavljuju sivi fantomi koji se nemo veru i koji iščezavaju. Iznenada odjekne jedan jedini dug poklič: „Ura!" Drinci su se uhvatili u koštac s neprijateljem i kasapnica počinje. Bugari se kače „kao vaši", kao što je kasnije rekao jedan francuski oficir. U 21.30 greben je u rukama Srba. Oni su na granici svoje zemlje! Nema drveća na ovom visokom vrhu. Jedino kundaci bugarskih pušaka mogu snabdeti pobedničke vojnike drvetom za oskudne vatre. Sedeći oko vatra, pobednici zagrevaju svoje zamorene udove, ukočene od hladnoće. Treperljiva svetlost vatra fantastično osvetljava ovaj haos bugarskih i srpskih leševa, napuštenih topova i razorenih rovova. Vojnik Petra I staje ponovo svojom stopom na srpsku zemlju!

Ali sve još nije svršeno, daleko od toga. Bugarin se prihvatio za zapadnu kosu planine, odakle upućuje česte protivnapade. To su mučni dani. Topovi su posvršavali znatan posao i trebalo je da se dovedu u red. Povrh toga, topovi su se samo mršavo mogli snabdevati municijom na ovim visokim visovima. Najzad, gusta magla često ometa svaku pripremu artiljerije i, u nedostatku teških topova, pešadija ne može uvek računati na pomoć artiljerije. S druge strane, Bugari su besni. Oni žele da po svaku cenu povrate izgubljeni vrh Kajmakčalana. Pojačanja, uzeta od susednih jedinica, stižu. Sa svom žurbom šalje im se u pomoć jedan puk sa Strumičkog fronta.

26. septembra, u belu zoru, počeo je najžešći protivnapad koji su pobednici imali da izdrže do tada. Pod prvim udarcem, Drinci su bili primorani da ustuknu 150 do 300 metara i da se povuku na svoj drugi odbrambeni položaj. Dva bataljona 7. puka Dunavske divizije dolaze im u pomoć. Četnici vojvode Vuka upućeni su od Prve armije da obrazuju rezervu Treće armije. Oni ostaju u rezervi na koti 1500.

Pored svih napada, Bugari ne uspevaju da dostignu svoj cilj: vrh Kajmakčalana. To ih ne sprečava da izdaju saopštenje o trijumfu. Ali... u podne toga istog dana, protivnapad je konačno slomljen. Koliki gubici sa obe strane! Bezbrojni bugarski leševi u njihovoj suroj uniformi stapaju se sa bojom planinskog zemljišta. Sama Drinska divizija ima poginulih, ranjenih i nestalih 68 oficira, 1.197 podoficira i vojnika.

Neprijatelj, malaksao, naleće tek slabo idućih dana; tri-četiri protivnapada su lako odbijena. General Vasić je ipak nepoverljiv. On žurno prikuplja što više može trupa i popunjava gubitke u ljudima i u municiji. 30. septembra on daje znak za ofanzivu svojih 20 bataljona Drinske i 14 bataljona Dunavske divizije. Vojvoda Vuk sa svojim četnicima ostaje i dalje u rezervi.

Posle strahovite artiljerijske pripreme, pešadija se krenula na juriš. Borba traje gotovo tri sata. To je neopisiva gužva u kojoj se, kroz dim i maglu, vidi kako sevaju bajoneti i čuje se eksplozija bombi. U 11.30 časova svršeno je. Bugarin je definitivno oteran s Kajmakčalana na koji se više neće vratiti. On beži glavom bez obzira u pravcu Crne, ostavljajući sve: ranjenike, topove, puške, mitraljeze. Za njega je spas da se dokopa šume i doline. Ogromna gola i krševita kosa Kajmakčalana, Kočobeja i Floke pokrivena je smeđim mravima koji beže, beže.

Tada vojnici-seljaci, praunuci Kraljevića Marka, skidajući svoju šajkaču, kleknuše i poljubiše zemlju crvenu od krvi, zemlju njihove Otadžbine. Vlasi Krste Smiljanića, junačkog komandanta Drinske divizije, posedele su za vreme ove natčovečne borbe.

Treba goniti neprijatelja i, pošto su bacili nekoliko lopata zemlje na mrtvace, vojnici se spuštaju niz visoku planinu prema dolini, prema Bitolju. Mir se vraća na ovaj visoki vrhunac, mrtvački mir.

Evo pisma koje sam pisao, vraćajući se na Kajmakčalan nekoliko dana posle bitke:

„To je planina nalik na magareća leđa pokrivena kratkom i ljutom travom koja je sada požutela od letnjeg sunca i od jesenjih kiša. Sneg je već pao, ali se nije svuda zadržao, i tu trava i blato prave velike mrlje. Na severozapadnoj strani planine diže se, do visine od 2.525 metara, jedan ogoleli i krševit vrhunac, šiban od vetra koji tu tera, urlajući, velike oblake pune vode. Od vremena na vreme, kad se razvedri, iziđe pred oči sjajna panorama cele Makedonije od Skoplja do Soluna. To je Kajmakčalan, kradljivac kajmaka, ključ srpske Makedonije. Tu su se Bugari bili utvrdili. Iskopali su rovove i sagradili redute od ogromnog kamenja koje im je planina velikodušno dala. Oni i njihovi austro-nemački saveznici držali su da je ovaj položaj neosvojiv, jer dominira celom okolinom od Ostrova do Bitolja, pa čak i dalje.

Ali jednog dana srpska vojska, rekonstituisana posle svoga slavnog povlačenja kroz Albaniju, došla je. Ona je dovela na ovu golu planinu mnogobrojnu artiljeriju i njeni vojnici su iskopali rovove u zemlji raskvašenoj od kiša i u stenju. Bitka je trajala duge dane. Za vreme tih dugih dana Kajmakčalan je bukvalno pokriven kišom vatre i čelika i, svaki dan rovovi vojnika kralja Petra približavali su se malo više rovovima trupa Ferdinanda Krivokletnika. Najzad, jednog dana srpski pešaci osvojili su, divnim jurišom, vrh ove planine na koju su toliko računali centralne sile i njihovi vazali. Bugari koji nisu izginuli ili bili zarobljeni, bežali su bezobzirce niz kose prema dolini Crne. To je bila veličanstvena, gotovo neverovatna pobeda.

Sada se mir vratio na gordu planinu. Jedino se čuje urlikanje vetra i, od vremena na vreme i vrlo daleko, dozivanje komordžija koji, na kolima ili na mazgama i konjima, idući putem na podnožju vrhunca, donose životne namirnice i municiju onima koji se tuku oko Crne. Bojište je ostalo netaknuto. Rovovi, čisto razorani granatama ili vazdušnim torpiljama, napola su ispunjeni snegom koji se topi. Ovde-onde usadila se poneka neeksplodirana torpilja. Zemljište je pokriveno rupama raznog obima, koje je stvorila eksplozija granata. Neke su pravi krateri.

Čovek svuda nailazi na delove opreme koju su ostavili vojnici ili koje je otrgla eksplozija projektila. Ovde je jedna bugarska šapka; tamo je opasač sa fišeklijama, pored toga jedan skut šinjela. Dalje leži jedan bajonet, još krvav. Poraz Bugara bio je potpun i oni nisu imali vremena da odnesu svoj materijal. Stoga čovek nalazi na Kajmakčalanu prave depoe municije: stotine granata, spremne za pucanje, položene su iza jedne stene; raskidane kutije od pleha, pune metaka, svuda su razbacane. Mestimično šaržeri za Mauzerke pokrivaju zemljište i na svakom koraku noga zapinje o pljosnate i duguljaste nemačke bombe, katkad i na engleske bombe koje nisu eksplodirale. Još su ovde mitraljeski redenici, potpuno napunjeni i nalik na dugačke zmije, tamo su prazne čaure od granata koje su sejale smrt. Na dnu ovih čaura čita se na bugarskom jeziku: „Fabrika Municije, Karlsrue, 1916." Bugarske puške isto tako su ostale. To su puške bez kundaka. Bilo je hladno na Kajmakčalanu i pobednički srpski vojnici nisu imali ničim drugim da se greju sem kundacima neprijateljskih pušaka.

Što čini još veći utisak, to su leševi koji, na stotine, još pokrivaju zemljište ovog visokog vrhunca. Nije se imalo vremena da se pokopaju sve žrtve ove klanice. Daleko od toga. One su još većinom na mestu gde su pale i zima je dobro sačuvala njihove leševe. Rovovi su puni njih i tela su ostala u položaju u kojem je smrt iznenadila ljude. Jedan izgleda da traži svojom ledenom rukom bombu u džepu svoga šinjela. Jedan drugi mislio je da je našao sklonište iza jedne stene koja ga nije zaštitila od parčeta granate, i ono mu je odnelo polovinu glave. Jednog trećeg sasvim mladog čoveka, oborio je na leđa kuršum koji ga je pogodio posred čela. Njegov lep mladićki lik, njegove širom otvorene oči izgleda da pitaju nebo, zašto je morao umreti tako mlad. Na jednom drugom mestu bila je borba prsa u prsa. Bugarski leševi i srpski leševi leže izmešani po zemlji. Oni još kao da čine pokret da se uzajamno hvataju za gušu. Pored njih, vide se probijeni šlemovi koji nisu zaštitili glave koje su trebali da spasu.

Vetar šiba oblake, urlajući. Orlovi i gavrani, krstare po vazduhu, čuvaju stražu oko ovog bojišta i mesta očajanja."

Bugari se još drže na Kočobeju, Starkovom grobu i na Sivom bregu. Drinska divizija, pored sve guste magle koja obavija planinu, uzima na sebe da ih odatle izbaci. 1. i 2. oktobra, uza svu zamorenost ljudi, Drinci se ogorčeno bore. Prvoga, sa elementima Dunavske divizije i četnicima vojvode Vuka, oni su na 200 metara od najvišeg grebena Floke.

U noći između 2. i 3. oktobra, tačno u 3.20, Bugari prekidaju paljbu. Oni preduzimaju opšte povlačenje i povlače se na levu obalu reke Crne. Za vreme ovih borbi armija vojvode Mišića, u vezi sa francuskom vojskom, izdržala je mnogobrojne borbe, olakšavši tako Trećoj armiji koja je vodila borbu na planini i dozvolivši joj da zauzme ravnicu do stanice Kenali.

Uveče, 3. oktobra 1916, 250 kvadratnih kilometara srpske zemlje sa 7 sela i 25 kilometara granice, oslobođeno je. Noga srpskog vojnika stupila je ponovo na zemljište njegove Otadžbine.

# BORBA OKO BITOLJA — IZVODI IZ MOGA DNEVNIKA I MOJIH PISAMA

Nalazim se u Ostrovu sa štabom Treće armije i hoću da ponovo vidim Kajmakčalan i da posetim trupe koje se bore oko Crne reke. Kapetan Šaponjić, moj verni ađutant, zajedno je sa mnom. 24. oktobar. Naš automobil dolazi po nas. Kišica sipi i put koji naliči na stazu za konjske trke, kao da je od lepka. Ukrštavamo se sa mnogobrojnim engleskim kamionetima, malima i vrlo lakim, koji nose municiju trupama na frontu. Za dva sata i posle jake uzbrdice stižemo do Jurka Kulbeleri, centra za snabdevanje Drinske divizije. Nude nam dobar doručak i, zatim, produžavamo put prema Kajmakčalanu. Kiša je stala, ali gusta magla obavija planinu. Ipak mi smo „visoko u planini": kota pokazuje 1.900 metara. Nestalo je drveća i naši konji koje smo uzeli pošto smo ostavili automobil u Jurka Kulbeleri, junački se penju. Od vremena na vreme, vetar tera oblake magle i, onda, imamo pred sobom najlepšu panoramu Makedonije koja se dade zamisliti. Oko podne mi smo blizu vrha Kajmakčalana. Ostavljamo svoje konje na podnožju samog vrhunca i penjemo se da vidimo bojište. Gotovo sve je ostalo na svome mestu. Tek što je zakopano nekoliko leševa koje kiša ponovo iskapa iz zemlje, i što su odneseni neoštećeni topovi. Tragičan je prizor ovo bojište. Na 2.525 metara visine, na ovom golom terenu, zasejanom stenama, leže na stotine smrznutnh leševa. Njihov pokrov su oblaci magle koje goni vetar, i veliki jastrebovi i gavranovi krstare nad njima da se najedu njihovog trulog mesa! Ostajemo dugo na ovome, od sada slavnome, vrhuncu, i zatim odlazimo za Sultanija Kulbeleri, sedište štaba Drinske divizije. Magla se više ne diže i hladno je. Pustinjski pejzaž. Prolazimo Kočobej gde se ranije nalazio štab, i posle dobrog spuštanja evo nas na mestu određenja. Štab je smešten u jednoj borovoj šumi. Načelnik štaba, pukovnik Zavađil, mlad, sav plav i snažan, dočekuje nas i naređuje da nas posluže dobrom užinom, jer nismo ništa ručali. Zatim posećujemo logor i smeštaju nas pod jedan šator. Dovode bugarske zarobljenike i ja ispitujem tri oficirska aspiranta. Top grmi neprestano sasvim blizu nas. Pukovnik Smiljanić je bolestan i mi provodimo veče sa oficirima iz njegovog štaba.

25. oktobar. Posetio sam pukovnika Smiljanića. Pobednik sa Kajmakčalana jako je bolestan. Grudi ne valjaju. On se borio do kraja, ali sada treba da se neguje, jer, bez toga, znači predati se smrti. On mi kaže da će otići za Solun i da će ga, za vreme njegovog odsustva, zastupati pukovnik Viktorović, kojega poznajem iz Štipa.

Potpukovnik Nedić prati nas na putu za Petalino. Vreme je divno. Spuštajući se nizbrdicom prolazimo kroz jelove šume Jelaka. Puteve su napravili srpski inžinjerci, pošto je neprijatelj bio proteran. Tu se još radi. Srećemo ranjenike. Neki idu pešice, druge prenose na mazgama u kakoleima (nosiljkama). Oni su ranjeni u jučerašnjim borbama i, pošto su bili previjeni u ambulantama na prvoj linji, šalju ih po etapama u bolnice Ostrova ili Vertekopa. One koje je lako prenositi, šalju u sanitetskim vozovima u Solun.

Prolazimo pored jedne francuske baterije dodane Drinskoj diviziji i, zatim, preko logora štaba Dunavske divizije, prolazimo pored Vukovih četnika, dok ne stignemo najzad do artiljerijskih položaja na desnoj obali Crne reke. Baterije su u punom dejstvu. Topovi od

75 i haubice tuku bugarske položaje i mi vidimo kako se rasprskavaju šrapneli i granate, stvarajući bele oblake. Neki topovski meci idu daleko u planinu da tuku rezerve. Bugari retko odgovaraju. Koristim se jednim trenutkom zatišja da prođem ispred topova i, idući uz greben, da se spustim u Petalino, siromašni mali makedonski zaselak od pet-šest kuća. Tu logoruju begunci iz Gruništa pod vedrim nebom. Njih ima više od 200 i hrani ih vojska. Pričaju mi sve što su pretrpeli od Bugara. Nebo se naoblačilo i mi se penjemo ka diviziji gotovo istim putem kojim smo došli. Artiljerijski dvoboj ponovo je započeo i naši topovi pucaju neprekidno. Susrećemo jednu povorku bugarskih zarobljenika, bogami, dosta rđavo obučenih. Studen vetar nagoveštava rđavo vreme i, kad smo stigli na određeno mesto, jaka kiša počinje da pada. Dovode mi jednog bugarskog narednika kojega ispitujem. On mi kaže da mnogi vojnici žele da se predadu, jer su ih srpske proklamacije, ubačene od aviona, uverile o njihovoj sudbini, dok su im ranije njihovi oficiri govorili da Srbi ubijaju sve zarobljenike. Ovaj rezervni podoficir, trgovac u civilu, uživa što će biti upućen u Francusku, jer će tamo naučiti jedan zanat i jezik. To je pravi bugarski mentalitet! Zima je pod našim šatorom i mi se pokrivamo našim olveom da nam bude malo toplije preko noći.

26. oktobar. Treba da se vratim u armiju. Pošto sam pozdravio pukovnika Smiljanića, krećemo. Vreme se prolepšava i sunce sija. Ali, što se više penjemo, magla se više spušta. Na Kočobeju već smo usred magle. Blizu vrha Kajmakčalana vrlo jak vetar smeta naše konje u hodu. Put koji su naši napravili, seče bugarske rovove i na putu jedna ruka izdiže se iz rova, ispreturanog topovima kralja Petra. Ostavljamo nadesno vrh Kajmakčalana i idemo beskonačnom planinskom stazom gde se naši konji klizaju na raskvašenom zemljištu. Susreće se mnoštvo komora koje nose na mazgama ili konjima životne namirnice i municiju. Kako će se vršiti snabdevanje kad Kajmakčalan

bude pokriven sa nekoliko metara snega? Nadajmo se da će dotle Bitolj biti zauzet i da će se snabdevanje vršiti ovim putem. Sustižemo isto tako mazge koje nose kakolee sa teškim ranjenicima. Koliko oni moraju patiti pod ledenim vetrom visoke planine! Od vremena na vreme, koja mazga ili koji konj ne može dalje. Oni ležu da se više ne dignu i njihov leš bacaju pored puta. Najzad, silazimo s druge strane, ali vreme se pokvarilo. Uskoro počinju da padaju krupne kapi kiše, a u kratkom razmaku vremena poče da pljušti vrlo jaka kiša koja nas je pokvasila do kostiju. Moj konj je malaksao, kliza se i u više mahova zamalo se nisam sa njim prućio u blato. Više volim da izbegnem tu mogućnost i idem poslednje parče puta do Jurka Kulbeleri pešice. Ubrzo po našem dolasku u ovaj centar snabdevanja, kiša staje i pojavljuje se sunce. Doručkujemo pod vedrim nebom kod komordžija vojvode Vuka koji nas uslužuje gotovo bogatim obrokom. Za to vreme sunce pomalo suši naše odelo. U Jurki je trebao da nas dočeka automobil, ali kiša je toliko raskaljala put da automobili ne mogu uzbrdicom. Spuštamo se na konju preko Batačina do Oslopa gde smo se popeli u jednu od mnogobrojnih engleskih kamioneta koje idu tamo i natrag između Ostrova i Oslopa zbog snabdevanja.

27. oktobar. Kiša pada, ali ću ostati ceo dan u Ostrovu da pođem sutra do Prve armije. Kad sam došao u oficirsku menažu, pozivaju me da prisustvujem slavi jednog majora. Vojnički popa blagoslovio je kolač i zapalio sveću. Doručak je veseo i jako se produžava uz zvuke muzike. Divim se ovim oficirima koji imaju hrabrosti da budu veseli iako su u progonstvu. Ali ima još jedan major, Majstorović koji slavi. On stanuje sasvim blizu stanice pod šatorom. Odlazimo svi do njega, zajedno sa muzikom, i ponovo počinje piće, jelo i pesma. Hvata se kolo pred šatorom. Igraju oficiri i vojnici. Francuski vojnici se pridružuju naglo i, odjednom se vidi zanimljiv prizor: kolo koje zajedno igraju srpski pukovnici, majori, kapetani, poručnici i vojnici,

usred kojih se treskaju francuski „piupiu" i, igrajući ozbiljno, dva anamitska vojnika.

Provodim celo posle podne, slaveći slave. Uveče pukovnik Dimitrijević reče mi da ću otputovati tek prekosutra. Imam dakle da provedem još jedan ceo dan u Ostrovu u mom stanu kod popa egzarhiste, jednog matorog starca od šezdeset godina, prljavog i masnog, koji naročito traži da se dočepa duvana i cigareta. Srećom imam svoj poljski krevet! Izgleda da je bitka besnela na sektoru gde smo bili. Posle večere, slava se nastavlja i gosti su se već pomalo nakitili. Pozvali su takođe i vojnike, i vojnici i oficiri se bratime. Jer svi su prepatili iste patnje i pripadaju jednoj demokratskoj vojsci. Želeo bih da se može videti sličan prizor kod nas u Švajcarskoj, ali zato bi trebalo izbaciti na vrata izvesne ličnosti sa visokim činom.

28. oktobar. Posle večere odlazimo automobilom u englesku bolnicu gde ima veliki soare. Pozvani su general Vasić i svi engleski, francuski i srpski oficiri. Pod jednim velikim šatorom, osvetljenim elektrikom, gđa dr Benet i njeno osoblje organizovale su neku vrstu pozornice. Izvode se žive slike, škotske pesme i igre. Svi bolesnici koji se drže na nogama, tu su. Kao žive slike pokazuju nam prizore iz albanskog povlačenja i iz zarobljeništva u Mađarskoj, pošto je polovina škotskih žena koje su ostale u osvojenoj Srbiji, bila internirana od Austro-Mađara. To je pomalo zabava za malu decu i izbor predmeta je pomalo čudnovat. Treba biti Engleskinja, pa na frontu izvoditi slične žive slike! Ostajemo kod Engleskinja do 23.00 sata, pijući čaj — ako hoćete dobrog viskija treba ići kod Engleza muškaraca — i vraćamo se u Ostrovo gde smo iskapili još nekoliko čaša vina, jer smo zažedneli od čaja škotskih dama.

29. oktobar. Odlazim za Vrbeni gde se nalazi štab Prve armije. Bitka je započela i vidim vojvodu Mišića na osmatračnici na koti 735. Tu takođe nalazim generala Žeroma, komandanta francuske teške artiljerije na srpskom sektoru. Vojvoda me upoznaje sa situacijom.

On se tuži da nema savezničkih pojačanja na svom frontu. On ima jedva 8.000 bajoneta i prilično artiljerije. Sa jednom ili dve divizije u rezervi, on mi kaže da bi odmah mogao zauzeti Bitolj. Saveznici ne šalju pojačanja, pored svih njegovih traženja. Vojvoda misli da bi zauzeće Bitolja bilo od vrlo velike važnosti, naročito moralne. Posmatram bitku i prepisaću šta sam o njoj kazao u jednom dopisu koji sam poslao listovima:

„Nalazim se na jednoj osmatračnici pored vojvode Mišića koji upravlja bitkom. Preda mnom se pruža talasasto zemljište bitoljske ravnice. U dnu se jasno izdvajaju na plavičastoj planini minareti i kule prestonice srpske Makedonije. Nalevo je Kenali, čija stanica je u rukama savezničkih trupa, nadesno se ističe linija visova — Čuke. Vreme je divno. Čovek ne može da zamisli da se ljudi mogu klati po ovakvom vremenu. Pa ipak, bitka besni. Iza nas dva pričvršćena balona, „kobasice" polako se okreću pod vetrom! Francusko-srpski avioni prelaze iznad naše glave, odlazeći da ispituju neprijateljske položaje. Oni će puštati pakete strelica na gomile koje budu primetili. Bugaro-Nemci ne šalju nam aeroplane. Oni ih imaju, ali znaju da je premoć u vazduhu sada prešla u saveznički tabor i nije im stalo do toga da eskadrile Istočne vojske obaraju njihove aeroplane.

Neprijateljske snage koje su pred nama, sačinjavaju Bugari i dva nemačka puka. Kajzer je uputio nedavno ove pukove da obodri svoje turanske saveznike, čiji moral neosporno opada. On ih je naročito izabrao. Zarobljenici nam pričaju da oni pripadaju „Šturmregimentama" kojima ništa ne može odoleti.

Srpsko-francuska artiljerija šalje granate neprekidno. Teška artiljerija se najviše ustremila na najbliže bugarske rovove. Metak za metkom, ogromne granate se tu rasprskavaju, dižući u vazduh stub zemlje i crnog dima. Ovaj dim koji nema vremena da se raziđe, obrazuje neku vrstu koprene koja se vuče po zemlji. Ipak, sa moje

## ŠTA SAM VIDEO I PROŽIVEO U VELIKIM DANIMA

osmatračnice, jasno raspoznajem ogromne rupe koje su proizvele „marmite". Zemlja je dobila izgled mesečevog pejzaža.

Poljska artiljerija, 75, gađa dalje. To je zato što treba prečiti dolazak rezervi koje bi naišle kad posle dobre pripreme velikim granatama, naša pešadija napadne bombordovane rovove. Rasprskavanje šrapnela obrazuje elegantne bele pahuljice koje se izdvajaju na plavoj pozadini planine.

Sada teška artiljerija povećava daljinu gađanja i mi vidimo kako u ravnici iskrsavaju ljudi koji trče. To je „talas" koji ide da zauzme rov. Ali gotovo odmah iza toga, on je okružen oblim pahuljicama u neverovatnoj količini. To je bugarski vatreni zid koji neće sprečiti Franko-Srbe da zauzmu željeni rov. Gotovo u isto vreme, nama nadesno, na kosama Čuke, diže se pakleni urnebes. Još jedan bugarski vatreni zid koji je trebao da preseče put Srbima u napadu. Nalevo, iza Kenalia, top 75 sipa rafale, da spreči dolazak pojačanja. Jedan avion leti iznad nas na vrlo slaboj visini. On dvaput obilazi oko naše osmatračnice i, smatrajući da je momenat zgodan, on ispušta jedan mali zavežljaj. Trče da ga nađu. On sadrži pisani opis svega što je osmatrač video, krstareći iznad bojišta. Za sve ovo vreme, mi vidimo kako defiluju — zaštićene brežuljcima od neprijateljskih očiju — duge povorke kola municijske kolone; ona dovode municiju za topove koji sipaju smrt. Nekoliko kola prolazi sasvim blizu nas. Ljudi, spokojni, ne izgledaju nimalo uznemireni, iako se, od vremena na vreme, pokoji indiskretni šrapnel rasprskava sasvim blizu njih. Životinje, i one, navikle su se na zaglušnu huku bitke.

Ali sat odmiče. Sunce iščezava iza planina, bojadišući živim crvenilom nebo. Topovski meci razređuju se i najzad potpuno prestaju. Dan bitke je završen, ali to ne znači da se noćas neće obnoviti. Neprijatelj je izgubio rovove i pokušaće možda, noćnim protivnapadom, da ih povrati.

Silazimo s naše osmatračnice i nalazimo naše konje, sklonjene iza jednog huma. Noć je pala i mi se vraćamo u naše logore ispod neba zasejanog zvezdama. Od vremena na vreme, pokoja munja i suv pucanj podseća nas da smo napustili mesto gde se ljudska bića ubijaju. Bitolj još nije zauzet, ali Srbo-Francuzi su ozbiljno napredovali."

10. novembar. Kažu mi da će danas biti zanimljive akcije kojoj bi bio greh ne prisustvovati. Naredio sam dakle svome vojniku da spremi moga konja. U 8.00 sati, moj konj, pravi mali vrlo jaki planinski pacov, spreman je, i mi polazimo kasom kroz bitoljsku ravnicu. U 10.00 sati mi smo u Živojni i počinjemo da se penjemo uz gole visove, bez ijednog drveta. U 10.30 mi smo na našoj osmatračnici. Tu nalazimo komandanta Moravske divizije, pukovnika Milovanovića, Pantu Jurišića i Boru Ristića, šefa i podšefa njegovog štaba, i francuske oficire pridane srpskoj vojsci. Na sto metara od nas zaklonjena je jedna poljska baterija. Ispred sebe imamo dolinu Crne, a s druge strane Čuke, jedan od najačih položaja bugarske odbrane Bitolja, Polog. Nalevo dominiramo celom bitoljskom ravnicom i na podnožju naše planine izdvajaju se ponovo osvojena srpska sela, Bač i Brod. Prvo je još dosta dobro očuvano, drugo je potpuno u ruševinama; jedino je škola sasvim bela, neoštećena. Na Čuki, ne vrlo daleko od grebena, vidi se jedna zelena oaza. To je selo Polog koje su Bugari silno utvrdili. Vetar duva i vazduh je čist, što nam dozvoljava da vrlo lepo vidimo najudaljenije predmete među kojima se upravo nalazi selo Polog.

Artiljerijska priprema započela je. Stotine granata svih kalibara padaju na Čuku i bugarski rovovi su vanredno vidljivi pored svega odstojanja koje nas od njih deli. Vetar duva snažno i mi tražimo zaklon iza stena kojima je kao iglama pokriven vrh, na kome smo se zatekli. To nas u isto vreme zaklanja i od neprijatelja, koji bi nas lako mogao gađati svojim granatama.

Divizijski komandant prati pažljivo faze ove artiljerijske pripreme. On je njome očigledno zadovoljan. Francuski topovi gađaju pravilno da je divota posmatrati. Stubovi crnog dima od granata velikog kalibra ili bele pahuljice šrapnela od 75 šaraju linije vojnika Ferdinanda Verolomnog. Daljina gađanja se sada produžava. Linije srpskih pešaka u streljačkom stroju pojavljuju se na vrhu Čuke. Oni se penju brzo. Nad njima plamti besomučni vatreni zid Bugara. Oni dolaze do rovova. Čovek ih više ne vidi, ali, malo vremena posle toga, vidi se kako kroz jarugu promiču nizovi ljudi. Da li su to naši odbijeni? Naše strahovanje ne traje dugo. Pukovnik dolazi, razdraganog lica, da nam javi da su to zarobljenici koje naši sprovode.

Prva bugarska linija je zauzeta i naši hrabri dragi vojnici napreduju prema visu koji ih još razdvaja od Pologa. Pored sve intenzivne protivničke vatre, oni prodiru i iščezavaju iza grebena. Možemo da ocenjujemo njihovo napredovanje po bugarskom gađanju. Stiže jedno naređenje i saveznički topovi upravljaju svoju vatru na selo Polog.

Pored sebe imam jednu bezobličnu masu zavijenu u šatorsko krilo. To je jedan francuski telefonista koji se, da se malo zagreje a i da bolje čuje telefon, tako namestio. Oficir koji upravlja gađanjem, daje mu naredbe koje on ponavlja kao papagaj u svoj aparat: „Paljba na baterije na Pologu!", „Dvesta metara u selo!", „Baterija X, obustaviti paljbu" itd. Ima jedan trenutak zatišja i telefonista ga iskorišćuje da priča sa prijateljima na drugom kraju linije: „Ko je na aparatu?", „Zovem se Marten.", „Prevario sam se, hteo sam govoriti sa Ruom.", „Šta ćeš, to je zabuna, ali uvek bolje nego prebijena noga!"

Ali sada naši ponovo biju usred Pologa. Vrsta bele kule više ne postoji i, sa svojim dogledom, vidimo svet kako beži iz kuća. Obe artiljerije zaćutale su odjednom. Naši su upali u selo i bore se prsa u prsa sa svojim neprijateljima.

Iznenada artiljerija poče da pravi vatreni zid iza Pologa. Trupe kralja Petra su dakle otišle dalje u selo. Naši topovi počinju da grme koliko mogu. Baterija pored nas šalje rafale od tri metka, koji se produžavaju gotovo neprekidno.

Desno od nas, blizu jednog vrha Čuke, vidimo gde se pojavljuju nove srpske linije, trčeći prema visu koji je sav pokriven rovovima. Stotine šrapnela rasprskavaju se nad njima. Pored svega toga one uskoro iščezavaju u bugarskim odbranama. Pravac protivničkog gađanja ukazuje nam, da su i tamo naši pobedioci.

Najzad, Bugari šalju nekoliko granata na našu stranu, ali oni gađaju jednu tešku bateriju koja je dosta ispod nas. Ipak, mi čujemo karakteristični šum projektila koji zvuči kao vreteno u vazduhu i odmah posle toga tutanj eksplozije i vidimo crni dim. Ovaj dim i naročiti tresak, nalik na vrlo kratku grmljavinu, kažu nam da je granata bila velikog kalibra.

Prošlo je 16.00 sati. Komanda se osetno smanjuje. To je kraj borbe i mi usedamo na naše „pacove" da stignemo preko ravnice koju pokatkad osvetli mesec kad se probija kroz oblake, do naših glavnih stanova. Rezultat dana je ovaj: Polog i jedan od najvažnijih visova Čuke zauzeti, 550 zarobljenika, 7 haubica, 1 brdski top i desetina mitraljeza sa mnogo drugog ratnog materijala. Sutradan će naši, produžavati svoj uspeh, zarobiti još mnogo i mnogo ljudi.

15. novembar, sa Moravskom divizijom. Odlazimo na konjima za Živonju, Glavni stan moravskog štaba. Vreme je jako natmureno. Kad smo stigli u to selo, konstatujemo da se divizija diže da se smešta na Slivici. Polazimo za njom, no kujne su već daleko, a mi nismo ništa doručkovali. Ali ipak srpski prijatelji neće pustiti svoga švajcarskog dobrovoljca da umire od gladi. Za pet minuta našlo se sira, hleba, mesa i paprike. Živopisno raspoređeni oko vatre usred logora koji se diže, jedemo. Pronosi se vest da je Bitolj pao. To je prerano, ali Francuzi su zauzeli Kenali, Rusi su prešli Bistricu i nalaze se na pragu

## ŠTA SAM VIDEO I PROŽIVEO U VELIKIM DANIMA

varoši, a naši neprestano napreduju. Nemci su potpupo desetkovani. Kad smo završili doručak, počeo je da pada sneg. Šaljemo naše konje u Vrbeni i odlazimo pešice u Slivicu. Sneg se pretvara u kišu i, kad smo stigli na most u Dobroveni, posle dva sata hoda, pokisli smo do kože. Tu saznajemo da ćemo logorovati u Dobroveni, upravo preko puta Slivice. Odlazimo tamo i kažu nam da će nam razapeti šator koji još nije stigao. Posle pola sata šator je razapet i mi unutra ostavljamo svoje stvari. Komandant divizije Milovanović predlaže da brzo pojašemo konje do položaja koji su juče zauzeti. Dovode nam dakle konje i s oficirima iz štaba brzo se penjemo uz staze Čuke. Penjanje ne traje ni pun sat. Svuda bugarski i srpski rovovi i, svuda, tragovi borbe. Pre nego što smo došli do „Reduta", jednog vrlo jakog položaja, prelazimo neku vrstu visoravni, pokrivene rovovima i ostacima materijala. Tu su granate koje nisu eksplodirale, bombe, delovi opreme; tamo je jedan Bugarin kojega je granata presekla na dvoje. Noge i trbuh su zalepljeni iza jednog velikog kamena, njegov trup i glava su na pet metara dalje u polju.

Kosom stižemo do podnožja reduta i tu ostavljamo svoje konje da se popnemo pešice do vrha. „Redut" je bio jak, ali mnogo manje neodoljiv nego Kajmakčalan. Njega je osvojio 16. puk. Branio ga je 40. i 156. nemački puk, pojačan sa dva bataljona magdeburških lovaca. Bojište je još netaknuto, tek što je pokopana većina srpskih leševa. Artiljerijska vatra je morala biti strašna, sudeći po rupama od „marmita", na koje čovek svuda nailazi. Nemački leševi su gotovo svi u rovovima. Mnogo ima leševa lovaca, među kojima su mnogi vrlo mladi ljudi. Nalazim „leš" jednog mladića od 18 do 19 godina koji još diše. Rekoh to komandantu 16. puka koji je sa mnom i on izdaje naredbu da ga odmah potraže i prenesu na previjalište. Ima toliko materijala i opreme po zemlji da bi se mogao opremiti ceo jedan bataljon. Ima svega: pušaka, bajoneta, opasača, fišeklija, vazdušnih torpilja, bombi, puščanih metaka, mitraljeza itd. Rane su vrlo raznovrsne, rane od bajoneta i rane od projektila. Glava jednog čoveka rasprsla je, jednog drugog je udarila granata usred prsa, glava je pored onoga ostatka od trupa, a pluća su iskidana i razbacana na nekoliko metara. Drugi leševi su bez glave koju je odnela granata itd.

Noć pada i mi usedamo na konje da se ne izložimo opasnosti da izgubimo put u mraku. Spuštamo se po pomrčini, ali stižemo bez nezgoda u svoj logor. Večeramo pod šatorom i provodimo veče oko vatre koja nas greje.

16. novembar. Pada kiša. Srpsko, francusko i rusko napredovanje je znatno. Rusi su se utvrdili na drugoj strani Bistrice. Francuzi su zauzeli Kenali, kao i Bukri. Moravska divizija je zauzela jedan deo kote 1212. Bio sam tamo, ali rđavo vreme je sprečilo da se pokidaju bodljikave žice koje okružuju vrh. Za to bi trebala jaka artiljerijska vatra, a magla i kiša sprečavaju svako dejstvo artiljerije. Izgleda da Nemci pripisuju mnogo važnosti koti 1212, jer njihov vrhovni komandant, fon Belov, lično je tu da upravlja odbranom. Zauzimanje „Reduta" stajalo je naše 400 ljudi. Bombarduju naš logor.

17. novembar. Vreme se razvedrilo. Sunce sija, ali još ima oblaka. Pukovnik Milovanović me poziva da ga pratim na osmatračnicu da prisustvujem bitki. U 9.00 sati naši konji su osedlani i mi jašemo do „Reduta". Na planini je pao sneg i panorama je veličanstvena. Beli se ceo lanac Baba planine i Peristera. Kad smo stigli na mesto, bitka je u jeku. Topovi svuda sipaju vatru i jedna haubička baterija, sasvim blizu iza nas, šalje svoje projektile preko naših glava na Bugare. Treba zauzeti kotu 1212 pošto-poto. Na tu kosu i na Tri zuba koncentrisana je artiljerijska vatra. Bugari su nas videli i upućuju nam nekoliko granata koje se rasprskavaju na 100 metara od nas. To nas ne ometa, zaštićene stenama, da ručamo dobar ručak koji smo doneli. Mesto kafe, prisustvujemo gađanju naše haubičke baterije. Penjemo se ka osmatračnici i komandant nas tera da ručamo još jednom s njim. Posle toga gledamo bugarsko divlje begstvo sa kote 1212.

Oni beže, a naša artiljerija šalje za njima grad „marmita". Tamo nije moglo da ostane više mnogo ljudi. Ipak oni se još drže na Tri zuba i naša artiljerija i dalje ih uporno tuče. Saznajemo da naša divizija napušta Dobroveni da se smesti na Gnjileču. Komanda postaje manje intenzivna oko 16.00 sati. Kota 1212 je zauzeta i mi napuštamo osmatračnicu. Još jedan pogled na bojište „Redut", malo zadržavanje kod komandanta artiljerije, i mi polazimo prema Gnjileču. Tamo smo u 17.00 sati. To je siromašno seoce, trenutno napušteno od svojih stanovnika, na nekih 800 metara visine. Mi smo blizu neprijatelja i, kad stižemo u selo, tu još pljušte bugarske „marmite". Stigao je i naš prtljag. Podižu nam šator — nas smo trojica, kapetan Šaponjić, kapetan Miličić i ja — i mi se tu smeštamo. Pukovnik Milovanović sa kojim ostajem oko lepe vatre, sav je radostan. On se nada da ćemo moći gurnuti do Prilepa. Bitolj mora biti pred padom, jer smo jasno videli kako napreduju Francuzi u ravnici. Uostalom, govori se na frontu da je Milovanović omogućio sadašnje napredovanje. On je ostvario pad Bitolja, zauzimajući celu Čuku, tako da, zaobiđeni, Bugari ne bi više mogli držati varoš. Saraj je smatrao da je ovaj manevar nemoguć. Mišić se nije izjasnio. Onda je Milovanović izdao naredbu svojoj diviziji da gura napred koliko više može i da izgine cela, ali da ne odstupa. „Na taj način — računao je on — ja sam napred, a ostali ne mogu da me puste samoga. Oni će biti primorani da pođu za mnom." Tačan račun, kao što pokazuju događaji.

18. novembar. Jutros je vreme neizvesno. Pokatkad imamo sunce, pokatkad čovek ima utisak da će biti kiše. Štab ostaje u Gnjileču vrlo verovatno ceo dan. Bugaro-Nemci nam šalju granate sasvim blizu sela, ali naše haubice, nameštene u samom selu, odgovaraju. Tri zuba su zauzeta. Hoću da pođem u Polog. Put, delimično staza, vodi nas za tri četvrti sata u ovo selo kroz ogolelu planinu. Svuda ima baterija, najčešće brdski topovi koji pucaju na Bugare. Od vremena na

vreme, pokoji bugarski nezakopan leš. Polog je jedno bedno makedonsko selo, gotovo sasvim razoreno borbom. Tu je konjica i njen komandant dovodi nam jednog seljaka koji je ostao. On mi priča da su mu Bugari sve uzeli kao i stanovnicima drugih sela. Kapetan nas nudi konjakom. To je za čudo da uvek ima konjaka kod srpskih oficira, čak kad se nalaze i u najzabačenijim mestima! Odlazimo, vraćamo se preko Gnjileča i penjemo se zatim, pešice, do divizijareve osmatračnice. Kanonada je strahovita u tom trenutku. Nemački zarobljenici, sa jednim poručnikom na čelu, silaze niz jarugu. Sada se treba popeti jednom strminom do jednog visa koji su branili, pre dva dana, Nemci i gde nalazimo mnogo leševa. Konjički poručnik Miodrag, divan mladić koji je bio popa pre nego što je postao vojnik, nalazi da je penjanje malo mučno i žali svoga konja. Još treba preći dve jaruge i zatim se izverati na greben. Zalutali kuršumi preleću iznad naših glava u velikom broju i jedan od njih probija skut moga šinjela. Najzad stižemo u logor 16. puka i, posle ponovnog malog penjanja stižemo do osmatračnice. Nju sačinjava jedan niz velikih stena pod koje se može skloniti. Tu je divizijar sa brigadirom i komandantom 16. puka. Tu čovek ima divan pogled na ravnicu. Vidi se sasvim blizu Jarotok koji smo zauzeli, Novak koji još treba zauzeti, i Orahovo koje gori i iza koga se Bugari ukopavaju. Može se savršeno prebrojati svaki čovek koji tu radi. Pred nama, na nekih 600 metara, jedna jaruga koju još drže nemački lovci. Kanonada se produžava. Sa našeg vrha dve baterije šalju granate u bugarske rovove, i šrapneli i granate rasprskavaju se u ravnici. Primetili su nas. Karakteristično zviždanje nagoveštava nam dolazak jedne granate u našem pravcu, jedne granate iza koje dolaze mnoge druge, a jedna odmah, velika sa crnim dimom, eksplodira upravo na našem grebenu.

 Mrak se spušta i mi silazimo pešice. Nismo napravili ni 100 koraka kad stadoše šrapneli da se rasprskavaju iza nas i da nas okružuju svojim kuglicama, ali ne pogodiše nikoga. To su poslednji i mi stižemo bez neprilike u Gnjileč. Tu se nalazi više od 350 bugarskih i nemačkih zarobljenika koje je divizija zarobila preko dana. Jedan nemački poručnik, koji nije više mnogo gord, kaže mi da je, pre nego što je došao na Balkan, verovao da će se rat svršiti idućeg proleća i da će Nemačka upasti, preko Rumunije, u Rusiju i tako je primorati da zaključi mir. Francusku bi postigla ista sudbina, a isto tako i Englesku. Sada, posle svega što je ovde video, nije više nimalo ubeđen u nemačku pobedu. Pričam mu o poslednjem savezničkom uspehu, zauzeće Bapoma, o 5.000 nemačkih vojnika koje su Englezi zarobili itd. On je više nego začuđen. „O tome nisu nam nikad ništa govorili, apsolutno ništa", kaže mi on. Kanonada se ućutkuje. Zauzeće Bitolja možda je odloženo za sutradan. Tada će tačno biti četiri godine kako su Srbi zauzeli ovu varoš prvi put.

19. novembar. Jutros nam kažu da treba da spremimo prtljag, jer ćemo da menjamo glavni stan i namestićemo se u Orahovu. Spremamo dakle sve i očekujemo naredbu za polazak. U 11.00 sati stiže vest da je Bitolj zauzet. Francuzi i Rusi su ušli u varoš. Očekuje se neprestano naredba za polazak, ali ima protivnaređenja. Ostajemo još u Gnjileču do sutra. Još se vodi borba na Čuki i oko Bitolja. Divizijar je otišao na ovu osmatračnicu sa koje se, izgleda, vidi sve. I ja bih takođe hteo da vidim, ali niko ne zna gde je ta čuvena osmatračnica. Krećem se da je tražim sa francuskim lekarom majorom Batisom, potpukovnikom Milovanovićem i narednikom Žuvom, zvaničnim slikarem Istočne vojske. Penjemo se prema visovima Čuke, ali uskoro Milovanović i Žuv se zamaraju i zaostaju. Sa dr Batisom ja guram dalje prema Tri zuba. Jedna kolona nemačkih zarobljenika prolazi pored nas. Rovovi prvog vrha na Tri zuba puni su bugarskih leševa, dalje su leševi pruskih lovaca. Najzad, na poslednjem vrhu, nalazimo komandanta i mi sa njim prisustvujemo bitki koja se vodi ispod nas u ravnici. Upravo ispod nas, jedva na jedan kilometar, nalazi se manastir Jarotok, a, malo dalje, sela. Nadesno, u jaruzi, Orahovo

i jedno drugo selo koje gori. Bugari su na grebenu iza Orahova i naši topovi ih bombarduju. U ravnici svuda se rasprskavaju granate. Dolaze da nam kažu da ima jedan ranjen nemački vojnik malo niže na kosi. Silazim sa lekarom koji ga pregleda. Ne može više ništa da se učini, on ima jedno šrapnelsko zrno u vrhu lobanje (kasnije sam saznao da je ipak bio spasen). Bugarski šrapneli padaju na neka četiri kilometra ispred Bitolja. Naši su dakle već tu. Naša osmatračnica je smeštena u starim neprijateljskim rovovima. Koliko im je trebalo vremena da iskopaju ove duboke hodnike u kamenjaru! Pa ipak naša ih je artiljerija lepo ispreturala. Kad smo se vratili u Gnjileč u sumrak, tu nalazimo mnogo pruskih zarobljenika. Razgovaram s njima, i jedan podoficir, berlinski detektiv u civilu, priča mi zanimljive stvari, očigledno preterane, ali koje ipak sadržavaju ozbiljan osnov istine. On mi kaže da se žene u Nemačkoj bune protiv rata. U velikim varošima, ima svaki dan opljačkanih radnji i porazbijanih izloga. Nemački vojnici preziru Bugare koji ne mogu izdržati artiljerijsku vatru. Ovi Bugari pljačkaju sela i zatim prodaju Nemcima vrlo skupo proizvode svojih krađa. Tako oni prodaju jedan hlebac za pet maraka. Ovaj podoficir nije zadovoljan s oficirima. Oni pucaju na vojnike iz rovova, čim ovi počnu da popuštaju. Prekjuče, u borbi na Tri zuba kad se vojnici nisu mogli više održati i kad su bežali niz kosu prema Jarotoku, njihova artiljerija je na njih pucala. Ovi vojnici su našli u manastiru u Jarotoku životnih namirnica koje je nemački štab tu ostavio u svome begstvu: jednu šunku, likera, pekmeza, cigara i, čak, kapa i sabalja. Jedan od zarobljenika zaista nosi oficirsku kapu koju je tu našao. Svi zarobljenici su zadovoljni da je, za njih, rat sada svršen.

Bitolj je zauzet. To je vrlo skupo stajalo. Nas više nema od 25.000 pušaka, ostali su izginuli, ranjeni, bolesni, nestali. Ali duh je veličanstven. To ne mogu bolje da opišem nego prepisujući jedno divno pismo mladog Tešića, koji je kao potporučnik umro od zadobijenih rana, i odgovor njegove majke:

„Mili moji,

Evo me gde lijem krv za našu Otadžbinu. I ja sam natopio svojom krvlju našu dragu zemlju. 31. prošlog meseca, u 4.00 sata posle podne, prilikom napada na nemačke rovove (zauzimanje „Reduta"), bio sam ranjen u levo rame od mitraljeskih zrna. Rana se može izlečiti, ali treba vremena. Zrna su izvađena sem jednoga koje je ostalo. Zbog njega će me kasnije operisati. (Ovo zrno je bilo smrtonosno.)

Ispričaću vam kako se to desilo. Čitaćete opise ogorčenih borbi koje su se vodile na ovome frontu od Broda do Vetrenika. Naša divizija koja je prešla Crnu reku i koja je na čelu, nalazi se blizu sela Tepavac, jugoistočno od Bitolja. Od 9. avgusta do 31. oktobra bio sam uvek u rovu. Nisam se izvlačio nijednog jedinog trenutka i nikad se nisam javljao za lekarsku pomoć. Učestvovao sam u svima borbama i, uvek su moje starešine bile zadovoljne sa mnom. Najzad, posle šest meseci pao sam. Ujelo me je pseto, ali ne bugarsko, već nemačko pseto.

Ako ste čuli o borbama kod Ostrova, Gorničeva, Kenalia, Broda, možete reći da je vaš sin uzeo učešće u svima na čelu svoga voda. Možete se ponositi njime, jer nikad nećete morati da pocrvenite kad vas budu pitali da li ste nešto doprineli za oslobođenje naše Otadžbine.

Od 10. do 31. mi smo napadali svaki dan neprijateljske dobro utvrđene položaje, koje drže sami Nemci. Svaki metar koji smo zauzeli, stajao nas je jednog čoveka. Teška artiljerija nas je strahovito tukla, ne samo za vreme borbi, nego i kad smo bili na odmoru. Za petnaest dana nisam zaklopio oka i bio sam stalno u rovovima, punim vode, i na kiši i na snegu. Trideset prvoga je stigla odlučna naredba. Trebalo je napredovati pošto-poto, i to napredovati u pravcu Tepavca.

Od ranog jutra počeli smo da napredujemo, grupa po grupa, da budemo bliže neprijatelju u trenutku napada. Toga dana naša četa imala je 57 ljudi i jednog potporučnika koji je zamenjivao poginulog kapetana. U 2.00 sata posle podne, potporučnik je bio ranjen u obe noge i ja sam preuzeo komandu nad četom, pošto nije bilo nikoga starijeg po činu. U 4.00 sata posle podne, zazviždalo je tri puta. To je bio znak komandanta bataljona koji je bio iza nas, znak koji je naređivao da napadamo. Napred! i ljudi se ustremiše napred. Osu se strahovita vatra i čuje se „trra" sa svih strana. Mitraljez kosi zbijene redove vojnika. Vidi se samo kako ljudi padaju. Nalevo i nadesno od mene, oni padaju, puštajući svoj poslednji jauk. Bolelo me je do srca da ih vidim gde umiru. Ali u tim trenucima čovek se zaboravlja i nema više vremena da okrene glavu. Napredovali smo 100 metara, ali smo bili primorani da se zaustavimo. Jedan od mojih vojnika baca bombu u rovove, zatim je i sam smrtno ranjen. Polegali smo, dok mitraljez pored nas kosi. Osećam kao da me neko udari u leđa i ote mi se uzvik te moji ljudi okrenuše glave prema meni. Jedan mladi vojnik se približi i napravi mi privremen rov. Trebalo je dočekati noć da me mogu izneti u pozadinu. To su bili mučni trenuci. Ne mogu da se sklonim u pozadinu, jer više ne mogu da se mičem i, praveći se mrtav, ostajem tako dva sata. Najzad, ti sati su prošli. Oni su bili dugi kao dve godine. Naši počinju napad, seku žice i prolaze. Kaplar iz Dragačeva je na čelu čete koja još broji 35 pušaka. Ne znam šta je s njim bilo, možda je i on poginuo.

Odneli su me na previjalište i posle previjanja, metnuli su me na nosila i, posle četiri dana putovanja, stigao sam u Solun. Sada sam u francuskoj bolnici u jednoj drvenoj baraci gde, prvi put, vidim ponovo krov nad glavom. To me guši i ne mogu da slobodno dišem kao na frontu. Bogami, više volim čisti vazduh na frontu!

Gledajte da dođete da me obiđete, pošto kažu da će svi teški ranjenici biti evakuisani u Bizertu. Imaću novu operaciju ovih dana. Sutra će me rentgenizirati. Ljubim vas i molim vas da se ne uzrujavate.

Vaš Duško."

Majka je odgovorila:

„Drago moje dete,

Gorda sam što je tvoja krv natopila srpsku zemlju i neću nikad žaliti ove svete kapi, a one su kapi moga mleka, koje si ti prolio za Otadžbinu. Doći ću za nekoliko dana, iako žene ne puštaju u Solun. Majka."

Današnja omladino i vi koji niste ili koji niste hteli ništa doprineti za Otadžbinu u opasnosti, razmišljajte o ova dva pisma!

# BITOLJ

Pismo pisano 22. novembra 1916.

„Bitolj je pao u ruke saveznika 19. novembra. To je prva srpska varoš oslobođena ispod jarma osvajača. Neodoljivo napredovanje srpske vojske na visovima Čuke koja flankira levu obalu Crne, pripremilo je i omogućilo ovaj pad. Srpske trupe, zauzete tučenjem neprijatelja na planini, nisu mogle uputiti velike odrede za trijumfalni ulazak u glavni grad Južne Makedonije, pa ipak je bilo srpskih elemenata koji su uspešno sarađivali sa svojim saveznicima, i dva prva čoveka koja su prodrla u varoš, bili su Srbi. Jedan od njih je (Mišić) sin hrabroga šefa koji je komandovao lepim manevrom čije srećne rezultate sada proslavljamo. Bugaro-nemački otpor bio je uporan. Centralne sile i njihovi vazali nisu lako ispuštali plen za koji su već smatrali da im je siguran. Uspeh akcije čini tim više čast savezničkoj Istočnoj vojsci, njenim šefovima i, naročito, hrabrim Srbima koji su uzeli na sebe najteži posao.

Čim se saznalo da je Bitolj zauzet, odlučio sam da tamo odmah pođem da se uverim o stanju varoši. Pošao sam dakle 20. novembra, rano u zoru, sa naših položaja i uputio se preko močvarne ravnice ka cilju svoga puta. Kad sam stigao na veliki drum od Vrbeni za Bitolj, susrećem automobile i auto-kamione svake vrste. Oni prevoze životne namirnice i municiju. Prolazim pored srpskih oficira na konjima, koji nisu mogli odoleti želji da ne poigraju konja kaldrmom jedne srpske varoši i koji se vraćaju u svoje logore. Jedan ruski kapetan, sasvim mlad, pridružuje nam se i objašnjava nam da je mitraljeski kapetan, da se borio bez prestanka tri dana i da ide u Bitolj „da spava". Jedan vrlo jak automobil preteče nas. U njemu su bili viši francuski oficiri. Oni nas veselo pozdravljaju. Dalje je duga povorka ruskih poljskih kujni, koje nose jelo hrabrim trupama koje su učestvovale u proterivanju Bugaro-Nemaca. Najzad, stižemo na ulaz u varoš. Velika kasarna, sa svojim ružičastim pročeljem, izgorela je. Stanica je oštećena i nekoliko lokomotiva stoji melanholično na iskrivljenim šinama. Italijanski pešaci spremaju se da prođu kroz varoš. U njihovim sivim uniformama sa kaišima od bivolje kože iste boje oni su sjajni i uspešno sarađuju na odbrani Bitolja.

Noć pada i varoške ulice su potonule u gotovo potpunu tamu. Ipak, na hiljade savezničkih vojnika prolaze njima pešice i na konju i dozivaju se na svima jezicima zemalja Antante. Od vremena na vreme, čuje se eksplozija neke granate. To se Bugari svete za svoj poraz i šalju „marmite" na Bitolj za koji su se bili zakleli da ga neće pustiti. Oni su računali bez savezničke artiljerije i bez herojstva srpskih trupa kojima se hita da uđu u svoju zemlju. Oni osećaju, možda, da trube koje sada odjekuju u ovoj varoši, izvode početak posmrtnog marša Velikoj Bugarskoj! Pravda nije još iščezla s ovog sveta!

Srpske građanske vlasti su se već smestile. Okružni načelnik Milorad Jovanović nalazi se na svom mestu, kao i predsednik opštine Lešnjarević. Odlazim da ih pozdravim u kući koja služi, privremeno, kao vladin dom, pošto je staro i lepo Okružno načelstvo uništeno požarom pre mesec dana. Okružni načelnik je srećan. On je pronašao svoje stare pečate među onima koje mu je ostavilo bugarsko begstvo bez obzira. On je u velikom poslu. Predsednik opštine razgovara s uglednim građanima koji mu pričaju svoje muke i raspravljaju o najuspešnijem načinu da se pritekne u pomoć gladnom stanovništvu, koje zaista gladuje. Bugari su sve uzeli i slabo su vodili brigu o izdržavanju sveta koji su hteli pobugariti. Jedan hleb se obično prodavao

| 145 |

za pet leva, to jest pet franaka. Na ulici deca, s ispijenim obrazima, zaustavljaju me, tražeći od mene parče hleba. Prva briga Srba biće da snabdu hranom ovo nesrećno stanovništvo. Telegrami odlaze, tražeći hitno da se pošalje hleb i brašno.

Ali, pored sve gladi, stanovništvo je srećno što se otelo ispod bugarskog jarma. Srpske trobojne zastave izlaze iz svojih skrivnica i veselo lepršaju na vetru na balkonima poluistočnih i poluevropskih kuća. U retkim restoranima koji su otvoreni, užurbano se prikucavaju na zid okviri sa slikama srpske kraljevske porodice. Kojim čudom su ove slike izmakle podozrivoj inkviziciji bugarskih komita?

Ugledni meštani pričaju mi o svojim patnjama. Varoš, nekad u blagostanju, postala je bedna. Osvajači su sve uzeli. Oni su uhapsili i internirali sve građane koji su bili sumnjivi kao prijatelji Srbije. Komite kojima je zapovedao sin generala Bojadžijeva, jedan golobradi mladić, sin na oca i član Makedonskog komiteta, vršili su strahovitu policijsku službu. Ovo poslednje vreme, svet nije više smeo da izađe iz kuće, bojeći se da ga ne oteraju da radi na putevima i rovovima. Mladići, pa čak i ljudi zrelijih godina, bili su regrutovani u vojsku. U svemu, to je bio režim terora. Danas su ovi građani ponovo odahnuli dušom. Oni znaju da Srbi nisu ugnjetači, nego demokrati koji iskreno žele da zadovolje ceo svet (bar one koji su ratovali). A Makedonci traže samo jednu stvar: da ih najzad ostave na miru da mogu da rade u svoj bezbednosti i da zarađuju svoj život.

Ali već je kasno, a mi nismo ništa jeli ceo dan. Tražimo dakle da se okrepimo, što nije lako. Ipak, uz dobru volju naših, to nam polazi za rukom. Dobijamo zatim i stan koji nam je zadržao okružni načelnik. Pored sve grmljavine kanonade koje ne nestaje preko noći, spavam snom pravednika i tek sasvim bliska eksplozija jedne avijatičarske bombe, bačene sa jednog neprijateljskog aviona, budi me sutradan ujutro. Preko celog dana Bugaro-Nemci će nam slati slične bombe.

Kad sam izašao na ulicu, konstatujem da gotovo sve radnje imaju obijena vrata i da su unutra opljačkane. Verni svojoj navici i nalik na svoje austrougarske saveznike u Srbiji, Bugari su pokrali sve što se moglo odneti, a ostatak uništili.

U 10.00 sati, princ-regent Aleksandar i general Saraj dolaze u oslobođenu varoš. Imao sam čast da ih dočekam sa okružnim načelnikom i predsednikom opštine. Princ Aleksandar, jednostavan kao uvek, steže nam prijateljski ruku, ali ovo rukovanje je malo nervozno. Princ je uzbuđen, a neće da se to primeti. On baca pogled na dve trobojne srpske zastave koje smo poboli na vratima od ulaza i taj pogled kaže pažljivom posmatraču svu nostalgiju ovog hrabrog princa da vidi uskoro svoj Beograd i svu njegovu radost što je na pragu svoje drage zemlje, zemlje gordih i dobrih seljaka, kojom vlada jedna dinastija poreklom iz njihovih redova.

General Saraj je takođe zadovoljan. Njegovo dobro ratničko lice sija se i on nam jako steže ruku. Ovaj veliki uspeh mu čini čast, ali u ovom trenutku čini mi se da je manje mislio na strategijski uspeh ovoga plana nego na radost što je sarađivao da se herojski srpski narod uzmogne vratiti u svoju zemlju. Instinktivno, imao sam viziju jednog drugog čoveka koji takođe mora biti zadovoljan. Video sam francuskog predsednika vlade Briana, pokretača solunske ekspedicije i samim tim jednog od glavnih oslobodilaca Srbije, privremeno pogažene od upadača. Istorija će reći sve što se duguje ovom čoveku koji je, pored svih otpora, razumeo i hteo balkansku kampanju. Srbija će dići ovim francuskim ljudima spomenik, na čije podnožje će njena deca polagati cveće iskrene blagodarnosti."

Ovo pismo je bilo pisano za vreme rata. Danas, deset godina po završetku borbe, moram da malo ispravim njegov kraj što se tiče Brianove uloge. Svakako, Brian nije bio protiv solunske ekspedicije, — sasvim obrnuto — ali da je sam ostao toga mišljenja, on bi se možda priklonio želji koju su glasno izrazili Englezi da se napusti

Makedonski front. Bio je jedan drugi francuski ministar koji je bio apsolutno nepokolebiv što se tiče održanja fronta Sarajeve vojske. Ovaj ministar bio je Alber Toma.
Pismo pisano 13. decembra 1916.
„Nalazim se u Bitolju koji su savezničke vojske osvojile od Bugaro-Nemaca 19. novembra. To je otvorena varoš, nimalo utvrđena i vojnički položaji se nalaze izvan nje. Ipak, otkad su je izgubili, neprijatelji Antante nisu prestali da je bombarduju iz topova i sa aviona. Istina je da su oni naročito građali predgrađa i ulaz u varoš, gde su mogli zamišljati da se nalaze logori trupa ili artiljerijski položaj. Već nekoliko dana oni su promenili taktiku. Oni šalju šrapnele usred varoši i, od juče, oni bombarduju njen centar sa velikim granatama od 210. Ipak, ima jedan paragraf u Haškoj konvenciji od 1907, koji su potpisale centralne carevine i koji formalno zabranjuje bombardovanje otvorenih varoši. Ali ova Haška konvencija je parče hartije koje su oni pocepali kao i sve drugo nalik na to.

Jutros me je probudio, u jednoj privatnoj kući u centru Bitolja i daleko od svakog vojničkog postrojenja, jedan užasan lom. Jedna velika neprijateljska granata sravnila je sa zemljom jednu kuću sasvim blizu moje. Iza ove prve granate došlo je još desetak drugih koje su sve padale oko moje kuće da je po našim zidovima i našem krovu pljuštao pravi grad od kamenja i gvozdenih otpadaka. Zatim, projektili padaju dalje i, najzad, posle bombardovanja od jednog sata, nastupila je relativna tišina, prekidana samo od vremena na vreme suvim eksplozijama, nalik na puckanje biča, šrapnela koji se rasprskavaju iznad ulica i trgova.

Stanovnici su se bili zavukli u svoje podrume ili, bolje, ono što oni nazivaju podrumima tj. u obične neosvođene suterene, samo pokrivene drvenim patosom. Jedna velika granata od 210, kao što su one koje upotrebljavaju Bugaro-Nemci za bombardovanje Bitolja, ulazi tu kao u parče sira, pošto je probila celu takvu konstrukciju

## ŠTA SAM VIDEO I PROŽIVEO U VELIKIM DANIMA

koja se na Istoku zove kućom od kamena. Ali ovi podrumi daju bar prividnu bezbednost ovom zastrašenom stanovništvu staraca, žena i dece, a to je već mnogo. Jedan veliki broj Bitoljaca traži zaklona po crkvama za koje misle da su obezbeđene od neprijateljskih projektila, i danju i noću hramovi su puni sveta koji uobražava da može da izbegne smrti, praveći se što moguće manjim.

Koristim se prvim zatišjem da izađem i da konstatujem štetu. Jedino vojnici, navikli na „marmite", mirno prolaze ulicama. Od vremena na vreme sretam nosila, što ih nose po dvojica muškaraca, a na kojima leži neko telo žene ili deteta, obliveno krvlju i praćeno od nekoliko očajnih rođaka. To su žrtve bugarsko-nemačkog nepokoravanja konvencijama i zakonima rata. Njih nose u grčku bolnicu.

Evo jedne lepe zgrade, probušene od vrha do dna jednom granatom i na kojoj su svi prozori porazbijani. Ulazim i, u podrumu, nalazim ogromnu lokvu krvi. Ovde se bila sklonila jedna majka sa svoje troje dece. Imala je jedo odojče na sisi, a njena druga dva veća crvića bila su se plašljivo zavukla u njene skute. Ona ih je umirivala, govoreći im da su zaštićeni u ovom podrumu kad je jedna velika granata od 210 došla da pokosi ova četiri nevina života.

Ja sam sada pred francuskom bolnicom. Iz nje se iseljava sa svom žurbom. Parčad granate ometala su hirurge usred posla u njihovoj operacionoj sali. Oni će da se nameste u podrumima grčke bolnice, koji su osvođeni.

Ulaz u ovu bolnicu pun je sveta i nekoliko osoba očajno plaču. To su rođaci ranjenika koje su doneli. Jedan mladi, vitak gimnazista, pita plašljivo jednog francuskog bolničara koji prolazi: „Da li su neke dve devojke teško ranjene?" Iako zbunjen, hrabri vojnik-bolničar odgovara: „Bojim se da neće preživeti." „To su mi sestre", kaže tužno gimnazista i odlazi jecajući.

Bombardovanje ponovo počinje. Nekoliko osoba koje su se usudile da izađu na ulicu, trče u svoje „podrume" sa najvećom žurbom. Idem da produžim svoja „posmatranja o gađanju" sa svog prozora koji dominira velikim delom varoši, Naša kuća izgleda da ponovo privlači projektile. Sve okolne kuće su pogođene. Jedna granata pada na deset metara i ja se koristim prilikom da fotografišem njenu eksploziju.

Podne je. Treba ići u susedstvo, u oficirsku menažu na ručak. Polazim pustom ulicom gde sretam samo jednog dečka koji usred eksplozije, nudi prolaznicima koji ne postoje, srpske novine. „Velika Srbija" — viče mali, prkoseći granatama, da donese nekoliko marijaša svojoj majci koja se razbolela od nemaštine i oskudice.

Nova faza bombardovanja završena je. Jedan sveštenik praćen jednim čovekom koji nosi beo mrtvački sanduk, ide u žurbi da sahrani staricu, ubijenu pored naše kuće. I on, da zaradi parče hleba, prkosi smrti, jer jedan šrapnel, rasprskavajući se iznad njega, šalje jedno zrno kroz prazan sanduk, namenjen pokojnici.

I tako ceo dan i celu noć neprijatelji Srba ruše jednu otvorenu varoš, nekad vrlo bogatu, a danas upropašćenu bugarskom okupacijom i bombardovanjem. Rezultat dana bio je: jedan italijanski vojnik ubijen, jedan srpski vojnik ranjen, dvadesetak žena i dece ubijeno."

Pismo pisano 5. aprila 1917.

„Ponovo sam u Bitolju. Posle moje poslednje posete, Bugaro-Nemci su malo pojačali bombardovanje ove otvorene varoši. Savezničke trupe su napredovale. One su zauzele Snegovo i Kjeramaricu, dva važna neprijateljska položaja. Da se osvete za svoj poraz jer razumeju da je glavni grad Južne Makedonije za njih definitivno izgubljen, oni traže da razore varoš i da istrebe njene stanovnike.

Ušao sam u varoš bez ikakve nezgode. Otkad je artiljerija Ferdinanda Koburškog primorana da vrši indirektno gađanje, jer su Francuzi zauzeli visove severno od Bitolja, most pored stanice manje je bombardovan. Ulazeći u Ulicu kralja Petra, glavnu ulicu, konstatujem da se broj zgrada, pogođenih projektilima, mnogo povećao. U ovoj ulici gotovo više nema kuće koju nije pogodila bar jedna granata. Prozori više ne postoje i čovek gazi po staklu koje je postalo prašina. Privatnu kuću u kojoj sam stanovao prilikom mojih poslednjih poseta, udarile su tri granate od 210. Ali nije samo ova ulica koja je stradala od bombordovanja. Sve druge, podrazumevajući tu i sokačiće imale su veliki broj oštećenih ili potpuno porušenih zgrada. U Okružnom načelstvu saznajem da ih je oko 2.500 oštećeno ili porušeno bombardovanjem.

Pošto moj stari stan nije više za stanovanje, primam gostoprimstvo koje mi nudi vrlo ljubazno dr Van Dijk, iz holandskog Crvenog krsta, u školi sestara Sv. Josifa, pretvorenoj u bolnicu za građenje. Tu su dr Van Dijk i njegove holandske sestre negovale, gotovo četiri meseca i pod kišom granata, nesrećno bitoljsko stanovništvo. Holandska misija učinila je lepo delo i radila je hrabro i sa predanošću. Srbi su to zvanično priznali i odlikovali lekara zlatnom medaljom za hrabrost, a bolničarke srebrnim medaljama.

U ovoj bolnici lekar mi pokazuje nekoliko vojnika koji su ostali živi od bugaro-teutonskih granata s gasom. Oni su još vrlo slabi i njihovo lice je poplavelo. Oni se tuže da ih boli grlo, da ne mogu da slobodno dišu i da im je težak stomak. Neki tvrde da je gas lako mirisao na gorak badem. Po tome bi se moglo verovati da su projektili sadržavali cijanovodoničnu kiselinu. Ali taj gas gotovo odmah ubija, dok se bitoljske žrtve divljaštva centralnih carevina i njihovih vazala muče od trideset do četrdeset pet minuta pre nego što umru.

Bombardovanje sa granatama sa gasom vršeno je naročito noću, dok svet spava po podrumima ili, bolje, po onom što naziva podrumom. Granata, rasprskavajući se, relativno pravi vrlo mali pucanj, eksplozija oslobađa jednu cev, okruženu ljuskama koje obrazuju radijator, i ona sadrži materiju koja razvija gasove. Ovi gasovi su vrlo teški i spuštaju se u podrume, trujući sva živa bića koja se tamo nalaze.

| 151 |

Većina žrtava bila je tako iznenađena u snu. Samo u kući srpskog mitropolita, lepoj zgradi sa prostranim suterenima, 37 osoba je bilo ubijeno prilikom prvog bombardovanja gasom u noći između 16. i 17. marta 1917. Ovu zgradu, daleko od svakog saobraćajnog puta, izgleda da su naročito gađali bugarski topovi. Svake noći dve ili tri granate sa gasom padaju u njenom susedstvu. Istina je da su srpska crkva i škola, koje se nalaze pored nje, još više stradale. Očigledno, podanici Ferdinanda Verolomnog žele da zasite svoj bes nad svim što je srpsko.

Otkad su Bitolj oslobodile savezničke snage, po zvaničnoj statistici srpskih vlasti bilo je 764 građanskih žrtava, od kojih 399 ubijenih i 365 ranjenih. Ubijen je 81 čovek, 92 žene i 115 dece, a ranjeno je 75 ljudi, 88 žena i 110 dece. Povrh toga ubijeno je 111 osoba i ranjene 92 bez označenja pola. Siguran sam da je ova statistika nepotpuna, jer pored svega samoodricanja građanskih vlasti njihovi organi ne mogu da budu svuda i da prave autentičan spisak u jednoj varoši koja je primila do kraja marta 1917, 5.285 projektila velikog kalibra, a da i ne govorimo o bezbrojnim šrapnelima, avionskim bombama itd.

Dodaću da se u ovo poslednje vreme Bugaro-Nemci takođe trude da unište varoš vatrom. Oni bacaju znatan broj zapaljivih granata. Požari koji se javljaju, predstavljaju ozbiljnu opasnost za ono što još ostaje od ove nekad bogate varoši i koja gotovo nimalo nema aparata za spasavanje.

Najzad, treba istaći činjenicu da su svi delovi Bitolja bombardovani bez razlike. Bolnice ne nalaze nimalo sažaljenja pred razaračkim besom Koburgovih i Hoencolernovih tobdžija.

Tako je bivša grčka bolnica, pretvorena u francusku ambulantu, gotovo sasvim razorena. Bolnicu holandske misije pogađale su granate i, dok sam ja tamo stanovao, mnogobrojne „marmite" eksplodirale su unaokolo.

U svakom slučaju, treba priznati da Bugari, po onom što su učinili za vreme svoje okupacije i po svom stalnom razornom bombardovanju, imaju jedinstven način da dokažu svetu da je Bitolj nastanjen „njihovom braćom po rasi". Imam intimno ubeđenje da nijedan od ove „braće po rasi" neće hteti da ima išta s njima. Bitoljci su osetili Bugarina, i to im je dovoljno zauvek."

Pismo pisano 5. avgusta 1917.

„U Bitolju sam. Lep letnji dan. Šetam ulicama i vidim da u Bitolju više nema kuće koja nije pogođena bombardovanjem. Ako je relativno malo kuća potpuno u ruševinama, to dolazi jedino od toga što su slabo zidane. Mnogo projektila prolazi kroz tanke zidove bez eksplodiranja, a ako ima eksplozije, dejstvo je manje. Građansko stanovništvo bavi se svojim poslovima. Domaćice dolaze da kupuju retku zelen koju seljaci donose u varoš. Žene peru rublje u Dragoru, dok se njihova deca igraju na ulici. Nekoliko radnji je otvoreno. Tu se prodaje stara roba koju je poštedela bugarska pljačka, duvan ili mali filigranski nakit koji se tu fabrikuje. Dečaci prodaju na ulicama srpske i francuske novine. Nekoliko malih „lustrosa" — čistača cipela — zarađuju nekoliko marijaša od vojnika koji daju da im se očiste njihove prašljive „cokule".

Ali sve ovo stanovništvo — ima još između 20.000 i 28.000 stanovnika u varoši — turobno je i nervozno. Čak i deca su se odučila da se smeju. Ima suviše žalosti, suviše ruševina, suviše patnji! Broj građanskih žrtava od bombardovanja veći je od hiljade. Duga boravljenja Bitoljaca po podrumima, pod najgorim higijenskim uslovima, razvilo je u strahovitoj meri bolesti koje troše organizam. Mešanje po podrumima imalo je takođe za posledicu da se rašire izvesne zarazne bolesti. Istina je da srpske i francuske vojne i građanske vlasti čine sve što mogu da poprave situaciju, ali njihova sredstva za akciju vrlo su ograničena u ovoj istočnoj varoši, odsečenoj od sveta usled bombardovanja od strane neprijatelja koji ne respektuju zakone rata. Zašto nije evakuisano građansko stanovništvo iz Bitolja: najpre zato što bi bilo teško naći mesta za ovih 20.000 i više nesrećnika. Varoši pa čak i sela Makedonije, koja su zauzeli saveznici, već su pretrpana srpskim, makedonskim i grčkim izbeglicama iz Bugarske i Male Azije. Zatim, ovim zlosrećnicima stalo je do poslednjeg imanja koje im ostaje: to je njihova kuća koja je često udžerica, izbušena granatama. To je razumljivo jer takav je mentalitet ovih jadnih ljudi prema kojima udes nije bio nikada blag.

Dok šetam ulicama i ispitujem svet, Bugaro-Nemci bombarduju periferiju varoši. Ali sada počinju da šalju granate svih kalibara usred centra. Projektili prolaze zviždeći iznad nas da poruše još nekoliko kućica i da ugase još nekoliko nevinih života. Kao nekim čudom ulice se prazne i stanovnici se navrat-nanos sklanjaju u svoje podrume gde će ih pronaći zagušljivi gasovi. Pan! Na 30 metara preda mnom, jedna lepa dobro građena zgrada, sruši se. Jedna granata od 150 pogodila je posred nje. Deca predstavljaju tek klupčad krvavog mesa. Šta su skrivila ova sirota deca Vilhelmu Hoencolernu i Ferdinandu Koburgu? Neka se čuvaju da im istorija ne da nadimak „ubica dece!" Zaista, šta ima da znači ovo bombardovanje jedne otvorene varoši? U mnogo mahova sam sam konstatovao da se u samoj varoši Bitolju ne nalazi nijedan top. Da li samo uživanje da čine zlo, nagoni neprijateljske tobdžije da istrebljuju siromašno građansko stanovništvo koje je već dosta stradalo od rata?"

Pismo pisano 9. oktobra 1917.

„Ovih lepih jesenskih dana još jednom sam se navratio u Bitolj. Čovek gotovo ne može da pozna više ovu varoš koja je bila tako lepa u nasmejanoj dolini Dragora. Zašto su se Bugaro-Nemci ovako ispizmili na ovu otvorenu varoš koja je kao takva zaštićena ratnim zakonima i konvencijama? Zašto ubijaju stotinama (do sada je poginulo oko 1.500 građanskih lica) ovih jadnih stanovnika? Razlog je za to prost. Osvajači kad su videli da im se definitivno izmiče njihov bogati plen hoće da se svete i, pošto ne mogu da učine ništa svojim protivnicima, iz uživanja da nanose štetu čine sve od svoje strane da što više pati nevino stanovništvo, koje neće biti bugarsko. Nadajući se da izbegnu svetski prezir čiju težinu osećaju, oni su hteli da objasne svoje ponašanje neutralcima i papi koji je tako snishodljiv prema njima, i izgovaraju se da ih njihovi neprijatelji primoravaju da pucaju na ovu otvorenu varoš, jer su namestili topove u varoši. To je još jedna nova laž od njihove strane i oni to dobro znaju, pošto je njihova špijunaža funkcionisala sa retkom smelošću i velikom tačnošću u Bitolju. Bio sam bar dvadeset puta u bombardovanoj varoši i ja sam je prešao u svima pravcima. Nikad nije bilo nijednog savezničkog topa u sredini varoši, koju su najviše građali artiljerci Vilhelma Hoencolerna i Ferdinanda Koburga. Saveznici, da bi odgovarali na neprijateljske granate, morali su pomeriti baterije na periferiju varoši. Germano-Bugari to znaju, ali mesto da tamo bacaju svoje projektile, oni gađaju samu varoš sa njenom decom, njenim ženama i njenim starcima. Kako će oni da objasne ubijanje ovih nevinih stvorenja zagušljivim gasovima? Da li će hteti da tvrde da će, šaljući ove metke, zabranjene konvencijama koje su oni potpisali, u centar varoši, pogoditi savezničke tobdžije koji se nalaze na hiljade metara od gađanog mesta? A kako mogu da speru sramotu za požar u Bitolju, koji su zapalili 17. avgusta 1917?

Toga dana oni su počeli da bombarduju centar šrapnelima oko 14.00 sati. U 17.00 sati sve njihove baterije su otvorile vatru na varoš bez prestanka do 22.00 sata. Više od 2.000 granata svih kalibara i svake vrste bilo je tako izbačeno, a među njima mnogo zapaljivih granata. Vatra je svuda uhvatila i žestok vetar koji je duvao toga dana, brzo je raširio požar. Nikakva pomoć nije bila moguća, pored svih cevi koje su naši bili namestili, predviđajući ovakve nesreće, jer su Bugaro-Nemci obilato zasipali zapaljenu zonu šrapnelima, uništavajući telegrafske i telefonske instalacije, preko kojih bi se mogla tražiti pomoć od susednih jedinica. Ceo svet je morao da se posakriva u podrume.

Razume se samo po sebi da je bilo žrtava: 8 osoba je izgorelo, 26 ranjeno od plamena i 22 poginulo od granata. Među svima ovim žrtvama bila su samo četiri vojnika koji su izgoreli kad su pokušavali da spasavaju decu. Stara majka rumunskog profesora Đordia i njegova ćerčica bili su zakopani pod ruševinama njihove kuće.

Sedam stotina kuća postalo je plen plamena. One se sve nalaze u centru varoši, desno od Ulice kralja Petra (idući ka Dragoru) i mogu da tvrdim da se nijedan saveznički top nije nalazio u blizini. Ali uništavanje topova nije bio cilj ovog varvarskog akta. To je ponovo bila osveta. Saveznički avijatičari bili su nad Prilepom i, u ovoj varoši iz koje je evakuisan građanski elemenat, obilato bombardovali vojnička postrojenja: čak izgleda da su ubili jednog generala. Da se osvete za ovu čisto vojničku akciju, Bugaro-Tautoni su tražili da ispašta nevino građansko bitoljsko stanovništvo. Nisam pristalica represalija koje mogu da pogode neborce, ali, videći ovakve užase pitam se šta saveznici čekaju te ne preduzimaju ništa da nemačkim i bugarskim varošima odmazde za ovo divljaštvo.

Pored svih stradanja, oko 25.000 Bitoljaca nisu hteli da napuste varoš. Bilo ih je, istina, nekoliko hiljada koji su otišli, jer su se našli bez krova usled požara. Drugi i dalje žive ili, bolje, vegetiraju u svojoj svakodnevno bombardovanoj varoši. Deset meseci stradanja načinilo ih je filozofima. Oni su organizovali, kako-tako, svoj život u nezdravim podrumima, gde ih vrebaju sušica i zarazne bolesti. Najsmeliji su započeli malu trgovinu i zanimljivo je videti male radnje napola porušene od granata ili od bugarske pljačke, sa svojim gvozdenim iskrivljenim roletnama koje su tek napola podignute da bi se mogle što brže spustiti kad započne bombardovanje.

Deca se igraju na ulici, ali tiho. Ona su izgubila svoju prirodnu veselost otkad njihovi mali prijatelji svakodnevno ginu od ubistvenih metaka onih koji su pretendovali da su na čelu „Kulture". Jedan poznanik me zaustavlja. To je jedan Srbin iz Srbije čija se porodica koju sačinjava njegova žena i jedan divan mali dečko od 8 godina, nastanila u Bitolju, bežeći od bombardovanja Beograda. Pitam ga za porodicu. Dečaka je ubila granata sa još desetinom malih drugova, dok su se bezbrižno igrali vojnika na ulici. Njegova žena je umrla od tuge. Dok razgovaramo, čuje se dobro poznato zvrjanje, a uskoro iza toga detonacije protivavionskih topova. To su bugarsko-nemački avioni koji prave svoju uobičajenu šetnju smrti iznad mučeničke varoši. Njihove bombe se rasprskavaju sasvim blizu nas i nekoliko minuta kasnije nose na nosilima krvavo telo jedne majke koja je išla da traži mleka za svoje malo dete u kantini engleskog Serbian Relif Fonda.

Da li će papa i izvesni neutralci još smeti da brane stvar ovih ubica nevinih stvorenja?"

Ovih pet pisama crtaju dobro, iako ukratko, mučeništvo varoši Bitolja. Ne ostaje mi dakle više nego da ukratko ispričam život koji su tu vodili naši vojnici.

Svakako, nije bilo dobro za vojnike rezervne Bitoljske divizije da žive u ovom paklu gde neprijateljske granate dolaze da ih posećuju svakog sata danju i noću. Ali ovi stari — bili su iz drugog i trećeg poziva — umeli su da sebi stvore život koji se da podnositi. Istina je da je njihov šef bio pukovnik Vasić, junak odbrane sa Babune. Kakav je veličanstven i izvanredan čovek bio pukovnik Vasić! Podgrizan tuberkulozom, mršav kao ekser, on je bio uvek jednake volje, ozbiljan i predusretljiv. On je video kako pati njegov narod i hteo je da ga pomogne da pobedi nevolju. On je bio ubeđen da pravo ima da ostane pobedničko. Samo ovo požrtvovanje dalo mu je snage da se drži na nogama. Kad je pobeda bila izvojevana, njegova snaga je malaksala i, malo vremena posle rata, mi smo ga ispratili do njegove večne kuće, zaboravljene od sadašnjeg naraštaja, i za koju je on hteo da bude na jednoj od onih golih glavica Čuke, odakle bi njegova besmrtna duša mogla da posmatra ovu Južnu Srbiju koju je on toliko voleo i za koju se bojao da je oni posleratni neće dovoljno razumeti.

Njega je uspešno pomagao komandant mesta, potpukovnik Brunslik, realizator. Ovaj oficir je umeo da održi red i poverenje među ovim jadnim građanskim bitoljskim stanovništvom, uvek desetkovanom i mrcvarenom divljim bombardovanjem neprijatelja. On je stvorio, u ovoj varoši uvek pod vatrom, ogromne bašte koje su snabdevale trupe Prve armije u izobilju sa zeleni, takvom da je ona mogla da odnese prve nagrade na jednoj baštovanskoj izložbi. Kad sam odlazio iz Soluna za Bitolj, moji drugovi iz menaže nisu nikad propustili da mi ne poruče da donesem kupusa, patlidžana, krastavaca itd. iz Bitolja, jer se slično nije moglo naći na pijaci „Egejskog bisera". Uvek ću se sećati grdnje koju je osuo na mene moj stari prijatelj, kapetan Tešo Starčević, jer sam, usput, izgubio jednu vreću kupusa koju sam trebao da mu donesem. Brunslik je namestio usred svoje uzorne bašte jedan bazen od betona. Koliko puta sam se njim koristio i, uživajući u divnoj banji, mogao sam posmatrati prizor kako Bugari bombarduju varoš ili okolinu.

Kod pukovnika Vasića, kao i kod Brunslika, trpeza je uvek bila postavljena za drugove i prijatelje. I kakva trpeza! Bože moj, šta sam svaki put kad sam bio u Bitolju, morao da pojedem i popijem kod njih! To su bile gozbe kakvih nije bilo na drugom mestu, čak ni kod princa-regenta, gde je trpeza ipak bila dobra. Bilo je izuzetno retkih stvari kao svežeg putera koji su fabrikovali potpukovnikovi vojnici. A tek piće! Uvek odličnog svežeg piva, Kjantia itd. iz italijanske kantine u Sakulevu. Za vreme celog rata na Solunskom frontu, kad sam hteo dobro jesti, odlazio sam u Bitolj, rešen da imam osam dana pokvaren stomak što sam suviše dobro jeo.

Za stolom ovih odličnih drugova bilo je uvek društva. Ili je to bio kapetan Nikolić, šef obaveštajnog odseka rezervne divizije, jedini još

## ŠTA SAM VIDEO I PROŽIVEO U VELIKIM DANIMA

živ od oficira s kojima sam bio u Lešnici 1914, ili pukovnik Prevo, komandant francuskih trupa u Bitolju, ili pukovnik Radovanović, šef štaba, ili otac Mener, vojni sveštenik francuske divizije koji je, triput nedeljno, dolazio sa položaja da drži u Bitolju čas francuskog jezika, i pukovnik Vasić bio je jedan od njegovih učenika. Jednom, u decembru 1917, bio sam takođe doveo francuskog vojnog atašea, majora Karboniea, iskrenog i divnog prijatelja Srba. Doček kod Vasića bio je još obilatiji nego inače, a Karbonie je bio gotovo apstinent. Još uvek vidim očajne, a ipak zadovoljne, poglede, koje mi je upućivao major kad bi njegovu tek ispijenu čašu odmah napunio pukovnik ili neki drugi gost. Vasić je umro, a život mi nije dopustio da ostanem u dodiru sa Brunslikom. Ali nikad nisam zaboravio niti ću ikad zaboraviti ova dva divna druga kod kojih sam se naučio optimizmu.

Prvi okružni načelnik koji je zauzeo svoje mesto već od prvog dana kad je varoš zauzeta, bio je Milorad Jovanović. Ozbiljan čovek, iskren i hrabar, on je organizovao prvu pomoć za gladno stanovništvo. Ne gubeći nikada svoju hladnokrvnost, pored svega bombardovanja, on je učinio sve moguće da stvori jedan život toliko normalan ukoliko su to dopuštale okolnosti. On je još i danas u Ministarstvu unutrašnjih dela, ali ne zauzima mesto koje bi trebao prema učinjenim uslugama, kao uostalom i većina onih koji su radili sa požrtvovanjem za zemlju za vreme rata. Drugi koji nisu bili zamoreni izdržanim patnjama, jer su umeli da obezbede svoje ličnosti i nisu se žrtvovali za zemlju, zauzeli su njihova mesta.

Drugi okružni načelnik bombardovanog Bitolja bio je kapetan Marjanović, bivši predsednik beogradske opštine. Marjanović, omalen, okrugao, sa malom bradicom koja je završavala njegovo napola raspoloženo i napola ozbiljno lice, bio je ljubazan i dobar drug. Njegova trpeza je činila konkurenciju Vasićevoj i Brunslikovoj trpezi, iako ih nije dostizala. To je bio jedan administrator koji je imao iskustva. Ali bolest ga je vrebala. Svaki put vraćajući se u Bitolj, nalazio sam ga izmenjenog, mršavijeg, žutog. Postajao je nervozan od stalnog bombardovanja. On je u podrumu Okružnog načelstva, sasvim blizu velike džamije, iskopao vrlo dubok zaklon, pravi tunel poduprt debelim daskama, u koji se on povlačio prilikom svakog bombardovanja i u kome je kadgod provodio noć. Ne zato što mu je nedostajalo hrabrosti, nego je bio zaista bolestan i, usled toga, vrlo nervozan. Čak čovek da nije bolestan, mogao je da postane nervozan u ovom Okružnom načelstvu koje je bilo omiljeni nišan bugarsko-nemačke artiljerije. To sam iskusio u više mahova. Tako, u decembru 1917, bio sam sa jednim mladim francuskim narednikom, Gasioom, koji je umro kasnije, načelnikov gost. Posle odličnog ručka, bili smo upravo pri kafi sa pravim benediktincem, kad je jedna velika granata od 120, koja je pala pravo pred kuću, porazbijala sve prozore i ubacila kišu parčadi u našu trpezariju. Marjanović je već bio na patosu i vikao: „U podrum!", ali ja sam bio radoznao i, pre nego što siđem, hteo sam da vidim šta se dešava. U tom trenutku, jedna druga granata prošla je kroz kube džamije pred Okružnim načelstvom. Jedna treća eksplodirala je na krovu Serbian Relif Fonda, na dvadeset metara od nas, ne učinivši nikakve štete siromašnim ljudima koji su bili došli u kujnu da traže hrane.

Gasio i ja rešimo se onda da pođemo za okružnim načelnikom u njegov podrum. Ali tu nismo dugo ostali, posle desetak metaka, topovi su zaćutali, a mi hoćemo da vidimo štetu koja je učinjena u džamiji. Nekoliko koraka i mi smo tamo. Već stiže hodža sa muslimanskim prvacima. Hodža je besan. U svojoj večernjoj molitvi on će se već osvetiti Bugaro-Nemcima, saveznicima padišaha. Džamija je slabo stradala. Granata se rasprsla, dodirnuvši krov i načinila je na njemu samo jednu veliku okruglu rupu i ubacila odlomke u unutrašnjost zgrade. Hodža mi drži dug govor na turskom jeziku koji ne razumem, ali pogađam da je pun ogorčenja protiv ovih varvara koji

## ŠTA SAM VIDEO I PROŽIVEO U VELIKIM DANIMA

čak ne štede ni džamije. Kad smo izišli, polazimo načelstvu koje je tu blizu, kad se, najednom, obojica zalepismo pod strahovitim treskom. Ošamućen, dižem se i pipam se. Nije mi ništa i ja pitam Gasioa koji takođe ustaje: „Jesi li ranjen?", „Ne, mislim da nisam", reče mi on, „ali dobro smo se izvukli. Gledaj gde je pala prljava mašina!" i on mi pokaza na dva metra rupu u kaldrmi koju je stvorila ekspozija projektila. Tako smo zaslužili još nekoliko čaša benediktinca koje je okružni načelink hteo da gutnemo da bismo se malo povratili.

Jedan drugi visoki građanski činovnik koji je ostao u Bitolju od njegovog oslobođenja do završetka rata, bio je predsednik opštine, Lešnjarević. Omalen, slabunjav, ovaj čovek bio je uvek i hrabro na svom mestu. Bitoljci duguju mnogo svome sugrađanu — on je rodom iz tog kraja — koji je svojom ljubaznošću i poštovanjem koje je stekao, umeo da postigne mnogo stvari za njih od srpskih i francuskih vojnih vlasti.

Razume se samo po sebi da je, u ovoj bombardovanoj varoši, bilo malo razonođenja za vojnike i oficire van njihovih kantina i nekoliko siromašnih kafana, gde su bile više ili manje strogo poštovane Sarajeve naredbe u odnosu na alkoholna pića. Ipak, bile su dve mlekadžinice gde su stariji voleli da malo ćaskaju. Prvu je držala jedna gospođa, izbeglica iz Beograda, sa svojom devojkom. Ova poslednja, Branislava Marinković, bila je, za vreme bugarske okupacije, izložena najstrašnijem gonjenju sina Bojadžijeva, bugarskog bitoljskog okružnog načelnika. Jedan nemački major iz Danciga, Brener, spasao ju je iz kandža ovog odvratnog lica. Bar jednom je jedan nemački oficir učinio neko dobro u okupiranoj Srbiji. Druga mlekadžika bila je gospođa Emilija, jedna dosta lepa punačka žena od svojih trideset godina. Ona je bila Srpkinja, ali je studirala medicinu u Petrogradu. Čovek je bio siguran da uvek nađe u njenoj maloj radnji, sa napola zatvorenim kapcima, da bi se mogli što brže spustiti kad započne bombardovanje, nekoliko mladih oficira koji su došli sa susednih položaja da „provedu nekoliko dana u varoši".

Vojnici, kao i građani, stanovali su, bar većinom, u „podrumima". Engleski šofer moje Fordove kamionete, Džems, provodio je tamo sve svoje vreme kad sam se ja zadržavao u Bitolju. Uostalom, kad god bih mu kazao da idemo u Bitolj bio je nezadovoljan. On je mrzeo bombardovanje. Bitoljsko stanovništvo živelo je najlepše sa srpskim vojnicima koji nisu dirali što je tuđe i koji su uvek bili spremni da učine usluge siromašnim ljudima. Ono je takođe volelo francuskog „poalia", drskijega, ali koji je bio dobro dete i delio sve što je imao sa onima u oskudici. Drugačije je bilo sa grčkim trupama koje su bile poslane u ovu srpsku varoš 1917. Oficiri, zaboravljajući događaje iz 1915. godine malo slavne za njihov narod, počeli su da vode političku propagandu u ovoj varoši koja njima nije pripadala. Propovedali su stanovnicima da su Grci i da će Bitolj pripasti Grcima posle rata. Njihovi vojnici bili su strah i trepet za bitoljske bašte i kokošarnike. Jedan srpski policijski komesar iznenadio je izvestan broj ovih štetočina i optužio ih. Grčki general je hladno tvrdio da su to bili Francuzi. Ali komesar nije hteo da popusti. Sakrio se i čekao sa Kodakom u ruci da se lopovi vrate. Neopažen, on ih je fotografisao, razvio svoj film i kad ga je izradio, pošao ponovo da se tuži. Metnuvši svoju fotografiju generalu pod nos, on ga je zapitao: „A da li su ovo Francuski vojnici!" Solun je stavio tačku ovom štetnom stanju stvari, smenivši generala i više drugih oficira, pošto je izdao vrlo stroge naredbe da se postigne besprekorna disciplina od strane grčkih vojnika. Moram da rečem da su ovi incidenti bili vrlo mučni za Venizelosa, u tom trenutku prvog šefa Grčke i iskrenog i vrlo lojalnog prijatelja Srbije.

Treba li još dodati da su, pored sve budne pažnje naših, Bugaro-Nemci umeli da održavaju neke veze u bombardovanoj varoši. Da li su to bili Turci, Arnauti ili komite, prerušeni u žene? To se nikad nije saznalo. Čak se govorilo o telefonskim stanicama, ukopanim u zemlji. Činjenica je da je bugarsko-nemačka artiljerija gađala jedinstveno tačno i da je uvek bila divno obaveštena o svakoj važnoj poseti u varoši. Varoš Bitolj je često primala važne posete. Čas je dolazio princregent, čas visoki saveznički oficiri, a, jednom, i stari Pašić sa nekoliko ministara i sa delegatima Jugoslovenskog odbora. Ovom prilikom stari državnik pokazao je lepu srčanost. Na polasku iz Glavnog stana štaba Prve armije, šoferi automobila dobili su naređenje da ubrzaju vožnju prelazeći most na ulazu stanice i divno odmeren od neprijateljskih tobdžija. Da li je Pašić čuo ovu preporuku ili da li nije poznavao opasnost? Kako bilo da bilo, kad je došao blizu mosta, kazao je šoferu svoga automobila da se zaustavi. Kad su mu skrenuli pažnju na opasnost mesta, on je rekao mirno: „To ne čini ništa, biće mnogo zanimljivije ući pešice u Bitolj." I spokojno iziđe iz svog automobila i, malim koracima, uputi se u varoš, praćen celom pratnjom. Kladio bih se da je većini ove gospode sa Krfa srce bilo sišlo u pete! Pašić je imao sreće. Ili su se Bugari odmarali posle ručka ili su bili potpuno iznenađeni tolikom smelošću. Oni nisu pucali. Ja sam imao manje sreće. Bio sam gotovo redovno bombardovan. Jednom jedna bugarska granata otkinula je vrata pozadi moje kamionete. Jedan drugi put, jedan motociklista koji je išao preda mnom, bio je bačen u vazduh i on je izveo čuveni smrtonosni skok, ali mu u ostalom nije bilo ništa. Ali njegova mašina bila je u mrvicama.

U Bitolju takođe gospođa Harve, sestra maršala Frenča, našla je smrt od jednog parčeta bugarske granate.

Zauzimanje Bitolja 19. novembra 1916. bilo je gotovo jedna vojnička ludost, jer su savezničke trupe bile samo jedna obična zavesa i nisu imale nikakve rezerve. Da Bugaro-Nemci nisu bili suviše demoralisani pobedničkim napredovanjem Srba najpre na lancu Kajmakčalana, zatim na Čuki, oni su mogli probiti ovu liniju boraca koji nisu mogli računati na pomoć iz pozadine. Upravo zato što je akcija bila smela, ona je uspela. Moglo se čak gurnuti dalje i potpuno degažirati Bitolj, ali francuske trupe su imale naviku, pošto zauzmu objekt, da ga utvrde i da ga dovedu u red. I, kad su one završile ovaj posao, neprijatelj se pribrao. Više nije bilo moguće da se napreduje. I tako gotovo dve godine, Bitolj je bio stalno pod vatrom i porušen u tri četvrtine. Ova varoš je našla mira tek krajem septembra 1918. prilikom krajnje pobedničke ofanzive. Sada Bitolj više nije glavno mesto Južne Srbije. Zamenilo ga je ambiciozno Skoplje. Ali, u srcu svih onih koji su ratovali, on će ostati mučenička varoš, ona čiji nam je prizor davao snage da ponovo osvojimo sve srpske zemlje.

# SOLUN

Solun, Tesaloniki starih Grka bio je za zapadnjake, pre balkanskih ratova i, naročito pre Velikog rata, jedna tajanstvena varoš negde na dalekom kraju Istoka. Danas, ona je popularna, svako dete je poznaje, jer, kroz tri godine, ona je bila okupirana od savezničkih vojnika: srpske, francuske, engleske, italijanske, ruske, grčke i, čak, albanske vojske, koji su od nje načinili silnu operacionu bazu. Ona je bila grčka tu odskora, kad su se tu iskrcale trupe Antante, ali njeno stanovništvo je bilo naročito jevrejsko, izmešano sa jakim turskim elementima — pravim Turcima i Deunemima, tj. Jevrejima koji su prešli na Istok — kao i grčkim, bugarskim, srpskim i ponekim kucovlaškim rumunskog porekla. Mnogobrojni podanici zapadnih zemalja bili su došli među ovo istočnjačko stanovništvo da tu u trgovini potraže sreću. To je bilo pravo stanovništvo Vavilonske kule, koje su saveznici pronašli prilikom svoga iskrcavanja.

Trebalo je organizovati i pripremiti napad iz ove varoši jedne zemlje koja je ostala neutralna pored svih svojih obaveza i koja je bila nastanjena, velikim delom, svetom koji ili je otvoreno ili potajno bio neprijateljski raspoložen ili koji je pripadao zemljama u ratu s njima. To nije bio lak zadatak za vrhovnog komandanta, generala Saraja. Nisam bio u Solunu u prvim mesecima njegove okupacije. Ne mogu dakle pričati da sam video kadgod tragične, a kadgod smešne događaje koji su se odigrali u tome trenutku. Mogu da govorim samo o onome što sam video od povratka srpske vojske na ratnu pozornicu posle njene reorganizacije na Krfu. U to vreme, svi podanici neprijateljske narodnosti bili su proterani ili internirani, ali ostalo je dovoljno neprijatelja koji su se pokrivali neutralnim podanstvom. Tako, jedan veliki deo Jevreja, bar u početku, bio je otvoreno germano i austrofilski. Mnogo Turaka i Deunema ostali su turkofili do kraja rata.

Ne može se reći da su germano i austrofilski Jevreji bili u isto vreme antantofobi. Oni su dosta voleli da se druže sa francuskim i engleskim vojnim licima, a to je bilo zato da prave poslove. Ali oni su apsolutno verovali u pobedu centralnih carevina i, povrh toga, bili su već odavno s njima u poslovnim vezama. Oni su mislili da je pametno da se ne zavađaju sa budućim pobednicima. Najzad mnogi, može se čak reći većina Jevreja, nisu bili zadovoljni sa činjenicama što je Solun, posle balkanskih ratova, pripao Grčkoj. Solunski Grci i Jevreji nisu se voleli. I jedni i drugi bili su suviše dobri trgovci. Ovi ljudi, u početku rata, nadali su se da će, čim se završe neprijateljstva, njihova varoš postati austrougarska ili bar biti stavljena pod austrijski ili nemački protektorat. Zatim kad su posumnjali u pobedu centralnih carevina, oni su računali da postanu slobodna varoš pod francuskim ili engleskim protektoratom. Čak perspektiva da budu pridruženi Srbiji, nije ih plašila, jer od početka i pored sve svoje slabosti za Austro-Nemce, oni su imali dosta živih simpatija za Srbe. Oni su znali da se, u kraljevini Karađorđevića, sa njihovim jednovernicima postupa kao i sa svim drugim građanima i, usled toga, ovi su vatreni srpski patrioti. Oni su takođe zapazili skromnost srpskog vojnika. Još treba reći da je jedan deo solunskih Jevreja bio antantofilski od početka. To su bili Jevreji koji su imali srodničkih veza i odnosa sa Francuskom, a naročito, sa Italijom.

Turci su bili vrlo rezervisani, ali u duši su izvesno molili Boga za uspeh centralnih carevina, saveznica njihovog padišaha.

## ŠTA SAM VIDEO I PROŽIVEO U VELIKIM DANIMA

Ceo taj svet grnuo je zlato lopatom. Mnogi su bili liferanti savezničkih vojsaka. Solun je bio jedina velika varoš gde su vojnici mogli da odlaze za vreme svoga kratkog odsustva. Oni su, zatočeni nedeljama i mesecima u rovovima i u malim makedonskim varošima bez igde ičega, ludo trošili. Zlato je teklo potokom. Ali Solunci nisu imali sreće. Ogromni požar u avgustu 1917. uništio je njihove lepe snove o bogatstvu.

Kad je akcija počela na Solunskom frontu, Venizelos, Danglis i Konduriotis već su bili izvršili državni udar. Narodna vlada se bila smestila u Solun i počela organizaciju vojske. Ali bilo je još mnogo konstantinista u varoši koji su neutralistima otežavali rad i koji su čak vodili propagandu među venizelističkim trupama.

Svet vrvi ulicama u centru velike varoši. Saveznički vojnici, francuski, engleski, italijanski, srpski, grčki i albanski šetaju ili nose pisma za mnogobrojne kancelarije štabova. Vojnici na odsustvu zaustavljaju se pred izlozima dućana u Venizelosovoj ulici. Velika nemačka Štajnova radnja sa svojom pretencioznom zgradom rekvirirana je i pretvorena u francusku poštu. Ali Orodski Bak je još uvek tu i privlači vojnike koji se dive svima ovim dobrim stvarima za jelo. Dalje je velika turska radnja koja izlaže, usred svojih ćilima, šolja i drugih istočnjačkih drangulija, vojne opreme i jednu najdoteraniju kaki-uniformu, snabdevenu blistavim engleskim pojasom — odelo koje je sigurno poručio jedan od „asova" avijacije. Berberske radnje su pune i pred putujućim fotografima stalno poziraju vojnici da pošalju fotografije svojima, ili građani kojima treba slika za legitimaciju.

Svuda mali „lustrosi" koji izvode pravo dobovanje na svojim sanducima, ukrašenim ogledalima, naivnim slikama u bojama i ekserima sa krupnim glavicama od mesinga. To su mali Jevreji, Cigani i, čak, turski crnci koji se obraćaju vojnicima na njihovom jeziku, ali tako osakaćenom da ga čovek ne može poznati. Vojnici na odsustvu koriste se prilikom da dovedu u red svoje cokule, na kojima se nahvatalo osušeno blato. Lepih sunčanih dana, celo solunsko šareno stanovništvo nalazi se na ulici. Kola mukom krče sebi put kroz grupe koje su se zaustavile nasred puta. A svuda trče između prolaznika bosonoga jevrejska i ciganska deca i psi svih veličina i svake dlake, ali kojima bi bilo teško odrediti rasu. Jevrejski amali, sa velikom prljavom bradom, sa pognutim leđima pod ogromnim bremenima, trče klizajući se bosim nogama i prolaze usred svetine, ne zakačivši nikoga. Od turskih žena, zavijenih kao u vreću u crne ili smeđe materije, vide se samo kroz mali prosek crne i sjajne oči. Jedino po načinu hoda može se razlikovati da li je mlada ili stara.

Kada, slučajno, pada kiša ili kada vardarski vetar duva vrlo jako, ulice se prazne. Solunac ne voli ni kišu ni vetar. On se povlači u svoju kuću gde se veliki prozori rđavo zatvaraju i koja je nastanjena hiljadama stenica. Kao svi stanovnici Istoka, on ne oseća njihove ubode. Mnogi čak smatraju da ove prljave životinje nose sreću. „Stenice ne ujedaju bolesnika. One napadaju samo zdrav svet", kaže mi jedan stari Turčin iz Soluna.

U turskom kvartu, gore u varoši, slika se menja. Ukoliko su ulice u donjim kvartovima bučne i žive, utoliko su ćutljivi sokačići u turskom kvartu sa svojim lepim zelenilom. Sem nekoliko retkih prolaznika, čovek tu sreta samo nekoliko pasa koji lutaju, i mačke koje promiču duž zidova. U tom kvartu ima još mnogo bašti i na njihovim čempresima ili platanima guguču gugutke, ljupke istočnjačke ptice. Svaka bašta je okružena visokim zidom koji je sav pokriven vinovom lozom ili glicinijama. Tišinu ovih ulica prekida samo monotona pesma mujezina sa vrha minareta džamije.

Ali spustimo se na kejove oko podne ili posle pet sati. Trg slobode je tako pun sveta da njim čovek mučno prolazi. Kafane „Olimpos Palas", „Floka", pivara „Kristal" izneli su sve svoje stolove napolje. Svet se gotovo tuče da uhvati jedno mesto. Tu ima nekoliko Solunaca koji tu sede po ceo dan i gledaju kako prolazi svet. Kafedžije ne zarađuju mnogo od ovih mušterija. Oni se zadovoljavaju kafom i bezbrojnim čašama vode koju ne plaćaju. Za drugim stolom ljudi raspravljaju, pomažući se mnogo gestovima. Kad ih čovek čuje, rekao bi da govore samo u brojevima: „pente, dekapente itd." Oni svršavaju neki posao. Za trećim stolom, jedan lepo obučen gospodin, ali koji ipak ima u sebi nešto čudno. Pred njim je čaša vermuta u koju on umače od vremena na vreme svoje usne. Izgleda da nemarno prati svetinu očima, ali ako ga čovek pažljivo posmatra, vidi se da odmiče malo-pomalo svoju stolicu prema jednom susednom stolu, gde tri oficira na odsustvu raspravljaju o poslednjim borbama i pričaju o svom životu na frontu. Videćete isto tako kako uporno gleda jaku svakog francuskog vojnika da pročita broj puka. To je jedan od mnogobrojnih špijuna koje Vilhelm od Hoencolerna i njegov saučesnik Ferdinand Verolomni drže u srcu same odbrane Solunskog fronta i koje savezničke policije, pored sve svoje marljivosti, ne mogu sve da otkriju.

Ipak, u pomenutim časovima, većinu stolova u kafanama i pivarama zauzimaju vojna lica. Tu oni uzimaju svoj „apero" ili gase žeđ pivom. Kad je general Saraj zabranio kafedžijama da ne smeju da daju vojnicima svakog čina alkoholna pića sem vina i piva, oni ipak uzimaju svoje neophodne aperitive u šoljama za kafu, a viski sa sodom se pije iz velikih šolja za čaj.

Na terasama Trga slobode vide se naročito oficiri, kadgod mladi podoficiri, „koji imaju para". Oficiri se grupišu po narodnosti, ali, često se mogu videti i mešane grupe. To su naročito Francuzi i Srbi koji sedaju zajedno. Neki put njih prate engleske bolničarke na povratku iz neke bolnice blizu fronta ili na odsustvu. Ove valjane žene su dobro obučene, ali kroj njihove haljine odaje strahovit ukus. Same žene su većinom više ili manje kanonskih godina. Lepe i mlade su retke. Ali njihove godine ne sprečavaju ih nimalo da flertuju na sve strane i one su zaista zaslužile ovu malu razonodu. Engleska ima na pretek žena koje ne mogu da se udaju. Ko zna da li ove bolničarke, pošto su čestito izvršile svoj zadatak, neće otkriti među ratnicima, naročito među Srbima, toliko željenog muža?

Prilikom mojih bavljenja u Solunu, mnogo sam posećivao jedan sto takoreći rezervisan za jednu grupu mladih srpskih oficira koji su se oporavljali od teških rana zadobijenih u borbama oko Bitolja. Među njima su se nalazili Vasić, sada trgovac u Obrenovcu, Smiljanić, sadašnji generalni konzul Kraljevine SHS u Trstu, Ognjanović, sekretar beogradske oblasne skupštine itd. Lepe večeri smo zajedno provodili raspravljajući o budućnosti Srpske zemlje, jer svi ovi ljudi bili su vatreni patrioti pa se i konverzacija sasvim prirodno okretala oko nacionalnih stvari.

Jedan drugi sto koji sam takođe voleo da posećujem, bio je sto oficira stranačke legije. Tu sam našao svoga zemljaka, poručnika Brengolfa, hrabrog među hrabrima, poručnika Rosinia i Kanuda — prvi je poginuo pred Bitoljom, a drugi je, sa svojim visokim „šešijom" afričkog strelca i svojom velikom bradom, inače poznat kao pisac, umro posle rata — i još mnogo drugih. Imao sam još jedan treći sto. Sto mojih zemljaka iz kantona Vo — ja sam Vodoa — gde su se svakog meseca po jednom sastajali dr Kriše i Niona, kapetan-lekar u engleskoj vojsci, poručnik Remon, poručnik u francuskoj vojsci i ja u srpskoj vojsci.

Kad je Venizelosova vlada naredila da se regrutuju i mladi solunski Jevreji, oni su tražili da im se da služba u pozadini u samoj varoši. Oni gordo posećuju kafane na Trgu slobode, utegnuti u sjajne nove uniforme i sa najvećom fantazijom, sa strukom koji steže luksuzni pojas... bez bajoneta. Oni su sada „drugovi" blatnih vojnika koji dolaze iz rovova sa fronta i koji su zadovoljni da provedu nekoliko dana, a da ne čuju nesnosnu muziku topova.

Uveče je Solun utonuo u pomrčinu, sem na Keju, Trgu slobode, Beloj kuli i, posle požara, na spoljnim bulevarima kvarta. Tu se nalaze kafane-pivare, varietei, bioskopi itd., koji privlače vojnike savezničkih vojsaka, nazvanih od Nemaca „Sarajevom menažerijom". Sasvim blizu Trga slobode dva bioskopa pozivaju svetinu svojim osvetljenjem. Oni su uvek dupke puni. Kasnije, otvaraju se drugi bioskopi, ekscentričniji, u Beloj kuli, „Sinema Gomon" itd., koji isto tako grću zlato, naročito posle solunskog požara koji je uništio bioskope u centru. Godine 1916. i početkom 1917. njihovi filmovi naročito obrađuju ratne epizode. Ali uskoro, borci neće više to da gledaju i traže filmove u kojima rat ne igra nikakvu ulogu. Tada „Njujorške tajne" i „Žideks" odnose prave trijumfe. Poznavao sam dosta francuskih i srpskih oficira sa fronta koji su činili sve moguće i nemoguće da dobiju odsustvo da vide „novu epizodu koja će se davati ove nedelje".

Sa bioskopima varietei su delili klijentelu oficira koji su dolazili s fronta da provedu nekoliko dana odsustva u Solunu. Bila su dva velika, „Odeon" i „Bela kula", i više manjih kao „Eden" itd. Ovi varietei su svake večeri puni francuskih, srpskih, engleskih, italijanskih i ruskih oficira. Ali ne treba uobražavati da čovek može tu da čuje muziku i šansonete. Oficiri prave toliku graju da se ne čuje ništa od tačaka koje se izvode. Čim se jedna pevačica pojavi na sceni, buka počinje. Jedan podražava granatu koja dolazi i rasprskava se, drugi prati pesmu ričući, ostali dobacuju primedbe iz lože u ložu, neko se vežba u gađanju bombardujući pevačicu cigaretama, pomorandžama, jabukama, čokoladama, pa čak i sifonom. Sirota žena na pozornici brzo peva svoju pesmu. Ona nema glasa; uostalom i kad bi ga imala, to bi bilo izlišno. Vidi se samo kako otvara usta, vidi se kako vešto izbegava projektile svake vrste i najzad se sklanja da bi se pojavila nekoliko minuta kasnije, u jednoj loži gde pije šampanjac sa oficirima.

Evo sad jedne pevačice koja je na redu da izvede svoju tačku. Vidi se kako se skotrljava iz svoje lože najvećom brzinom, vešajući se za ogradu od pozornice. Jedan sasvim mladi engleski oficir koga je već dobro uhvatilo piće penje se na klavir i imitira šefa orkestra, zakačivši svojim štapom sa savijenom drškom pevačicu za nogu tako da ona padne. Svirači poleću na njega i hoće da ga uklone. Englez se obema rukama uhvatio za klavir i viče iz svega grla: „Volim ovu gospođicu. Moje pravo je da volim ovu gospođicu". Sala postaje burna. Jedni staju na stranu mladog oficira, dok drugi traže da bude udaljen. Najzad, jedan mladićev drug približi mu se i reče mu nešto tiho. On se odmah primiri i iziđe iz sale. Međutim, igračica se povratila od svog uzbuđenja, očistila prašinu sa svoje haljine i počela, uz beskonačno pljeskanje, svoju tačku. Zaista, pre nego što sam video solunske varietee za vreme rata, ne bih nikad verovao da ljudi, obično razboriti, mogu da postanu takva deca. Istina je da su ova velika deca imala jako izvinjenje što dolaze iz rovova gde ih smrt stalno vreba i da se tamo vraćaju sutradan.

U „Beloj kuli" publika je malo mirnija nego u „Odeonu". Sala je mnogo veća i mnogo raskošnija. Tu se večera i pije za malim stolovima koji su vrlo zbijeni. Šampanjac teče potokom. Ruski oficiri više vole „Belu kulu" od „Odeona". Ona ih više podseća na petrogradski „Akvarium" i na moskovski „Ermitaž" nego otrcana sala „Odeona" sa svojom kočijaškom krčmom. Rus postaje sentimentalan kad popije jednu čašu više. Onda on ustaje sa svojom punom čašom šampanjca i sa flašom, približava se jednom stolu gde sede Srbi, Francuzi ili Englezi, sipa im od svoga šampanjca i traži da „piju za njegovu smrt". Žan Žoze Frapa, jedan francuski oficir sa Solunskog fronta, u svojoj knjizi „U Solunu pod okom bogova" dao je vrlo istinsku i vrlo živu sliku ove „Bele kule" koju „Solunci" neće nikad zaboraviti. Koliko je ovih valjanih mladića koji su gubili svest po nekoliko sati na ovim mestima, a koji nisu nikad više ugledali svoju dragu zemlju?

## ŠTA SAM VIDEO I PROŽIVEO U VELIKIM DANIMA

Na ovim mestima za razonođenje građanska publika se meša sa vojnim licima, ali dosta je retko da čovek vidi gde za jednim istim stolom sede saveznički oficiri sa solunskim svetom. Ovaj poslednji sve do primirja izgledao je da se pomalo drži po strani. Grčki oficiri ostaju zajedno i ne posećuju mnogo druge. Držanje Grčke 1915, zaseda od 1916. i mahinacije nemačkog maršala Konstantina ostavile su tragova. Povrh toga, Grci i Italijani, naročito kad su ovi poslednji zauzeli Valonu, ne slažu se dobro. Ima često između njih incidenata, koje general Saraj s mukom utišava. Oficiri i srpski vojnici su u dobrom skladu sa celim svetom. Čovek ih svuda sreće u engleskim „mes", u francuskim „popotama", u savezničkom vojnom serklu — koji je odlično delo Francuza — itd., svuda su dobro viđeni gosti. Od svoje strane oni pozivaju svoje savezničke drugove u depoe Mikre, Zejtenlika, u njihovo pozorište itd.

U samom Solunu i na njegovim ulazima svuda ima važnih vojničkih logora. Englezi su sagradili pravu varoš, dugu nekoliko kilometara u kojoj ima svega: radionica za opravku, ogromnih depoa, kovačnica, pa čak i jedna mala železnica. Zejtenlik je postao ogroman francusko-srpski logor, koji završava veliko groblje gde počivaju pokojnici dveju vojsaka. U Mikri se nalaze bugarski zarobljenici i tamo je depo srpske vojske. Tu čekaju oficiri i vojnici, izlečeni od svojih rana, novo određenje. Usred seoskog kvarta, ograničeno ulicama Kolokodroni i Misraki, srpska kraljevska garda je podigla, iz svojih sopstvenih sredstava, jednu celu malu varoš koketno opremljenih baraka u kojima stanuju oficiri i vojnici. U tom logoru su vojnici takođe sagradili od zemlje i dasaka kolibu koja mi je služila za hotel kad su me moji izveštaji i drugi poslovi primoravali da ostanem neko vreme u „Egejskom biseru". Ipak, pošto sam zadovoljio svoju prvu radoznalost, bavljenja u ovoj varoši nisu bila po mom ukusu. Solunski duh bio je i suviše „duh pozadine" i, povrh toga, kad je sjalo sunce, tu je bila nesnosna vrućina i strahovita prašina, a kad je padala kiša, čovek se davio u blatu. Mnogo više sam voleo front, naročito u planini, sa njegovim čistim vazduhom i „rovovskim duhom". Stoga, posle izvesnog bavljenja u Solunu, moj odlazak na front bio je za mene svaki put razonođenje.

Kao u Valjevu i Kragujevcu, Glavni stan je organizovao svoju menažu čiji je šef bio, kao i ranije, pukovnik Antonio Mitrović, koji je umro 1917. Ali u Solunu ima još mnogo više oficira nego u Kragujevcu. U stvari, albansko povlačenje je desetkovalo vojsku i reorganizacija smanjene vojske nije mogla dati zanimanja svima oficirima koji su izbegli smrt ili ropstvo. Upotrebljavaju ih kako mogu u Solunu. Naravno, to su naročito viši činovi kojih ima na pretek, zbog čega su Italijani rekli: „Tutti Serbi coloneli". Nemoguće je da ceo ovaj svet jede u zvaničnoj menaži. Neki idu u saveznički serkl, drugi obrazuju svoje „menaže", podržavajući francuski primer. Kad sam u Solunu, ja sam član jedne „popote" koja je nadaleko čuvena u srpskim krugovima. Naš šef „popote" je kapetan Tešo Starčević, u civilu profesor u beogradskoj Vojnoj akademiji, na frontu najpre oficir za vezu kod generala Lebloa 1915. i 1916, zatim, u istom svojstvu, kod francuskog Glavnog stana i, najzad, šef odeljenja za štampu u srpskom Glavnom stanu. Starčevič je najbolji čovek koji se može zamisliti, ali on mnogo polaže na to da maskira svoje dobro srce namrgođenom spoljašnošću koja uvek reži. Uz to je gurman i zna da prokljuvi najbolje stvari. Sa jednim takvim šefom mi smo uvek bili sigurni da imamo uvek dobru trpezu. Imali smo vrlo često goste koji su sa uživanjem sladili jela, koja je brižljivo spremao kuvar Anđelo, malo gluv, ali je ipak znao da čuje dobre savete našeg šefa „popote". Još su u ovoj učestvovali dr Slobodan Ribnikar, divan čovek, uvek miran i već nagrizen bolešću koja se stremila da ga pokosi nekoliko godina posle rata; Ranko Trifunović, šef Javne bezbednosti, dobar drug za vreme rata, koji je posle rata, kad je postao poslanik i državni podsekretar, žrtvovao svoje drugove iz rđavih dana stranačkoj političkoj strasti; pukovnik Milojević, najpre oficir za vezu kod generala Saraja, zatim pobedonosni komandant Dunavske divizije, lep vojnik i veseo i odličan drug; najzad, bar neko vreme, Jovan Ćirković zvani Ćirko Paša, posle rata bitoljski poslanik, divan gost i vatreni patriota, koji se, takođe, posle rata odao „stranaštvu" i pomalo zaboravio prijatelje iz dana nevolje.

Solun je, iako sačinjava jedan od elemenata fronta, kao što sam već rekao, prava varoš u pozadini. Tu sve vesti, podrazumevajući i najfantastičnije, pričaju i vatreno diskutuju ne samo vojna lica, nego takođe, i možda naročito, civili. Kakvih nam sve priča nije pričano u ovoj varoši rekla-kazala! A te vesti još su izobličene neverovatnim slepim strahom solunskog stanovništva. Trebalo ga je gledati uveče, kad se ugasi elektrika i kad topovski pucnji objavljuju da se približavaju neprijateljski avioni; ili opet kad je eksplodirao jedan depo sa starim avionskim bombama u Mikri. Ceo svet izleće na ulicu onako kako skače iz kreveta, u spavaćim košuljama ili još manje obučen, i go i ljudi i žene. Svi viču, trče, gestikuliraju. Ovi siromasi bi se sakrili u mišje rupe, kad bi to bilo moguće.

Vojnici raspravljaju o vestima s različitih frontova. Te vesti nisu bile uvek takve da uzdignu moral onih koji se bore. Vest o revoluciji u Rusiji bila je primljena sa rezervom u srpskim krugovima, pored svega zadovoljstva koje su pokazivali francuski i engleski drugovi. Po nagonu, Srbin je bio nepoverljiv. Pošto je slovenske rase njemu je možda odmah bilo jasno šta mora proizvesti kod njegovih rođaka po rasi uništenje ideje koja je dotle vodila ruski duh. On nije pogrešio! Zatim tu su bile i neodređene vesti o ozbiljnim događajima u Francuskoj. Emberov, Kajoov, Malviev proces, kao i proces „Bone Ruž", gromke smrtne presude, pored sve oskudice izveštaja dospevale su do Soluna i kroz cenzuru i pokazivale da sve nije u redu u Francuskoj. Saznalo se zatim da je bilo teškoća sa izvesnim francuskim jedinicama na Solunskom frontu, ali da je general Saraj uspeo da uspostavi red. Došao je zatim poraz na Kaporetu i definitivno raspuštanje ruskih kontingenata na našem frontu. Krajem 1917. godine, kružile su najfantastičnije vesti u varoši i na frontu o predstojećem napadaju Germano-Bugara sa velikim snagama koje bi bile povučene iz pobeđene Rusije i Rumunije.

Najzad u martu 1918, prvi nemački uspesi sa njihovom velikom ofanzivom na francuskom frontu napravili su izvestan utisak. Srećom bilo je isto tako često i dobrih vesti koje su neutralizovale razdražujući utisak rđavih. To nije smetalo da se strasno raspravljamo o svima ovim vestima. Srpski vojnik je podložan utiscima, ali protivno od drugih, Rusa na primer, on ne gubi hrabrost. Stoga on nije nikad očajavao da će, najzad, pobeda krunisati njegov gotovo natčovečanski napor.

Mislim da mogu tvrditi da od svih ovih nezgoda koje su se desile dok je srpski vojnik bio na Solunskom frontu, najviše ga je dirnuo ruski slom. Srbin je uvek smatrao Rusiju kao majku slovenske rase. On ju je okruživao istim poštovanjem, istim obožavanjem koje ukazuje svojoj rođenoj majci, i nijedna nepravda od strane ove „majke rase" — a ona ih je mnogo počinila — nije mogla da oslabi ove osećaje. Mi ostali zapadnjaci, sa jednim velikim srpskim državnikom, nazivamo ovu gotovo mističnu ljubav Srba za Rusiju ruskom hipnozom i anališemo držanje velike slovenske zemlje — nastanjene jednom neslovenskom većinom — prema njenoj maloj sestri sa više kritičkog smisla. Ali najbolji dokazi, čak i kad dolaze od najboljih prijatelja, ne mogu ništa protiv jednog duboko ukorenjenog osećaja u narodnoj duši, i danas, još pored svega toga što se Rusija preobrazila u Savez sovjetskih zemalja, neverovatno je da bi Srbin ikada digao oružje protiv ove zemlje. Ipak, kao što dete koje voli pridaje svojoj majci najlepše vrline i smatra je nesposobnom da može da učini išta rđavo, srpski narod je verovao da je Rusija ukrašena svima krepostima. Kada slom velikog carstva, kapitulacija jednog

## ŠTA SAM VIDEO I PROŽIVEO U VELIKIM DANIMA

ogromnog naroda pred jednom šakom zanesenjaka i zločinaca, plaćenih od neprijatelja, nisu više dozvoljavali Srbinu da sumnja u rusko bankrotstvo, on je bio razočaran i, naročito, duboko potresen u svojim sinovljevim osećajima. Osećao je sramotu gotovo kao da je to bila njegova rođena sramota. Pa ipak, on je sačuvao svoju ljubav za Rusiju! Da li će ova vernost biti ikada nagrađena? Sumnjam u to, sudeći po rečima koje sam čuo iz usta samih Rusa, iako ovi imaju jedan dug lične blagodarnosti prema Srbiji.

Solun je varoš Glavnih stanova. Tu je naročito Sarajev Glavni stan Istočnih vojsaka; zatim engleski, italijanski, grčki i, najzad, Glavni stan srpske vojske. Ovaj poslednji je smešten u bivšem austrougarskom konzulatu, jednoj lepoj zgradi sa dosta velikom baštom. Naravno, ovde se nisu mogla smestiti sva nadleštva, ali tu su veliki šefovi sa svojim glavnim saradnicima. Tu su radili najpre general Bojović, zatim vojvoda Mišić. Malo pred pobedničku ofanzivu, ovaj poslednji je premestio svoj Glavni stan u Bukovik, na podnožju Kajmakčalana. Pod običnim šatorima, u blizini „bengaloa" princa-regenta Aleksandra, koji mu je poklonio general Miln, izdane su poslednje naredbe srpskim pobedničkim trupama.

Veliki šefovi Karađorđevićeve vojske su jednostavni i pristupačni. Nije mnogo teško videti ih i svi prijatelji nalaze kod njih sve što im treba. Ja imam posla naročito sa obaveštajnim odeljenjem kojim upravlja pukovnik Kalafatović, vojnik od velike vrednosti i srdačan prijatelj. Ako sam u Solunu, nema dana da ga ne vidim. Pokatkad on mi poverava naročite misije na primer prilikom bombardovanja engleskih bolnica broj 35 i 36 od strane bugaro-nemačkih aviona, anketu koju sam zatim izvršio iz aeroplana. Uostalom, ni Saraj nije isključiv. On drage volje prima sve one koji imaju nešto da mu kažu u njegovoj sasvim maloj sobi čija su vrata uvek otvorena.

Princ-regent Aleksandar stanuje u jednoj vili u ulici Misraki, koja pripada jednom bogatom Jevrejinu. Kuća, okružena malom baštom, dosta je dobro, ali unutrašnji nameštaj je strašan. Sve je bečka „kamlota" sa apsolutnim odsustvom ukusa počev od električnog lustera u obliku cepelina, pa do lažnih čiraka od bojadisane pečene ilovače. Ali mi smo u ratu i ovakve „grozote" nemaju nikakve važnosti, čak i u jednoj kući koja služi za kraljevski Dvor.

Upravo pored prinčeve vile nalazi se jedna druga vrlo skromna kuća, nameštena jako oskudno. To je rezidencija kralja Petra, generala Topole, koji prima samo vrlo retke privilegovane prijatelje.

Kao u Valjevu i u Kragujevcu, Glavni stan ima takođe svoje odeljenje za štampu, smešteno u jednoj staroj turskoj kući, nedaleko od zgrade šefova. Ali tu nema više mnoštva mladih ljudi iz Kragujevca. Oni su više voleli da ostanu na Krfu ili da idu da žive u Francuskoj. Tu nema nikoga više sem Slobodana Jovanovića, profesora Sretenovića, Živkovića, kasnije konzula u Solunu, i makedonskog poliglota Džambasovića. Ali je posao mnogo ozbiljniji nego u Kragujevcu.

Slobodana Jovanovića, pozvanog početkom 1917. na Krf, zamenio je kapetan Milan Đorđević. Visok, jak, bonvivan i bujan, Milan Đorđević je bio odličan čovek. On je voleo da se okružava izvesnim aparatom. Tako, jednog dana on me moli da dođem u odeljenje za štampu zbog jedne ceremonije. Kad sam došao, nalazim Milana u svečanoj uniformi sa ešarpom i sabljom, sa punim grudima dekoracija, i sa svim osobljem odeljenja, podrazumevajući tu i starog ordonansa i jednog mladog francuskog narednika, Laluza. Ovaj je bio Đorđevićev daktilograf u štabu Prve armije i iskorišćavao svoje slobodno vreme da crta akvarelom male sličice kojima se njegov šef jako divio. Đorđević je predložio ovog mladića iz vrlo dobre kuće za Sv. Savu petog stepena i dobio je za njega dekoraciju. Da bi mu je predao svečano, on je okupio ceo ovaj svet. Kad su svi bili tu, Milan je naredio Laluzu da klekne, izvukao svoju sablju i udarivši ga po oba ramena kazao: „U ime moga uzvišenog gospodara, princa-regenta Aleksandra od Srbije, proglašavam vas za kavaljera Sv. Save". On je podigao novog kavaljera i zagrlio ga. Izišao sam, što sam brže mogao, iz sobe, jer se nisam mogao zadržati da ne prsnem u smeh, ali Milan je uzeo ceremoniju najozbiljnije.

Milan Đorđević je umro u Dubrovniku kratko vreme posle primirja, a njegov naslednik je bio kapetan Tešo Starčević o kome sam već govorio i koji je ostao na tom položaju do kraja rata. Starčević je ostao jedan od mojih najboljih ratnih drugova i prijatelja.

Kad već govorim o odeljenju za štampu, treba da kažem nekoliko reči o ratnim dopisnicima koji su isto tako bili pomalo moji drugovi, pošto je jedan deo moje misije u srpskoj vojsci bio upravo da pišem u novinama o događajima u kojima sam učestvovao. Upoznao sam ih mnoge u ovom ratu. To su bili Hiber Žak, Eduar Helze, Feri Pizani, Tideks, Rišar, Rato, Hondr, Barbi, Šot-Desiko, Leln, Kore, Estep, Gordon Smit, Braun, Kalvert, Robinson, Prajs, Kroford-Prajs itd.

Pre rata imao sam vrlo visoko mišljenje o ratnim dopisnicima. Mislio sam da je to neka vrsta istoričara čija je dužnost da nepristrasno i ozbiljno beleže sve činjenice koje se odigravaju pred njihovim očima. Uobražavao sam da su to vrlo dragoceni pomoćnici vojnih šefova i da oni treba svojim iznošenjem događaja da održavaju moral u publici i pozadini. Priznajem da sam bio pomalo razočaran stvarnošću. Svakako, naročito francuski dopisnici, bili su inteligentni ljudi, ali oni su malo vremena trošili na rad. Ostajali su mirno u Solunu da od vremena na vreme naprave kratke šetnje do divizijskih štabova. U Glavnom stanu oni su primali izveštaje pomoću kojih su fabrikovali „pisma s fronta". Kad smo još bili u Srbiji, video sam izvesne koji su projurili kao vetar kroz zemlju i zatim objavljivali duge članke, dajući svoje mišljenje o stvarima koje su drugi morali proučavati mesecima da bi ga stekli. Poznajem jednoga koji je bio, ne na frontu, nego blizu fronta samo jedan dan i koji je ipak napisao jednu knjigu o ratu u Srbiji. Mnogi od ove gospode živeli su vrlo dobro... u pozadini.

Bilo je takođe izvesnih koji su, nezadovoljni sa gotovo uvek vrlo visokim honorarima svojih listova, tražili da još drugim sredstvima dođu do novaca. Jedan je osnovao jedan list u Solunu. To mu nije ostavljalo vremena da prati operacije na frontu. Uostalom na kraju krajeva nije uspeo sa svojim listom. Jedan drugi, sem svojih dopisa svome listu, napisao je jednu malu brošuru za koju je uzeo dobre pare... od srpske vlade. Dok su drugi ljudi njegovih godina ginuli u rovovima, ovaj je pravio poslove. Zaista, mnogi „ratni dopisnici" bili su prosto ljudi od poslova.

Najdarovitiji od francuskih dopisnika i, sa Hiberom Žakom, najozbiljniji bio je Eduar Helze. On je uvek hteo da ostane na frontu, ali mu nisu dozvoljavali.

Vrlo ozbiljna su bila isto tako oba dopisnika „Tajmsa", Robinson i Kalvert. Prvi je bio sa srpskom vojskom za vreme njene neaktivnosti u leto 1915. Nedostajalo mu je materijala, pošto je front bio miran, ali ono malo što je napisao, bilo je vrlo dokumentovano. Drugi, Kalvert, bio je bivši generalni konzul u Smirni. On je imao preko 60 godina, bio je savršeni džentlmen, vrlo predusretljiv, ozbiljan, sa najdubljim poznavanjem Istoka, vrlo pobožan, ali ne zatucan. Bio je strahovito nagluv, što ga je kadgod dovodilo u smešan položaj kad je pratio operacije na frontu. Tako je jednog dana došao u štab Prve armije u Vrbeni prilikom borbi oko Bitolja. Šef štaba vojvode Mišića, pukovnik Lazić, molio me je da ja otpratim do osmatračnice njegovog šefa. Ja sam ga tamo poveo. Mi smo usred bitke. Pored nas naši topovi grme bez prekida i neprijateljske granate padaju sasvim blizu osmatračnice. Tutnjava je paklena. Kalvert, na osmatračnici, gleda sa otvorenim ustima, sa rukama na ušima da bolje čuje. Najednom on se okrenu meni i zapita me: „Da li pucaju?" Imao sam najveću muku da ostanem ozbiljan. Kalvert je umro u jesen 1927.

Što se tiče američkih dopisnika, bilo ih je koji su bili pravi fenomeni! Tako su nam stigla u štab Moravske divizije za vreme operacija oko Bitolja dva važna američka dopisnika. Jedan, Kore, bio je vrlo miran čovek, vrlo korektan, koji je imao prilično srčanosti. On nije mnogo pričao, ali je savesno radio svoj posao. Drugi, Estep, bio je sasvim drugačiji. Dugačak, mršav kao motka, sa velikim naočarima na dugom nosu, na obrijanom licu. Pre nego što je postao ratni dopisnik, jednog od najvećih američkih novinarskih udruženja, on je bio direktor za oglase jedne velike automobilske kuće. On je možda, čak verovatno, bio vrlo „pečen" u svemu što se tiče trgovačkog publiciteta, ali njegov duh nisu bunila nikakva znanja iz istorije i geografije Evrope. Uz to je bio hrabar. Jednog dana, malo pred zauzimanje Bitolja, Prva armija javlja komandantu Moravske divizije da će doći u tu diviziju dva američka dopisnika. Komandant pukovnik Milovanović, zamolio je moga prijatelja, kapetana Miličića, i mene da vodimo brigu o ovoj dvojici posetilaca. Oni dolaze uveče i mi ih pozivamo na večeru pod naš šator. Razgovor se započinje naročito između Estepa i nas, Kore je ćutljiv i sluša. Estep nam razvija svoje ideje kako će Srbija moći izići pobednički iz rata. On počinje svoje izlaganje rečima: „Vi Srbi koji ste Turci." „Kako Turci?" prekidamo ga mi. „Pa da, vaša zemlja je jedan deo Turske", produžava Amerikanac. Onda mu treba dati celu jednu lekciju iz istorije, počinjući sa Kosovskom bitkom, prelazeći preko Karađorđa i završavajući sa balkanskim ratovima. Uzgred izgovaramo ime Jugosloveni. „What's that?" pita Estep. Tu smo opet, treba mu dalje objasniti šta su Jugosloveni i njihove aspiracije. Reč mu se dopada, on je beleži, i posle ove duge lekcije iz istorije odlazimo da spavamo pod našim šatorom. Sutradan, Estep prvi ustaje i mi ga vidimo gde piše jednu dugu depešu svojim listovima. Kad ju je završio, on mi je predaje da je uputim preko vojnog telegrafa. Ne znajući dovoljno engleski, ja je dajem Miličiću koji, pošto je bacio jedan pogled na hartiju prsnu u smeh. Estep je dao naslov svome članku. Pošto mu se reč Jugoslavija dopala, on je nju izabrao, ali ju je izmenio, pošto ga je još uvek progonila turska Srbija. On je dao naslov svome napisu „Turko-Sloveni".

Estep je poginuo kao dopisnik, od jednog kuršuma u prvim linijama na francuskom frontu.

Osamnaestog avgusta, centar Soluna, više od 4.000 kuća, uništen je od strahovitog požara. Požar se najpre pojavio, beznačajan, u udžerici jednog ćevabdžije u kvartu Mevlahane i postao je ogroman usled nemarnosti varoških vlasti u samom početku i usled vardarskog vetra. Bio sam u Solunu u tom trenutku i evo što sam zabeležio u svojim zabeleškama veče kad se desila nesreća:

18. avgust 1917. Dan sparan kao i svi drugi, ali on se nije mogao svršiti bez jednog krupnog događaja. U 18.00 sati izvezao sam se automobilom. Rato me zadržava usput: „Dragi moj, bio sam da vidim jedan nečuven i strahovit prizor. Gori više od 1.000 kuća i stanovništvo beži". Odlazim odmah u kuću moje „popote" koja se nalazi u centru varoši. Kroz ulice vidi se crveni požar. Vatra mora biti sasvim blizu pokrivene pijace. Dolazim do „popote" i penjem se na krov. Prizor je neopisiv. Cela varoš nalevo, iznad konaka, gori. Beo dim, siv i smeđi dim, plamen svuda. Vatra je već na 300 metara od naše kuće. Ona će se zapaliti, i srpska policija i vojno fotografsko odeljenje, koji tu stanuju, u žurbi spremaju stvari. Stanovništvo beži. Na kolima svake vrste, na leđima ljudi, na rukama žena ili dece prenose se prve stvari, često izlišne, kojih se svet dokopao. Žene, muškarci lutaju kao ludi ulicama. Oni ne znaju šta čine. Starci su klonuli na zavežljaje pravljene u brzini i preteške za njihova staračka pleća. Vojnici, oficiri prolaze, ali čovek nema utisak da se metodski vodi borba protiv vatre. Uostalom, to je sada izlišno. Vardarski vetar duva besomučno i više se ništa ne da učiniti. Centar varoši je ostavljen svojoj sudbini. Dokle će ići požar? Noć pada. Prizor postaje nečuveno divlji. Oblaci od iskara prolaze iznad moje glave. Vatra se približava i silazi u krivoj liniji prema ulici Ignatia i Beloj kuli. Svuda

žuta boja, živo crvenilo i purpurno crvenilo koje proizvodi plamen, koji se vidi kroz oblake dima. Ptice lete lude od straha. Gavranovi, golubovi, laste, mesto da beže, bivaju privlačeni od plamena i padaju unutra. Od vremena na vreme, jedno veliko drvo, čempres ili jablan, osušeno od vreline, najednom buknu u plamen. To je jedan žarki stub koji se penje visoko u nebo da se ugasi posle nekoliko trenutaka i da ostavi samo pocrneli skelet.

Naša „popota" je osuđena na smrt, ali mi hoćemo još da pojedemo poslednji obrok. Silazimo dakle i naš kuvar i naš žandarm žurno nam postavljaju sto. Nemamo potrebe da palimo svetlo, požar nam daje sjajno osvetljenje čija se jačina povećava iz časa u čas. Jedemo brzo supu od patlidžana i pilav, zaliven našom najboljom buteljom, jer nema načina da se spase naš podrum, a šteta je da se ova butelja žrtvuje požaru.

Penjemo se ponovo na našu osmatračnicu. Prizor je postao još strahovitiji i požar dobija sve veći obim. Ulica Ignatia gori prema Beloj kuli i vatra silazi prema Keju. Ona se isto tako približila i ka nama. Već gori velika kuća na 200 metara. Vojnici, sa automobilskom pumpom, pokušavaju da ugase ili da sačuvaju kuće na uglu ulica Ignatia da požar ne zahvati pokrivenu pijacu. Ali njihov mlaz vode, suviše slab, nemoćan je. Plamički se začinju na slemenima kuće i vetar koji duva besno pomaže da se vatra rasplamti.

Starčević i Ribnikar su se povukli. Oni se više ne osećaju sigurni i hoće da spasu svoj prtljag, jer će vatra sigurno sići do Keja. Ostajem sa Kuzmanovićem. Kamioni ne dolaze da spasavaju državni nameštaj. S druge strane, u jednoj baraci pijace, iskre su zapalile jedno malo ognjište. Ono je još malo i s malo vode moglo bi se ugasiti. Vičem to na ulici da skrenem pažnju vojnicima. Oni gledaju... i ne miču se. Šaljem jednog mladog Srbina da krenem „spasioce", ali engleski vojnici, držeći se strogo svoje naredbe, ne puštaju ga da prođe. U tom trenutku, mislim, bilo je još moguće da se sačuva ovaj deo varoši, ali niko ne čini ništa i ognjište se povećava. U isto vreme, stvara se jedno novo u pokrivenoj ulici pijace.

Svršeno je, sve će planuti. Zaista, najednom ognjište na pijaci planu kao kutija šibica. Sada dovode pumpu za gašenje, ali suviše je dockan. Njen tanki mlaz vode samo raspaljuje plamen. Sve gori s ove strane i plamen liže preko ulice. Naša kuća počinje da se zahvata. Džamija s druge strane ulice Ignatia sva je u plamenu. Vrh njenog minareta gori kao ogromna sveća, i od vremena na vreme otpada po jedna greda od krova, koja, zapaljena, pada kao vatromet nošena vetrom. Treba ostaviti ovaj veličanstveni i kobni prizor, jer naša kuća već gori.

Izlazim na ulicu. Jedan konjanik zatvara ulicu koja vodi na pijacu, gde gore male barake. Vatra je jedva na deset metara od mene. Jedna mala mačka izlazi iz jednog dućana i sakriva se pod jednu dasku. Jedan francuski vojnik i ja pokušavamo da je spasemo, ali ona uleti u plamen. Vojnici su izvukli iz podruma vina i rakije; neki su pijani. Oni grde i vređaju ceo svet i traže svađu, ali stražari ih hapse. Nailazi jedan čovek i jedna žena. Oni su poludeli. Dok žena čupa kose, čovek se grozno smeje onim smehom ludaka koji vam para mozak.

Cela ulica Ignatia gori; ne preostaje ništa drugo nego da se čovek povuče. Vojnici, čak jedan grčki oficir, prolaze okruženi žandarmima. To su pljačkaši koje vode u haps. Građanski element takođe ne ostaje skrštenih ruku i stražari ga hapse. Begunci, neki malaksali na svojim dronjcima; pljačkaši; vojnici koji pokušavaju da prave red; ljudi koji se opijaju sadržinom probijene buradi; kola ili automobili, natovareni pljačkom, tražeći da sebi prokrče put; pomireni sa sudbinom, nepomični, posmatraju kako propada njihovo malo ili veliko imanje — i to sve osvetljeno svetlošću plamena i obavijeno oblakom dima i iskara, eto to je nečuvena slika ove letnje večeri.

Naša „popota" je sada potpuno u plamenu. Prolazim ulicama, osvetljenim požarom, kuda beži ceo svet. Što se više udaljujemo, pomrčina biva jača. Na Keju, to je neverovatno. Automobili, kola svake vrste, kreću se u mraku i njihovi sprovodnici viču i psuju. Muškarci i žene, noseći teške zavežljaje, guraju vas. Zid Keja je potpuno zatrpan paketima i domaćim stvarima na koje su se izvalili njihovi sopstvenici. Još se misli da će se moći spasti ovaj deo varoši. S mukom probijamo se kroz gomilu. Ali kad smo došli u blizinu banje Boton, vidimo da je vatra već na Keju. Vetar nam nosi vreo dim u lice i okruženi smo strahovitom kišom iskara. Begunci viču i spasavaju se žurno. Neki uspevaju da se popnu u kamione koje su doveli vojnici da spasavaju svet i, naročito, decu koja su izbezumljena. Drugi trče za ne znam kojim predmetom. Jedna žena nosi deo gvozdenog kreveta, jedan čovek beži sa zidnim časovnikom! Usadili su cevi u mašine brodova i one šalju silne mlazeve vode na zgarište. Suviše kasno.

Vetar je promenio pravac i tera plamen prema Trgu slobode. Izgoreće ceo Kej od Mulen Ruža do francuskog štaba. Najzad smo u Beloj kuli. Beskrajne povorke begunaca upućuju se prema Marsovom polju i prema poljanama. Ostali, suviše premoreni, polegali su duž trotoara. Kamioni prolaze sa celim porodicama. Nikad nisam video sličnog prizora. Dolazim u kuću pored našeg logora. Ona je prepuna izbeglica. Ima ih oko trideset, rođaka i prijatelja gazde koji je Jevrejin. To su bili dobrostojeći ljudi, a sada nemaju više ništa. Umoran, ležem, ali vidim sa svog poljskog kreveta užareno nebo i čujem detonacije dinamita kojima dižu kuće u vazduh da se zaustavi požar. I ko bi rekao da početak ovog požara, kakav još nije bio nikad viđen, datira od juče i da se vatra pojavila kod jednog malog pekara plavih patlidžana. Varoške vlasti nisu ništa učinile da ga ugase, i, danas, njihova varoš je uništena! Ipak sam zaspao. Postao sam neosetljiv za uzbuđenja kao i srpski prijatelji. U ovom ratu video sam suviše tužnih i groznih stvari.

Sutradan Germano-Bugari koji su videli svetlost od požara, došli su da sa svojim avionima krstare iznad uništene varoši i, da povećaju bedu stanovništva, bacali su bombe na ovaj jadni prestrašeni svet. Blagodareći pažnji savezničkih trupa, izbegnuta je glad i epidemije i svi beskućnici koji nisu bili upućeni u Volos ili na drugo mesto, mogli su da se smeste pod šatore ili u barake. Koji dan posle požara, mali trgovci, sa onim što su mogli spasti, „otvorili su svoje radnje" pod vedrim nebom na zidovima baštica Olgine i Đorđeve avenije. Trgovina je ponovo započela i život je opet postao sve redovniji. Ali vojna lica koja su dolazila na odsustvo sa fronta, nisu imala više svoje velike kafane na Trgu slobode. One su u ruševinama. Celo kretanje se sada prenosi na poljski kvart.

Ne može se govoriti o Solunu, a da se bar ne pomene Mikra. U Mikri su srpski depoi. Mnogo oficira čami u ovoj ravnici bez ijednog drveta, pokrivenoj barakama svake vrste. Oni imaju svoj „Kasino" sa jednom malom pozornicom, kuda im njihovi drugovi dolaze u početku kad, na frontu, dobiju nekoliko dana odsustva. Tu su takođe bugarski i nemački zarobljenici. Oni stanuju u barakama na ovom golom polju, gde je rat stvorio luku i celu jednu varoš slučajnih zgrada. Odlazio sam često u Mikru da vidim prijatelje u „depou" i često smo provodili zajedno divne večeri pored mora na mesečini. I svaki put govorili smo o „tamo dole" i niko od nas nije očajavao da to opet nećemo videti. Kako je čovek zamišljao život lepim posle pobede! Nema sumnje da će Velika Srbija — još se nije upotrebljavala reč Jugoslavija — biti stvorena i da će biti oslobođena sva braća. Mnogi od onih koji su tada bili s nama, nisu se vratili u Srbiju. Oni spavaju večnim snom pod malim krstačama koje beleže naš put od krajnjeg kraja Makedonije do Beograda. Možda je to dobro za njih, jer posleratno vreme bi ih razočaralo kao i nas sve. Bar su tako otišli sa svima svojim idealima, sa svima svojim iluzijama.

# ZIMA 1917. U POLUZATIŠJU

Posle ogromnog napora u jesen 1916, srpska vojska je imala potrebu da se reorganizuje i da se odmori. U stvari, krajem 1916. ona nije imala više od 45.000 ljudi; ostatak vojnika raspoređen na Solunskom frontu posle Krfa, tj. više od 12.000 ljudi, poginuli su, ranjeni su, evakuisani su zbog bolesti ili su nestali. Malo-pomalo, na frontu Prve i Treće armije izvesni pukovi bili su dakle dovedeni u pozadinu u zimovnik i zamenjeni francuskim i italijanskim jedinicama koje su bile stigle u Solun. Ipak, jedan deo naših ostao je na osvojenim položajima, a cela Druga armija organizovala se na frontu Moglene. Glavni stan ukinuo je Treću armiju i raspodelio njene elemente između Prve i Treće armije.

Ovi izvodi iz mojih dnevnih beležaka ispričaće bolje nego ikakvo dugo izlaganje ono što se događalo i duševno stanje koje je vladalo u zimu 1916—1917. na srpskom frontu.

2. decembar. Odlazim da prisustvujem pogrebu potpukovnika Vojina Popovića, vojvode Vuka. Dolazim u malu srpsku solunsku crkvu. Ona je puna. Sve savezničke vojske poslale su delegate. Kovčeg, pokriven srpskom trobojkom, nalazi se u sredini. Svi prisutni drže zapaljene sveće. Pod horom je mračno, jedino sveće osvetljavaju lica. Četnici su poslali svoje da isprate svoga omiljenog šefa do njegovog poslednjeg stana. Oni su tu. Ima ih svih godina. Neki imaju pravu Hristovu glavu. Za vreme opela, oni neće skrenuti očiju sa zastave

pod kojom leži njihov vojvoda, poginuo od bugarskog kuršuma kod Gruništa.

To su čelična srca koja ne mogu zadržati svoje mučaljive suze. Sa Vukom nestaje legendarnog junaka iz srpskih borbi za slobodu. Posle ovog rata nestaće komita-četnika. Oni će tada završiti svoj posao, ali će ući u legendu i biće opevani kao što se još danas peva Kraljević Marko i njegovi drugovi.

Opelo je završeno i arhimandrit je održao posmrtno slovo. Šest vojvodinih drugova uzimaju kovčeg i nose ga pred crkvu. Ogromno mnoštvo čeka ga. Jedan četnik kaže poslednje zbogom koje mora biti dirljivo, jer mnogo ljudi, oficira plače. Jedna italijanska muzika i muzika srpske garde uzajamno sviraju pogrebne marševe. Izdižu kovčeg na rasklimana mrtvačka kola koja se treskaju. Pred ovim kolima idu u redovima verne komite koje nose žito i krst, vence, a jedan poručnik pokojnikove dekoracije. Polako pratnja prolazi kroz blatnu varoš. Ona je toliko mnogobrojna da je prekinut saobraćaj. Veče se spušta, sivo i turobno veče, i nosi u zemlju jednog čoveka koji je bio hrabar, a u isto vreme čestit čovek.

3. decembar. U varoši je uznemirenost. Atinski roajalisti uvukli su vojnike Antante u zasedu. Poginula su 42, a raljena 83 vojnika. Saveznici su se morali povući na svoje brodove i u Pirej. Izgleda da su Konstantinovi roajalisti čak uhvatili zarobljenika. Bombardovan je kraljevski Dvor, dok su tamo bili ministri Antante. Roajalisti su zauzeli sva javna nadleštva i napali venizeliste. Izvesno da saveznici neće ostati skrštenih ruku. Ovaj put, nadajmo se, oni će izbaciti nemačkog maršala Konstantina. Ali pored svega toga ovo je strahovito nezgodno za operacije ovde.

4. decembar. Danas se saznaju neke pojedinosti o atinskim događajima. Saveznici su zaista morali da se vrate na svoje brodove. Ima zarobljenika na obema stranama. Saveznički odredi su bili napadnuti kad su mirno išli u Zapejon. Kralj je bio izdajnik. Kazao je admiralu

Di Furneu da neće predati oružje, ali da ovaj može da ga traži, a da njegove trupe neće dati otpora. Zna se šta se desilo i samo se treba nadati da će Antanta kazniti ovog nemačkog kralja kao što on to zaslužuje. Atinski venizelisti bili su napadnuti od roajalista i, izgleda, bilo je i mrtvih.

6. decembar. Jutros vlada dosta pesimističko raspoloženje. Rumuni i dalje odstupaju i Nemci su pred Bukureštom. On će sigurno pasti u njihove ruke. Onda će Nemci moći osloboditi trupe u Rumuniji i uputiti ih na Bitoljski front. Možda je grčki kralj Konstantin samo čekao ovaj trenutak, nadajući se da se pridruži Bugaro-Nemcima preko Tesalije. Neki dan kad su atinski roajalisti pucali na saveznike, Tino je verovatno poverovao da će Bitolj ponovo pasti u ruke Bugara. Danas kad vidi da na ovom frontu saveznici, a naročito Srbi, napreduju, istina polako, on hoće da ponovo vrda. Treba se nadati da ovaj put Antanta neće više dati da joj podvali.

7. decembar. Vetar je urlao celu noć i ceo dan produžava da mete prljave ulice, praćen od vremena na vreme pljuskom čije kaplje vam šibaju lice. To je pravi kraj jeseni, turoban i vlažan. Vreme već ne uliva čoveku optimizam, a vest o padu Bukurešta nije takve prirode da digne moral. Šta će se sada desiti? Da li će Nemci baciti trupe, do sada zauzete u Rumuniji, na ovdašnji front i primorati saveznike, još suviše slabe, da odstupe? Nadajmo se da ne. Rumunija još nije sasvim pobeđena. Ona još ima vojnika, istina demoralisanih. Povrh toga, tu su i Rusi i ruska ofanziva u Galiciji je započela. Oni će trebati da spasu Rumuniju i da zaštite, u isto vreme, Solunski front. Ceo dan bilo je rđavo vreme. Vardarski vetar i dalje duva sa besnilom, odnoseći dimnjake od cigla, dugačke sulundare pričvršćene na istočnjački način na pročeljima kuća, cepajući platno nad terasama pivara itd. To su zimske nezgode na Istoku. Sumorno je, i ovo vreme, utiče na moral ljudi. Čovek postaje pesimista. Koliko vremena će još trajati ovaj rat? Ali vratiće se lepi dani, a sa njima i tvrda vera

u pobedu. Čemu se najviše divim, to je moral Srba koji se ne da potištiti. Nada ili bolje sposobnost da se može nadati mora da je jedna od glavnih vrlina ovog hrabrog naroda. „Srbija je sporedno", govorio mi je danas jedan srpski prijatelj, „ako Francuska, Engleska i drugi veliki budu pobednici. Njihova pobeda biće pobeda Prava i Slobode". Da, ali da pravda bude potpuna, trebalo bi još da i Srbija bude nagrađena!

8. decembar. Dolazim sa fronta. Kiša pada i sivo nebo ne obećava da će ubrzo biti bolje. Kako je turobna Vardarska ravnica kad pada decembarska kiša. Zaista, trupe koje su tu smeštene, mogu da presvisnu od čame. Put je raskaljan i naša kamioneta čini skokove kao jare. Vardar je ogroman i njegova voda mestimice dohvata drum. Prolazimo kroz Jenidže Vardar u isto vreme kad i kapetan Gauden (engleski oficir za vezu). Jedna kamioneta dolazi nam u susret; iz nje izlazi jedan srpski žandarm da nam javi da je put presečen poplavom. On vozi životne namirnice za princa Đorđa i njegov kamion nije tuda mogao proći, tako da se morao vratiti. Ipak se rešavamo da okušamo sreću. Ali tek što smo prevalili jedan kilometar, ugledasmo pred sobom pravo jezero iz koga izbijaju vrbe i posušene trske. Put ukazuju telefonski stubovi. Jedan francuski automobil dolazi nam u susret i njegov šofer nam kaže da je nemoguće proći. Ipak, makedonski seljaci sa svojim kolima sa bivolima prolaze kroz smeđu vodu. Stvar je jednostavna, rekviriraćemo ove zaprege i daćemo se remorkirati kroz vodu. Samo ovi seljaci imaju hiljadu razloga da nam kažu da neće da nas remorkiraju. Sa energijom i perspektivom na jedan bakšiš, polazi nam za rukom da zapregnemo naša kola i napred! na vodenu šetnju. Ona traje gotovo ceo sat i naši bivoli su često u vodi do trbuha. Kad smo stigli na drugu stranu, stigli su nas Gauden i prinčev transport. Njih je vukao jedan veliki auto-kamion koji ima vrlo visoke točkove. Kiša još uvek pada i mi produžavamo sa svojim sredstvima vertekopskim putem. Ispred nas se pojavljuje

drugo jezero. Francuski automobil ide pred nama. On prolazi, dakle i mi možemo proći, što i činimo. Upravo pred Vertekopom, treba preći treću reku, ali ovoga puta to je lako. Noć se spušta i poslednje parče puta do Vodena prolazimo kroz gustu maglu. Ostaćemo u ovoj varoši i odsedamo u hotelu „Partenon", redovnoj stanici oficira koji idu na front. Daju nam najbolju sobu koja je čista, ali njeni prozori ne dadu se zatvoriti i voda od kiše koja pada bez prestanka, pravi potoke na patosu.

9. decembar. Kiša je padala celu noć, ali jutros izgleda da vreme okreće nabolje. Kupujemo životne namirnice u Srpskoj zadruzi, jer ne znamo šta ćemo naći u Bitolju. U 9.00 časova krećemo. Dragi Bože, što je kiša iskvarila drum, napravljen jedva pre nekoliko nedelja. Na jednoj okuci, voda se spušta kao slap sa planine i tako stvorena bujica presekla je put. Ipak prolazimo. Sunce nas obasjava, bledo sunce posle kiše, i mi se vozimo izrovanim, blatnjavim i klizavim putem. Ipak, ne nailazimo ni na kakvu nesavladljivu prepreku. Srećom da je prolaz ispred engleske bolnice u Ostrovu bio nasut kamenom, iako nije mašina sabijala kamen. Toga mesta smo se bojali. Blagodareći kamenju, tresemo se, ali idemo napred! Ostrovo je pusto otkad ga je štab Treće armije napustio. Klanac Ostrovo—Banica vrlo je rđav. Kiša je izlokala kaldrmu od stare Via Egnacije i mi skačemo kao baloni u našoj kamioneti. Usput, uzimamo u automobil jednog mladog francuskog „piupia" koji se razboleo. To je jedan Parižanin od 19 godina, koji je došao u Solun pre petnaest dana. On pripada pojačanjima koja idu u Bitolj. Prošao je ceo rat kao dobrovoljac. On dolazi malo k sebi u našem automobilu i mi ga ostavljamo u Banici.

Sada sunce obilno sija i stižemo u Vrbeni u podne, ali štab Prve armije se preselio u Bač i mi smo primorani da ručamo ono što smo poneli. Od Vrbenija put, gotovo uvek rđav, zakrčen je komorom svake vrste. Svuda ima vojnika. Vidi se kako se rasprskavaju šrapneli nad Bitoljem. Stižemo na bitoljsku stanicu. Tu nema nikoga, ali ogromne jame od „marmita" pokazuju da Bugaro-Nemci ozbiljno bombarduju ovo mesto. Saobraćaj na ulicama takođe je mnogo manji nego poslednji put kad sam ovamo dolazio. Bitoljci se kriju pod zemljom. S druge strane široke doline vodi se borba i vatreni zidovi, daleko ispred Bitolja, nagoveštavaju dobro napredovanje naših koje su pojačali Rusi. Oko Bitolja grme bez prestanka francuski topovi. To je neprekidan tresak. Francuski general Lebloa ima ovde svoj Glavni stan i neprijatelji bombarduju svaki dan varoš. Tvrde da general hoće da premesti svoj Glavni stan u pozadinu, jer ovde suviše biju (što je u stvari i učinio).

12. decembar. Završio sam svoj posao u Bitolju i idem da posetim sela. Odlazim dakle do generala Lebloa da tražim jedan automobil da me odveze u Bač, sedište Glavnog stana Prve armije i centar odakle treba da radim na razne strane. General, vrlo ljubazan, sa svojim promuklim glasom koji se gotovo ne čuje, može mi dati samo jedan kamion za komoru. Na mojoj objavi piše da treba da pođem posle 16.00 sati. Tri vojnika nose naš prtljag do francuske „Pošte i Blagajne" na jevrejskoj pijaci u „Feldmaršal Makenzenštrase", odakle treba da se krenem. Još nije ni 14.00 sati i kažu nam da kamioni neće krenuti pre 18.00 ili 19.00 sati. Srećom, nailazi jedan kamion i mi ćemo moći da pođemo kroz deset minuta. Pošto je istovario meso, ukrcao je naš prtljag i krenusmo. Ima da se prođe jedno rđavo mesto na izlasku iz varoši blizu kasarne i na mostu. Naš kamion hrabro ide napred, ali pre nego što je stigao na most, pada sedam granata i, nesrećom, naš motor popušta. Ipak stižemo na drugu stranu, i motor se popravlja. Ali tek što smo prešli nekih 50 metara, jedna „marmita" pada iza naših kola i otvara im vrata. Jedan potres i naša pozadina je posuta ciglama, to je sve. Utom, jedna druga granata rasprskava se ispred nas i prekriva gornji deo naših kola zemljom i blatom. Svršeno je, motoru i točkovima nije ništa i mi produžavamo svoj put bez zapreke, pored svega toga što neprijateljske granate dopiru do šest

kilometara iza Bitolja i što je francuska intendantura primorana da se povuče dalje, pošto granate pljušte na nju. Prolazimo Negočane i stižemo u Sakulevo gde ćemo prenoćiti kod majora Ace Josipovića. Spavamo carski pod njegovim šatorom jer nas ovoga puta ne bude eksplozije „marmita".

17. decembar. Još jedan dan bombardovanja. Odlazimo ujutro za Kenali. Imamo iste konje kao i juče i koji ne vrede bogzna šta. Stoga kad smo stigli do reke Sakuleve koja je dosta narasla usled kiša i čiji razrušeni most nije opravljen, nisam nimalo siguran da ćemo moći proći. Naša kljusad ipak gaze junački vodu, pored svega toga što je ona mnogo viša od njihovog trbuha. Treba da metnem noge gotovo konju na leđa, da ih ne pokvasim. Kad smo došli na drugu stranu reke, prelazimo bugarske fortifikacije „Ferdinandov nos". Dejstvo moderne artiljerije je zaista strašno: krater pored kratera. Sve je ispreturano hiljadama granata koje su tamo pale. Ali relativno mali broj granata je dodirnuo usku i duboku vijugu koju obrazuju rovovi. Kažu da, u ovom ratu, jedan ljudski život staje 100.000 franaka municije. Prolazeći preko fortifikacija „Ferdinandov nos" postaje vam jasno da onaj koji hoće da pobedi nema nikada suviše topova i municije. Stižemo u Kenali, prolazeći preko polja. Ljubitelji lova mogu ovde pustiti srcu na volju, pošto ravnica vri od zečeva. Kenali je selo sa turskim stanovništvom, dakle muslimansko. Ono je dosta veliko i bilo je jako bogato pre rata. Danas je prilično stradalo od bombardovanja, a njegovo bogatstvo su opljačkali Bugari. Ispitujem stanovnike kod privremenog predsednika opštine, jednog srpskog vojnika. Tek što sam započeo razgovor, jedna avionska bomba eksplodira u selu. Izlazimo da vidimo. Jedna eskadrila od 12 nemačkih aviona krstari nad selom i njegovom stanicom. Njihove tipične crne siluete izdvajaju se na nebu neposredno iznad nas. Ponovo nekoliko rasprskavanja bombi. Nailaze francuski biplani, ali oni imaju muke da se popnu do visine Nemaca. Ipak, jedan od njih je dosta visoko

da može da napada, ali, najednom, on se spušta u planiranom letu. Jedan Nemac ga je pogodio. Za to vreme, bombe i dalje padaju. Tada dolazi jedan francuski Niepor svom brzinom. On je više od Nemaca i ustremljuje se pravo na jednog od njih. Čuje se kloparanje mitraljeza i... Francuz posrće na nos, ali se ispravlja i ovaj put napada odozdo. Najednom, oba protivnika padaju i Francuz se spušta pored nas. Pilot je ranjen u glavu jednim mitraljeskim zrnom, ali rana nije teška. Razume se da su celo ovo vreme neprijateljski avioni bili zasipani šrapnelima. Ali i ako pahuljice od šrapnela okružavaju aeroplane, ipak njihova zrna ih ne pogađaju. Vrlo je retko da topovi, čak i naročiti, obore jedan avion. Sav ovaj čelik, izbačen u vazduh, pada na krov naše kuće i pored nas, razbijajući crepove. U jednom trenutku, dve granate eksplodiraju na 15 metara od nas. To su šrapneli koji se vraćaju iz vazduha i koji se nisu rasprsli, jer su zaboravili da ih tempiraju. Izgleda da se to dosta često dešava. Poslednji avion preleće iznad nas i baca još pet bombi, od kojih poslednja pada na 50 metara. Malo vremena iza toga saopštavaju nam rezultat bombardovanja: jedna ubijena krava i ranjene dve mazge. Ali koga đavola su Nemci došli da traže u Kenaliu? Sem dvadeset zuava i nas, nije bilo nikoga od vojnika u ovom napola razrušenom selu.

Kad smo se vratili u Bač, saznajemo da su avioni takođe dolazili da bacaju bombe i u ovo selo. Kapetan Adamović je poginuo, a ranjeni su jedan pop i jedan vojnik. Sretam vojvodu Mišića koji mi kaže da veruje da ovi mnogobrojni naleti pripremaju jedan napad. On mora da izmeni sve svoje artiljerijske položaje, jer su ih neprijateljski avijatičari sigurno pronašli. On mi takođe govori o nemačkim predlozima za mir (posredstvom Vilsona koji je tada još bio neutralan). I on veruje da je to znak slabosti. Pruski Vilhelm vidi da se položaj njegove zemlje pogoršava iz dana u dan. Da bi sprečio eventualnu pobunu naroda koji hoće mir, on je bio primoran da učini ove relativno skromne predloge i to hrabreći svoje velmože i plemiće koji hoće osvajanja. Ako saveznici ne prihvate, on će tako moći uvek reći da je bio prvi da ponudi mir.

18. decembar. Posle ručka odlazimo na konjima na „Redut" i penjemo se uz Čuku. Kad smo izišli na vis, nalazimo bugarske leševe. Gavrani su pojeli meso ispod odeće. To su obučeni skeleti, a tek je bitka bila pre četiri nedelje. Na „Redutu" leševi su zakopani, to jest ostavljeni su u rovovima i bačeno je nekoliko lopata zemlje na njihova tela. Svuda se vidi kako strči iz „groba" jedna ruka, jedna obuvena noga itd. Hiljade gavrana kljucaju kroz zemlju trulo meso i odleću kad im se približite kao jedan ogroman crni oblak. Kobci krstare nad bivšim bojištem. Svuda još leže parčad opreme, raskvašene i odlepljene kišom. Duboki rovovi pokrivaju celu planinu. Čovek se pita kako su 16. puk i 2. bis zuavski puk mogli zauzeti ovako jake položaje. Pod natuštenim nebom koje od vremena na vreme probija poneki bledi sunčani zrak, goli pejzaž sa svojim beličastim stenjem daje izgled jedne slike iz Apokalipse. Pogled na Crnu i bitoljsku ravnicu divan je. Bitolj se izdvaja beo pod jednim zrakom sunca, a planine nalevo su pokrivene snegom. Teški crni oblaci vise s neba. A na ovom očajnom visu mi smo sami sa hiljadama leševa i milionima gavrana i kobaca!

Pismo pisano 28. januara:

„Zima je, na planini je sneg, u ravnici je kiša i blato, ili zima i mraz. Srpska vojska je u poluzatišju, jer sem ponekih lokalnih čarki i čestih artiljerijskih dvoboja, nije bilo okršaja većeg stila, jer to ni doba godine ne dopušta. Koliko okuka Crne, koja je postala slavna po zvaničnim saopštenjima, naliči nekim krajevima našeg Valeskog kantona. Gole planine, koje se izdižu do 1.500 metara, pokrivene su snegom koji sakriva bezbroj igličastih stena zbog kojih je jedan deo ovog kraja nazvan imenom „Gubave Čuke". Penjem se belim stazama i ostavljam slobodu svome konju koji je sigurniji vođa od naših karata izrađenih po nekadašnjim austrijskim kartama. Vreme miriše na sneg i doskora velike pahuljice koje vetar nosi, šibaju nam lice. Od vremena na vreme čuje se pucnjava topova, jako zaglušena vetrom i snegom, i naliči na vrlo udaljenu grmljavinu.

Iznenada iskrsavaju ispred nas, u beloj vejavici, crni oblaci idući jedan za drugim kozjim stazama koje su postale nevidljive od mekog snežnog ćilima. Neki vode za uzdu male konje ili mazge, natovarene prtljagom na koji se slaže sneg. To je 1. puk srpske pešadije u pokretu; on ide da zauzme položaje u ravnici da se odmori nekoliko dana. Pozdravljamo se srdačno i prolazimo.

Dolazimo do ostataka jednog sela (Pologa), gde se vodila epska borba. Od meseca avgusta ovi ljudi su u vatri i prvi put, posle šest meseci, oni će uživati malo odmora i čuće eksplozije „marmita" tek sasvim izdaleka. Koliko njihovih drugova koji su pošli radosno da ponovo oslobađaju svoju milu Otadžbinu, spavaju svoj poslednji san pod stenama Čuke, čuvani od stotina hiljada gavrana i stotina orlova.

Ali oblaci se cepaju i sunce, najpre plašljivo, zatim energično, šalje na bele kose svoje zrake koji čine da se naši „voter-pufi" puše kao pokretne vojničke kujne. Pred nama se otkriva sjajna panorama. Nalevo, imamo bitoljsku ravnicu sa njenom širokom srebrnom vrpcom koju čini Crna reka i ograničenu snežnim visovima Peristera. Pred nama su kose Čuke zaokrugljene snegom; nadesno je uska dolina Crne, plava i bela, sa Kajmakčalanom, Flokom i Starkovim grobom koji zatvara horizont. To je od neuporedive lepote! U daljini se kreću srpske komordžije, pevajući lepu melanholičnu pesmu „Tamo daleko", pesmu nostalgije za zemljom, koja je nastala za vreme Albanskog povlačenja. Francuski pešaci se zaustavljaju. I oni su pomalo prognanici. Od šaljivdžija oni postaju ozbiljni, slušajući ove glasove pročišćene jasnim zimskim suncem i, pozdravljajući oni vam kažu: „Kako su hrabri ljudi ovi Srbi!"

Uskoro nas naš put vodi u jedno selo (Iven) koje drže savezničke trupe. Stižemo tamo usred borbe, ali prijateljske borbe sa grudvama snega. Francuski zuavi drže greben koji srpske komordžije trećeg poziva, čiče, pokušavaju da otmu. Pobeda ostaje Francuzima i jedan čiča iz Šumadije koji je stigao pored svega na vis, bio je žestoko istrljan svežim snegom. Ali pobednici nisu osvetoljubivi. Oni donose vina koje bratski dele sa pobeđenim Srbima.

Penjemo se neprestano i stižemo doskora do položaja koji drže saveznici. Neprijatelj počinje da nas bombarduje granatama koje se rasprskavaju bacajući u sunčani vazduh stubove snega, pomešanog sa zemljom. Naši topovi odgovaraju dvostrukim plotunima i, posle kratkog vremena, artiljerci Ferdinanda Koburga i njegovog saveznika Vilhelma Hoencolerna smatraju da je pametnije da ućute.

Šta da vam kažem o hrabrim vojnicima koji čuvaju zemlju u zimi i snegu na vrhovima jedne planine koju, obično, posećuju samo orlovi? Mogu samo da vas uverim da je njihovo zdravlje odlično, a njihov moral izvanredan. To je sigunost u pobedu koja ih obodrava da radosno prkose teškoćama ove zimske kampanje. Oni će uskoro biti nagrađeni!

Sunce počinje da šalje kose zrake. To je trenutak da se spustimo u ravnicu, ako nećemo da se izgubimo među stenama. Naši brdski konji, naviknuti da idu kasom čak i po snegu i kamenjaru, dovode nas brzo u selo u dolini na podnožju Čuke. Gotovo je noć, ali pored svega toga kola svake vrste prolaze u velikom broju putem improvizovanim za vreme rata. Ona nose životne namirnice i municiju onima koji se bore. Drugi kamioni prolaze brzo pored nas. To su vrlo jaki italijanski kamioni dobre fabrikacije. Neosporno je da se italijanski automobilizam odlikuje na ovom frontu. Njegova kola su odlična, a njegovi šoferi prvog reda."

13. februar, u Solunu kod generala Saraja. On mi govori zatim o svima teškoćama koje je naišao na svom putu. Englezi neće ništa

da čine. Oni su najpre poslali generala Mehona, valjanog vojnika koji je gledao samo vojnički cilj: tući Austro-Bugaro-Nemce i koji se nije dao zbuniti političko-diplomatskim posmatranjima. Međutim, njegov podšef (general Hauer) bio je otvoreno bugarofil i, bez Sarajevog znanja, pokušao je da pregovara sa Bugarima. Mehona je zamenio Miln i on je ostao neaktivan. Francuska nije uputila potrebne trupe. Trupe na frontu su zamorene i trebalo bi ih zameniti, ali sa čim? Sem toga njegov otkriveni bok zavisi uvek od milosti i nemilosti Grka, a saveznički diplomati vode jednu nerazumljivu politiku u ovoj zemlji. Oni ogromno smetaju generalovoj akciji. Trebalo bi se po svaku cenu razračunati sa Konstantinovim Grcima. Jedini koji su radili na ovom frontu, bili su Francuzi i Srbi, Srbi su odlični vojnici, ali kod njih ima suviše pukovnika, a njihovi civili suviše teraju politiku. To ipak nije smetalo da su se oni divno pokazali. Ruski vojnik je vrlo hrabar, ali oficiri imaju mnogo nedostataka. Ruska autokratija zabranjuje da sinovi naroda dobiju oficirski čin i oficiri su sinovi iz otmenih kuća, rđavo spremljeni za taj zanat. Englezi nemaju artiljerije, njihova pešadija je dobra. Italijani su vrlo dobro opremljeni i general Petiti drži svoje vojnike čvrsto na uzdi. On je organizovao svoj sektor na savršen način, bolje nego Englezi koji su došli posle njega. Ali Italijani nisu učinili bogzna šta. Najzad, Venizelosova vojska ima do sada dva puka na frontu. Jedan se bori dosta dobro. Ima mnogo dezertera, ali sa regrutovanjem među Makedoncima da li je drugo moguće? Očigledno, mogli bi se korisno upotrebiti ovi ljudi za opravku puteva, ali treba poštedeti njihov ponos. U svakom slučaju, saveznici vode suviše mnogo politiku na ovom frontu i, povrh toga, trebalo bi da pošalju više pojačanja, ako žele da tu zadadu odsudan udarac, što izgleda potrebno za pobedu. Italija bi naročito učinila do krajnosti korisno delo kad bi uputila mnogo trupa preko Albanije.

16. februar, u Solunu. Šef engleskog Glavnog štaba, lord Roterts uvek je energično protiv solunske ekspedicije. Kad bi mogao da to

učini, on bi odmah evakuisao Solun. Ovo uporno bugarofilstvo kod Engleza i kod Rusa čini sve zlo. Pre kratkog vremena, Rusi su zarobili jednu celu bugarsku četu koja je dezertirala. Oni su se izljubili sa ljudima i dočekali ih kao braću. To je ipak malo preterano i oni bi možda bolje učinili da čuvaju svoju veliku simpatiju za Srbiju sa kojom je Rusija često postupala kao sa Pepeljugom. Još danas, usred rata, Rusija postupa sa Srbijom samo kao sa štićenicom, sa nižom, i car, pored svih Sarajevih saveta, neće da pristane da ruskim elementima komanduju Srbi. Pa ipak, srpski oficiri su mnogo sposobniji od svojih ruskih kolega koji su često nesposobni i bekrije.

Ja sam sa Moravskom divizijom na odmoru u Kladeropu, Kleštini, Bufu itd. Koristim se prilikom da pođem do Prespanskog jezera, gde su francuske trupe zauzele izvestan broj sela. Evo niza pisama i beležaka o svemu što sam video u tom kraju.

Pismo od 3. marta:

„Nalazim se u Kladeropu, jednom selu grčke Makedonije. Srpske trupe, pošto su se borile kroz duge mesece i pošto su odnele lepih pobeda, tu se odmaraju da zatim ponovo preduzmu sa novim žarom svetu borbu za oslobođenje svoje drage zemlje koju je oskrvnuo osvajač. Nedelja je i grupe vojnika se sunčaju na gotovo već prolećnjem suncu, pričajući o svom selu u dalekoj Mačvi ili Moravi, ili posmatrajući lepu bitoljsku ravnicu, uokvirenu snežnim lancem Starkovog groba, Kajmakčalana i Floke. Drugi, mlađi, uživaju u igri. Vojnici-Cigani, sa bronzanim licem i crnom kosom, sviraju na violini i udaraju o neku vrstu velikog improvizovanog sanduka, dok se njihovi drugovi drže za ruke u velikom krugu oko njih i izvode đavolska kola. Satima, ovi čestiti ljudi, zaboravljajući tako bar trenutno nostalgiju za svojom Srbijom, produžiće neumorno tu igru.

Prolazim ispred jednog majura, gde se, u velikoj avliji, nalaze seljaci i seljanke, obučeni u svoje najlepše praznično ruho. Oni su čisti i njihove košulje se bele kao sneg. Jedan seljak prilazi mi i poziva me da uđem. Krštavaju dete. Ulazim i nalazim u kući drugove oficire koji su takođe gosti. Sveštenik vrši crkveni obred. Kum drži golo detence na levoj ruci. Sveštenik ga uzima i čitajući molitve, pošto je zapitao kuma kakvo će ime dati novom građaninu sveta, zagnjuri ga u posvećenu vodu. Žene uzimaju dete koje plače, brišu ga i oblače. Posle toga dete predaju kumu koji ga ovoga puta meće na svoju desnu ruku i pljuje tri puta preko njega da odagna đavola. Verski obred je brzo svršen i počinje veselje. Stolovi su bili brzo namešteni i svi gosti koji su, po ovdašnjem običaju, darivali srebrnim novcem malog Ristu — to je ime koje je kum izabrao — sedaju i jedu sa dobrim apetitom sve vrste domaćih jela. Pije se vino i, doskora, počinje pesma. Oficiri takođe doprinose lepom pesmom uspehu svečanosti. Jedna stara seljanka ustaje i, sa još jakim i prijatnim glasom, peva nam jednu pesmu iz svoje mladosti:

„Dok se srpski knez snuždio,
Njegova verna kneginja ga pitaše:
Zašto si tužan, moj kneže Milane?
Kako da ne budem tužan, moja verna kneginjo?
Silna Turska digla se na nas,
Desetkovaće mi moju vojsku,
Osvojiće mi celu zemlju i zarobiti ceo moj narod.
Kneginja mu odgovara:
Ne boj se nesreće, moj kneže,
Dok je Rusija moćna,
Ona će nam poslati vojske i ona će nas spasti!"

Šta, zar jedna grčka Makedonija (Kladerop je na grčkoj teritoriji) peva ovu pesmu iz srpsko-turskog rata 1876? I još svi starci iz ovog kraja poznaju ovu naivnu pesmu koja je kod njih bila popularna? Ali onda ovi ljudi ovde koji pevaju na slovenskom jeziku i koji traže siže za poeziju u Beogradu, nisu Grci, već Srbi! Pa da, makedonski hrišćanin, sa izuzetkom egejskih primoraca i nekoliko trgovaca u varošima, svi su Sloveni, a ne Grci, i njihove simpatije su ostale slovenske. Vlada kralja Konstantina može da šalje koliko hoće učitelja i da spaljuje slovenske knjige po crkvama da ih zameni Svetim pismima na grčkom jeziku, ona ne može napraviti Grcima starce koji su sačuvali svoj jezik i svoje pesme. Mali, oni idu u školu, uče tamo kako-tako idiom koji se govori u Atini, ali oni se njim ne služe kod kuće, u porodici. Sam učitelj, jelinski propagandista, obraća se na slovenskom jeziku stanovnicima koji ga ne bi razumeli da im govori grčki."

25. februar. Jutro je jako hladno, ali lepo. Krećemo na put. Za pola sata smo u Kleštini, gde nam komandant jednog bataljona 1. puka, smeštenoga u ovom selu, nudi zakusku u 10.00 sati. Posle kratkog zadržavanja, prodiremo u planinu. Put je rđav, ali to ne čini ništa, videli smo i gorih. Zašli smo u jednu transverzalnu dolinu Baba planine. Visovi su dosta šumoviti i daju jedan sasvim drugačiji izgled nego gole stene Čuke i s druge strane ravnice. Oko podne stižemo u Buf, cilj našeg današnjeg putovanja. To je lepo selo sa više od 400 kuća, od kojih su mnoge od kamena i imućnog izgleda. Stanovništvo je bogato, jer su mnogi seljaci bili u Americi i tamo zaradili novaca. Buf je grčki, ali trenutno, selo drži 1. puk srpske pešadije na odmoru. Prolazimo pored škole, jedne zaista ugledne zgrade pretvorene u kasarnu i idemo do komandanta puka, potpukovnika Nikolića. Stigli smo upravo za ručak i u oficirskoj „popoti" uslužuju nas bogatim ručkom. Pri kafi jedan francuski oficir dolazi nam u posetu i nastaje pesma, dok Cigani sviraju na svojim instrumentima koje su sami fabrikovali. Na velikom trgu pred školom, okupili su se vojnici i uhvatili u kolo u kojem takođe učestvuju seljaci u vrlo čistoj prazničnoj odeći. Žene i deca posmatraju prizor. I mi odlazimo da gledamo ove čestite vojnike koji, ne zamarajući se, igraju do zalaska sunca. Ceo svet ovde govori slovenski, pa čak i grčki učitelj sa predsednikom opštine, sveštenikom i dvema učiteljicama, jedinim stubovima jelinstva,

govore slovenski sa stanovništvom. Sa pukovskim lekarom odlazim da vidim crkvu. Natpisi na starim ikonama su zaista na grčkom, ali kad ih čovek pobliže zagleda, otkriće pod ovim grčkim natpisom slovenska slova i reči, sakrivene pod slojem sasvim sveže boje. Nekoliko starih ikona imaju čak još uvek svoje originalne slovenske natpise. Oni su izbegli zvanično „grciziranje". Grčke knjige u oltaru su nove. Iza crkve, dobro građene i bogate, nalazi se groblje. Ispitujem natpis na nadgrobnim spomenicima. Od jedne stotine, ima samo jedan na grčkom na krstu koji je sasvim nov. Svi drugi su na slovenskom. Na grobovima svet govori svojim pravim jezikom i tako se vidi da se niko u selu ne služi grčkim jezikom. Kako se onda može tvrditi da je Buf grčki? To je zaista slovensko selo, iako su deca naučila nekoliko grčkih reči u grčkoj školi, a nekoliko mladića, posle 1913, služeći svoj rok u vojsci kralja Konstantina. Zajedno s oficirima pričamo s decom. Ona — ima ih vrlo male — razgovaraju bez teškoće sa Srbima i pevaju srpske pesme. Uveče, u menaži, oficiri satima pevaju svoje najlepše pesme, dok ih na violini prate dvojica Cigana od kojih jedan nosi na grudima Karađorđevu zvezdu.

27. februar. Još jedan lep dan. Proveli smo odlično noć u kući kmeta u Rembiu. U 8.00 sati odlazimo. Za 20 minuta stižemo do velikog Prespanskog jezera i, posle nekoliko trenutaka, prelazimo srpsku granicu obeleženu jednom piramidom od betona. Pejzaž je divan i jezero sa svojim planinama u snegu podseća pomalo na naše Lemansko jezero. Idemo najpre duž jezera, pa zatim skrećemo nadesno. Pojavljuje se prvo srpsko selo, Dupeni. Kao sva sela ovog dela Makedonije, ono se najpre ističe svojim mnogobrojnim jablanovima. Ulazimo u selo i tražimo kmeta da se s njim razgovaramo. Razgovaramo i sa seljacima. Naše ispitivanje vršeno je na polju pod blistavim prolećnim suncem. Žene nam nude kafu i mastiku, a dečurlija nas radosno pozdravlja. „Srbi", viču ona, jer mi smo prvi Srbi koje vide posle oslobođenja svoga sela. U svima selima kroz koja

danas prolazimo, biće isti doček. Svuda nas seljaci pitaju kad će stići srpska vojska... U Ljubojni skupili su se seljaci iz svih oslobođenih sela da nas mole da „kažemo princu Aleksandru da uskoro pošalje svoju vojsku u ovaj kraj da bi se njom mogli sporazumeti, pošto se Francuzi ne razumeju." Naša poslednja etapa je Nakolec, jedno selo na obali jezera, napola u vodi. Kasno je i mi se koristimo poslednjom svetlošću dana da iziđemo iz močvarnog kraja. Kad smo bili na putu za Rembi, uhvatila nas je noć. Srećom što imamo mesečinu, četvrt meseca da nas pomalo osvetljava. Uskoro napuštamo obale jezera koje će upoznati kroz nekoliko dana ratnu mornaricu, jer će jedan francuski poručnik bojnog broda sa 30 mornara voditi pomorski rat na njegovim talasima. Naši konji ne vole šum talasa u noći i pokazuju se vrlo nervozni. Najzad, u 20.00 sati mi smo ponovo u našem stanu kod kmeta u Rembiu.

3. mart. Ja sam ponovo u Kladeropu. Padao je sneg i bitoljska ravnica je bela... Pozvan sam na ručak kod potpukovnika Lukića sa kapetanom Vladom Stojanovićem koji je sveže izbrijan i koji se napravio lep, pukovnikom brigadirom Dragišom Kostićem, njegovim šefom štaba, i njegovnm ađutantom. Ručak je vrlo dobar i obilan. Ispekli su za nas jedno prase sisanče na ražnju. Za vreme ručka, jedan narednik guslar pevao nam je uz gusle koje je napravio od jednoga francuskoga šlema. To su stare pesme koje nam je pevao. To je možda monotono, ali je dirljivo zbog toga što su te pesme održale srpsku naciju. Čudno je takođe da su se one održale u narodu kroz duge vekove a da nisu bile pisane. Društvo je vrlo veselo i ostajemo dugo razgovarajući o budućnosti za koju se nadamo da će biti srećna.

4. mart. Nedelja je i kapetan Vlada je pojao u crkvi, što je činilo mnogo uživanja seljacima, ali se mnogo manje dopadalo grčkim vlastima. One tu vide propagandu u prilog slavizma i žale se na

to. Ipak, pored svih napora jelinizacije, oni neće uspeti da izmene stanovništvo koje je čisto slovensko i nema u sebi ničega grčkog.

Oko podne, jašemo do manastira, do ambulante dr Koena. Vreme je vrlo lepo, ali putevi su strahovito blatni. Za ručkom bio je još komandant 16. puka Pavlović i lekari iz Kleštine. Ručak je obilan i mi jedemo s apetitom zečeve ubijene krišom iz ratne puške, jer je lov zabranjen na frontu. Kanonada nam skreće pažlju da prolaze nemački avioni. Izlazimo ispod našeg operatorskog šatora previjališta, pretvorenog u trpezariju, i vidimo jednog sasvim belog „Taube", okruženog pahuljicama od šrapnela. Nažalost, tako se retko dešava da top obori avion i on je umakao kao i ostali, pošto je bacio nekoliko bombi, što lako konstatujemo po naročitom zvuku eksplozije. Ovaj incident nije nas mnogo pomeo i sedeljka se produžava sa pesmom. Zaista je divno kako Srbi podnose sa hrabrošću svoj mučni položaj! Izagnani iz svoje kuće, oni produžavaju borbu pevajući. Kad čovek vidi jedan od ovih ručkova na frontu, ne bi nikad rekao da su to ljudi koji su, gotovo svi, izgubili po nekoga, a mnogi celu svoju porodicu, i čije su imanje opljačkali osvajači. Da se to može podneti i na ovaj način, treba lepe hrabrosti i uporne nade u budućnost. Oko 18.00 sati silazimo u Kladerop i ostavljamo Šaponjića da produži partiju karata. Sunce seda i bojadiše ružičasto bitoljsku ravnicu, pokrivenu snegom, i visoke vrhunce Starkovog groba, Kajmakčalana i Floke. Daleka kanonada nam javlja da se vodi borba oko kote 1050 i da varvarski neprijatelj bombarduje Bitolj i ubija žene i decu.

16. mart, u Solunu. Izlazeći večeras u varoš, imao sam iznenađenje da vidim izlepljene plakate: revolucija u Rusiji, car je abdicirao itd. Kupujem novine „Endepandan" i čitam da je, u stvari, od 9. marta buknula revolucija u Petrogradu. Car je abdicirao i veliki knez Mihail Aleksandrović primio je regentstvo u zemlji. Pokret izgleda povoljan za produženje rata do krajnosti. Liberalan je, upravljen protiv germanofilske kaste činovnika. Vrlo dobro je što Rusi žele

jedan demokratskiji režim, ali je trenutak za revoluciju rđavo izabran. Trebalo je čekati pobedu, jer ovako, uza svu dobru volju upravljača, operacije će biti usporene. I onda, Nemci će biti zadovoljni što su izazvali revoluciju u Rusiji, što su odavno želeli. Šta će sada nastati? Ne znam ništa i ne mogu da sebi stvorim neki pojam o posledicama ovog ogromnog događaja. Sve što mogu da učinim, to je da se nadam da ovo neće imati kobnih posledica za Antantu i da ne umanjuje izglede za skoru i potpunu pobedu saveznika. Siroti ruski vojnici na našem frontu! Daleko od svoje zemlje, oni ne znaju šta se tamo događa. Stoga se večeras vidi vrlo malo ruskih oficira u varoši. Oni moraju biti uznemireni i nespokojni zbog budućnosti. Samo da ovo ne bi koristilo Nemcima!

# ŽIVOT NA FRONTU 1917. I 1918.

Pokušaću pomoću svojih pisama i pribeležaka iz svog dnevnika da pokažem, u ovom poglavlju, kakav je bio naš život na frontu od proleća 1917. do velike pobedonosne ofanzive u septembru 1918. Neću da dodajem komentare, jer oni, posle deset godina, ne bi bili refleks mojih utisaka koje sam imao u to vreme i neizbežno bi bili pod uticajem onoga što se dogodilo posle rata.

Pismo od 11. aprila:

„Sahranili smo danas kapetana Martinea, jednog od šefova francuske avijacije. On je poginuo u jednoj glupavoj nesreći na aerodromu. Kod onih sviju koji se interesuju za avijaciju, ime Martinea izaziva sećanje na herojske početke osvajanja vazduha od strane čoveka. Zar nije bio slavni pobednik na utakmicama koje su postale legendarne? Zar nije bio, pored sve svoje mladosti, jedan od najstarijih avijatičara u aktivnoj službi?

Na početku evropskog rata, Martine je krenuo sa svojim aparatom i bio je citiran u naredbi vojsci na francuskom frontu zbog mnogobrojnih podviga. Odlazi zatim u Srbiju sa prvom francuskom eskadrilom. Na Banjici kod Beograda upoznao sam se sa ovim pariskim detetom sa đavolskim poletom i sa zlatnim srcem. Jednog dana jedan austrougarski avion leteo je nad prestonicom Srbije. Martine, ne obukavši se toplo, skače u svoj Farman i nateruje u begstvo vazdušnog gusara. Ali on je nazebao. Ozbiljan napad albuminurije primorava ga da ide da se leči u Francuskoj.

Jedva što se oporavio, on traži da opet krene, i ponovo hoće da se bori uz Srbe koje je zavoleo. Čine mu po volji i od tog doba on je bio jedan od tehničkih šefova francusko-srpske avijacije. Šta je značio za svoje vojnike, svoje francuske i srpske drugove i za svoje starešine, to je pokazao njegov pogreb.

Bilo je divno prolećnje jutro. Voćke su u cvetu i, na ledinama sa bujnim zelenilom, čempresi prave tamne mrlje. Na putu za Zejtinlik, između kamiona koji dižu debelu prašinu, svu pozlaćenu od sunca, mnogobrojni automobili jure prema francuskom groblju sa bezbrojnim krstačama. U kolima se nalaze viši francuski i srpski oficiri i avijatički oficiri.

Na ulazu u groblje dočekuje nas major Vitra, aktivni i hrabri šef francusko-srpske avijacije. Princa-regenta Aleksandra zastupao je komandant kraljeve garde, potpukovnik Živković. Opelo će da počne. Usred crkve od obojenih dasaka, vrlo jednostavni crni kovčeg iščezava pod trobojnom zastavom na koju su stavili mundir ukrašen Počasnom legijom, Ratnim krstom i Belim orlom, i kapu jadnog kapetana. Uz ovaj improvizovani odar položeni su mnogobrojni venci koje su njegovi vojnici i drugovi doneli kao poslednji pozdrav. Ima ih koji su dirljivi svojom jednostavnošću. Oseća se da su njihovi darovaoci čestiti ljudi, tankog džepa, koji su među sobom skupili malo novca da polože nekoliko cvetova na odar onoga koga su voleli.

Jedan vojni sveštenik počinje opelo. Jedan običan vojnik služi mu kao đakon. Četiri mlada nepomična vojnika, sa nožem na pušci, čuvaju stražu oko kovčega. Njihov iskreni pogled, upravljen pravo pred sebe, prolazi kroz prozore barake-crkve i gubi se u maglovitoj ravnici. Pred smrću, pred ovim čarobnim istočnjačkim pejzažom, ovi mladići misle na one koje su ostavili u svojoj otadžbini, u Francuskoj.

Opelo je svršeno. Vojnici prihvataju kovčeg i nose ga pred crkvu. Jedna francuska i jedna srpska četa čine špalir. Muzika kraljeve garde svira posmrtni marš. Polako pratnja se kreće. Prolazi se kroz šume od krstača i crni vojnici kolonijalnih pukova zaustavljaju se u svom poslu i pozdravljaju pokojnika koji prolazi.

Pred rakom, vojnici spuštaju svoj teret. Major Vitra istupa i izražava sav bol koji osećaju pokojnikovi prijatelji. „Mi smo navikli da vidimo kako srmt svuda vreba, ali pored svega toga izvesne smrti nas bune." Izneo je sjajnu i suviše brzo završenu karijeru kapetana Martinea. Ali on ne može da savlada svoju tugu kad kaže zbogom prijatelju, saradniku, junaku koji je uvek umeo da bude dobre volje, čak i u najkritičnijim trenucima. „Prijatelju Martineu, zbogom. Mi te nećemo zaboraviti!", uzviknuo je on sa jecajem u glasu.

Kapetan Predić, iz srpske vojske, pozdravlja pokojnika u ime srpskih avijatičara. Martine je bio veran prijatelj nesrećne Srbije. Bio je voljen od sviju. Srbi ga takođe neće zaboraviti i vodiće brigu o ovom grobu deteta Francuske, koje je umrlo u stranoj zemlji.

Sada prisutni defiluju ispred kovčega, prskaju ga blagoslovenom vodom i odlaze da stegnu ruku dvojici pokojnikovih rođaka, dvojici podoficira Istočne vojske.

Polako, svetina se razilazi. Oficiri se vraćaju u varoš automobilom. Na putu za Zejtinlik tutnjava ogromnih kamiona zaglušuje plotun francuskih i srpskih vojnika na grobu junaka čije je srce prestalo da kuca.

Blizu izlaza iz groblja, prolazim pored jednog mladog vojnika. Takođe sam ga upoznao na Banjici. On je bio pod komandom kapetana Martinea, nije hteo da plače pred celim svetom i zato je otišao da se sakrije u jedan ćošak gde će moći da pusti da mu slobodno teku suze za onim koji je bio njegov obožavani starešina.

Martinea nema više, ali njegova uspomena ostaće živa kod svih onih koji su ga poznavali. Oni će se često sećati ovog pregaoca sa

zlatnim srcem, koji je uvek bio pripravan da bude od koristi drugima. I srpska vojska će se sećati ovog hrabrog prijatelja iz Francuske, koji je umro u njenoj službi."
Pismo od 9. maja:
„Nalazimo se usred planine, u Jelaku, na više od 1.700 metara visine, sa štabom Prve armije. Već više dana srpska vojska uznemiruje Austro-Nemce. Oni počinju da bivaju nervozni od ove strahovite artiljerijske vatre kojoj su izloženi danju i noću, i što naši nisu probili protivnički front, to dolazi otuda što su više nego ikada, saveznički frontovi solidarni te jedino njihova kombinovana akcija može da donese krupne definitivne rezultate.

Proveo sam ceo dan na osmatračnici, usred svežeg zelenila i lepog prolećnjeg cveća, koliko da se divim sjajnoj panorami koja se preda mnom pružala, toliko da pratim pažljivo operacije koje su se odigravale na položajima srpske i bugarske pešadije. Duge žućkaste pruge koje idu duž golih grebena i upadaju u mnogobrojne stene, predstavljaju neprijateljske linije. Slične pruge, ali ispresecane crnim rupama, obeležavale su položaje naše pešadije. Ceo dan neprijateljske granate rasprskavale su se kod Bugara, bacajući u vazduh krupne stubove prašine i crnog i belog dima. Bugari su samo slabo odgovarali.

Pukovnik Zečević mi je rekao: „Pođite na osmatračnicu posle večere, tačno u 20.00 sati. Prisustvovaćete malo neobičnom prizoru."

Bio sam na urečenom mestu nešto pre označenog sata. Noć je bila bez mesečine, ali to je bila jedna od onih istočnjačkih prolećnjih noći gde, pored sve pomrčine, razaznajete stvari. Stoga vidim vrlo jasno pred sobom greben gde, u ovom času, Bugari ispunjavaju rovove da budu spremni da odbiju noćni napad pešadije. Stižu štabski oficiri. Vazduh je svež na ovoj planini, i Srbin, iako može da podnosi velike studeni, zimljiv je. Zavijeni u svoje velike šinjele „kaki" boje, bez vidnog obeležja čina i postavljene toplim krznom, oni puše cigarete, gledajući na sat.

Najednom, trostruka munja para noć, dolazeći nam s desna. Za njom se čuje karakteristični „pan-pan-pan" rafala od 75. Granate eksplodiraju direktno u bugarskim rovovima, proizvodeći prolazne svetlosti, ali vrlo silne. To je znak. Sa svih strana topovi svih kalibara bljuju vatru i gvožđe. To je zaglušna larma, neprekidna grmljavina. Haubičke granate velikih kalibara prolaze iznad naših glava proizvodeći ono turobno urlanje vetra u novembarskim burnim noćima. Svuda munje prave kontrast sa mirnom i nepomičnom svetlošću vatara rezervnih trupa ulogorenih na kosi planine nasuprot nama, i stoga nevidljivih za neprijatelja.

Ova paklena vatra uznemiruje Bugare. Oni odgovaraju sa nekoliko topovskih metaka, opaljenih na položaje gde pretpostavljaju da se nalaze savezničke baterije. Ali naročito njihovi mitraljezi sa svojim karakterističnim šumom koji srpski vojnici živopisno nazivaju „šta-što", ulaze u akciju da spreče naše da iziđu iz svojih rovova. U isto vreme, oni puštaju bezbrojne rakete koje često promašuju, koje se vrlo brzo gase i koje daju jednu do krajnosti drhtavu svetlost. Ceo greben je sada pokriven dimom.

Najednom čuju se jače detonacije i, u jednoj velikoj munji, vidi se kako se dižu pravi slapovi prašine i dima. Njihov tresak nadjačava grmljavinu artiljerijske vatre. To je kao da je čovek odjednom prevrnuo veliku gomilu ogromnih dasaka. To su „rovovci", rovovski topovi koji ulaze u akciju i šalju Bugarima svoje krilate torpilje.

Posle desetak minuta, nastaje relativna tišina. Neprijatelj je nervozan. On se boji da je sada trenutak napada. Broj raketa se udvostručava. Naši takođe puštaju rakete, ali su one bolje od bugarskih. One se dižu kao obična raketa u vrlo veliku visinu i pretvaraju se tamo u rimsku sveću, podržavanu u vazduhu jednim padobranom, te osvetljava teren na prostoru od jednog kilometra gotovo kao u

## ŠTA SAM VIDEO I PROŽIVEO U VELIKIM DANIMA

pola dana. Bez prestanka mitraljeska vatra sipa sa obeju strana, „šta-što" sa bugarske strane, „pš-pš" sa srpske strane. Topovi ponovo počinju da grme. Opet su, nekih desetak minuta, rovovi vojske Ferdinanda Koburga obasuti gradom od gvožđa. Šrapneli se rasprskavaju malo dalje u vazduhu da tuku rezerve, upućene da podrže svoje drugove u slučaju napada. Sada je sve svršeno. Meci se razređuju. „Hajdemo pod šator da popijemo čašu vina", kazao mi je šef koji je komandovao manevrom. Bacam još jedan pogled na noćnu dolinu, ispunjenu dimom, i pitam se koliko se ljudskih života ugasilo?"

10. maj, Jelak. Naš logor je živopisan. Nastoji se da se zbog neprijateljskih aviona prikriju šatori u šumi, pomalo razređenoj sečom uzastopnih logora. Vojvoda Mišić stanuje u vrlo udobnom blokhausu. Osmatračnica je na vrhu planine jedva na 30 metara od logora. Tu je pogled veličanstven. Vidi se cela bugarska linija od kote 1212 do Sokola. Rovovi se ocrtavaju u belim linijama na grebenima. Tu je princ Aleksandar i mi pričamo. General Lebuk, posle jedne jake artiljerijske pripreme, izvršio je napad prema koti 1050. Uspeo je da zauzme nekoliko položaja, ali bugarskim protivnapadima bio je iz njih izbačen. Opet će naši morati da izvrše proboj ako vreme dozvoli. Stiže jedan telegram da je Druga armija ponovo zauzela položaje koje je bila osvojila i izgubila. Prinčev logor, pored našeg u jelama, dobro je udešen: drvene kolibe, vrsta američkog blokhausa iz Far Vesta, električno osvetljenje itd. Ništa ne nedostaje.

12. maj. Budim se u magli koja, pokatkad, prelazi u kišu, ali vidi se da je u ravnici lepo vreme. Oko 10.00 sati razvedruje se, ali ćemo imati malih pljuskova ceo dan. Bombarduje se uvek Rovovska i Miletina kosa. Kanonada je živa oko 11.00 sati, ali neće se preduzimati pešadijski napadi pre nego što Druga armija bude dovoljno napredovala. Silazim na osmatračnicu Dunavske divizije gde mi pukovnik divizijar Matić i major Bogdanović objašnjavaju razmeštaj

divizije koja ide od ruskog fronta pred Miletinom i Rovovskom kosom do Drinske divizije. Imali su malo gubitaka ovih dana. Danas svega dva ubijena vojnika. Potpuno otkrivenim putem silazim u jarugu gde se nalazi 9. puk u rezervi, za šta mi treba ceo sat. Sada se treba uspeti uz strmu kosu, a vrućina je. Ipak, stižem do pukovskog logora. Sve je mirno i mi pričamo. Ima u puku dobrovoljaca koji su došli iz Rusije. Oni su vrlo dobri vojnici. Čak ranjeni, neće da napuštaju borbenu liniju. Komandant mi nudi konja za povratak, što je udobnije nego da se čovek pešice vere uz kosu. Tim gore ako Bugari budu pucali na nas, oni nas neće pogoditi ako budu gađali. Polazimo. Pored nas, Bugari bombarduju jednu bateriju. Granate prolaze, zviždeći. Za vreme celog ovog penjanja, prisustvujemo ovom artiljerijskom dvoboju i moj ordonans primećuje da Bugaro-Nemci moraju oskudevati u municiji, jer bi inače već odavno pucali na nas. Zaista, još pre nekoliko dana nije niko mogao proći našim putem, a da ga ne zaspe rafal bugarske artiljerije. Kad smo gotovo stigli do vrha, raspoznajemo dobro poznati šum granate koja dolazi. Granata eksplodira na 150 metara nalevo od nas, na nekih 50 metara ispod osmatračnice vojvode Mišića. To je jedan 105 od teške artiljerije, koji eksplodira usred šume, a za njim uskoro i jedan drugi. Bugaro-Nemci su dakle otkrili armijsku osmatračnicu! Oni ubacuju četiri projektila u dolinu iza osmatračnice Dunavske divizije. Još uvek traje paljba, ali večeras neće biti „demonstracije". Da li će Bugari intenzivno bombardovati naš logor? Oni imaju dosta artiljerije i, između ostalog, dva velika teška topa koji pucaju na devet kilometara.

13. maj. Polazim na konju oko 7.00 sati ka osmatračnici Drinske divizije. Vreme je lepo na Jelaku, ali visovi oko Floke nalaze se u magli. Put se najpre spušta do Drinskog Preslapa, ali doskora skrećemo u stranu do Sabatnog krsta i ulazimo u šumu gde naši konji često upadaju u debelo blato. Svuda artiljerijski logori i baterije koje bljuju bez prestanka. Što se više penjemo, sve više dolazimo

u zonu magle. Evo jednog previjališta usred šume, gde su mladi oficiri koje poznajem, Krakov i ostali, okupljeni oko jednog stola. Sjahujem i prilazim im. Oni dolaze sa položaja da se podvrgnu lekarskom pregledu za avijatičku službu. Krenuvši ponovo, silazim u jednu jarugu usred komore sa municijom za topove koji grme bez prestanka. Konji su navikli na ove detonacije koje se iznenada ore pored njih. Ipak moj konj — jedan konj još iz Srbije — ima svaki put jedan mali nervozni pokret. Sada napuštamo put da pođemo jednom stazom sa vrlo jakom uzbrdicom. Konji se dobro veru i posle dva i po sata hoda, stižemo do granice drveća na više od 2.000 metara visine. Stari borovi, obrasli mahovinom, zaklanjaju mali logor osmatračnice Drinske divizije. Još ima snega i, nadesno, diže se suva i snežna piramida Floke. Pukovnik Smiljanić je pred svojom kolibom, sagrađenom od posečenih borova. Dozivam ga i on je radosno iznenađen da me vidi. „Već sam mislio da ste me zaboravili", kaže mi on. Sedamo pred njegovom kolibom i počinje tradicionalni ispit sa konjakom. Ah! taj ispit sa konjakom, koliko puta sam ga morao polagati! Srpski oficir nije mizantrop. On voli veselo društvo i, sa razlogom mislim, on smatra da ljudi koji, u danoj prilici, ne mogu podneti jednu čašu, nisu dobri drugovi. Da bi odmah znao s kim ima posla, srpski oficir na frontu izmislio je ispit sa konjakom (na Solunskom frontu nije bilo dobre rakije). Tek što stignete kod komandanta jedne jedinice gde niste bili poznati, ordonans vam pruža poslužavnik sa punim čašama konjaka. Ako uzmete jednu, primetićete već malu promenu na licu vašeg domaćina. On je zadovoljan. Ako je ne uzmete, iako ostajući ljubazan, domaćin ostaje zvaničan i rezervisan. Posle nekoliko minuta donose drugi poslužavnik sa novim čašama. Kad uzmete drugu čašu, možete videti kako se lice vašeg Amfitriona razvlači u osmeh. Posle nekoliko minuta, treći poslužavnik. Uzimate treći konjak i osmeh se širi. Najzad, ako uzmete četvrtu čašu, onda ste rođeni brat.

U Drinskoj diviziji ja sam stari poznanik, stari drug, ali tu se drže osveštanih običaja. Pukovnik Zavađil, šef divizijskog štaba, hoće takođe da nas dočeka u svojoj kolibi. Najzad, sedamo za trpezu kod pukovnika Smiljanića i iznose nam odličan ručak i vrlo dobrog Kjantia. Svuda sada u srpskoj vojsci nalazite italijanskih proizvoda, prva posledica možda italijansko-srpskog zbliženja. Posle ručka, penjemo se na osmatračnicu koja se nalazi pedeset metara naviše. Tu se vidi ceo front i, u tom trenutku, drinska artiljerija ogorčeno bije Rovovsku kosu. Doveli su jednog bugarskog podoficira dezertera, Savu Ivanova, koji se juče predao sa šestoricom svojih drugova. On nam najpre objašnjava zašto se predao. On je seljak i, kad je polazio u rat, otac mu je rekao da je ovaj rat zločinački, podstaknut lakomošću cara Ferdinanda i njegovih ministara. Napasti Srbe, značilo je izložiti Bugarsku da izgubi svoju nezavisnost. On je tražio da mu sin obeća da će se predati Srbima prvom prilikom. Ivanov produžava: „Zašto hoćete da nas napadate pešadijom? Dovoljno je dejstvo vaše artiljerije. Ono demorališe naše i nanosi im ozbiljne gubitke. Vi samo treba da produžite ovako i naši će se predavati." On nam zatim priča da su se Srbi u Srbiji, zlostavljani od Bugara, pobunili i da je jedna bugarska brigada, upućena da uguši ustanak, izvršila mnogo zverstava. Mladići iz okoline Leskovca sprovedeni su u Malu Aziju, „jer Turci bolje muče." Govorio nam je još o pobuni 21. bugarskog puka i o njenom ugušavanju. Osam stotina vojnika osuđeno je na 20 godina robije. Neki su pobegli i pridružili se srpskim ustanicima. Pokazujući zatim puškom, položenom na rub osmatračnice, on kazuje razmeštaj raznih bugarskih snaga na Rovovskoj kosi. „Tamo je oficirska kujna, tamo je ta i ta jedinica, tamo je još razmeštena ta i ta četa. Sve sam vam sad kazao, ali u toj četi se nalazi moj brat", kaže on. „Dobro", odgovara pukovnik Zavađil, i zove oficira koji reguliše gađanje. „Nećete pucati na ono mesto", kaže on i pokazuje položaj na kome se nalazi četa Ivanovljevog brata. Neko vreme posmatramo bombardovanje, jer, pored sve magle koja pokriva visoke planine, preglednost odozdo je savršena. Treba pomišljati na silaženje. Idući pomalo pešice, a najčešće jašući, spuštamo se istim putem i nailazimo ponovo na lepo večernje sunce. Kad je noć pala, ceo naš logor spava, sem stražara koji bdiju, i štabskih oficira koji rade u svojim osvetljenim šatorima.

14. maj. Ovde se ne zna šta se događa u svetu. Imamo zvanična saopštenja, i to je sve. Kanonada se nastavlja, Bugari takođe se i dalje predaju. Ipak imamo utisak da se očekivao jedan brži i važniji uspeh. Da se general Lebuk mogao održati na Žutoj glavici i na Izgoreloj zemlji, to bi verovatno drugačije išlo. Sada treba čekati da Druga armija zauzme Dobro polje. Ako joj pođe za rukom da to učini, Bugari će biti primorani da se povuku do Prilepa.

15. maj. Moravska divizija koja me zove „svojim maskotom" (da joj donosim sreću), nalazi se u rezervi, jedino njena artiljerija dejstvuje. Štab je u Petalinu. Hoću da obiđem artiljerijski položaj i odlazim sa poručinkom Miodragom Davidovićem na Grunište. Silazimo niz greben koji vodi u Petalino putem kojim sam prolazio u oktobru. Tada je planina bila šumovita, danas su je trupe koje su se tu bavile, potpuno ogolele. U Petalinu nas dočekuje sunce, skrećemo nadesno i uzimamo put za Grunište. Konji idu dobro i, posle jednog i po sata, mi smo u selu. Selo drže Rusi i naši. Tu je štab druge ruske brigade i komandant artiljerije Moravske divizije, pukovnik Vučićević, svuda poznat kao „čika Ljuba", jedan čestit i hrabar vojnik i zlatno srce. Često sam bio s njim zajedno i uvek sam bio očaran njegovom prirodnom dobrotom, njegovim patriotizmom i njegovom mirnom hrabrošću. Čika Ljuba se očigledno raduje što sam došao i počinje da me služi tradicionalnim konjacima. Zatim odlazimo da posetimo komandanta ruske brigade Leontijeva. General je vrlo ljubazan i govori mi o celokupnosti rata. Za njega je apsolutno potrebna potpuna pobeda. Intervencija Amerike je dobra

najpre sa gledišta materijalne i, eventualno, vojne pomoći, zatim svojom intervencijom Amerika će isto tako biti oslabljena, možda samo finansijski, u trenutku zaključivanja mira i neće moći tako nametati preterane uslove saveznicima (koliko se prevario ovaj valjani general što se tiče druge tačke!). On ne kaže nijedne reči o ruskim stvarima, a ipak to bi me najviše zanimalo. Na direktno pitanje o tom predmetu, on mi odgovara neodređeno. Očigledno neće da se kompromituje. Ipak, priča mi jednu zanimljivu priču koja dobro pokazuje kako ruski seljak nije ništa razumeo u ovoj revoluciji stvorenoj, prerano, od intelektualaca koji nemaju nikakvog iskustva. Leontijev, prilikom pregleda jednog od svojih bataljona, a da bi se uverio da li vojnici znaju šta znači reč „republika", pita ih da li znaju kakva je razlika između jedne monarhije i jedne republike. Svi su najpre zaćutali, ali jedan mladi vojnik, visok, plav, dobro utegnut u svoju brižljivo doteranu uniformu, izlazi iz reda, staje mirno i odgovara: „Gospodine generale, car jedne monarhije je vojnik, a car jedne republike je civil". Posle doručka kod čika Ljube odlazimo sa kaplarom Najmanom — sada darovitim arhitektom u Beogradu — na osmatračnicu na Crnoj čuki pored Gruniškog visa — osmatračnicu jedne haubičke baterije. Pred sobom imamo Starovinu redut, nalevo bugarske položaje koji se spuštaju prema Crnoj, nadesno rovove koji se penju prema Rovovskoj kosi. Odstojanje nije veliko, jer se jasno razaznaju sa osmatračnice spletovi bodljikavih žica. Nema gotovo više od jednog i po do dva kilometra do Bugara. Sada se penjemo na stenu koja kruniše Crnu čuku i gde su zakopani četnici vojvode Vuka. Ovde je poginuo i vojvoda. Malo po strani nalazi se francuska osmatračnica sa stanicom za bežičnu telegrafiju. Poručnik Le Turner d'Ison pokazuje nam svoj položaj i priča nam da je uzeo učešća u napadu Lebukovih armija pre nekoliko dana. Francuzi su imali mnogo gubitaka, jedan jedini puk izgubio je 15 oficira. Bugari su bili maskirali jednu bateriju koja je pravila strahoviti vatreni zid za vreme

## ŠTA SAM VIDEO I PROŽIVEO U VELIKIM DANIMA

napada. Ali vreme je da se vraćamo na Jelak. Pošto sam se oprostio sa Vučićevićem i posle oproštajnog konjaka, penjemo se ponovo uz visoku planinu. Prolazimo pored mesta gde su, pre tri dana, Bugari ubacili jednu veliku granatu. Na stotine raskomadanih vekni hleba leže po zemlji. To je sva šteta koju je granata učinila. Jedan vojnik koji je sedeo iza brda vekni, bio je samo malo kontuzovan hlebom koji se rušio. Danas je bilo malo paljbe, nešto malo na Crnoj čuki kad sam ja tamo bio, a dosta živo na francuskom frontu kod kote 1212. Sutra, ako bude lepo, biće jako bombardovanje.

16. maj. Grade se jaki zakloni, jer neprijatelj bombarduje sve više armijsku osmatračnicu. Dan je divan. Artiljerijsko dejstvo je naročito jako prema Dobrom polju, gde treba da se izvrši napad. Princ Aleksandar dolazi i ostaje dugo s nama. Artiljerijska vatra, u momentima vrlo žestoka, produžava se do posle podne. Nažalost, oko 15.00 sati, oblaci se gomilaju po visovima, dok divno sunce sija u dolini. Regulisanje gađanja nije više moguće i napad se neće moći otpočeti pod povoljnim uslovima. Ipak, telefon javlja da je akcija počela i da je vrlo jaka puščana i mitraljeska vatra. Ne znamo rezultat. Aktivnost aviona je dosta intenzivna sa obeju strana. U svakom trenutku čuje se zvrjanje motora u vazduhu i vidi se kako se rasprskavaju bugarski i srpski šrapneli oko aviona. Francuzi bombarduju neprijateljske položaje na Žutoj glavici. Opružen u travi, divim se raskošnoj panorami, obasjanoj proletnjim suncem na zalasku. Kad ne bi bilo topovskih metaka koji se rasprskavaju u beli ili crni kovitlac, čovek bi mogao da misli da se nalazi usred mira. Planine Demir kapije i Babune, sa tako lepim azurnim plavetnilom pod ovom svetlošću, izgledaju sasvim blizu. Kad ćemo mi biti tamo i koliko ljudi će još morati da se žrtvuju da se tamo uzmogne stići?

17. maj. Odlazimo u 7.00 sati, vođeni ordonansom pukovnika brigadira Uzun-Mirkovića. Za jedan sat silazimo pešice do Danilove kose. Sunce peče, a treba se uspeti uz greben da stignemo do štaba

brigade. Za manje od jednog sata mi smo na vrhu Danilove kose — nazvane tako iz počasti prema potpukovniku Belimarkoviću — gde je, pod džinovskom stenom, sagrađena koliba pukovnika Mirkovića. On i njegovi oficiri zadovoljni su da nas dočekaju. Već odavno oni su tu gore bez ikakvih poseta. Naravno, najpre treba popiti konjake, a zatim odlazimo na osmatračnicu. Aktivnost artiljerije je srednja, ipak mestimično vatra je jaka. U pravoj liniji mi smo jedva u rastojanju na jedan kilometar od neprijateljskih linija i predeo koji vidimo, mnogo je manje prostran nego onaj koji čovek ima pred sobom sa osmatračnice na Jelaku. Ali ono što se gubi u obimu, nadoknađeno je preciznošću pojedinosti. U 11.30 koncentrisana vatra na Brazdastu kosu i na visove koji je okružuju. Bugari malo odgovaraju. U podne odličan ručak u menaži okuplja oficire i komandanta brdskih baterija, potpukovnika Antonijevića, čiji su topovi odmah pored štaba. Tu ima i sira, crnog luka itd., nedostajalo je jedino stare rakije koja se ne može pronaći na Solunskom frontu. Posle ručka silazimo sa pukovnikom na položaj Brazdaste kose. Ne treba nositi štap ni oblačiti vojničke šinjele, jer nas Bugari vide pri silaženju i po značkama, epoletama itd. poznali bi da su oficiri. Odmah bi pucali na nas iz mitraljeza koji nisu udaljeni ni 1.000 metara. Idemo jedan za drugim na rastojanju od 20 metara između svakog od nas. Ali smatraju nas za obične vojnike i Bugari ne pucaju. Stižemo dakle bez zapreke u jarugu jaza Bele vode. Ukoliko su visovi koje vidi neprijatelj, prazni, utoliko u jarugama koje su sakrivene njegovim osmatračima, vrvi svet. Konji, magarci, municija i ljudi koji se dozivaju. Brigadir ima lepu reč za ceo svet. Osećate u njemu čoveka koji razume svoje vojnike i koji ume da održava njihov moral. Tu ima i dobrovoljaca koji su došli iz Rusije. Oni pokazuju divnu hrabrost. Neće da čuju za Jugoslaviju i znaju samo za Veliku Srbiju, a ipak tu ima Slovenaca, Dalmatinaca itd. među njima. Stižemo do pukovnika Momčilovića, komandanta 9. puka, starog poznanika koga sam video poslednji put na Danilovoj kosi „u rezervi". Ovaj put on je u prvoj liniji. Doček: slatko, konjak, kafa. Kroz nekoliko minuta počeće bombardovanje. Idemo dakle do Momčilovićeve osmatračnice, jedne rupe koja je jedva udaljena 300 metara od bugarskih rovova. On se nalazi na tački A Brazdaste kose. Pred sobom vidimo srpske rovove, niz crnih rupa koje se produžavaju od leva na desno do glavice „Gertrude" (engleske bolničarke), dok bugarske rovove predstavlja linija boje suvog leska. Prema nama, na 400 metara, stene Brazdaste kose, zaštićavajući bugarske rovove i mitraljeze, i Usamljena glavica. Ne treba dugo da čekamo. Naši topovi izbacuju za dva puta po deset minuta pravi potop gvožđa i vatre na ove dve tačke. Na stotine granata svih kalibara prolaze, zviždeći, iznad naših glava i rasprskavaju se sa strahovitim i neprekidnim treskom. Dižu se oblaci dima i prašine. Od vremena na vreme, eksplozija jedne rovovske torpilje koju vidimo kako prolazi kroz vazduh, baca u nebo stub crnog dima pomešanog sa zemljom. To je lepo i strašno u isti mah kad to čovek gleda tako izbliza. Posle 30 minuta odmora, prekidanog pokatkad urlanjem i rasprskavanjem jednog velikog haubičkog projektila koji izgleda da pada s neba, ili suvom eksplozijom, kao pucanje biča, jednog šrapnela, počinje novo bombardovanje, vršeno ovog puta naročito sa vazdušnim torpiljama. Usamljena glavica nije više vidljiva, toliko tu ima dima i prašine. Svršeno je za danas posle podne. Odlazim da malo pričam sa oficirima, jedući i pijući dobre stvari sa kojima nas je pukovnik poslužio. Vreme prolazi i sunce seda. Sada kad nas suton krije od bugarskih očiju, možemo da se popnemo do brigade najkraćim putem. Konji su nas tamo brzo izneli. Posle večere odlazimo na osmatračnicu brdske artiljerije. Više nemamo potrebe da se krijemo, Bugari nas neće videti u noći. Mali brdski topovi sipaju vatru, a tako isto i ostali. Bugari puštaju rakete, a reflektor Drinske divizije ispituje neprijateljske rovove. Prizor je lep. Oko 22.30 vatra slabi. Silazimo, ali najpre idemo na čašu likera kod potpukovnika Antonijevića. On je prijatelj prirode i cveća. Pod vatrom i zauzet poslom kao što je, on još nalazi vremena da pravi vrlo lepe zbirke cveća, od koga mi nudi dva primerka. Sada polazim da legnemo pod naš vrlo topli šator i spavaćemo odlično pored svega toga što topovi, na 50 metara od našeg šatora, ne prestaju da tuku granatama Koburgove vojnike.

13. juni. Odlazimo iz Soluna oko 7.00 sati s našom novom kamionetom i novim engleskim šoferom. U hotelu „Imperial" uzimamo poručnika De Tirena, iz vertekopske eskadrile, koji će nas do tamo pratiti. Vreme je lepo, ali je vrućina. Vardarska ravnica je već izgorela. Lepi različci su samo kao neki skelet, pokriveni prašinom. U 11.00 sati smo u Vertekopu. Pošto je ekipa kapetana Branka gotovo sasvim izginula ili se izranjavala, ekipa poručnika Kresola poziva nas na ručak. Ova gospoda su udesila neku vrstu kolonijalnog hladnika, gde se ceo svet razuzuri po svojoj volji. Neki avijatičari jedu u vrlo lakim pidžamama, jer je vrućina u Vertekopu. U 14.00 sati polazimo za Tresinu preko Dragomanaca. Vreme nagoveštava oluju i, uskoro, počinje da pada kiša. Posle Dragomanaca i Kosturiana dolina Moglene skreće ulevo. Nju zatvaraju visoke planine Vertekopa, Sokola, Dobrog polja, Kožuha itd. Moglenica je izrovala i zasula peskom dolinu i tako mi po jednom peskovitom putu stižemo u Tresinu, jedno dosta veliko selo usred raskošnog zelenila. Ogromni čokoti loze veru se uz stoletnje drveće. Džinovski platani i dudovi rastu svuda u ovom živopisnom selu kroz čije ulice prolaze potočići. Glavni stan Druge armije smešten je u školi, ispred koje se nalazi ogromna livada, zasađena giganskim brestovima koji zaklanjaju crkvu. Šef štaba Voja Živanović, dočekuje me. To je stari poznanik iz Mačve. On me vodi vojvodi Stepi. On je zadovoljan da me ponovo vidi. Poslednji put smo se videli u Lipolistu 1914. Pričamo. Govoreći o Bugarima, on mi kaže da misli kao i ja. To je narod koji voli samo dve stvari:

brutalnu snagu i novac. Govori mi zatim o Srbiji i o strahovanju da ona neće biti više kao stara Srbija i to zbog toga što neće biti ljudi. Ovaj rat je suviše svirep. On je odneo sve što je Srbija imala mlado i intelektualno. Ali najzad, šta vredi jadikovati? Treba nastojati da se popravlja u granicama mogućnosti i, najpre, pobediti! Pričali smo dugo i vojvoda odlazi na svoju usamljenu uobičajenu šetnju. Vidim ga kako ide lagano kroz ulice pune zelenila, okupane zlatnom večernjom svetlošću koja čini da po lišću blistaju hiljade i hiljade vatara u kapljama vode od kiše koja je prestala. Omalen, dežmekast, u jednom platnenom vrlo kratkom poluvojničkom i polugrađanskom kaputu, sa starom građanskom kačketom i poštapajući se jakim štapom, stari Stepa ide polako prema planinama gde se bore njegovi vojnici za koje on živi. Muslimanska deca — ona govore samo slovenskim jezikom — pozdravljaju ga po vojničkom i čestiti čovek blagodari im jednim osmehom. Nama su namestili lep šator koji će biti naš stan. Očekujući večeru, odlazim da posetim jednu seljačku kuću gde gaje svilene bube. Kilogram svilenih čaurica plaća se četiri franka. Ručam sa štabskim oficirima pod pokrivenom crkvenom portom. Vojvoda jede uvek sam.

14. juni. Odlazim po lepom vremenu, ali oblaci nagoveštavaju da će biti oluje preko dana. U Malom požaru napuštamo automobil i sedamo na konje da se popnemo na Katunac do pukovnika Živka Pavlovića, bivšeg podšefa Glavnog štaba, a sada komandanta Šumadijske divizije. Uzbrdica je dosta strma. Planina je najpre obrasla grmljem i hrastovima-kepecima, vreskom i najrazličnijim cvećem, ali posle jednog sata penjanja ulazimo u divnu bukovu šumu. Nažalost, vreme se kvari. Magla pokriva Katunac i sprečava nas da uživamo u divnoj panorami Moglenske doline. Stižemo do Pavlovića. To je operacioni logor pod bugarskom artiljerijskom vatrom. Pukovnik je zadovoljan da me ponovo vidi; nismo se videli od kraja 1915. Vodi me do svoje osmatračnice saobraćajnicama izdubenim u kamenu. Ova

osmatračnica je prava tvrđava. Bugarske linije su vrlo blizu: Vetrenik, Grivica, Požarska kosa i Kotka koju su naši zauzeli pre četiri nedelje. Pokatkad se oblaci sklanjaju i sunce plavi ove fantastične položaje usred planine. Biće ih mučno zauzeti. Ručamo u „trpezariji", jednoj maloj kolibi od debala, sagrađenoj usred pravog crnačkog sela, gde svaka koliba, sniska i od kamena, nastoji da se sakrije od indiskretnog pogleda neprijateljskih aviona. Za ručkom pretresamo stare uspomene iz vremena kad smo bili još u Srbiji. Pavlović nije zadovoljan što su ga, posle onoga što je učinio u Glavnom štabu, gurnuli u drugi red, poverivši mu diviziju. I ja smatram da to nije pravo. Pavlović je bio pravi šef u Srbiji, jer je Putnik bio suviše bolestan da uzme i da stvarno vrši ovu dužnost. Putnik je pokrivao svojom etiketom Pavlovićev rad. A taj rad nije bio rđav. On je doneo dve pobede koje začuđavaju, na Ceru i Jadru i Rudniku i Kolubari. Nijedan strateg na svetu, makar bio i najveći, ne bi mogao sprečiti da Srbija ne bude pregažena u jesen 1915. Ali još i tu Pavlovićev rad i Putnikov prestiž spasli su zemlju, omogućivši, moralno i materijalno, povlačenje preko Albanije. Istina, Srbija je još danas pod osvajačkim jarmom, ali siguran sam da će ona sutra biti slobodna i to blagodareći žrtvama povlačenja kroz Albaniju. Neki prebacuju tadašnjem Glavnom štabu što nije izveo ovo povlačenje s manje žrtava. Lako je sada kritikovati, ali zar samo izvršenje ovog povlačenja nije bilo jedno čudo? Da li bi ga druge vojske mogle izvršiti? Ne verujem. I, pored moralnih osobina srpskog naroda, zar rad njegovih upravnika Glavnog štaba nije mnogo doprineo ovom čudu? Predveče, spustili smo se po kiši u dolinu gde smo zatekli lepo vreme.

15. juni. Danas hoću da obiđem položaje Vardarske divizije (kasnije Jugoslovenske divizije) kojom komanduje pukovnik Tucaković. Naš kamion nas je dovezao za deset minuta do Malog požara. Tu nalazimo konje da nas ponesu do Gornjeg Požara, sedišta divizijskog štaba. Stižemo vrlo brzo u ovo malo divno selo, sasvim belo usred

zelenila. Mnogo stanovnika ga je napustilo i otišlo u dolinu, jer je selo pod bugarskom vatrom. Pukovnik me ljubazno prima i kaže mi da su konji spremni da pođemo na Kotku, naš položaj pred Dobrim poljem. Imaćemo dosta da se penjemo, jer se Gornji Požar nalazi na 500, a Kotka na 1.865 metara. Ali naši konji su dobri. Sa majorom Vojnovićem kao vođom, penjemo se brzo, prolazeći pored teških baterija i francuskih i srpskih poljskih i brdskih baterija. Magla je, što je obično na Mogleni. Kad smo stigli na liniju srpskih položaja na kojima su Srbi bili pre zauzeća Kotke, moramo ići otkriveni putem koji Bugari dobro vide i na koji gađaju bar sa rastojanja od dva kilometra. Prelazimo ga kasom, udaljeni po pedeset metara jedan od drugoga. Bugari nas ne vide ili nemaju dosta municije. Glavno je da oni ne pucaju. Posle dva i po sata jahanja mi smo pred kolibom komandanta 21. puka na južnoj kosi Kotke. Srdačan doček, konjak, kafa itd., i na put za rovove. To su stari bugarski obrnuti rovovi. Saveznička artiljerija porušila je zaklone i u njima se nalaze još desetak neprijateljskih leševa. Sunce se pokazuje i pobednički obasjava Dobro polje, njegovu strmu glavicu i bugarske rovove koji se, na izvesnim mestima, približavaju našima na 30 metara. Svuda bodljikava žica i useci. Bugari su još uvek mirni. Ostajemo dugo da posmatramo ovaj pejzaž gde će, možda, biti izvršen definitivan proboj jednog dana. Silazimo zatim do komandantove kolibe i vraćamo se u Požar. Magla postaje sve gušća. Još se zaustavljamo kod pukovnika Pere Lazarevića, kod pukovnika brigadira i, oko 19.00 sati, počinje silaženje. Srpski i francuski topovi koje Bugari dosta biju, počinju da sipaju vatru. Bugari ne odgovaraju, ali vreme sve više preti. Kad smo stigli blizu Požara, vidimo kako nam se približava pravi zid od kiše. Polazimo galopom, suviše kasno. Malo pre našeg dolaska u štab, iznenađuje nas pravi pljusak i kad smo stigli na mesto određenja, potpuno smo pokisli. Večerali smo sa Tucakovićem i, pošto je kiša stala, silazimo pešice do Malog požara gde nalazimo svoju kamionetu. Put je u početku priličan, ali doskoro sasvim iščezava. Voda je sve odnela i ostavila samo rupe i ogroman šljunak. Nemoguće je da se ide dalje automobilom. Ostavljamo ga na mestu što se zvalo još jutros lepim putem i vraćamo se kasno u noći, pešice i sa hiljadu teškoća, u Tresinu.

Pismo od 20. juna, položaj na Tušinu 13. puka kojim komanduje pukovnik Nikolić:

„Rat je postao podmorska i podzemna borba. To nije više iskreni rat kao kad smo bili u Mačvi. To je rat krtica.", kazao mi je neki dan jedan mladi i hrabri srpski major u predstražnim rovovima na podnožju Vetrenika. Njegov glas izražavao je sve žaljenje koje oseća ovaj čovek — on ratuje od oktobra 1912. — da je osuđen na ovu borbu gde nedostaje prostora i vazduha.

Bogami, razumem ga. U Mačvi to je bio rat u pokretu; vojska je bila usred polja ili usred šume. Sunce je plavilo atmosferu i noge onih koji su hteli napred, nisu se spoticale ni o kakvu saobraćajnicu, ni o kakvo veštačko utvrđenje. Onima koji su ginuli nije bilo odmeravano mesto gde će počivati njihovo telo, i njihov pogled na umoru gledao je celo nebo.

Bilo je i rovova, ali kad se uporede sa sadašnjim rovovima, oni su bili premalo ozbiljni; nasip zemlje natkriven krovom od grana i od nekoliko busena zemlje; između jednog i drugog slobodan prostor za osmatrače koji nisu preduzimali suviše opreznosti da se kriju.

To su više bili momentalni zakloni. Danas, to je mnogo izmenjeno. Čovek se nalazi u nekoj vrsti jarka, taman dovoljno širokog da se može prolaziti. On je vrlo često jako dubok i, da bi se videlo šta se dešava napolju, treba se uspeti uz nekoliko stepenica, izdubljenih u steni. Gornji deo rova sačinjava kamenje ili vreće peska između kojih su ostavljene puškarnice da se može provući puška i posmatrati šta radi neprijatelj. Zakloni, izdubeni u steni ili napravljeni od debala, čeličnih ploča, kamenja i zemlje, služe vojnicima koji nisu na straži, da se odmaraju i da spavaju.

Takvi su rovovi gde sam sreo majora koji je žalio za ratovanjem u Mačvi. Mi smo vrlo blizu Bugara. Gledajući kroz jednu puškarnicu, vidim pred sobom u travi neku vrstu crveno-žućkaste pruge: prvu neprijateljsku liniju. Pozadi, malo više u planini, jedno selo gotovo sasvim razoreno artiljerijskom vartom. (Tušin).

Bugarski rovovi, u gotovo neprekidnim linijama, penju se uz planinu i tonu u suvo stenje. Vrhovi jednog malog dela planine vide se kad čovek digne oči, ali horizont je ipak jako skučen.

Malo sveta u rovu. Nekoliko nepokretnih osmatrača strelaca pored jedne mazgale gde leži puška, spremna za gađanje. Na njihovom domaku, cevi za bacanje raketa. Satima ove straže ne skidaju oka sa sektora neprijateljskog rova čije im je osmatranje povereno.

U zaklonima, vojnici se odmaraju. Po petnaest ili dvadeset oni su opruženi ili čuče u ovim pećinama čiji niski krov im ne dozvoljava da stoje. Neki spavaju, drugi puše i čitaju retke novine koje idu od ruke do ruke. Jedino oni koji su videli ove moderne promodite, znaju kakvo uživanje može da pruži jedno parče naštampane hartije! Vojnici će popuniti šančeve noću kad se očekuje protivnički napad. Oni će ostati po cele nedelje u ovim jarugama, ne izuvajući se i, kad odu u pozadinu da ih zamene drugi, njihovo najveće uživanje biće da hode bosonozi po mekoj travi.

Od vremena na vreme, odjekne neki pucanj. To je jedan osmatrač strelac koji je mislio da je smotrio nešto neobično i koji daje Bugarima na znanje da ostanu s mirom. Sada zviždeći prelaze, užurbano, kuršumi iznad naših glava. Jedan bugarski mitraljez sipa vatru na jednog kurira koji je našao da su saobraćajnice suviše prljave i koji dolazi trčeći preko livade. On stiže bez nezgode i malo zaduvan, ali sa osmehom nam tvrdi „da nema opasnosti kad ove budale gađaju".

Pukovnik komandant sektora (Nikolić) misli da treba malo „nadražiti živce" Koburgovim vojnicima. Telefonom on naređuje artiljeriji da pošlje nekoliko granata iz 75 i velikog kalibra na linije koje su nam preko puta. Ovi bomboni treba da stignu kod Bugara kroz pet minuta. Sa satom u ruci, nameštam se na jednu puškarnicu i, u određeni minut, prvi projektil proleće urlajući. Za njim dolaze drugi bez prekida. Nekoliko vojnika izišlo je da posmatra gađanje. To je njihovo jedino razonođenje! „Muva!", viču oni veselo, čim jedna granata dobro padne u rov njihovih neprijatelja. Bugari ne odgovaraju, ali pukovnik mi kaže spokojno: „Kroz trideset minuta oni će nas bombardovati. To je njihov čas. Sad još spavaju." Posle trideset minuta mi smo bili u zaklonima da pustimo da prođu bugarske „marmite" fabrikovane u Nemačkoj."

17. juli. Polazimo iz Kapinjana da posetimo komandanta brigade Dokića. Prvi deo puta jahao sam kroz polja. Bugari, sa svojih uzvišenih položaja, vide sve što se dešava u dolini Moglene i svi putevi su pod njihovom vatrom. Stoga ne možemo dalje jahati na konju, ne zato što je to opasno po nas, već zbog toga što bi neprijatelj mogao otkriti, po našem prisustvu, mesto gde se nalazi komanda brigade. Poslednjih nekoliko stotina metara prelazimo pešice. Pukovnik Dokić nas dočekuje u svojoj zemunici, iskopanoj u zemlji. Kako je njegov položaj usred ravnice, on ne može da prošeta, a da ga neprijatelj ne otkrije. Njegova osmatračnica je uostalom pored njegove rupe gde stanuje. Ova osmatračnica je načinjena od grmlja kroz koje se divno vide položaji od Tušinske kose do Vetrenika. On mi kaže da će otvoriti paljbu i daje telefonski naređenje svima baterijama da otvore vatru kroz pet minuta. Posle pet minuta šalju topovi sa svih strana svoje projektile na neprijateljske rovove. Ali Bugari ovoga puta odgovaraju. Oni traže baterije i pokušavaju da gađaju rezerve. Nažalost, vreme se kvari. Oblaci se gomilaju na Vetreniku i po drugim vrhovima i više ne daju da se vidi rezultat bombardovanja. Najzad, s obeju strana prestaje vatra da se ide na ručak. Služe nam savršen ručak u „trpezariji" koja je u isto vreme osmatračnica. U 14.30 naše baterije otvaraju žestoku paljbu na Vetrenik. To nije

redovan sat i gospoda Bugari počinju posle ručka, ali ipak najzad rešavaju da odgovaraju. Vreme je da krećemo za diviziju, ali još treba otići do Tresine. Za jedan sat, preko polja, mi smo u Kapinjanima kod divizijara, generala Milića. Pukovnik dr Dimitrijević hoće da mi pokaže groblje Timočke divizije. Odlazimo dakle na generalovim kolima. „Turci" u ovom kraju su poturčeni „Sloveni" i pokazuju mi blizu Kosturiana razvaline jednog zamka za koji turski stanovnici kažu da je pripadao Kraljeviću Marku. Nedaleko od našeg puta nalaze se tri vrlo stara platana. Turci pričaju da je majka Kraljevića Marka, šetajući oko svoga zamka Kosturiana, usadila na ovom mestu tri suve grane u zemlju; grane su prolistale i postale drveće. Tako ovi „Turci" pričaju legende i epizode iz srpske istorije koja je bila njihova. Stižemo u groblje koje su savršeno uredili vojnici. Ono je puno lepo otesanih nadgrobnih ploča. Na kraju se diže neka vrsta galerije hrama, otesana od mramora, navrh stenja. Jedan deo vrata nije završen. Natpis nam daje za to objašnjenje: „Počeli smo da gradimo Veliku Srbiju, do sada raskomadanu i pod neprijateljskim jarmom. Završili smo jedan deo, ali više ne možemo, dali smo svoje živote za nju. Braćo, nastavite naše delo!" Kiša je prestala i večernje sunce obasjava ovaj spomenik koji je podigla naivna dirljiva vera ovih hrabrih koji su sve dali za svoju zemlju. Usred srpskih grobova, ima jedan lep kamen s natpisom „Našem hrabrom savezniku, P. Deheju, iz teške artiljerije. Njegovi drugovi iz Timočke divizije." Na grobu je brižljivo namešten jedan skroman mali venac od veštačkog cveća sa natpisom: „Svome dragom sinu." To je venac iz Francuske, venac jedne stare majke, koji su oni iz Timočke divizije namestili na ovaj grob.

8. avgust, u Skočiviru, dolazeći iz Gruništa i na putu za Solun. Nema bogzna šta da se radi u ovom kamenjaru koji peče sunce. Ipak se može kupati u pomalo glibovitoj Crnoj, što i činim. Tako prolazi posle podne jednog vrelog dana meseca avgusta. Odlazimo

do sela uveče i, po zalasku sunca, ispitujem mnogobrojne krstače u ruskom i srpskom groblju. Bože moj, kako su ova gola dolina i ovo siromašno selo sa svojim retkim i sićušnim baštama gde samo rastu sitne ljute paprike, tužni pod ovim večernjim osvetljenjem! Tu se oseća strahoviti rat koji je, već dve godine, sve otpustošio.

10. avgust. Odlazak u 6.00 sati. Naša kamioneta juri prašnim i suncem obasjanim putem. Preko Dobrovena i Živojna, Krušograda, Voštarana stižemo doskora do Banice i počinjemo da se penjemo uz Gorničevo. Kako poznajem ovaj put! Koliko puta sam njim prolazio! Tu poznajem svaki kamen. Pa ipak danas, još usred leta, ali kad se već oseća da se približava jesen, imam melanholičan osećaj da neću više tako često ovuda prolaziti. Rat će se doskora svršiti usled opšte zamorenosti. Nema više onog lepog poleta od prošle jeseni. To nisu više ogorčene borbe gde se oseća kako igra srce naroda uvređenih od svirepih i varvarskih neprijatelja. Sa obe strane, to je monotona odbrana položaja koje hoće da održe do zaključenja mira. Sa ovakvim mirom, da li će Srbi dobiti što zaslužuju? Sumnjam i ova sumnja me boli, kao da se radi o mojoj sopstvenoj zemlji. Sunce besomučno peče, ali mi bez zaustavljanja stižemo u Vodenu da produžimo preko sagorele vardarske ravnice. Svuda napušteni logori, razrušene zemunice bez krovova, stara ognjišta sa svojim crnim ugarcima koje je kiša izaprala. To je melanholičan kraj jednog drugog rata, koji će verovatno dati definitivne rezultate, ali u svakom slučaju one koje smo želeli. (Prevario sam se u svojim pesimističkim predviđanjima koja nisu uostalom moj običaj. Ali me možete izviniti. Jedan talas pesimizma — ne obeshrabrenosti — zahvatio je sve saveznike, pesimizam opravdan slomom Rusa, trijumfom nemačkih agenata Lenjina, Trockog i drugova, defetističkom kampanjom koju je vodio u Francuskoj „Bone Ruž" i drugi listovi izdajnici svete stvari, neospornim uspehom nemačkog podmorskog rata i, na ovom frontu, neuspehom Majske ofanzive, neuspehom koji je imao za

posledicu vrlo jasno hlađenje saveznika, naročito Francuza, prema Srbima na koje su hteli, potpuno pogrešno, da bace svu odgovornost. Srećom ovo je hlađenje bilo samo prolazno.)

16. avgust, Solun. U Glavnom stanu tuže se što Englezi odvlače trupe sa ovog fronta. Oni su tako u poslednje vreme oduzeli jednu diviziju, a možda će oduzeti još koju. Štaviše, jedan veliki deo francuskih trupa nalazi se na odsustvu. Ima četa koje, sada, nemaju više od 50 do 60 pušaka. Šta se može učiniti sa ovako smanjenim efektivima? Govori se o jednom ponavljanju Dardanelske ekspedicije. Bilo bi mnogo bolje da upute te trupe na ovaj front, jer, ako bi se zaista postiglo preko Dardanela da se Turska dovede u stanje da ne može da bude štetna, zauzimajući Srbiju, Turska i Bugarska, a možda i Austro-Ugarska, bile bi izbačene iz stroja. Ova poslednja čini očajne korake da dođe do mira. Sad je ona upregla papu koji predlaže mir. To je znak vremena da se papa upućuje da predlaže mir. Do sada je on bio vrlo mudar i, ako misli da može da izađe iz svoje rezerve, to je zato što zna da ga njegova intervencija više ne kompromituje. Izvesno je da su sve stranke podložne fatalizmu i to mu daje hrabrosti da pokuša da spase Austro-Ugarsku koju toliko voli i koju hoće da spase po svaku cenu. U svakom slučaju on govori sada mnogo više o miru nego o ratu. Nadajmo se samo da ovaj mir, ako do njega dođe, neće biti hrom.

2. septembar, Tresina, Druga armija. Nedelja je. Celo selo je u crkvi gde služe dva sveštenika iz srpske vojske koji daju dvojici starih seoskih popova prihod sa tasa. Služba se služi na slovenskom jeziku. Dva seoska sveštenika ne znaju grčki, ali, pošto je Tresina postala grčka, oni su morali da nauče da čitaju atinski jezik i da služe službu na idiomu koji nije njihov. Oni sada znaju da čitaju, ali ne znaju šta čitaju. Natpisi na ikonama su na grčkom, ali oni su ispisani nad starim koji su slovenski. Žene kojima je neko umro u kući u toku godine, donele su jela te njime služe ljude, žene i decu koji sede

u crkvenoj porti. Svi ljudi nose srpsku košulju sa pojasom. Odeća žena se potpuno razlikuje od odeće žena iz bitoljske ravnice. To je više „evropska" odeća sa maramom u bojama na glavi, koju devojke kite cvećem kao u Srbiji. Nema novaca koji vise na marami, kao što je to toliko ubičajeno u bitoljskom kraju i u drugim mestima. Danas samo skitaram i divno sam se okupao u potoku sa malim vodopadima koji zamenjuju masiranje. Uveče pokazuju mi nemačko saopštenje o borbi od pre neki dan. Po njemu, Bugari su našli 400 mrtvih Srba. Autentične cifre o srpskim gubicima beleže 65 mrtvih od kojih je 25 sahranjeno u Tresini. Ako su zaista Bugari našli toliko mrtvih, onda oni sami imaju više od 360 mrtvih. Eto kako centralne sile pišu istoriju!

4. septembar. Bio sam danas u Kapinjanima kod generala Milića i njegovog šefa štaba majora Kosića. Seljaci u ovom kraju, koji su poturčeni Sloveni, zarađuju mnogo novaca. Nikada im nisu plaćali njihove proizvode po ceni koju im sada plaćaju. Oka suvog pasulja prodaje se po 3 franka, litar mleka 1 franak, jaje 0.25 franka, oka kukuruza 2 franka itd. I to sve se plaća u gotovu. Oni rade tek da žive i ne obrađuju naročito racionalno svoju zemlju. Brinu se samo oko svoje stoke. Ali oni svi najzad traže da im se dade mir i spokojstvo. Prolazili su ovih poslednjih godina kroz tolike razne vladavine i pitaju se da li će se to još dugo produžiti. Sa našima oni su vrlo zadovoljni, jer su oni učtivi s njima i ne traže od njih novaca kao Grci. U Malom požaru divno sam se okupao u banji, koju su improvizovali oficiri štaba Vardarske divizije. Bugari bombarduju Gornji Požar ili, bolje Austrijanci, jer jedna haubica iz te zemlje šalje „marmite". Uveče, u Tresini, pukovnik Živanović priča nam svoja iskustva sa Bugarima pred Jedrenom 1913. Između ostalog, on nam govori kako Bugari, posle pada varoši, nisu hteli da dadu vozove da se Srbi vrate u Srbiju, i uz to dali da se jasno razume da će doskora biti rata između Bugara i Srba. Tek kad je zapretio pukovniku Žekovu,

sadašnjem šefu bugarske vojske, Živanović koji je već bio šef štaba kod vojvode Stepe, mogao je da dobije potrebne vozove.

5. septembar. Išao sam na Katunac gde sam bio na položajima sa pukovnikom Živkom Pavlovićem i pukovnikom Perom Lazarevićem. Vojnici su napravili od kamenja prave pećine čiji je izgled vrlo čudnovat i podseća na sela primitivnih ljudi. Put za Katunac je vrlo dobar. Čudno je da su Srbi napravili lepe puteve na planinama Makedonije. Seljaci samo treba da ih sačuvaju posle rata. Naredba za mobilizaciju stigla je u Tresinu. Grci mobilišu Makedonce, ali ne svoje sopstvene sunarodnike. Muslimanski i hrišćanski seljaci došli su da potraže naše oficire i izjavili im da neće da služe u grčkoj vojsci — oni ne govore ni reči grčki — ali da hoće da se upišu u srpsku vojsku. Oficiri su im rekli da, pošto je Grčka njihova država, treba da slušaju. Ipak, seljaci neće ni da čuju o grčkoj vojsci i kažu da će se pobuniti, ako budu primoravani da u nju stupe. Eto kako je grčka Makedonija.

6. septembar. Treba da idem u Solun. Inžinjerski pukovnik Zečević poziva me da večeram kod njega u Dragomancima, gde se nalazi jedan deo štaba Druge armije. Zadržavam se dakle u ovom selu, jednom od jedinih dvaju sela u ovom kraju gde stanuju pravi Turci iz Azije. Pukovnik se smestio sa svojim ađutantima u dvema malim kolibama koje su napravili njegovi vojnici. Sobe su elegantno obojene u dve boje. Jedna mala pruga, zaobljeni uglovi na plafonu daju im izgled malih soba jednog vrlo čistog modernog hotela. Kancelarije su u begovoj kući. To je jedna bogata seoska kuća sa svojim originalnom turskom arhitekturom i sa odeljenjem rezervisanim za žene. Njena konstrukcija, kao uopšte svih sličnih zgrada, začudno je laka i gotovo sasvim od drveta i lepa. Jedino prizemlje je nešto malo čvršće zidano. Sve je okruženo jednim visokim zidom koji sprečava da se spolja vidi što se dešava u kući, u avliji i ostalim delovima. Jedna mala usamljena kuća služi za stan gostima.

12. decembar, Solun; general Saraj je smenjen. Odlazim jutros u posetu generalu Saraju da mu stegnem ruku pre njegovog odlaska. On je miran, ali se oseća da ga boli što je smenjen sa položaja vrhovnog komandanta Istočnih vojsaka. Kažem mu koliko svi oni koji su kao i ja, u svojstvu nezainteresovanog prijatelja, pratili njegov rad, žale njegov odlazak. Da znamo sve teškoće koje je imao da savlada i da je učinio što se moglo učiniti sa ono malo trupa koliko su mu dali i sa očiglednom rđavom voljom koju je susretao kod izvesnih saveznika. Jedan drugi će možda ući u Srbiju, ali on je spremio delo oslobođenja. Ako mu ikada bude trebao nezainteresovan svedok, spreman sam da kažem šta sam video. General izgleda zadovoljan sa onim što sam mu kazao. On mi srdačno steže ruku i dodaje: „Što se mene tiče, svejedno mi je, ali uvek je neprijatno da čovek bude tako izbačen na vrata."

24. decembar. Kako je naš Božić ili, bolje, Badnje veče, pozvao sam u moju „popotu" samoga sekretara, poručnika Vujića, i Dučića iz Ministarstva spoljnih poslova, koji je na prolazu kroz Solun. Sem ove dvojice i mojih običnih drugova, nalazim još za stolom Ćirkovića, zvanog Ćirko-paša. Veče je prošlo vrlo prijatno. Dučić govori kao mlin i Starčević mu stalno protivreči svojim uobičajenim namrgođenim načinom. Zanimljivo je videti ovu dvojicu tako različnih ljudi. Dučić vrlo obrazovan čovek, pomalo monden, kako izgleda, pesnik od velikog talenta, vrlo bujan i izigrava mladića, iako je već vrlo odavno prešao četrdesetu, govori o svemu: o istoriji, politici, umetnosti itd. sa jednim obiljem koje je možda malo preterano. Čovek ima utisak da on voli da čuje samog sebe kako govori. Starčević, tip Srbina iz Srema, predstavlja čoveka koji protivureči po prirodi i on ne poznaje ili neće da poznaje finoće diplomatije. Kad ga čovek sluša, mogao bi da poveruje da je uvek ljut, ali u stvari on to nije nimalo. To je u duši divan čovek i vrlo dobar, ali on ima koketeriju da se dade smatrati za nabusitog. Govori se o svemu do

kasno u noć i, vraćajući se sa Dučićem, pričamo još dugo o Srbima, o njihovim manama i njihovim vrlinama. Volim ove srpske krugove, jer nisu izveštačeni kao oni u pokvarenoj Evropi jednom često vrlo rafiniranom civilizacijom koja, u suštini, služi često samo kao fasada.

31. decembar. U ponoć sirene svih brodova u luci počinju da urlaju. 1917. je prošla i ulazimo u 1918. To je druga Nova godina, provedena na Solunskom frontu. Istina, prošle godine u isto vreme nisam verovao da ćemo, posle godinu dana još biti na istom mestu. Veličanstveno napredovanje Srba i njihovih saveznika, zauzeće Bitolja, situacija na francuskom frontu dozvoljavala je sve nade. Ovde, posle godinu dana, ostali smo stacionirani, a na drugim frontovima povukli su se. Integralna pobeda, ona koja bi ispunila sve naše želje i u koju je bilo potpuno dopušteno nadati se krajem 1916, ne izgleda više moguća blagodareći izdajstvu Rusa i popuštanju Italijana. Pored svega ulaska Amerike u rat, situacija Antantinog bloka se pogoršava u 1917. Istina, ni Francuzi, ni Englezi, ni Srbi nisu uzrok tome. Oni su činili svoju dužnost, ali drugi? Šta će nam doneti 1918? Pomalo turobno, ali ipak skladno zviždanje sirena na brodovima pred Solunom da li nam nagoveštava srećno rešenje ove bezumne borbe u godini koja počinje? Nadajmo se i ne gubimo vere u pravdu!

22. januar, Solun. Pozvan sam da večeras prisustvujem banketu u čast jugoslovenskih oficira koji su došli iz Rusije i koji odlaze ovih dana na front sa svojim vojnicima. U 20.00 sati sam u Mikri. Ima nekoliko zvanica: gospođa Simka, Toma od „Endepandana", Rišar od „Pti Pariziena", Vender od „Rajterove agencije", dr Sofoterov sa svojom ženom, ruski vicekonzul Klimenko, Balugdžić i nekoliko lekara iz engleske bolnice u susedstvu. Ima stotina gostiju. Služe nas u oficirskoj menaži koja je u isto vreme pozorište. Dobro su udesili lokal, naivne slike koje su izradili vojnici, pokrivaju zidove. Muzika kraljeve garde svira na pozornici. Večera je odlično poslužena.

Odmah posle jela počinje beskonačni niz zdravica. Milan Đorđević, šef Presbiroa, sam drži pola tuceta zdravica. Sve sile Antante dobijaju svoj deo na francuskom, engleskom i srpskom. One odgovaraju na usta svojih podanika. Oduševljenje raste sve više i više. Pukovnik Atanasijević, šef depoa, zadovoljan je. Jugosloveni, a naročito slovenački oficiri, pevaju lepe pesme iz svoga kraja. Oni pevaju vrlo lepo u horu. Sastanak postaje sve familijarniji. Kad čovek vidi ove lepe momke iz Bosne, Slovenačke, Hrvatske i Dalmacije, koji, daleko od svojih zemalja, brane, žrtvujući svoje živote, ideju Velike Otadžbine, onda oseća da je njihova stvar plemenita i lepa. A ja koji sam joj sve žrtvovao, zadovoljan sam. Moja žrtva nije bila izlišna, ako ovi valjani ljudi budu dobili ono što je njihovo pravo: svoju Otadžbinu! Gospođa Simka se veselo zabavlja iako su joj oči pune suza. Dr Sofoterov je obuzet mislima i tužan. Govorio je o Rusiji s jednom velikodušnošću za koju su jedino Srbi sposobni. Jadni čovek je tužan. On je pored mene i, više puta sam sagledao suze u njegovim očima. Koliko muka moraju ovi pošteni Rusi izdržati u ovom času? Ali kasno je, gotovo 2.00 sata posle ponoći. Odlazim sa Balugdžićem, ostavljajući tetka-Simku da i dalje igra kolo i da se vrati kući u 6.00 sati.

Pismo od 26. januara, Solun:

„Danas imamo lepo istočnjačko zimsko posle podne. Ravnica Mikre sa svojim bezbrojnim šatorima i barakama izgleda sva crvena pod plavim nebom bez oblaka. U luci se veliki brodovi gube u magli koja se diže iz mora. U ravnici hiljade nepomičnih momaka sačinjavaju jedan veliki kare. Oni su mladi, visoki, lepi. Oni su svi plavi od uvijača do šajkače, jedino ih opasuje oko struka pojas riđe boje. Ko su ti ljudi? To su jugoslovenski vojnici, Hrvati, Slovenci, Dalmatinci, Banaćani i Bačvani koji su, uzeti silom u austrijsku vojsku, prešli Rusima i tu obrazovali pod komandom viših srpskih oficira iz Srbije, jednu malu vojsku junaka čiji su podvizi u Dobrudži postali legendarni. Kada, usled izdajstva Lenjina, Trockog i crvenih sovjetskih gardi, prisustvo ovih čestitih ljudi na rusko-rumunskom frontu nije više bilo od koristi, oni su pohitali da se bore sa svojom srpskom braćom u makedonskim planinama. Evo ih gde su spremni da se ponovo bore, ali, pre nego što opet pođu da prkose smrti, idu da defiluju ispred svoga šefa, onoga koga su dotle poznavali samo po imenu, ispred princa-regenta Aleksandra.

Nekoliko kratkih komandi, ljudi prinose puške pred prsa, muzika svira pozdrav zastavi i ona prolazi ispred nepomičnih ljudi da se namesti usred njih. Malena je ova zastava sa srpskim bojama, ali koliko će biti obožavana od budućih naraštaja Velike Srbije, naraštaja za čiju slobodu su ovi mladići prineli svoj život na žrtvu!

Evo princa Aleksandra gde dolazi. U svom dugačkom sivom šinjelu sa crvenim ispuskama, sa cvikerom zbog kratkovidosti, on ima ozbiljnost čoveka kome život ne može više ništa novo da kaže. Aleksandar Karađorđević, još tako mlad, iskusio je već sve patnje, ali mesto da ga ogorče, njegove sopstvene patnje učinile su da saoseća sa patnjama drugih.

Vojnici ponovo prinose puške pred prsa i njihov šef, šef njihove lepe rase, govori im i bodri ih. On im kaže sve svoje nade u slavnu budućnost naroda koji ima tri imena, ali jednu dušu. Blagodari im na njihovoj žrtvi, žrtvi potrebnoj da Srbi, Hrvati i Slovenci dobiju mesto na koje imaju pravo. Sve je to rečeno jednostavno. Svi pogledi su upravljeni prema njemu i čini se da svi ovi ratnici hoće da se duboko urežu u njihovo sećanje potezi onoga koga vide prvi put i koji predstavlja celinu vekovnih aspiracija njihove rase.

Princ i njegova pratnja staju na desnu stranu polja. Suvo komandovanje i cela plava masa staje u redove za defilovanje sa muzikom na čelu i... napred! Princ pozdravlja i vojnici prolaze gordi, veličanstveni. Poslednji su prošli, i jugoslovenski vojnici dolaze da pozdrave svoga šefa. Za svakoga on ima reč ohrabrenja.

On se zatim upućuje izlazu iz logora, okružen vojnicima koji prilaze, bez straha, da mu izlože svoje želje. Princ sluša sa prostosrdačnošću i blagonaklonošću. Nijedan od onih koji imaju nešto da kažu, nije nesaslušan. To je dirljiv prizor kad čovek vidi ovog mladog šefa okruženog familijarno ovim vojnicima koji su sve žrtvovali za ujedinjenje i za oslobođenje svih onih koji srpski govore.

Sunce seda plaveći sve svojim crvenim zracima. Engleski avioni krstare po čistom večernjem vazduhu i hiljade ljudi izražavaju sve svoje želje u ovom uzviku: „Živeo princ Aleksandar! Živela Kraljevina sa tri imena, ali sa jednom dušom!"

Kakva pouka i kakav simbol!"

17. april. Odlazim za front. Vreme je lepo i vardarska ravnica je jako primamljiva sa svojim svežim zelenilom u kome već počinje da cveta mak. Susrećemo, kod Topšina, grčku brdsku artiljeriju koja odlazi na front. Ljudi su obučeni u nove uniforme, ali ima ih mnogo koji izostaju. Bez nezgoda prolazimo Jeniđe Vardar i u 10.00 sati smo u Vertekopu gde odlazimo da nađemo potpukovnika Mirkovića koji komanduje eskadrilama i srpskim avijatičkim servisima otkad je Denenu pošlo za rukom da ukloni Vitrea. Mirković je sebi sagradio, sa nabojem, vrlo lepu baraku koja liči na vilu. Ručamo sa pukovnikom i štabskim oficirima, kapetanom Kresolom, poručnikom Šavanom i drugima. Posle ručka, idemo u „bar" koji je divno udesila Piroenova eskadrila. Tu nalazimo Piroena, dr Mima, poručnika Bušea i pijemo malo viskija, pre nego što odemo do Tomića koji spava u svojoj kolibi. Tomić je uvek isti, on se nije izmenio otkad ga poznajem, to jest od jeseni 1914. Uvek oran, smeo, zaljubljen i sentimentalan. On nas nudi kafom i ja ga molim da nam odsvira nešto na svojoj flauti. On rado pristaje, opruža se na krevetu — njegov omiljeni položaj za muziku — i svira sentimentalne melodije sa očima u ekstazi uperenim u plafon. Mi smo to iskoristili da mu popijemo flašu konjaka. Zatim on hoće da me poveze u svome „fijakeru" koji je sam

izmislio i fabrikovao. Bože moj, kakva kola! Dva avionska točka za spuštanje na čijoj osovini je on pričvrstio jednu savijenu gvozdenu polugu i povrh ove namestio dva aeroplanska sedišta. Jedan dobar konj vuče ovaj instrument na kome čovek ima muke da održava ravnotežu odskačući na putu. Tako me je dovezao u Kalenicu gde se nalazi škola za artiljerijsko gađanje. Zadržavamo se malo kod oficira škole i vraćamo se taman na vreme da se divimo veličanstvenom zalasku sunca sa vrha brežuljka iza hangara. Ovako obasjani, ovi brežuljci bez hlada, ali obrasli bezbrojnim rascvetanim asfodelama, dobijaju sjajan izgled. Večeramo sa štabom i provodimo vrlo prijatno veče. Ali to nije više srpsko-francuska avijacija iz Vitreovog vremena. Stari su gotovo svi daleko, i vrlo srdačno drugarstvo između Srba i Francuza takođe nije više isto. Gde su oni lepi dani koje sam proveo u Vertekopu u Vitreovo vreme sa Brankom, Tadijom, Sondermajerom, Miletićem, vojvodom od Tirene i drugima. Sa poručnikom Vujićem, mojim ađutantom, spavam u kolibi napravljenoj od avionskog sanduka i obojenoj bledo-plavo i narandžasto; ova koliba je pripadala poručniku Kodiu koji je pao Nemcima u ruke.

18. april. Pukovnik Belić mi kaže da možemo ići u Grunište s našom kamionetom. Rešavam se dakle da prevalim ceo put u automobilu mesto da šaljem po konje u Petalino. Do Petalina nemamo teškoća, ali posle toga put postaje rđaviji i ima naglih nizbrdica. Moj šofer gubi hrabrost. Englezi ne vole ove teške puteve. Ali gurajući na izvesnim mestima naša kola i hrabreći šofera, stižemo gde smo naumili. Prijateljski doček od svih prijatelja Moravske divizije, moje divizije. Odsustvovao sam dugo u Solunu da izradim svoj izveštaj o bugarskim nedelima na Solunskom frontu, izveštaj koji će biti objavljen. Za to vreme organizovan je logor na savršen način. Kamene i drvene kolibe zamenjuju stare koje su pravili Rusi. Čeka me jedna od ovih udobnih koliba. S druge strane doline, na podnožju Velike glavice, sagrađena je neka vrsta malog, vrlo čistog sela od kućica koje su

sagradili vojnici. Kapetan Ljuba Stefanović, komandant divizijskih telegrafa i telefona, digao je za sebe pravu malu palatu od kamena sa mramornom pločom na kojoj je zabeležen cilj i datum ovih vojničkih radova. Naravno, počinjemo da pijemo tradicionalni konjak kod kapetana Dragog Miličića koji za prijatelje uvek ima sve što srce hoće. Izgleda da je noćas bilo jake pucnjave. Nisam ništa čuo.

19. april. Jutros je lepo vreme i mi polazimo na konjima s kapetanom Vladom na slavu 2. puka. Putem za Budimirce prolazi se treća i druga linija odbrane i onda se ide duž prve linije rovova. U više mahova, nismo ničim zaklonjeni i treba da jašemo jedan po jedan. Nekoliko granata prolazi iznad naših glava, ali one nisu nama namenjene. Za nešto više od jednog sata stižemo u pukovski štab. Pukovnik-brigadir Ristić je već tamo. Vojnici su u paradnoj uniformi i pevaju po svojim kolibama. Oko podne stižu divizijar Panta Grujić i njegov šef štaba major Panta Jurišić. Sedamo za sto u najvećoj zemunici, ali ipak gotovo suviše maloj da primi sve goste. Mladi oficiri ručaju u jednoj drugoj kolibi. Naša je tapetirana sa jelovim granjem po koje su vojnici išli na podnožje Kajmakčalana i do Sultanije Kulbeleri. Ručak je odličan i zaliven dobrim italijanskim pivom i Kjantiem iz kantine iz Sakuleva. Ceo svet je veseo, čitaju se telegrami sa čestitkama, drži se nekoliko zdravica, a prijateljski i neprijateljski topovi čine orkestar. To je zanimljivo, slava, stara srpska tradicija, koja se slavi tako blizu neprijatelja! Ali vreme se pokvarilo. Kad smo pojahali konje da se vratimo u Gruniste, kiša jako pada i sve je zavijeno u maglu, i to nam dozvoljava da jašemo, bez naročite predostrožnosti. U prolazu, pozdravljamo još komandanta 3. puka u prvoj liniji. Vreme se razvedrava i Bugari se tim koriste da nam pošalju nekoliko „marmita" bez rezultata. Na Gruništu vojnici igraju kolo uz zvuke gajdi koje su sami napravili. Ova kola mnogo zanimaju seljake. Čika Đoka Lazarević je takođe na Gruništu. To je čestit patriota koji ima iskustva i koji dobro poznaje svoje sunarodnike.

On se boji da će, posle rata, Srbi produžiti da vode partijsku politiku, što neće nimalo olakšati delo obnove zemlje. (koliko je imao pravo!) Za večerom, kapetan Vlada, dobro raspoložen od slave, peva nam još nekoliko pesama i onda odlazimo da spavamo. Kiša ponovo pada neprekidno i sloj zemlje skliznuo se s našeg krova. Najpre krov propušta nekoliko kapi, a onda nastaje pravi „tuš". Moja strana je zaštićena, ali Vujić mora da seli. Artiljerijski napad prošle noći bio je ozbiljan! Bugari hoće da poruše utvrđenja sa strane Brnika i Makova, položaja koje drži nezavisna konjička divizija.

Pismo od 21 aprila:

„Proveo sam noć u štabu 1. puka. Naše kolibe, solidno napravljene od kamena i brižljivo okrečene, bile su zaštićene od neprijateljskih „marmita" iz ogromnih i nepovredivih stena. Sinoć su trupe od nas nalevo (Prilepski odred) izdržale žestoko bombardovanje, a mi, ispeti na našu stenu, mogli smo da pratimo svaku granatu koja se rasprskavala u tesnoj dolini, na nekoliko stotina metara ispod naših nogu. Ostali smo tamo do kasno u noć, jer je pukovnik Nikolić, ljubazni komandant puka, doveo svirače, Cigane-vojnike, koji su svojim lepim i ozbiljnim glasom pevali pesme iz srpske zemlje.

Jutros smo krenuli da posetimo rovove u prvoj liniji. Silazimo niz planinu jedan po jedan da izbegnemo bombardovanje, jer nas neprijatelj vidi. Pred nama, na grebenima brežuljaka odozdo, srpski i bugarski rovovi presecaju ćilim proletnje trave. Vreme je vedro i tiho. Jedino što zvrjanje dvaju savezničkih aviona koji su došli da izviđaju protivničke linije, buni dostojanstvenu tišinu prirode. Jedan put kao vijugava traka vere se na vis. Napravili su ga Bugari kad su verovali da su gospodari „rata", da snabdevaju svoje trupe na dalekom Kajmakčalanu. Oni su hteli da ovekoveče svoje delo jednim spomenikom i, pored jednog izvora, gde obilato bije ledena i bistra voda, postavili su jedan veliki kamen sa nespretno urezanim natpisom u steni. Dva mlada srpska vojnika opružila su se pored izvora i, grickajući hleb i zalažući se crnim lukom, slovo po slovo čitaju natpis koji preporučuje putniku da misli sa blagodarnošću na one koji su napravili ovaj put. Jako sumnjam da su ova dva čestita mladića poslušali bugarsku preporuku.

Još četvrt sata silaženja i mi smo u štabu drugog bataljona. Posete u prvim linijama su retke i vojnici i oficiri radosno dočekuju one koji mogu da im donesu nekoliko svežih novosti. „Šta ima novo na zapadnom frontu? Da li se Francuzi i Englezi još uvek dobro drže? Bili ste na Krfu, šta se radi tamo? Da li će se rat svršiti ove godine?" itd., pitaju vas sa svih strana. I onda, to je tradicionalni doček uz slatko i sa najmanje tri čaše konjaka pored šolje turske kafe koju ordonansi imaju običaj da spremaju u svako doba dana ili noći i za čije pravljenje se održava celo vreme malo ognjište u svakom logoru.

Ja sam vrlo nespretan da se sam brijem i koristim se u bataljonu jednim telefonistom-berberinom da pristupim ovoj operaciji pred kolibom komandanta potpukovnika Bogdanovića. „Nemojte tamo", rekao mi je on, „mogle bi tu pasti avionske bombe". Trenutno nema aeroplana na nebu, a napolju je tako lepo vreme. Pored svega saveta, ostajem dakle na izabranom mestu. Upravo onda kad je berberin počeo da mi grebe bradu i grlo, karakteristično zviždanje, a iza toga jedna eksplozija na sto koraka od nas, objavila nam je da je jedna granata prošla iznad naših glava. Ali ova granata ostala je usamljena, bar za trenutak, i moj veštak mirno završava svoj posao.

Kad sam se vratio u kolibu, oficiri mi kažu smejući se: „Eto, imali ste svoju bombu!" „Kakvu bombu", odgovorio sam, „to je bila prava pravcata granata, granata ispaljena iz topa". Ova gospoda ismevaju ovog neveštog čoveka koji brka bombu sa granatom. Ali ja sam to ismejavanje brzo osvetio. Baš smo hteli da napustimo komandantov stan, kad „dži, dži, dži", jedan niz projektila stade da se rasprskava u istom polju gde i ona prva granata kojom je vršena proba. I to nije bilo svršeno! Bugari su nam poslali jedno šezdeset granata čija parčad

## ŠTA SAM VIDEO I PROŽIVEO U VELIKIM DANIMA

su dobacivala do nas. Ali, blagi Bože, šta su Koburgovi vojnici tražili u ovom polju gde nije bilo žive duše? Da li su hteli da sa paljbom u vetar proizvedu iznenađenje? Ne znam, ali siguran sam da su oni izbacili u ovo polje više od osam hiljada franaka na svoju suvu štetu. Kad je prestala paljba, silazimo u rovove. Ovoga puta nas zaštićava jedan krševit brežuljak, u rukama Srba, koji nas krije da nas Bugari ne vide. Na ulazu u rovove, novi doček sa konjakom i kafom od strane oficira ovog sektora. Imamo da izlazimo samo nekoliko metara saobraćajnicama, pa da se nađemo usred rovova i mitraljeza. Bacajući pogled kroz puškarnice, čovek vidi naše bodljikave žice i kočiće, a, na rastojanju od sto metara, bugarske. Između jednih i drugih, nalazi se neutralna zona gde je drveće pošteđeno od vojničke sekire. Mitraljezi, dobro prikriveni, spremni su da otvore vatru na svaku uzbunu. Od vremena na vreme jednom osmatraču učini se da je video neko sumnjivo kretanje i on opaljuje jedan metak koji ošine vazduh kao udarac biča. Malom majorovom psu je dosadilo da nas prati u dubini rovova i iskorišćava priliku da se popne na nasip. Sa otvorenim čeljustima, sa isplaženim jezikom, on izaziva pogledom Bugare. „Odmah dole, životinjo!", viče mu major, preneražen tolikom drskošću. Podvivši rep među noge, kuca skače u rov i sklanja se u jedan zaklon gde se odaje na uspešno istraživanje vojničkih porcija.

Posle detaljne posete celog sektora, pošli smo ponovo da popijemo koju čašu konjaka, i povrh toga i čaj u komandi. Vojnici dolaze da lepo i prijateljski razgovaraju sa svojim oficirima i pokazuju nam svoje male radove koje su napravili u rovovima. Dugo i mučno je bdenje u ovim krtičnjacima u kojima treba provesti vreme, a da čoveka ne uhvati čama! Svi ovi čestiti ljudi su dobre volje i čekaju s nestrpljivošću momenat kad će moći da izagnaju mrskog osvajača iz njihove drage Srbije. Vreme je da pođemo na planinu. „Doviđenja, vi ćete biti s nama kad budemo polomili Bugare", viču za mnom."

Bio sam s njima kad smo, najzad, izvršili proboj i ušli u Srbiju.

Pismo od 24. aprila:

"Tri sata izjutra. Kroz prozračne oblake pun mesec obasjava fantastično krševite planine koje okružavaju zavijutak Crne. Duboka tišina vlada svuda. Na grebenu brega, iza naše kolibe, ocrtavaju se na nebu sivom kao škriljac siluete tri konja; na jednom od njih jaše konjanik s puškom o ramenu. To su naši konji na kojima ćemo poći do artiljerijske osmatračnice na Gruniškom visu. Sedamo u sedlo i počinjemo da se veremo. Mesečina osvetljava put kroz stenje. Konji su navikli na noćne šetnje. Oni idu sigurnim korakom i ne plaše se fantastičnih senki koje mesec baca po zemlji. Gotovo na vrhu planine, jedna senka se odvaja od jedne stene: „Stoj!", viče poluglasno. Obaveštavamo stražare ko smo, i on nam kaže da nas čeka pukovnik-komandant artiljerije (Ljuba Vučićević).

Sjahujemo i penjemo se onih nekoliko stotina metara koji nas razvedravaju od vrha. To nije vrlo prijatno, jer mesto da se uputimo stazom koja vodi osmatračnici, mi smo pošli poljem. Svakog časa izlažemo se opasnosti da padnemo u stare bugarske rovove, ostatke iz ogorčenih borbi koje su vođene na ovom mestu krajem 1916. Najzad stigosmo. Vidimo gde iskrsavaju, gotovo iz zemlje, nekoliko senki od glava. „Jeste li dobro spavali? Vi ste tačni. Skočite u osmatračnicu", kaže nam pukovnik koji je tu sa svojim štabom. Skačemo u osmatračnicu, neku vrstu velike jame čiji su zidovi obloženi kamenjem.

Skoro je 4.00 sata i iza planina na istoku počinje da se nazire praskozorje. Oficiri puše cigarete, pogledajući na sat. Ne čuje se nikakav šum. Sve izgleda da je potonulo u najdublji san!

Najednom, jedan mali brdski top od 65, nameštan u blizini osmatračnice, ispaljuje prvu granatu. Odjek umnožava suv prasak detonacije i ispunjava celu dolinu koja je pred nama. To je signal. Sa svih strana, topovi svih kalibara počinju da grme. Njihovi projektili rasprskavaju se nad bugarskim rovovima. Šrapneli, rasprskavajući se, proizvode živu i trenutnu svetlost koja odgovara dolaznom blesku projektila. Topovi sa Floke takođe učestvuju u koncertu. Njihove eksplozije cepaju oblake koji su se obesili o snežne vrhove ovog masiva i proizvode čudnovato dejstvo.

Larma je zaglušna. To je beskonačna grmljavina u kojoj se ipak jasno razabire zviždanje granata malog kalibra i turobno urlanje haubičkih projektila koji prolaze iznad naših glava. Bugari, iznenađeni, odgovaraju vrlo slabo na ovaj potop vatre i čelika. Ipak, oni očajnički puštaju rakete koje stvaraju velike sjajne zvezde i survavaju se dole u dolinu. Oni se boje da naši, zaštićeni artiljerijom, ne izvrše upad u njihove rovove. Njihovi mitraljezi pucaju bez prestanka, probijajući svojim oštrim i karakterističnim zvukom opštu larmu.

Kroz petnaest minuta srpski topovi seju smrt u bugarskim linijama. Osmatrači na predstražama potvrdili su nam da su, dugo vremena, čuli jaukanje i stenjanje ranjenika. Sada je sve svršeno. Grobna tišina caruje nad ovom dolinom kad sviće zora.

Zahladnelo je i pukovnik nas poziva na šolju crne kafe. Nju su ordonansi spremili na žaru kojim se grejao telefonista u svom zaklonu.

Dan beli sve više i više. Nekoliko zadocnelih slavuja još izvode svoje trilere, dok se jutarnji vrapci već svađaju cvrkućući. Spuštamo se niz planinu da stignemo do našeg stana i da još malo odspavamo. Prolazimo pored teških topova kapetana Topalovića, koji su svršili svoj posao. Artiljerci ih zaljubljeno čiste i skidaju sivkastu penu koja pokriva njihov čelik srebrne boje. Bugari su mirni. Koliki među njima žale u ovom času ludačko izdajstvo njihovog naroda."

Pismo od 25. aprila:

„Večernje sunce bojadiše bledom narandžastom bojom snežne vrhove Kajmakčalana i Floke. Duboke jaruge koje brazdaju kose lanca Starkova groba i Čuke, dobijaju u senci čudnovatu boju, pomešanu sa crnom, sa zagasito zelenom i sa plavom. Na suncu, planina izgleda crvena, pošto je njena zemlja zasićena železom. Ovde-onde nekoliko mrlja živog zelenila obeležava pašnjake. Iznad celog ovog pejzaža, sjajno bojadisanog, pruža se prozirno nebo bez oblaka, plavo na istoku, žuto-zeleno na zapadu. Pored svega svoga bezbrojnog golog stenja, makedonska planina je lepa u ovom času!

Idemo jedan za drugim u ovom lepom pejzažu i tražimo da se što bolje prikrijemo iza stena ili u duboknm jarugama koje su bujice izdubile u kamenu. To je zato što našim putem dominiraju bugarski položaji, odakle neprijatelj šalje granate da sprečava saobraćaj. Mi ne preduzimamo ove mere predostrožnosti zato što se bojimo da nas ne pogodi jedan od ovih projektila. Kad vas neprijateljski top gađa, vi ste gotovo sigurni da će vas promašiti. Ali granata koja je vama namenjena, može da pogodi druge osobe koje idu istim putem, a zatim vaše prisustvo na tom mestu pokazuje protivniku put kojim prolazi noću komora. Od vremena na vreme, usamljene granate, i bugarske i srpske, prolaze iznad naših glava. To su baterije koje regulišu odstojanje za svoje noćno gađanje.

Posle sata i po hoda, stižemo na podnožje brega koji nosi na svom vrhu srpske i bugarske rovove. Nalazimo se pred jednom dosta dugom zgradom, sagrađenom na način kao na Far Vestu od jelovih debala sa kojih nije skinuta kora. To je pozorište 9. puka, koje daje danas svoju stotu predstavu. Predstava počinje u 20.00 sati i, dotle, potpukovnik Milošević, artiljerijski potpukoviik Milan Đorđević i drugovi vode nas u svoju menažu na večeru. U sadašnjem času, ako čovek hoće da dobro večera, treba da ide na front, pošto su prčvarnice i restorani u pozadini ispod svake kritike.

Pošto smo popili kafu i progutali konjak, silazimo s oficirima niz malu nizbrdicu koja nas odvaja od pozorišta. Mesec je izišao i plavi dolinu svojom blagom i srebrnom svetlošću. Pozorište je puno vojnika i oficira u rovovskim šinjelima, a njima su se pridružili drugovi iz drugih pukova koji su često prevalili sate mučnog hoda da prisustvuju predstavi i koji će se tek dockan noćas vratiti u svoje logore ili u svoje rovove. Pozorište, građeno u dubinu, može da primi 250 gledalaca. Za oficire i jedan deo vojnika imaju klupe, a drugi će stajati. Pozornica je dovoljno izdignuta da svi gledaoci mogu da vide. Rampa je napravljena, kao i sve ostalo, sa jelovim deblima. Šaptačeva kućica predstavlja lepu planinsku kolibicu. Sve je jednostavno, ali ipak odaje izvesne umetničke težnje od strane vojnika koji su sami podigli od 4.500 jelovih debala, odlazeći po njih u daleke šume Sultanije Kulbeleri. Osvetljenje daju acetilenske lampe.

Muzika koju je pozajmila divizija, nalazi se na svome mestu. Kao uvertiru ona izvodi jedan potpuri srpskih pesama. Zavesa se diže i u dekoru šume, koji su izradili vojnici, poručnik Stajić, povodom stote predstave, iznosi istoriju preduzeća. On ističe, s razlogom, moralni uticaj pozorišta, gde seljaci-vojnici u izgnanstvu imaju nekoliko sati iluziju da se nalaze u svojoj dalekoj zemlji.

Muzika svira novu pesmu i prvi komad počinje, „Knez Ivo od Semberije". To je Nušićev patriotski komad koji opisuje ugnjetavanje Srbije i Bosne od strane Turaka. Dekoracije i kostimi su rad vojnika i, bogami, nisu rđavi. Svi glumci su vojnici iz puka, koje je izvežbao direktor, ljubazni i energični profesor-vojnik Karadžić, i jedan profesionalni glumac, takođe vojnik, Lazarević. Svi predstavljači vrše vrlo dobro svoj zadatak. Oni dobro igraju i sa mnogo osećaja. Ženske uloge su vrlo pristojno igrane i preoblačenje u žene nema nimalo onaj karakter smešnosti kao što to većinom biva u amaterskim predstavama gde se muškarci prerušavaju kao žene. Bio sam radoznao da saznam profesije glumaca: kobasičar, obućar, seljak itd. Sadržina komada je tužna i posmatrajući, kradom, muška lica gledalaca, čovek na njima čita sve uzbuđenje koje kod njih proizvodi ovo uskrsavanje starog doba, doba koje je nažalost takođe slika sadašnjosti.

Zavesa pada. Toplo odobravanje nagrađuje glumce od kojih izazivaju glavne u više mahova. Dolazi pauza. Vojnici i oficiri odlaze da popuše cigaretu napolju. Ali muzika svira ponovo jedan komad koji prati paljba topova čiji projektili prolaze iznad pozorišta. Zavesa se diže za drugi komad: jedan veseo prizor iz života omladine u srpskim selima. Lica gledalaca sijaju od ushićenja. Oni preživljuju lepe nedelje kod kuće u svom belom selu okruženom zelenilom. Zaboravljaju za trenutak izgnanstvo i smrt koja ih vreba.

Predstava se završava sa Molijerovim „Mizantropom", ispred koga orkestar svira „suri valcer". Kostimi su bili pomalo fantastični: frakovi sa plavim pantalonama i prslukom, cilindri izvanredne visine, koji su fabrikovani u pozorišnim ateljeima. To je bila ogromna smejurija koja je carski razveselila vojnike.

Ponoć je. Predstava je svršena i pozorište se polako prazni. Vojnici ćuteći napuštaju ovo mesto, udaljeno jedva jedan kilometar od neprijateljskih rovova, gde su se nekoliko sati nasmejali i, takođe pomalo plakali, ne misleći na rat. Komandant puka mi predstavlja četiri vojnika u rovovskoj opremi koji su, toga istog jutra, bili u izvidnici u bugarskim linijama i koje je on, da ih nagradi, pozvao da prisustvuju predstavi.

Počela je uobičajena kanonada. Od vremena na vreme, čuje se, sasvim blizu, karakteristično kloparanje mitraljeza; i mi odlazimo na spavanje da opet sutra pođemo u rovove."

21. maj, Drinska divizija. Odlazim pešice sa kapetanom Nikolićem da obiđemo 4. puk. To je lepa šetnja kroz proletnju šumu. Najpre prolazimo kroz jelove šume, ali što se više spuštamo susrećemo jasike, i najzad smo usred bukove šume. Tu, usred ove šume, gotovo u dolini Bele vode, nalazimo zemunice komandanta 4. puka i njegovog štaba. Posle neizbežnog obređivanja sa konjakom, odlazimo na osmatračnicu. Svuda su podignute odbrane od bugarskih mitraljeza koji neprestano pucaju na logor. Sa osmatračnice imamo

pred sobom, na nekih 600 metara, nepristupne bedeme Sokola. Imamo takođe pred očima srpske saobraćajnice i rovove koji idu do podnožja Sokola. Nalazimo se usred zelenila. Od vremena na vreme jedan puščani pucanj ili kukanje kukavice buni spokojnu tišinu. Vraćamo se u štab gde nas sustižu brigadir pukovnik Kostić i njegov šef štaba. Počinje da pada kiša s grmljavinom. Za ručak jedemo odlične pastrmke, upecane u Beloj vodi. U 15.00 sati krećemo na konjima za 6. puk, puk princa Aleksandra. Kiša pada i, kroz lišće, mi smo pristojno pokisli. Treba se uspeti do puta za Belo grodlo i zatim sići u šumu. Put je više-manje rđav, često sa jakim usponom i debla drva ga zakrčuju svakog trenutka. Ali naši konji su navikli na planinu i na kamenje i mi stižemo bez neprilike u 6. puk, gde nas dočekuje njegov komandant, pukovnik Obradović. On mi pokazuje položaje svoga puka koji sačinjavaju krajnje desno krilo Prve armije. Sa artiljerijske osmatračnice koja se, sa jednom brdskom baterijom, odmah tu nalazi, prisustvujemo paljbi na jednu bugarsku osmatračnicu na Sokolu, koja se nalazi prema nama. Ostajemo da noćimo kod pukovnika i, za večerom, imamo kao astalsku muziku kanonadu i rasprskavanje projektila bugarskih „minenverfera" koji se kotrljaju niz kose Sokola.

22. maj. Odlazimo rano za Zeleni i Stavrin vis, pukovske položaje. Prati nas pukovnik Obradović. To je opet šetnja kroz šumu, ali ona je često pomalo proređena. Da se prikrije, put je maskiran malim jelama i borovima i bukovim granjem. Ipak, moraju se videti naše glave. Mi smo na domašaju bugarskih mitraljeza, ali Bugari ne pucaju. Svuda đurđevak i proletnje cveće. Ono je lepo i divno miriše. Za jedan sat mi smo na podnožju Stavrinog visa, poslednje parče puta išli smo gotovo nezaklonjeni. Sada smo sakriveni od neprijateljskih očiju i penjemo se uz planinu. Ah, kakav vidik se ima odozgo! Nadesno je jedinstvena panorama doline Moglenice sa Požarom i Tresinom. Sasvim blizu nas su „serpentine" koje se penju

na vrh Sokola, i prve linije Jugoslovenske divizije Druge armije. Komandant bataljona nas čeka sa svojim oficirima. On me vodi na razne osmatračnice i objašnjava mi svoj položaj. Na Sokolu, Bugari su svuda stvorili mitraljeska gnezda, udaljena od nas jedva kojih 600 do 800 metara. Zaista, s ove strane Sokol izgleda neosvojiv sa svojim šiljatim bedemima. Pokazuju mi jedan mali top od 35 milimetara, namenjen da tuče mitraljeze. Ipak, život Bugara na Sokolu ne može biti ružičast sudeći po drveću od koga su postali skeleti.

23. maj. Na Jelaku su zamenili staru kolibu princa Aleksandra sa pravom malom švajcarskom planinskom kućicom sa dve sobe. Ona je vrlo dobro napravljena i vrlo čista. Kako su upropašćene šume na ovim visovima! Oni su bili tako lepi 1916. i još 1917. Sada su kao oderani. Svuda su trupe isekle drveće, ne štedeći drva. Borovi i jele nisu posečeni do korena, nego u visini ruke, tako da su svuda ostali veliki panjevi koji trunu na kiši. Ceo svet ima „dengu", dr Pešić, pukovnik Smiljanić i mnoštvo vojnika. Ima jedinica u kojima su je dobili gotovo svi vojnici. Izgleda da ima oko mesec dana da je vetar sa Kajmakčalana doneo pravi oblak mušica koje prenose dengu. One su ubadale ljude i, danas, bolest je izbila. Ona nije opasna. Nastup traje dva-tri dana i, zatim, čovek oseća malaksalost tri-četiri dana. Odlazimo na previjalište Drinske divizije u Sabatni krst. Put ide duž grebena i odatle se pruža divan pogled na Sokol i ceo lanac visova do glavice Polšište. Ambulantom upravljaju dva majora od kojih je jedan dr Popović. Ona je usred šume. Vrlo dobro je organizovana, od operacione sale sve do mrtvačke kapele i crkve pod vedrim nebom. Tu ima mesta za 58 bolesnika, ali ona naročito služi za evakuaciju ranjenika koji dolaze s fronta. Operacije se vrše u ambulanti i operisane vojnike koji se mogu prenositi, upućuju automobilom u bolnice u ravnici. Život je pomalo monoton za ovu dvojicu lekara usamljenih u šumi gde zima traje mnogo dugih meseci. Pričamo i ja žalim opustošene šume i njihovu neracionalnu seču. „Šta ćete", —

kaže mi jedan od lekara — „mi Srbi smo uvek bili poznati kao „šumska filoksera". Naši ljudi vole da se greju i smatraju da je drveće za to da se lože vatre".

Pismo od 7. juna:

„Nalazim se na lancu visokih planina, koji ide od Starkovog groba do Belog grodla i ponovo se produžuje, prešavši duboku dolinu Bele vode, od Sokola do Kožuha. Vazduh je proziran i vide se, pored svega dugog rastojanja, najmanje sitnice na vrhovima od kojih najviši, vrh Kajmakčalan, prelazi 2.500 metara. Skele zavetne kapele na Kajmakčalanu, još nezavršeno delo srpskih inžinjera, ističu se jasno na bistrom azuru junskog neba. Sunce je otopilo najveći deo snega koji pokriva, osam meseci od dvanaest meseci, ove visove koji čine granicu između Grčke i Srbije. Ipak, mestimice, široke krpe snega još se opiru sunčanim zracima. Drveće se dotle ne penje. Jedino nekoliko vrlo niskih grmova smreke preseca ovde-onde zemljište. Retka trava, kratka i gorka, počela je da niče između kamenja pomešanog s malo crne zemlje sa vrlo mnogobrojnim ljušticama svetlaca. Svuda, čak pored snega, rastu šafrani boje jorgovana nalik na kaćune. Manjeviše svuda ljubičasti buketi koje sačinjava neka vrsta sićušnih „dana i noći", toliko nalik na šumske ljubičice da bi se čovek prevario, kad ne bi imale žutu pegu u sredini.

Zaustavili smo svoje konje i divimo se veličanstvenoj panorami koja se pruža sa svih strana pred nama. Nama nalevo je dolina Crne, bitoljska ravnica sa lancem Baba planine koji je oivičava i, na horizontu, sa klancem Babune koji je zatvara, Prilepske planine, glavice Polšišta tako čudnog oblika i na kojoj je osmatračnica bugarskog glavnokomandujućeg, i planine Demir kapije. Nadesno je dolina Moglene sa Moglenicom koja krči sebi put kroz ravnicu i plavi je šljunkom donesenim sa planine. Kao neku srebrnu prugu sa samovoljnim konturama, čovek je vidi kako svetluca daleko, daleko dok se ne stopi s maglom na horizontu. Silni bugarski položaji, Vetrenik,

Kožuh, Dobro polje i, upravo pred nama, nepristupačni krševiti bedem Sokola pred nama su. Čovek jasno razabira rovove, usečene često u kamenu. Naši rovovi penju se kao trake na zelenim paralelnim kosama, obraslima travom ili šumovitim. Mestimično, lepe borove ili jelove šume izgledaju kao da su izgorele od požara. Ostali su jedino panjevi, nalik na skelete sa svojim polomljenim i ogolelim granama. To je delo teške artiljerije koja, u ovom istom trenutku, počinje svoj dnevni posao upravo pored nas. Sa strahovitim pucanjem veliki Krezoovi topovi koji se jedva dadu razabrati pod svojim maskiranjem koje se saobražava terenu, šalju svoje projektile koji u svom ludom letu, urlaju kao vetar krajem novembra. Posle nekoliko sekundi koje izgledaju duge, vidi se kako se iznad neprijateljskih rovova izdiže mlaz crnkastog dima koji se širi kao gljiva. Dim se već gotovo razišao kad se čuje eksplozija granate nalik na udaljeni grom čiji odjek ponavljaju planine. Ferdinandovi artiljerci ne odgovaraju često. Ako bi se verovalo kazivanju zarobljenika koji su nam pali u ruke, oni oskudevaju u konjima, mazgama i magarcima za prenos municije na ove visove i njihove ljude primoravaju da prenose projektile na grbači na rastojanjima koja kadgod dostižu 40 kilometara. Ipak, od vremena na vreme, poneka bugarska „marmita" rasprsla bi se na našoj strani, stvorila malu rupu u zemlji i posejala gvožđe po poljima snega. Kako to izgleda pakosno usred veličanstva planine!

Treba da se otrgnemo od ovog lepog prizora, jer nas čekaju u divizijskom štabu. Naši konji se dohvataju širokog puta koji su srpski inžinjerci načinili u ovim planinama, gde se dotle znalo samo za kozje staze. Na nekoliko stotina metara niže počinje šuma. To je najpre tek nekoliko borova, zakržljalih od šibanja vetra koji izgleda da je hteo da ih kazni zbog njihove drskosti što su se tako visoko uspeli. Zatim dolazi lepa šuma nalik na šume u našoj Švajcarskoj i ispresecana ovde-onde zelenim livadama kroz koje protiče potok bistre i studene vode. Tu komordžije napasaju svoje konje, magarce i krave. Oni su

## ŠTA SAM VIDEO I PROŽIVEO U VELIKIM DANIMA

isfabrikovali od čaura od kuršuma zvonca koja su obesili oko vrata svojim životinjama. Oni sami su se opružili u travi i sviraju uz frulu melodije iz svog kraja. Ptice koje se ne boje, pevaju da probiju uši, ispete navrh grana, a nekoliko orlova veličanstveno kruže na velikoj visini. Čovek bi rekao da se nalazi usred mira, daleko od rovova koji su, ipak, tako blizu.

Na putu dole vidimo kako proleću bez prestanka dugi nizovi auto-kamioneta koje nose namirnice i municiju trupama na straži na ovim visovima. Vojnici marljivo slažu velike granate koje im donose automobili. One će se nad Bugarima rasprskavati sutra, prekosutra ili kroz nekoliko nedelja. Ali one će izvršiti svoj ubistveni zadatak, jer rat još nije svršen. I dok se dole priprema delo razaranja, dotle gore usred trave i pesme ptica jedno mlado tele sisa svoju majku, a jedan magarac beskonačnim njakanjem daje oduške ljubavnoj želji koju u njemu budi proleće."

28. juni. Srbi su slavili Vidovdan. To je bio poslednji ratni Vidovdan i poslednji Vidovdan pre gotovo potpune obnove velikog srpskog carstva izgubljenog na Polju Kosovu. Bio sam u prolazu u Solunu i odatle sam uputio jedan dopis pod naslovom „Vidovdan" „Lozanskoj Gazeti". Kao što sam kasnije saznao, pored svih mera predostrožnosti koje su preduzeli Austro-Mađari da spreče da moji napisi ne prodru u njihove zemlje, broj „Lozanske Gazete" sa ovim dopisom stigao je do Budimpešte. On je cirkulisao u srpskim krugovima u austrougarskoj vojsci i podigao je tamo moral i nadu. Zato, a takođe i zbog toga što ovo pismo dobro pokazuje duh koji nas je oduševljavao na frontu, prenosim ovde dopis u celosti:

„Solun, 29. juni 1918.

27. juna 1389, srpske velmože su se okupile na Polju Kosovu oko svoga cara, čestitog Lazara. Pod velikim šatorom nameštena je duga trpeza. Ona se gotovo povija pod izobiljem đakonija i peharima vina. Velmože su brižne. Murat, turski sultan, doveo je veliku vojsku

i sutra će biti odsudna bitka. Ipak, svi nastoje da se obodre pesmom i vinom. Usred ove Tajne večere car Lazar ustaje i napijajući Milošu Obiliću, jednom od najhrabrijih srpskih ratnika, kaže mu: „Sutra, Miloše Obiliću, ti ćeš me izdati! Pijem u zdravlje izdajnika!" Miloš skače na noge, besan od srdžbe. Hoće da odgovori. Ali on se savlađuje i samo kaže: „Videćemo sutra ko je vera, a ko li nevera!", i sutradan on prodire pod šator sultana Murata i raspori ga. Ipak, toga istog dana, srpsko carstvo se survava i podleže broju svojih neprijatelja na Polju Kosovu, i njegov vladalac Lazar gine kao junak. „Videćemo" dalo je ime ovome danu. „Dan kad će se videti", dan žalosti bio je proslavljen kasnije svake godine od svih onih koji govore srpski. To je bio praznik sećanja i takođe praznik nade za vreme dugih i svirepih godina turskog jarma. Kosovski Vidovdan ostao je znak za okupljanje srpske raje i njenih hajduka.

Kosovo je bilo osvećeno 1912, ali nove nesreće ojadile su potomke Lazara i njegovih velmoža i, danas, veliko Polje Kosovo ponovo gaze čizme neprijatelja koji, u svireposti, ne ustupaju ni u čemu Turcima i još ih možda nadmašuju.

Juče smo proslavili taj dan uspomene koji je postao dan žalosti i nade. To je bilo jednostavno: služba u maloj srpskoj solunskoj crkvi, suviše tesnoj da u nju stanu svi oni, oficiri, vojnici i građani, koji su došli da se pomole za pokoj duše njihovih starih i za budućnost svoga naroda. Gologlavi, oni stoje ćuteći u maloj porti i čak mnogi stoje na ulici gde do njih dopiru glasovi hora. Zatim, omladina iz srpskih škola, u jednoj prostranoj sali, peva nam najlepše pesme iz svog kraja, dok jedan od profesora objašnjava francuskim, engleskim, italijanskim, američkim i grčkim prijateljima koji su došli da se pridruže proslavi, šta znači srpska poezija i koliko je velika uloga koju je ona igrala u istoriji Srbije.

I to je bilo sve. Ipak, Srbin je sentimentalac. On nije od onih koji, kad se ućute poslednji akordi muzike, ne misli više na ono što je slavio. Celog dana, Vidovdan je bio slavljen u srcu svakog Srbina i, kad bi se dva prijatelja srela, oni bi o njemu govorili.

Srbi nemaju da išta kriju pred svojim švajcarskim prijateljem koji je s njima od početka rata. Jedan od mojih prijatelja, jedan od najviše cenjenih i najomiljenijih profesora u Beogradu (kapetan Starčević), priča mi svoje uspomene o poslednjem Vidovdanu pre svetske konflagracije. To je bilo 28. juna 1914. Četiri stotine mladih maturanata iz Stare Srbije i srpskih pokrajina, austrougarskih podanika s druge strane Dunava i Save, dogovorili su se da se sastanu u Srbiji da posete svoje narodno Polje na Vidovdan. Mome prijatelju je stavljeno u dužnost da ih vodi. U staroj crkvi Gračanici, sveštenici koji su takođe došli s druge strane, služili su liturgiju, a hor mladića je odgovarao. Nikada ovaj veličanstveni spomenik srpske srednjovekovne kulture nije slušao tako tople molbe za jedinstvo srpske Otadžbine. U istom času, nadvojvoda Franc Ferdinand i njegova žena poginuli su u Sarajevu od kuršuma jednog mladog fanatika, koji je i sam bio žrtva, kao što će to dokazati istorija, mračnih rovenja Beča i Budimpešte.

Mnogi od ovih mladih izletnika nisu se mogli vratiti na svoje ognjište. Zaista, njih su na granici ščepali žandarmi Franca Jozefa i oni još i danas trunu u tamnicama, ako ih milosrdna smrt nije oslobodila patnje.

Ostali su se zadržali u Srbiji i tu se borili za oslobođenje svoga naroda. Većina njih spava svoj poslednji san na nasmejanim ravnicama Mačve, na dunavskim ostrvima, pod jelama i bukvama Mačkovog kamena i Gučeva.

Da li će Vidovdan 1918. biti poslednji koji su Srbi slavili van svoje zemlje? Niko to ne može reći, ali je dopušteno nadati se. Kad se budu vratili kao pobedioci u svoju lepu zemlju Karađorđevića, Vidovdan će prestati da bude dan žalosti za Srbe. To će biti veliki dan sećanja i, u isto vreme, dan srpske kreposti koja, od 1389, nije napuštala ovaj narod u bedi i dozvolila mu da postane ova velika nacija, služeći za primer vernosti i samoodricanja celom svetu. Za ono što ostane od Austro-Ugarske, Vidovdan će ostati dan žaljenja i kajanja. Svake godine, on će podsećati ovu zemlju na kobne posledice jedne lupeške i svirepe politike. To će biti njen dan žalosti, dok će biti dan nade za one koje je ona htela da istrebi."

4. juli, Jugoslovenska divizija, bivša Vardarska divizija. Polazimo u 6.00 sati sa majorom Vojnovićem i idemo starim putem za Gornji Požar. Stižemo u ovo selo posle 25 minuta. Blagi Bože, šta su Bugari stvorili od ovog lepog sela usred zelenila? Ostale su samo četiri male kuće koje se drže. Sve ostale su u ruševinama, razorene bombardovanjem. Korov je obrastao ove domove i grobna tišina vlada na ovom mestu koje je nekad bilo nasmejano i bogato selo. Očigledno, komora je ovuda prolazila i, sa njihovog gledišta, Bugari nisu grešili što su bombardovali ovu tačku. Ali ipak, to je mučno za seljake koji su izgubili sve što su imali. Jedan seljak, izbegao u Donji Požar, čupa travu kojom je obraslo ono što je bila njegova kuća da nahrani nekoliko životinja koje je mogao da spase. Ovuda je prošao rat!

Vreme je vrlo lepo i rascvetali kestenovi su divni, ali nas goni oblak muva. Malo iza Gornjeg Požara napuštamo veliki drum i dohvatamo se staze koja vodi na položaje Sokola. Ova staza je gotovo uvek nezaklonjena i direktno pod vatrom bugarske artiljerije, ali ona ne puca. Sve je isto, puno cveća na koje se spuštaju najlepši planinski leptiri. Tako idemo uz Toplicu do neke vrste previjališta, gde nas čeka jedan vođ da nas povede na položaje. Sada se put penje između cveća i bukava. Put je mučan i naši konji se znoje. Prolazimo jedan klanac i, s druge strane, mi smo u borovoj šumi. Mimoilazimo brdske baterije i nailazimo na novo malo previjalište usred bukove šume. Sada treba ići pešice kroz šumu. Major Martinović (on je bio ranije u 21. puku), dolazi da nas pozdravi i vodi nas saobraćajnicama u svoj logor. Kolibe su iza jednog bedema od ogromnih stena. Pred njima, jedna provalija vodi u duboku dolinu, neku vrstu klanca,

## ŠTA SAM VIDEO I PROŽIVEO U VELIKIM DANIMA

oivičenog planinama koje se dižu strmo, pokrivene džinovskim pećinama. Usred ovih beličastih blokova raste nekoliko zgrčenih borova. Na severu, direktno pred nama i dominirajući, diže se vrh Sokola. Na kraju klanca, Stavrin vis koji drži 6. puk Drinske divizije. Pejzaž je divlji, ali veličanstven. Major Martinović izdaje telefonski naredbu da velike haubice bombarduju bugarske položaje pred nama: položaje 4, 5 i 6, Belu zemlju i Belog konja. Ispinjemo se na bedem stene koja zaštićuje logor. Posle pet minuta polaze granate i rasprskavaju se u rovovima koji su od nas udaljeni jedva 400 metara. Bugari moraju da vide bar naše glave, ali ne odgovaraju. Ispod naše osmatračnice ima jedan mitraljez koji, za vreme bombardovanja, izbacuje nekoliko redenika na neprijateljske linije. Odozgo se savršeno vide bugarski položaji. Oni se jasno raspoznaju od Sokola do Kotke, prolazeći preko Dobrog polja. Hoću da vidim još izbliže vrh Sokola. Na ivici šume, 100 metara ispod ovog vrha, vide se sve pojedinosti. Bugarski osmatrač sigurno nas vidi odozgo, ali ne može da na nas izruči mitraljez, jer on može da radi samo noću. Ručamo na terasi ispred majorove zemunice. Sem nas, tu je još bio majorov ađutant, mladi poručnik Kočić, i poručnik koji je šef jedne sekcije rovovskih topova. Vojnici su išli da nam naberu šumskih jagoda. Ostajemo da pričamo i da se divimo veličanstvenoj i divljoj prirodi. Predveče, spuštamo se pešice i kad smo stigli na kraj klanca, pojahali smo konje i ponovo prešli isti put kojim smo došli jutros.

5. juli. Sa komandantom divizije, pukovnikom Josipovićem i majorom Vojnovićem krećem najpre za Tresinu. Volim mnogo ovog pukovnika zbog njegovih vrlo tačnih ideja, njegove jednostavnosti i njegove dobrodušnosti. On je bio u Dobrudži i u Rusiji kao brigadir i tamo se poneo kao junak. U Tresini, Josipović odlazi da se javi vojvodi Stepi, a ja idem da posetim šefa štaba Živanovića. Zatim, s Vojnovićem, polazim preko Monastirice u Saračinovo, gde se nalazi 2. jugoslovenski puk. Ovaj puk je izradio dosta dobar put da se

čovek može udobno odvesti automobilom u selo. Kad smo stigli gde su me bili uputili, idemo u posetu pukovniku Tucakoviću koji se oporavlja pod svojim šatorom. Njegov šator je pod jednim ogromnim kestenom pored jednog bataljona. Tucaković dobro izgleda i očigledno je zadovoljan mojom posetom. Dosadno mu je sasvim samom na njegovom brežuljku. Razgovaramo o tome što se može učiniti na ovom frontu. On mi kaže da je apsolutno potrebno da se završi rat s Bugarima jednom lepom pobedom. Moral kod Bugara je rđav. To je istina, jer mi je još jutros jedan bugarski dezerter kazao da je Ferdinand izjavio da se ne može završiti rat bugarskom pobedom, da treba zaključiti mir i da će on abdicirati i ustupiti presto Borisu. Vojnici veruju da će Malinov zaključiti mir kroz nekoliko nedelja. Uostalom, Bugari se mnogo boje Srba. Tucaković mi je još kazao da se Sokol, Dobro polje itd. relativno lako mogu zauzeti, ali treba uložiti žrtava. Bez žrtava se ne može ništa učiniti. Zajedno sa Drinskom divizijom koja bi vršila pritisak s boka, on je ubeđen da bi zauzeo ove položaje za tri dana. Komandant puka, pukovnik Trebinjac, dolazi po nas i mi se praštamo s Tucakovićem da ručamo s oficirima pod jednim hladnikom. Divan ručak, gde mi ova gospoda pričaju svoje doživljaje i svoje utiske iz Rusije. Oni mi potvrđuju da su ruski revolucionari činili sve da zadrže Jugoslovene u Rusiji. Nudili su im po pet rubalja dnevno. To su naročito Jevreji koji su tako postali pomoćnici Nemaca. U sumrak, vraćam se u Požar vrlo brzo, jer je put delimično bombardovan od Bugara, a Gaston, moj šofer, to nimalo ne voli.

6. juli. Prvi puk Jugoslovenske divizije stacioniran je u Pažiku. Da tamo stignemo, prolazimo preko Subocka, Kapinjana, i dopiremo do Gostoljuba. Tu nalazimo konje i, po pripeci, počinjemo da se veremo uz planinu. Ona je pokrivena samo kamenjem i niskim grmljem. Posle jedne jake strmine, stižemo u štab puka kojim komanduje pukovnik Martinović, Crnogorac. Čovek krepak, srdačan, pukovnik

nas odmah vodi pod svoj hladnjak gde veselo ručamo s oficirima. Posle ručka, odlazimo na konjima da vidimo jedan bataljon. Usput, Martinović mi priča koliko su vojnici oduševljeni. Oni hoće da se bore. Radovi u pozadini ne dopadaju im se mnogo. Bataljon upravo vrši vežbu na jednoj livadi, pretvorenoj u vežbalište. Sedamo na stene koje se izdižu iznad improvizovanog poligona u planini i posmatramo savršene manevre vojnika. Nalazimo se na krajnjem desnom krilu srpske vojske. Pored nas su Grci. Pred nama Livade, Glavni stan Sereske divizije generala Zimbraksisa. Na malom odstojanju je Skra di Legen, čuveni Skra sa kojim su Grci napravili toliko reklame. To je jedva jedan brežuljak, koji nimalo ne može da se uporedi sa položajima kao što su Sokol i Dobro polje. Ne razumem kako su Grci tu izgubili toliko ljudstva, naročito kad su Francuzi ovde koncentrisali silnu artiljeriju, 40 teških baterija. Predveče napuštamo pukovske oficire i vraćamo se u Požar. Posle ručka odlazimo u divizijsko pozorište kojim upravlja aktivni i ljubazni kapetan Milan Radosavljević. Vojnici i oficiri došli su sa svih strana da prisustvuju. Pozorište je puno. Najpre se igra jedan komad u jednom činu od Nušića, jedna scena iz vremena turskog ugnjetavanja u Bosni. Seoska deca tu uzimaju učešća i igraju, bogami, jako dobro. To unosi malo promene u ove male Makedonce da igraju komediju. Zatim ima jedan komičan intermeco i jedna hercegovačka pesma. Najzad, jedna komedija završava veče. Glumci i glumice, vojnici, vladaju vrlo pristojno svojim ulogama. Publika je očarana i uzbuđena i kad se zavesa spustila poslednji put, svi ovi vojnici krenuli su na svoje položaje, kadgod vrlo udaljene, i čovek oseća da su oni obodreni i da će produžiti svoj teški zadatak sa novim žarom.

7. juli. Razgovaram dugo sa šefom divizijskog štaba, potpukovnikom Ilićem, čovekom jake inteligencije i vrlo prijatnim. On se pita kako će razne zemlje, a naročito Srbija moći da plaćaju svoje dugove posle ovog rata. Porezi će postati toliko zamašni da će svetu

biti nemoguće da pristojno živi. Bogami, ne znam šta će se dogoditi, nemam nikakve ideje o tome, ali mislim da će se to srediti kao i sve ostalo. Razgovaram takođe sa pozorišnim glumcima. Oni mi pričaju svoje avanture za vreme rata i daju izraza svome zadovoljstvu koje osećaju što igraju ovde pred vojnicima koji su im toliko blagodarni na trudu. Večeras će doći da igra trupa iz engleskog automobilskog logora. U štabu mi kažu da je Živanović naimenovan za komandanta Jugoslovenske divizije; Tucaković ide u Solun u Glavni stan i zameniće Pešića koji će otići u Francusku na mesto generala Rašića, jer je ovaj postao ministar vojni. Miša Jovanović, sadašnji šef obaveštajnog odeljenja u Glavnom stanu dolazi u Drugu armiju kao šef štaba. Odlazim s pukovnikom Josipovićem u Kosturjan da obiđem divizijske magacine, zatim u Poljane da vidim drugo previjalište i bolnicu za konje. Konji takođe pate od neke vrste malarije koju dobijaju od trave sa livada. Oni propadaju od jednog mikroba protiv koga veterinari upotrebljavaju injekcije. Najzad, odlazimo još da posetimo brigadira u Visovu i vraćamo se za večeru. Gospođa dr Bekson iz bolnice škotskih žena sa 12 kilometara došla je sa nekoliko svojih sufražeta da prisustvuje engleskoj predstavi. U 21.00 sat, gotovo 2.000 gledalaca ispunjavaju prostor pred pozorištem: Srbi, Francuzi, nekoliko Engleza i celo selo. Englezi su sve doneli: dekoracije, kostime, piano, električnu mašinu. Njihova predstava je neka vrsta varietea sa dve strahovito pretrpane i sasvim engleske komedije. Sadržina komada objašnjava se najpre na srpskom. Glumci su prilični i ima među njima jedan dobar profesionalni komičar. Prerušavanja su malo pomučna, ali sve to izaziva smeh kod vojnika, a to je glavno. Posle pozorišta imamo još jedan mali sastanak u „menaži" sa engleskim damama. U ponoći idemo na spavanje.

29. juli, 5. puk. Krećem sa Sultanije Kulbeleri, jašući preko raznih jaruga i bregova koji nas dele od Gornje Miletine kose gde se nalazi štab 5. puka. Svuda se sprema ofanziva. Naročito artiljerci

krećem se ovamo-onamo da nađu mesta za svoje topove. Iako sunce greje, nije suviše vrućina, jer žegu razblažava mali, jako prijatan vetar. Prolazimo kroz logor brigade i tu pozdravljam pukovnika Nikolića. Bože moj, kako je šuma slišćena! Ako se tako produži, kroz kratko vreme neće više biti drveća. Sunce je takođe pomalo sagorelo raskošnu vegetaciju koja je bila tako sveža u proleće. U 11.00 sati stižemo na stenu pukovnika Zagorčića. On nas dočekuje sa dr Ivanom Andrejevićem, Rusom i veselim drugom koji je u srpskoj vojsci još od Prvog balkanskog rata (umro je odmah posle primirja od gripa). Zatim ručamo, imajući odatle pred sobom divan pogled na front Dunavske i Moravske divizije. Kao i uvek, ručak je vrlo brižljivo spremljen, a ni vino nije bilo zaboravljeno. Sa Vujićem i sa doktorom odlazim da obiđem previjalište, gde nas sustiže pukovnik Zagorčić. Najzad, idemo u logor pukovske rezerve da tu igramo s pukovskim sveštenikom... partiju „kegla" koje su fabrikovali vojnici. U 20.00 sati večera pod hladnjakom i, zatim, ostajemo da pričamo i da pijemo. Oko 22.00 sata ađutant javlja da su Bugari, sa svojim raketama, zapalili travu koja se nalazi između rovova i da požar preti da uništi srpske odbrambene radove, balvane sa šiljcima, kočiće itd. To treba videti s osmatračnice. Prizor je čudan kad čovek gleda kako su rovovi obasjani plamenom. Ipak, našima polazi za rukom da sa zemljom uguše požar. Ovi požari su uostalom dosta česti na ovom frontu koji peče sunce. Juče, u prolazu, video sam šumu ispod Sultanije u plamenu, danas gori trava pred frontom Moravske divizije. Vraćamo se pod hladnjak i dok se čuje paljba artiljerije i mitraljeza, mi produžavamo sedeljku. Idem da spavam u ponoć, ali Vujić ostaje da pije do 4.00 sata ujutro. On će sutra želeti da spava ceo dan.

30. juli. Šetam sam po lepoj šumi, jer će Vujić, kao što sam predvideo, spavati do podne. Sa osmatračnice pratim topovsko gađanje. Naši šalju granate u bugarske rovove, a Ferdinandovi vojnici pucaju na položaje Dunavske divizije. Kako sve to izgleda sićušno usred

planina! Jedna mala rupa i pokoji pomereni kamen, to je sve. Odlazim zatim da uzmem „tuš" u pukovskoj banji. Njena instalacija je savršena. Na nekoliko stotina metara od banje, u hladu velikih bukava, izvire jedan izvor sa divno svežom vodom. Vojnici su ga uhvatili i namestili jednu ploču od kamena sa ovim natpisom:
„Godine će prolaziti, proticati vekovi,
A tebi, izvore, niko neće dolaziti
Sem senki poginulih junaka i onih drugova
Koji su već odavno, odavno umrli.
I te senke u horu, praćene urlikanjem vukova,
Planinskom grmljavinom i tvojim večnim žuborom
Pevaće pesmu od koje će odjekivati sve šume,
Ona će slaviti srpske pukove
Koji su nekad bili ovde i ovenčali se slavom."

Kako je ovde prijatno! Čovek se ne znoji kao u Solunu. Predveče odlazim na previjalište. Veče je veličanstveno i ima boja koje se samo mogu naći u Makedoniji. Pukovnik Zagorčić nam se pridružuje i, sa doktorom Ivanom i sa popom, sedamo da pijemo rakiju koju je fabrikovao doktor — bog će znati od čega — mezeteći krastavce i pržene rake iz potoka. Dr Ivan je zanimljiv ljudski fenomen. To je vrlo dobar tip, ali pomalo alkoholičar. Za vreme večere Bugari nam čine čast da nas bombarduju. Ali mi smo dobro zaštićeni našom stenom i mirno jedemo dalje.

31. juli. U 8.15 časova prepadno bombardovanje Bugara. Sa pukovnikom i poručnikom Golubovićem odlazim na položaje. Put nas vodi kroz šumu. Prolazimo pored jednog brdskog topa i dveju stanica mitraljeza. Vreme je vrlo lepo i nije jako vrućina. Pukovnik govori samo srpski, poručnik zna samo nekoliko reči francuski, ali mi ipak uspevamo da razgovaramo. Idemo lagano, s noge na nogu, i za jedan sat smo u tesnoj dolini gde teče Bela voda. Tu je zelenilo, lepo drveće, bukve i jasike. Ali Bugari nas vide i treba da napravimo

## ŠTA SAM VIDEO I PROŽIVEO U VELIKIM DANIMA

rastojanje jedan između drugoga pri hodu. Sada se penjemo uz Rovovsku kosu. Vegetacija prestaje i tek nekoliko retkih niskih biljki raste između kamenja. Staza je strma i peskovita, ali brzo dolazimo do prvih zaklona rezerve. Oni su istesani u steni i pokriveni debelim slojem debala i peska. Oficiri nas časte čajem. Imamo još da se popnemo nekoliko metara i eto nas na „Svetoj steni", gnezdu potpukovnika Maksimovića, komandanta trećeg bataljona. Njegova koliba, čvrsto sagrađena od kamenja, zalepljena je uz stenu. Ona izgleda da je neprikosnovena za bugarske granate. Srdačan doček s vermutom. Odlazimo zatim u rovove koji su odmah tu blizu. Što su dobro napravljeni ovi rovovi! Usečeni u kamenu oni se penju kao trske na greben. Mnogobrojne puškarnice, mazgale sa štitom, duboki zakloni. Njihovo odstojanje od bugarsknh rovova kreće se između 100 i 400 metara. Između jednih i drugih, „no man's land" je neka vrsta dosta zelene visoravni sa drvećem na kome još ima lišća. Bugari su mirni. Pošto smo obišli ovaj lavirint, često vrlo dubok, odlazimo kod Maksimovića gde nam je spremljen dobar ručak pod nekom vrstom hladnjaka. Kao i obično u sličnim prilikama, ručak se otegao celo posle podne. Kakav divan čovek ovaj Maksimović! Sutra, 1. avgusta, pada naš švajcarski narodni praznik i ja sam to kazao za vreme ručka. Maksimović odmah predlaže da ga proslavimo veličanstvenim vatrometom koji će biti izveden večeras. Poručnik Krakov komandovaće sekcijom bombaša. Oko 20.00 sati silazimo u rovove. Spustila se noć bez meseca, ali ipak čovek razbira predmete. Sada su rovovi puni vojnika. Bugarski rovovi su utonuli u apsolutnu tišinu, u našima se radi na pravljenju zaklona. Najednom, jedan pucanj iz šešane. To je znak. Sa svih strana bacaju bombe na Bugare: ručne bombe, bombe iz šešane, iz mortara, mitraljezi se mešaju u koncert. Bugari bacaju rakete i odgovaraju mitraljezima i rovovcima. Larma je strahovita. Kuršumi prolaze zviždeći iznad naših glava. To traje nekoliko minuta. Rakete su zapalile travu osušenu od sunca i plamen obasjava neprijateljske linije. Meci postaju sve ređi i, malo-pomalo, ponovo se vraća tišina. U ponoć silazimo pešice niz Rovovsku kosu. Mrak je gust kao testo, ali se ipak nejasno nazire peskovita staza zasejana stenama. Kod Bele vode čekaju nas konji na kojima se vraćamo u logor.

2. avgust. Spuštamo se sa Jelaka u Drinski Preslap, gde ću uzeti konje iz komore 5. puka. Volim mnogo kad sam s komordžijama. To su izvanredni tipovi. Oni uvek sve znaju, za njih nema tajne. To su žive novine na frontu. Na primer, ne treba im sve verovati što pričaju, jer umeju da lažu kao oni koji vade zube. A onda, nema boljih poverenika od komordžija. Oni znaju da vam sve nabave. Kad nemam više duvana za lulu, obraćam se njima i dajem im poruku da mi kupe jedan ili dva kilograma duvana „Gros Cu" kod Francuza. Posle dva dana oni mi ga donose i kad ih ja pitam za cenu, oni mi odgovaraju sa osmehom: „Ne košta ništa, dobili smo ga". Ali oni ne vole „marmite" i tek što smo malo bili kod komordžija 5. puka, Bugari počinju da bombarduju granatama njihov logor. Komordžije se onda rasturaju kud koji kao vrapci. To nije opasno. Gotovo polovina granata od 150 ne eksplodira. Pripravili su nam dva mala konja i mi odlazimo pustim putem, jer ga još biju neprijateljski projektili. U 12.30 stižemo u brigadu gde nas čekaju na ručak. Danas je Sv. Ilija i, da ga proslavimo, spremljen je ozbiljan krkanluk. Tu su svi viši divizijski oficiri i mi jedemo i pijemo celo posle podne. Mika, Ciganin, svira. U 20.00 sati odlazak u puk, gde produžavamo veselje sa Ivanom „Špiritusom" i popom, dok Mika svira na violini u pratnji harmonike. Ova mala veselja pod nosom neprijatelju nisu bez draži.

4. avgust. Odlazim u 6.00 sati iz puka da nađem pukovnika brigadira Kostića. Zagorčić je već otišao u 3.00 sata ujutro. Zajedno sa Kostićem jašemo za Preslap. Vrućina je, mnogo veća nego ovih poslednjih dana. U Preslapu nalazim svoju kamionetu i mi odmah počinjemo da silazimo. Put je sada mnogo širi i čovek nije toliko

često zaustavljan od automobila koji idu uzbrdo. U 10.00 sati smo u Dobroveni, u bašti 5. puka, gde nas čeka Zagorčić sa nekoliko oficira. Počinjemo tradicionalno i višestruko obređivanje konjakom i mezetimo patlidžane i paprike iz bašte. Zatim je ručak, bogat i uvek, sa neizbežnim „jagnjećim" i sa mnogo tečnosti. Ostajemo zajedno do 16.00 sati. To je veselo raspoloženje ljudi koji, godinama, gledaju smrti u oči i koji to zaboravljaju, kao i svoje jade, za nekoliko sati. Treba da se popnem na Jelak, gde me čekaju na večeru. Pukovnik Kostić još ostaje u Dobroveni, tako da se sam penjem automobilom. U 18.00 sati sam na Jelaku. „Mangup", jarac koga sam dao princu na Krfu, gospodar je bašte. On je prijatelj svih gardista, pored sve svoje agresivne ćudi. Princ Aleksandar dolazi do mene i pita me šta smo radili na Miletinoj i Rovovskoj kosi. Posle večere kod princa, bila je kinematografska predstava. Kao i obično, došli su svi saveznički vojnici iz okoline i prinčevo prisustvo usred njih nimalo ih ne smeta da prave svoje primedbe, često pomalo masne. Tu su takođe Engleskinje-šoferke sa svojom šefovicom koja se mnogo prenemaže. Ima jedna pomalo larmadžijska muzika, ali izgleda da ove dame mnogo u njoj uživaju. Posle bioskopa šetam sam sa princom i pričamo o svemu. On mi kaže da akcija koja se sprema na ovom frontu, neće biti u velikom stilu. Jedna mala rektifikacija fronta nalik na onu kod Skra di Legen. Ipak, mislim da bi ona mogla postati važna, ako se Bugari povuku u panici (kako sam tada imao pravo!). Razgovaramo takođe o budućnosti i princ mi kaže da je njegova želja da više ne ide iz Srbije. „Dosta sam putovao, ako prijatelji hoće da me vide, oni će doći k meni". Vraćamo se u „palatu", uzimamo još jedan viski i ja odlazim da legnem, jer ću sutra vrlo rano krenuti. Francuzi i dalje napreduju na zapadnom frontu.

Moje beleške govore često o baštama koje su stvorile trupe. Ove bašte su igrale izvesnu materijalnu i moralnu ulogu u životu vojnika-boraca. Evo jednog pisma koje sam, tim povodom pisao 18. jula:

„Trajanje rata i teškoće snabdevanja životnim namirnicama primorale su ratnike na ovom frontu da traže da nabave jedan deo svoje hrane na samom mestu. Gotovo sve jedinice su organizovale velike bašte gde uspeva zelen, i one na uspešan način sarađuju na izdržavanju trupa. Očigledno, priroda sadašnjeg rata u Makedoniji — rat u rovovima ili na položajima — olakšava ili, bolje, omogućava da se na mestu proizvodi zelen. Jedna takva proizvodnja nije moguća u ratu u pokretu, gde, u svakom trenutku, vojske menjaju mesto.

Ali zvanična inicijativa vojnih vlasti probudila je kod vojnika interes za baštovanluk. Kod seljaka koji sačinjavaju veliku većinu srpske vojske, to je samo buđenje nagona dece zemlje. Sa pravom pomamom, vojnici se odaju baštovanluku. U plodnim ravnicama gde sve niče, na visokoj planini, svuda gde čovek može naći između kamenja malo zemlje, vojnik traži da otme od zemlje nekoliko glavica kupusa, luka, salate. Naravno, rezultati nisu uvek najdivniji. Planinski luk iz Floke mnogo je zakržljao, ali to ništa ne smeta da vojnik kad jede ono što je sam sadio, nalazi da je mnogo bolji od svega što bi mu najlepši izbor u pariskima „halles" mogao da dade. Izlišno je sumnjati da će čovek u baštama na frontu srpske vojske, naći četiri nacionalne zeleni: kupus, papriku, crni i beli luk.

Ove bašte su vrlo zanimljive. Tu ima najpre raskošnih bašta koje obrađuje intendantura za potrebe vojske. Mnogobrojno osoblje održava brižljivo peskom posute staze usred ogromnih prostora na kojima raste kupus, patlidžan, luk, pasulj i drugo. Dobro građene kolibe daju skloništa „direktorima". Pristup u baštu brani čvrsta ograda od bodljikave žice. U jednom ćošku gaje malo cveća. Sa njima se kite čaure od granata na stolu u „menaži" kad komandant armije ima ugledne goste.

Postoje zatim bašte manjih jedinica, pukovske, bataljonske, grupe mitraljeza ili artiljerijskih baterija. One raspolažu s mnogo manje kredita nego one prve i tu se trude da izvuku što se više može od onoga što tu može da se gaji. Ipak, pošto ne nedostaje radne snage, ove bašte imaju izgled bašta imućnih seljaka. Kako one služe relativno mnogobrojnim jedinicama koje imaju sve što treba za prevoz, za njihovo podizanje birano je najzgodnije i najplodnije mesto, često dosta daleko od onih koji jedu njihove proizvode.

Među ovim baštama ima jedna naročita kategorija: bašte-mučenice. To su one bašte koje se nalaze u blizini jednog saobraćajnog puta pod neprijateljskom vatrom. Bugarsko-nemačke granate tu kadgod proizvode strahovitu pustoš, i ja sam više nego jednom konstatovao užasne pokolje... glavica kupusa.

Najzad, imamo individualnu baštu, onu koju stvara oficir ili vojnik pored svoga šatora ili zemunice gde živi. To su zaista najzanimljivije bašte, jer nam one otkrivaju ličnost onoga koji ih je stvorio. Poneki put, cela „bašta" nema više od jednog kvadratnog metra i, da je napravi, njen sopstvenik je morao da ide daleko da traži zemlju kojom pokriva stenu. Najčešće, baštovan udružuje prijatno s korisnim. Pored malo zeleni, on neguje i cveće. Ali ovo cveće nije ono koje nalazimo u našim baštama za uživanje. Retko vojnik na frontu ima sreću da može da nabavi nekoliko semenki ladoleža ili kakvog drugog „civilizovanog" cveta. On traži svoje cveće po livadama, u planini. Divlje ruže, spomenak, perunika itd. sačinjavaju obično njegov cvetni vrt, ali on je isto toliko gord na njega kao da ima skupocenu baštu sa pomorandžama. Kad padne veče, on odlazi u svoju baštu i, sedeći na stočiću koji je fabrikovao od otpadaka kakvog sanduka od municije, svira na frulu, misleći na drugu baštu koju je ostavio u Srbiji. Katkad baštovan daje još više zanimljivosti svojoj bašti, kiteći je svakom vrstom trofeja, rasprsnutim granatama, čaurama itd. i sejući je mozaicima napravljenim od malog šarenog šljunka. Ovaj ukus za mozaike, koji su kadgod zaista umetnički, uveli su i raširili Englezi koji su, pred svojim bolnicama, automobilskim depoima itd. često izveli na ovaj način prava remek-dela."

# FRANCUZI, ENGLEZI, ITALIJANI I SRBI

Srbi nisu bili sami na Solunskom frontu. U savezničkoj Istočnoj vojsci bilo je u stvari, sem srpskog elementa, francuskih, engleskih, italijanskih, ruskih i grčkih trupa, pa čak i nekoliko stotina Albanaca, Esad-pašinih pristalica. Ruski element, usled događaja u Rusiji, bio je potpuno uklonjen iz Istočne vojske u toku proleća i leta 1917. Grci su bili korisni, ali oni nisu igrali važnu ulogu u odsudnim momentima pobede. Njihovo prilaženje savezničkoj stvari bilo je zadocnelo, a njihova sadašnja snaga na frontu je relativno mala kad se uporedi s veličinom njihove zemlje. To je zato što su simpatije u ovoj zemlji bile duboko podeljene od početka rata, i Venizelosu, iskrenom prijatelju saveznika, a naročito Srba, pored svih njegovih napora nije polazilo za rukom da uništi prestiž germanofila kralja Konstantina, odrešitog pristalice nemačke pobede. Iako je Konstantin bio primoran na abdikaciju, većina Grčke ostala je Konstantinovska i neutralna, naklonjena Nemačkoj. Jedino posle Žonarove misije u proleće 1917, ova većina nije se više usuđivala da se otvoreno pokazuje. Mala solunska grčka vojska koju je obrazovao Venizelos, jako je patila od ovog stanja stvari.

General Saraj, u svojim memoarima, rekao je da su jedine vojske na koje je on mogao računati da se mogu uspešno ogledati s neprijateljima, bile francuska Istočna vojska i srpska vojska. To je apsolutna istina. Francuzi i Srbi su zajedno izvojevali sve odsudne bitke na ovom vojištu. Rusi i Italijani sarađivali su pri zauzimanju Bitolja, ali njihova akcija bila je sporedna, što je uostalom i prirodno kad se uzme u obzir njihov relativno ograničen broj. Grci, snažno potpomognuti jakom francuskom artiljerijom, imali su jedan uspeh na Skra di Legenu, ali to je bila isto tako sporedna operacija i više učinjena da se dade podstreka njihovoj zemlji koja je bila još jako podeljena. To je bilo korisno, bez sumnje, kao što su grčki elementi koji su sarađivali sa Francuzima kod Bitolja prilikom pobedonosne ofanzive 1918, bili od koristi. Ali ni Rusi, ni Italijani, ni Grci nisu nikada izveli kakvu odlučnu akciju.

Što se tiče Engleza, njihova situacija je bila čudna i, recimo iskreno, vrlo nepovoljna po savezničku Istočnu vojsku. Engleski upravljači, kako vojni tako i civilni, nisu hteli Solunski front. Oni su tamo poslali trupa, jer nisu hteli da, kao velika saveznička sila, sama Francuska bude predstavljena na ovom istočnom frontu. Engleski prestiž bi od toga mogao da strada kod balkanskih naroda. Englezi su išli u Solun pod moranje i ostali su neprijateljski raspoloženi prema ovom frontu sve do kraja. Lord Kičener je već bio zabranio ekspedicionim trupama svaku ofanzivnu akciju. One su trebale da se ograniče samo na čisto defanzivnu akciju. Stoga, kad su se Srbi i Francuzi u avgustu i septembru 1916. uhvatili u koštac s Bugarima kad su, posle gotovo čudesne pobede na Kajmakčalanu, Srbi očistili Čuke, a Francuzi potiskivali u ravnici, kad je pao Bitolj, Englezi nisu makli malim prstom, sprečavajući tako svoje saveznike da eksploatišu do kraja svoju pobedu. Ljubomorno, komandant engleske vojske čuvao je svu svoju nezavisnost i nije hteo da se prikloni zahtevima zajedničke stvari koja je neodložno iziskivala jedinstvenu komandu, komandu Saraja i njegovih naslednika. I kad je, najzad, engleska komanda pristala da sarađuje na zajedničkom planu poslednje ofanzive, engleske trupe su imale rđavu sreću, popravljenu samo ogromnim uspehom vojsaka koje su izvršile udarac, srpske i francuske vojske.

Prosti srpski vojnik je to osetio i, njega je instinktivno privlačio najviše njegov francuski drug koji je imao s njim da snosi najveći teret i najveći rizik na frontu. I on je pronašao u njemu ne samo ratnika koji mu je bio ravan po hrabrosti, nego je u njemu takođe otkrio jednog prijatelja koji ga je, pored sve razlike u rasi, razumevao usled prirodne srodnosti sa njim. Srpski vojnik i francuski „poali" postali su dva nerazdvojna prijatelja. Kao što je bilo neizbežno, naročito u pozadini, bilo je kadgod malih svađa između vojnika raznih naroda, ali, koliko ja znam, srpski i francuski vojnici nisu se nikad svađali. Sem istinskog prijateljstva, Francuz, čak i varošanin, osećao je pravo poštovanje prema ovom nesrećnom vojniku-seljaku koji se žrtvovao da povrati slobodu za svoju decu. S druge strane, Srbin je obožavao građanina-vojnika koji je bio sposoban da strada za jedan ideal. I ovo uzajamno prijateljstvo nije se samo ograničavalo na francuske trupe iz metropole. Kolonijalne trupe, naročito senegalske, bile su takođe veliki drugari sa Srbima: gotovo svi Senegalci na frontu govorili su nekoliko pokvarenih srpskih reči, a ja sam poznavao jednog crnog narednika iz Dakara koji je govorio odlično srpski. Bio je ranjen dva puta i lečio se u srpskim bolnicama. Pričao mi je da će posle rata kupiti jednu kafanu u Dakaru i da će se da ne zaboravi srpski, pretplatiti na „Veliku Srbiju", srpski solunski list. Srpski vojnik isto tako je znao šta su francuska država i porodice činile za srpske izbeglice i decu, i osećao je veliku blagodarnost.

Što se tiče oficira iz zemlje Karađorđevića, oni su potpuno delili osećaje prostih vojnika. Blagodareći njihovoj većoj kulturi, oni se nisu samo povodili po osećaju i nagonu, nego su analisali i tako duboko usadili svoje poštovanje i svoju zahvalnost prema onima koji su ih razumeli i koji su ih bratski pomogli u nesreći i to pored svih teškoća koje su imali oni sami da savladaju, francuski oficir je zaista bio drug srpskom oficiru. Kakav je divan sklad vladao na primer između francuskih i srpskih avijatičkih oficira kad je major Vitra bio šef francusko-srpske avijacije. Francuzi i Srbi su sačinjavali jednu veliku porodicu u Vertekopu. Vitraov naslednik, major Denen, manje je umeo da zbliži oficire dvaju naroda, ali, ipak, sporazum između njih bio je potpun.

Pošto se rat otegao, bilo je neizbežno da dođe do nesporazuma između oficira sasvim raznog vaspitanja. Možda takođe, u nadležnim francuskim krugovima, nisu uvek imali najsrećniju ruku u izboru oficira koje su slali na Solunski forot da sarađuju sa Srbima. Bilo je ljudi koji nisu mogli da razumeju da se nalaze u jednoj sredini sasvim različitoj od one u kojoj su bili navikli da se kreću. To je kadgod izazivalo trenja koja su Srbi jako osećali, vrlo osetljivi kao i svi ljudi u nesreći. Bilo je čak trenutaka kad se čovek mogao bojati da je dobar sklad ozbiljno ugrožen. I tako kad je, u maju 1917, propala Lebukova ofanziva, jer je bila nedovoljno pripremljena i sa suviše slabim silama, pukovnik D'Uši uostalom prijatelj Srba, izradio je svoj čuveni izveštaj gde je pripisivao ceo neuspeh operacije neaktivnosti dveju srpskih armija, a, naročito Prvoj armiji. On je zaključio da srpska vojska neće više da se bori. To je bilo lažno i pristrasno. Uzroci neuspeha bili su mnogostruki: potcenjivanje od strane vrhovne komande u pogledu neprijateljske snage koju ima da pobedi; francuska artiljerija nije dovoljno pomagala svoju pešadiju; Italijani ostavljeni u vazduhu, i magla koja nije dozvoljavala Drugoj srpskoj armiji da izvrši uspešnu artiljerijsku pripremu da bi tako njena pešadija posle prvih uspeha mogla da gurne dalje. Uostalom, Druga srpska armija bila je jedina koja je zabeležila nekoliko znatnijih napredovanja, na Kotki na primer. Što se tiče prebacivanja srpskoj vojsci da nije htela više da se bori, to je bilo jedinstveno nepravedno. Srpska vojska bila je spremna, kao uvek, da se žrtvuje, ali ona je imala samo vrlo malo bajoneta u tom trenutku, oko četrdeset hiljada. A ona nije htela da žrtvuje svoje poslednje snage, sem da je uspeh izgledao bar verovatan, što nije bio slučaj posle Lebukovog neuspeha. Kako bilo,

D'Ušiev izveštaj rđavo je dejstvovao ne samo u Francuskoj Istočnoj vojsci nego i kod upravljača u Parizu i Londonu. Ova legenda o srpskoj malaksalosti održavala se uporno. Kad sam video prvi put, generala Gijoma koji je došao da zameni generala Saraja, jedno od prvih pitanja koje mi je upravio, bilo je: „Je li istina da Srbi neće više da se biju?" Sreća da su francuski oficiri na Solunskom frontu brzo uvideli zabludu pukovnika D'Ušia.

Ali to su sve bili prolazni oblaci u dobrom skladu između francuskih i srpskih oficira. To su bile prijateljske zađevice koje se, ukoliko vreme dalje teče, izglađuju i zaboravljaju i, kad su u septembru 1918. Srbi i Francuzi pobedonosno probili bugarsko-nemački front, niko nije više mislio na neuspeh Lebukove ofanzive.

Na ovom mestu i radi potpunosti, neophodno treba govoriti o velikim francuskim šefovima koji su komandovali savezničkom Istočnom vojskom.

Od trenutka kad su se francuske trupe iskrcale u Solunu u jesen 1915. do kraja godine 1917, komandant savezničkih vojsaka na Solunskom frontu bio je general Saraj koji se, ranije, odlikovao na francuskom frontu svojom odbranom Verdena 1914, prilikom bitke na Marni, odbranom koja je imala za srećnu posledicu da ovo utvrđeno mesto ostane u rukama Francuza. Saraj je bio mnogo kritikovan u savezničkim krugovima, a i u srpskim. Pošto se aktivno bavio jednom aferom koja je jako uzbudila svet u to vreme — Drajfusovom aferom — i pošto je zatim kadgod istakao svoje osećaje koji su jasno skretali ulevo, general je bio smatran za vojnika-političara i imao je zbog toga mnogo neprijatelja. Ova reputacija vojnika-političara pratila ga je u ratu i svi njegovi neprijatelji i većina onih koji nisu delili njegova politička ubeđenja, hteli su da vide u svemu što je on radio, ne jedan vojnički napor nego jedan politički cilj. Ovaj utisak je bio još pojačan činjenicom što se Saraj, usled držanja Konstantinove Grčke i Venizelosovog sudelovanja u stvari Antante, morao neizbežno baviti diplomatijom da se održi i to tim više što je politika zvaničnih savezničkih diplomata prema Konstantinističkoj Grčkoj bila kolebljiva, zbunjena i protivrečna.

U stvari, Saraj je bio samo vojnik na svom položaju u Solunu. Diplomatska akcija koju su mu davali da vodi, bila mu je odvratna. Iskreno i lojalno on je tražio samo jednu stvar: da posluži vojnički što bolje može interesima saveznika. Prebacivali su mu često da se okružio saradnicima koje je više birao po njihovoj političkoj srodnosti nego po njihovim profesionalnim sposobnostima. Možda je uzeo iz prijateljstva jednog ili drugog od svojih oficira, ne vodeći suviše računa o njihovoj vojničkoj vrednosti, ali je nemoguće, ako čovek hoće da bude pravičan, da se uopšti ovo prebacivanje, pošto on nije određivao oficire za istočni front, već sam francuski Glavni stan.

Pored toga, Saraj je imao stalno da brani čak i samo postojanje Solunskog fronta. Englezi nisu hteli o njemu ni da čuju, Italijani ga isto tako nisu voleli, a Rusi, dok su još bili u redovima saveznika, činili su svakojake teškoće. Sami Francuzi, u više mahova, bili su potpuno spremni da žrtvuju za druge ovaj front za koji je Saraj smatrao, potpuno tačno, da je od prvostepene važnosti i koji je jedino njegova lična intervencija spasla više od jednog puta.

Treba li još dodati da je Saraj bio komandant savezničkih Istočnih vojsaka samo po imenu? Istina, Srbi i Francuzi lojalno su sarađivali pod njegovom komandom, ali engleska vojska pokoravala se samo glasu Londona, a Italijani isto tako nisu bili krotki. Povrh toga, italijanski general Ferero koji je operisao u Albaniji, bio je bez ikakve veze sa Solunom i, svojim manevrima nepodešenima sa Istočnim vojskama, stavljao je ove poslednje, u više mahova, u teške položaje. Italijanski šefovi su mrzeli Saraja, a engleski i grčki šefovi takođe ga nisu voleli. Zašto? Da li je to bilo iz ljubomornosti? Da li je to bilo zato što je hteo da primora trupe da dadu maksimum? Bilo je zbog svega toga antipatije od strane šefova ovih vojsaka prema vrhovnom komandantu. Koliko je bilo intriga protiv Saraja da se primoraju Francuzi da ga povuku s ovog fronta! Razume se samo po sebi da je i inače već težak zadatak vrhovnog komandanta savezničkih Istočnih vojsaka učinjen tako još jedinstveno težim.

Posledica svega ovoga bila je da su saveznici postupali sa Solunskim frontom kao sa Pepeljugom. Nisu mu davali ono što je potrebno i, ako su se, primorani, rešili da nešto učine, to je bilo cedeći kap po kap. Englezi su čak povlačili s ovog fronta trupe u jednom trenutku koji je mogao biti kritičan. Izvesno je, da je Saraj imao na raspoloženju potrebne snage, on bi ranije mogao dovesti do proboja fronta, proboja koji je bio, kao što su to kasnije događaji dokazali, odsudan.

Kako bilo, Saraj je umeo da stvori, sa ograničenim sredstvima, utvrđeni logor i jedan front koji ne samo što se odupro neprijateljskom pritisku nego je kasnije doveo do sloma Bugaro-Nemaca na ovoj strani Evrope, sloma bez koga potpuna pobeda nad neprijateljima Antante nije bila moguća. Sarajeva zasluga je što je pripremio ovaj slom, njegovi naslednici imali su samo da iskoriste što je on stvorio.

Sa Sarajem nije bilo uvek vrlo lako! Bio je tvrdoglav i kad je stekao mišljenje o nečemu, bilo je teško uticati na njega da ga izmeni. Tako je bio sebi uvrteo u glavu da su gonjenja u nesrećnoj aferi Dimptrijevića Apisa bila upravljena protiv frankofilskih oficira. Ja sa ostalima mogli smo koliko hoćemo da mu dokazujemo da je ova afera čisto unutrašnja stvar i nije imala nikakve veze sa simpatijama i antipatijama koje uostalom nisu postojale — prema Francuskoj. On je ostao pri svojoj ideji i ne znam da li je ikad ona kod njega sasvim iščezla. On je dobio ovaj pojam gledajući članove Skupštine na Krfu kako vode stranačku politiku i kako se svađaju kao da su usred mira. Saraj je smatrao, s razlogom, da reč imaju vojnici i topovi, a ne političari. On je sumnjao da postoji koban uticaj politike u srpskoj

## ŠTA SAM VIDEO I PROŽIVEO U VELIKIM DANIMA

vojsci. Stoga nije voleo političare koji su mu vraćali istom merom. Njegova strepnja bila je bez osnova. Svađe političara nisu prodrle na front. Tu je bila samo jedna deviza: spasti Otadžbinu i ostvariti Ujedinjenje braće. Ljudi sa Krfa mogli bi uzeti za primer nacionalno ujedinjenje na frontu!

Saraj je bio iskren prijatelj srpskog naroda, a naročito srpske vojske. On je o njima uvek govorio, sa ljubavlju koja nije bila izveštačena. On se divio hrabrosti srpske vojske i njenom stoicizmu u nesreći. Saraj je voleo takođe princa-regenta Aleksandra, ali nije bio salonski čovek. On je bio ratnik koji nije umeo da prikriva svoju misao.

Nasledio ga je general Gijoma. On je ostao jedva sedam meseci na Solunskom frontu, a za to vreme nije bilo operacija u većem stilu. Gijoma, čovek od vrednosti, tih, mnogo zvaničniji od Saraja, poznavao je manje srpsku vojsku nego Saraj.

Najzad, general Franše d'Epere preuzeo je komandu nad savezničkim Istočnim vojskama u leto 1918, kratko vreme pre pobedonosne ofanzive. Čim je stigao, on pregleda sve jedinice na frontu. Ono što je tamo video, oduševilo ga je. Odmah su počele pripreme za ofanzivu i kad je sve bilo gotovo, on je tražio odobrenje od Klemansoa da je izvrši. Klemanso koji je bio tada predsednik ministarskog saveta i ministar vojni, odbio je. Onda je Franše d'Epere ponovo telegrafisao da lično garantuje uspeh pothvata, da je moral trupa odličan, ali da bi odbijanje demoralisalo vojnike, a, naročito, srpske vojnike. U poslednjem času stigao je Klemansovljev pristanak na projektovanu ofanzivu.

Franše d'Epere se koristio sa onim što su njegovi prethodnici, naročito Saraj, stvorili na Makedonskom frontu, ali je pokazao veliku mudrost da prihvati i da posluša savete jednog čoveka koji je do kraja poznavao zemlju i način da u njoj vodi rat. On je uzeo za saradnika vojvodu Mišića i ovaj je, u stvari, komandovao velikim pobedničkim manevrom.

Lično Franše d'Epere bio je protivnost od Saraja. Ovaj poslednji je bio jednostavan, prirodan, ono što je uobičajeno da se naziva demokratski. Onaj prvi je bio aristokrata koji je držao odstojanje. Engleska vojska na Solunskom frontu kao takva imala je mnogo manje dodira sa srpskom vojskom nego francuska vojska. Uistinu, engleski položaji na levoj obali Vardara bili su daleko od srpskih položaja i, sve do poslednje ofanzive, Englezi nisu uzimali učešća u zajedničkoj akciji. Englezi, a naročnto Engleskinje koje su se družile sa Srbima, pripadali su bolnicama i automobilskim grupama koje su stavljene na raspoloženje srpskoj komandi. Seljani iz Šumadijske, Drinske, Timočke i drugih divizija nisu dakle imali prilike da se bore rame uz rame s Englezima kao što su to stalno činili sa Francuzima. Ipak, oni su se savršeno dobro slagali s Englezima i Engleskinjama sa kojima su dolazili u dodir.

Engleski vojnik bio je vrlo srdačan sa svojim srpskim drugom i oni su jedan drugom činili uzajamno usluge kadgod su to mogli. Što se tiče oficira, oni su bili odlični drugovi koji su rado delili sa svojim srpskim kolegama bogato snabdevanje koje su dobijali iz svojih kantina. U engleskim bolnicama, srpskom ranjeniku je često ukazivana sasvim naročita nega. Očigledno, išlo se za tim da Srbi zadrže u najboljoj uspomeni svoje engleske drugove iz Velikog rata. Vojnicima i oficirima svesrdno su išle na ruku u tom zadatku bezbrojne engleske bolničarke i šoferke. Gotovo nije bilo ma kakve ceremonije na frontu ili u pozadini, gde ne bi bilo Engleskinja.

Mnogi Srbi naučili su dovoljno francuskih reči da se mogu sporazumevati sa francuskim „poalima", a ovi su zapamtili nekoliko srpskih reči da razgovaraju sa... Englezima. Nije bilo ništa smešnije nego kad čovek vidi na putu za Vrbeni, na primer, gde se susretnu jedan francuski i jedan engleski kamion. Francuz ne zna ni reči engleski, a Englez nema ni pojma o francuskom. Prvi se raspituje za stanje puta: „Put dobro?" — „Dobro." — „Može?" — „Može!" i

## ŠTA SAM VIDEO I PROŽIVEO U VELIKIM DANIMA

Francuz produžava vožnju, jer sada zna da je put upotrebljiv. Jedna jedina engleska reč je ipak postala „međusaveznička". „Finish" je bilo upotrebljavano u svakoj prilici od Francuza, Srba, Italijana i Grka.

Prvi susret srpskih vojnika sa Italijanima bio je mučan. To je bilo za vreme strašnog povlačenja kroz Albaniju. General Bertoti bio je stekao glas koji mu ne služi na čast, ali, mora se reći, već u tom trenutku mnogi njegovi oficiri sunarodnici vrlo strogo su ga osuđivali. Drugi dodir italijanske vojske sa srpskom vojskom bio je sasvim drugačiji. To je bilo na Solunskom frontu u jesen 1916. Italijani su bili uputili lepe trupe sa jednim generalom od vrednosti, generalom Petitiem di Roretom. Ovi vojnici su čestito vršili svoju dužnost. Njihova akcija je često bila vrlo korisna. Tako, za vreme borbi oko Bitolja, oni su se čarkali, sa uspehom, na visokom lancu Peristera. Očigledno, oni su bili u suviše malom broju da bi mogli igrati neku ulogu prvoga reda, ali njihovo prisustvo na Solunskom frontu bilo je ipak jedan element konačnog uspeha.

Njihova oprema i njihova organizacija bile su savršene. Njihova automobilska služba bio je jedan servis za ugled. Kao niko drugi, oni su umeli da udobno udese svoje logore. Italijanski vojnici su bili vrlo disciplinovani, a njihovi oficiri predusretljivi i učtivi. Sa srpskom vojskom oficiri i vojnici bili su u najboljim odnosima. Njihove kantine gde se moglo za malo novca dobiti odličnih stvari, bile su uvek na raspoloženju njihovih srpskih drugova. Zbog toga je čovek uvek mogao da nađe u svima jedinicama Prve armije italijanskog piva i Kjantia. Tamo gde su se stacionirali na frontu, Italijani su se takođe brinuli za snabdevanje oskudnog stanovništva. U Tepavcima, oni su sagradili srpsku školu. Srpski vojnik bio je zaboravio svoj prvi susret sa generalom Bertotiem i postao je dobar drug sa italijanskim vojnikom.

Tako, na Solunskom frontu srpski vojnici i oficiri bili su odlični prijatelji svojih drugova iz raznih savezničkih naroda. Oni su bili dobro sa celim svetom što se ne može reći o svima drugima. U stvari dolazilo je često do tuče između Italijana i Grka. Vojnici kralja Petra i njegovog sina Aleksandra utvrdili su tamo prijateljstva koja su mogla kasnije dati velikog uspeha da su, posle rata, nadležne vlasti učinile sve što je potrebno da se ona održe. Nažalost, nije ništa učinjeno i tako su ova prijateljstva ostala samo lepa uspomena.

# SRPSKI ŠEFOVI

Da ceo jedan narod bude junačan, treba da bude dobro vođen, a da bude dobro vođen, treba mu dobrih šefova. Da jedna vojska bude hrabra, istrajna, čak u nesreći, i da se ne boji žrtvovanja za spas svoje zemlje, treba joj primera, a ove primere mogu dati samo njeni šefovi. Dakle, srpski narod i vojska, čak u časovima kad je na krst razapeta Srbija krvarila iz svih svojih žila, imali su sreću da imaju svoje šefove i svoje primere. Ovi šefovi bili su najpre njihov kralj i njihov princregent, a zatim velike vojskovođe Putnik, Mišić, Stepa Stepanović i Bojović. Kralj Petar i njegov sin Aleksandar, uz pomoć Putnika, Mišića, Stepe i Bojovića spasli su Srbiju i stvorili ujedinjenu Kraljevinu Srba, Hrvata i Slovenaca. Građanski šefovi to ne bi mogli učiniti, jer, mora se reći, oni nisu mogli nikada potpuno da zaborave svoje svađe partijskih političara, a da se spase zemlja iz očajne situacije u kojoj se nalazila, trebalo je potpuno jedinstvo koje žrtvuje sve jednoj jedinoj ideji: spasu Otadžbine. Kralj Petar, njegov sin i njegove velike vojskovođe ostvarili su ovo jedinstvo i tako su mogli da spasu zemlju.

Petar I, kad je planuo Veliki rat, bio je već predao regentstvo svome sinu Aleksandru. Bio je star i bio je mudrac koji je smatrao da su, kad se pređu izvesne godine, njegova pleća postala suviše slaba da izdrže bez povijanja odgovornost za dobro upravljanje celom jednom zemljom. On nije dakle direktno uzimao učešća u vođenju rata. On se držao po strani, dobrovoljno, sam. Ipak, njegova krupna figura lebdela je, od početka, nad celim ovim ratom, i, kao u vilinskim pričama, u kritičnim časovima on je bio usred svojih junaka. Ko će ikada dostojno moći da opeva staroga kralja ukočenoga od reumatizma, koji, usred zime, silazi sam u rovove svojih vojnika da pobedi ili da pogine s njima? Pojava „čiča Pere", kako ga je familijarno zvao narod, učinila je pravo čudo. Pored sve oskudice u municiji, srpska vojska razbila je silnu Poćorekovu vojsku i isterala je iz svoje zemlje kao zečeve. Posle nekoliko dana, kralj Petar se vratio u svoj Dvor u Beogradu, gazeći nogom prostrte austrijske zastave mesto ćilima, pred kapijom. I taj kralj delio je sa svojim narodom i svojom vojskom sve nevolje i sve patnje povlačenja kroz Albaniju! Edmon Rostan, u jednoj uzvišenoj pesmi, opevao je ovog starog kralja koji odlazi u progonstvo na kolima koja vuku četiri vola, usred svoga naroda kojeg nije hteo da ostavi u najstrašnijim iskušenjima.

Petar I je ušao živ u legendu. Kad čovek na to misli, čini mu se da je ova slika gotovo suviše lepa da bude stvarnost. Pa ipak, to je bila stvarnost. Istinsku legendu o kralju Petru, običnom Srbinu usred svojih vojnika u rovovima i spremnom da pogine ili da pobedi s njim — legendu isto tako istinsku o starom kralju kako prelazi preko negostoljubivih planina i dolina Albanije na kolima koja vuku četiri vola, i okruženog familijarno od svojih vojnika i svoga naroda u nesreći — pričaće baba unučadi pored toplog ognjišta, ali ono što su nam pričali kad smo mi bili mali, bilo je izmišljeno, dok je ono što će se pričati deci budućnosti, bila velika stvarnost.

Petar I, general Topola kako se on dao nazivati, živeo je sam u Topoli, zatim blizu Halkisa, i, najzad, u Solunu. On je primao samo vrlo retko nekoliko prijatelja. U Solunu gde je pustio bradu u znak žalosti za Otadžbinom, izlazio je samo ujutro u „sajd-karu" kojim je rukovodio njegov verni žandarmerijski narednik. Bio sam jedan od povlašćenih koji su, za vreme rata, viđali od vremena na vreme ovog velikog kraljevskog mudraca. Bolje nego opisivanjem moći ću dati njegovu sliku, punu velike plemenitosti, žarkog patriotizma, divne jednostavnosti i velike privrženosti uspomenama, po svojim beleškama koje sam uzeo posle dve posete kod njega. Ovde su prve beleške, dok smo još bili u Srbiji.

22. avgust 1915. Rđavim opštinskim putem, preko Natalinaca, stižemo brzo u podnožje brežuljka na čijem se grebenu diže Karađorđeva crkva koju je sagradio kralj. Naš automobil lako se penje uz ovaj breg i mi ulazimo u kraljevsko imanje. To je prostrano zemljište, zasađeno mladim drvećem koje još nije imalo vremena da poraste. Pred „Dvorom" stajemo. Ovaj Dvor je jedna mala kućica, vrlo čista, ali jednostavna i ima samo nekoliko soba. Unutra je sve isto tako jednostavno kao i spolja. Zidovi su belo okrečeni bez ikakvih šara. Ipak je doneseno nešto nameštaja iz beogradskog Dvora, tako da, pored sve jednostavnosti, ima izvesne udobnosti i izvesne otmenosti. Tu kralj stanuje sam s jednim pukovnikom i jednim konjičkim kapetanom koji komanduje gardom. Pukovnik nas prima i ubrzo ulazim kod kralja. To je starac s energičnom glavom i sa jakim belim brkovima. On nosi vojvodsku uniformu. Ima dostojanstveno držanje i izgleda u dobrom zdravlju, ali ga je sluh izdao. „Čiča", kako ga familijarno zovu, ima zaista gordo držanje sredine iz koje je proizašla njegova porodica i što on ne krije, nego se čak time ponosi. Prijem je bio vrlo prijateljski. „Srećan sam što vas vidim", kazao mi je, „jer vi ste dobar prijatelj Srbije i to ste dokazali, bes Beča i Sofije protiv vas najbolji su dokaz. A povrh toga, vi ste Švajcarac, vi ste iz zemlje koju toliko volim i gde sam proveo toliko lepih godina". Familijarno ulazi se u razgovor. Razgovaramo o ratu i on mi priča nekoliko epizoda iz 1870. Govoreći o nemačkoj špijunaži, on mi je ispričao ovu priču: jednog dana kad je bio sa generalom Biljoom, naiđe jedan oficir koji je kazao da ga je uputio general Burbaki. Govorio je vrlo dobro francuski, ali generalov ađutant je posumnjao u njega i to saopštio generalu. General je rekao da poznaje oficira iz mladih dana i zabranio mu je da ga dira. Ali ađutant nije hteo da

ostane pobeđen. Primetivši oficirove vrlo šiljate čizme kakve se nisu mogle naći u Francuskoj, zapitao ga je gde ih je nabavio. Ovaj mesto da kaže da ih je skinuo sa jednog mrtvog Prusa, tvrdio je da ih je nabavio iz Pariza. Kad su ga uhapsili i pretresli, otkrili su da je to grof De V. (kralj se više nije sećao imena), pruski oficir. Na pitanje zašto se on, kao plemić, ponižava da vrši špijunažu, odgovorio je da je čast špijunirati za pruskog kralja. Kad su ga digli na vešala on je umro vičući: „Francuske svinje, Prusi će vas ipak pogaziti!" Razgovaramo i o Švajcarskoj i kralj mi priča svoje streljačke uspomene. On je član „Arkbize" u Ženevi i učestvovao je u gotovo svima federalnim i kantonskim streljačkim utakmicama za vreme svoga bavljenja u Švajcarskoj. On ima sve medalje, pehare itd. sa ovih utakmica i vadi iz džepa jedan srebrn sat sa federalne utakmice u Lucernu. On je takođe odlazio na streljačke vežbe u Iverdonu i na federalne streljačke vežbe u Nešatelu. Pitao me o strelcima iz njegovog vremena, Žilienu, Lutiu i o prodavcu oružja Ebersbergeru iz Ženeve itd. Ja se ne sećam Lutievog imena i, da me podseti, on mi kaže: „Vi poznajete mesara iz Ženeve koji tako dobro gađa". Zatim on hoće da sazna šta rade njegovi stari poznanici: Navil, Marten, Le Roajs, dr Merio, Reverden itd. On hvali ženevsku policiju koja je bila uvek vrlo predusretljiva prema njemu. Kako su njegova deca išla u školu sasvim sama, Obrenovićeva vlada je htela da ih otme, i, jednog dana, njegov sin Đorđe dođe kući i ispriča kako je neki gospodin hteo da ga povede, pošto ga je zadržao na ulici. Čim je policija bila izveštena, ona je sprečila da se ne ponove ovakve stvari. „Ah, ja bih hteo da Srbija i Srbi budu kao Švajcarska i Švajcarci!", kazao mi je on. „Kako je vaša zemlja disciplinovana. Nikad se ne vidi da se policija meša u manifestacije. Jedna povorka prolazi ulicom i građani se nameštaju u red na trotoaru. Nije potrebno da se mobiliše policija. Na primer, u Engleskoj bašti u Ženevi stoje objave koje preporučuju cveće i drveće pažnji publike. Bio sam svakodnevno u toj bašti i, jednog dana, posmatrao sam kako se igraju deca. Jedan mališan igrajući se loptom, bacio ju je u nasad. On trči svojoj mami i moli je da mu je izvadi. Drugo dete, kome se desio isti slučaj, osvrće se oko sebe da li ga niko ne vidi, preskače preko ogradice i uzima svoju loptu. Najzad, treće dete preskače u nasad i povrh toga još trga nekoliko cvetova. Bio sam radoznao čija su ova deca. Saznao sam da je prvi bio Švajcarac, drugi Nemac, a treći Francuz. Mali Švajcarac već je imao poštovanja za zakon! Eto šta nama Srbima treba!" Govoreći o politici, kralj mi kaže da se svet suviše bavi politikom u Srbiji i da bi bilo dobro kad bi se njom bavio manje. Pričajući o srpskoj vojsci, on izražava sve svoje divljenje za srpskog vojnika. „To je hrabar vojnik koji ima srca. On je strašan u borbi, ali pred pobeđenim protivnikom on sve zaboravlja i vidi u njemu samo jedno nesrećno stvorenje s kojim će podeliti svoje poslednje parče hleba". On ne zna ništa o svom sinu Đorđu koji je na italijanskom ili francuskom frontu. „To je čudan tip. Kad je posetio jednog ranjenog prijatelja, bio je ljubomoran na njega zbog njegove rane i, onda, ne napušta više Beograd dok mu jedna austrijska granata nije srušila jedan zid na glavu. Ali on nalazi da to nije dostojna rana i odlazi da bude ranjen, ozbiljno ovoga puta, na Mačkovom kamenu. Išao sam da ga sretnem u Valjevu. Ležao je u svom automobilu. Nije govorio ništa, jer ga je, verovatno, bolela rana, ali on je bio zadovoljan što je ranjen. Čudim se kako se izvukao iz cele stvari. Jedan milimetar dublje i bio bi mrtav".

Kralju Petru je dosadno sasvim samom, jedino u društvu sa svojim ađutantom i svojim lekarom. „Ja sam star", govorio mi je, „i moj sin Aleksandar radi mesto mene. Ja sam na odsustvu. Povukao sam se da ne smetam političarima, ali dosadno mi je". Pričamo dugo i izlazimo da pođemo prema crkvi. Naš razgovor se produžava: „Jeste li naučili malo srpski?", pita me on. Na moj odgovor da sam naučio nekoliko reči, i takođe rečenicu: „Dajte mi čaša..." „Voda", dodaje kralj. „Ne, rakija", odgovaram. Na to mi on drži malu disertaciju o tome kako ne treba piti alkohol ni pušiti. „Gledajte", kaže mi on, „nekada sam pušio 80 cigareta dnevno, a danas sam sasvim prestao da pušim". „Da, ali vi ste stari, a ja sam u najboljim godinama", odgovorio sam mu. Pet sati je i kralj se prijateljski prašta sa mnom. „Idite još da vidite crkvu. Ja bih rado išao sa vama, ali noge mi se teško penju uz stepenice", kazao mi je on, odlazeći prema svojoj maloj usamljenoj kući.

11. juni 1917, Solun. Bio sam danas kod kralja Petra. On me je prijateljski primio u svojoj sobi sa golim zidovima koji nisu ukrašeni nijednom slikom. On je postario. Lice je vrlo mršavo pod bradom u obliku lepeze. Ide teško sa dva štapa. Ipak, moja poseta ga raduje. Pričao mi je svoje uspomene puna dva sata. Još slabije čuje. Primoran je da se služi akustičkom cevi. Govori mi naročito o Ženevi i o svojim uspomenama koje ga za nju vezuju. On je poznavao ceo svet i seća se svih imena. Prvi put je dolazio u Ženevu kad je bio još neženjen. Zatim je bio sa Burbakievom vojskom interniran u Švajcarskoj. Ali on nije hteo tamo da ostane. On je poručnik u štabu generala Biljoa. U Verieru predaje jednom drugu svoju dužnost i prokrada se u jedan voz koji je išao za Šo-de-Fon i Nešatel. Tu je kupio građansko odelo koje je obukao preko svoje uniforme. Bez zapreke stigao je u Ženevu i odseo u hotelu „De Berg". Kazao je da je Srbin i da dolazi iz Rumunije, ali hotelijer nije hteo da mu poveruje, povukao ga je u jednu sobu i otkrio francusku uniformu. Onda mu je poručnik Karađorđević priznao da želi da se vrati u Francusku. Hotelijer mu je savetovao da ne uzima voz u Ženevi, jer je stanica puna Nemaca, nego da ide kolima do La Plena i da tamo sedne na voz. Poručnik, budući kralj, ne odlazi odmah, već čeka generala Biljoa koga prebacuje u Francusku preko La Plena. Zatim čeka u Ženevi i na telegrafski poziv generala koji je stigao u Bordo, i sam isto tako beži. Kasnije se vratio u Ženevu i tamo je proveo više od deset godina svoga života. Kralj mi kaže da je 70—71. Ženeva bila neprijateljski

raspoložena prema Francuzima, dok im je Cirih bio naklonjen. Za „Žurnal de Ženev" nije bilo ništa lepše od Nemačke, i Mark Debri, tadašnji njegov urednik, ostaje germanofil do svoje smrti. Uostalom, sve „aristokratske" i „jeretičko-protestanske" porodice imaju slabost za Nemačku. Trebao je sadašnji rat, pa da se izmeni mišljenje. „Jadna Srbija!", produžava kralj. „Koliko li će joj još ostati stanovnika posle ovog strašnog rata? Srbija će se podići, razume se, ali neće biti više njenih starih, onih od dobre šumadijske rase. U Americi ima rezerva, ali ima li ih više od 100.000, i to sa Hrvatima i Dalmatincima". Dok mi je tako govorio stari kralj, njegove oči bile su vlažne od suza. Bilo je nečega uzvišenog kad čovek vidi ovog starca, ovog mudraca koji je mogao da se odrekne vlasti čim je osetio da nema više potrebne snage, kako žali samo svoju zemlju i ne govori ništa o svojim ličnim patnjama. Stari kralju, ti ćeš ostati jedna od najplemenitijih figura ovog rata i služićeš za primer svima pravim Srbima! On živi kao pustinjak. Ustaje rano i pravi duge šetnje u „sajd-karu". Zatim ne izlazi više celog dana. Nedeljom, ide koji put u crkvu, ali ne prima gotovo nikoga. Ovih dana, ne izlazi nikako, jer je njegov motociklista u Italiji. Opraštam se i on se izvinjava što me je zadržao tako dugo „sa svojim staračkim uspomenama".

Petar I imao je veliku radost da se vrati u svoju zemlju slobodan i pobednik, i da vidi da su ujedinjeni, pod njegovim sinom, svi oni koji govore istim jezikom. Narodno ujedinjenje bilo je cilj njegovog života. On je izvršio svoj zadatak i ugasio se, usamljen, ali koliko veliki! On sada spava u onoj crkvi u Topoli, daleko od bučnog Beograda novog stila, u srcu Šumadije koju je toliko voleo. Ali mi ostali koji smo imali sreću da poznajemo ovog velikog patriotu koji je bio u isto vreme veliki mudrac, mislimo često na ovu lepu figuru koja je ovaploćavala sve plemenite i velikodušne osećaje rata za oslobođenje.

Mi imamo u Švajcarskoj jednu patriotsku pesmu, spevanu u jednom kritičnom času po zemlju i koja kaže: „Sinovi će biti dostojni otaca, razvite se zastave, razvite se zastave!" Sin je bio dostojan oca i, u njegovoj ruci, zastava se mogla gordo viti! Aleksandar Karađorđević bio je princ-vojnik koji se, ni u jednom času, nije hteo odvojiti od svoje vojske i koji je delio sa njom sve patnje, sve bede, ali takođe i sve slave. U ovom ratu koji je digao tolike narode jedne protiv drugih, bila su samo dva šefa države koji su tako radili: princ-regent Srbije Aleksandar i kralj Belgijanaca Alber. Istorija, a naročito narod to neće zaboraviti.

Princ Aleksandar bio je vrlo mlad kad je celo breme odgovornosti jednog rata, kakav svet nije još nikad video, primio na svoja pleća. Ovaj mladi suveren hrabro ga je uzeo na sebe i do kraja nije klonuo. Očeličen već u balkanskim ratovima, ovaj mladić u 26. godini imao je iskustvo jednog starca. On je prošao kroz sve nesreće, ali to ga nije učinilo ogorčenim nego sažaljivim prema nesreći drugih.

Najpre u Valjevu, zatim u Kragujevcu i, najzad, u Solunu, princ Aleksandar ostao je u Glavnom stanu sa kojim je svakodnevno sarađivao. Ali on se nije zadovoljavao da tako prati iz pozadine operacije. On je stalno odlazio od Valjeva na front, u prvu liniju, da se uveri o svemu. Na Solunskom frontu on je delio svoje vreme između fronta i Glavnog stana u Solunu. U ovoj poslednjoj varoši on je živeo u vili jednog bogatog jevrejskog trgovca u ulici Misraki, vili nameštenoj sa groznim ukusom. Na frontu on je imao svoju malu kuću — koja je bila škola — u Baču i svoju kolibu na položajima Jelaka, položajima koje je bombardovao neprijatelj. Najzad, pre poslednje ofanzive, engleski general Miln poklonio mu je jednu drvenu kolonijalnu baraku, zvanu „bengalo", koju je preneo u Bukovik, na podnožju Kajmakčalana, i tu se zajedno smestio sa Glavnim stanom. Pešice i na konju, mogli ste sresti princa Aleksandra svuda na položajima. Većinom ga je pratio samo jedan njegov ordonans-oficir Trifunović, Aca Dimitrijević, Trifunac, Boško Čolak-Antić ili Damjanović.

## ŠTA SAM VIDEO I PROŽIVEO U VELIKIM DANIMA

Imao sam čast i uživanje da budem na frontu često zajedno sa princom-regentom Aleksandrom i on mi je rekao da smatram njegov logor u Jelaku kao „svoj hotel", ako tuda budem prolazio. Svaki put našao sam ga orna, jednostavnog, dobrog druga. Šetajući pešice, princ je voleo da razgovara s običnim vojnicima i, ako su ga svi srpski vojnici poznavali, bilo je mnogo francuskih vojnika koji su ga smatrali za običnog mladog pukovnika. Tako jedne večeri, u okolini Jelaka, princ je šetao sa mnom po jelovoj šumi koju su pomalo iskasapile vojničke sekire. Došli smo u logor teške francuske artiljerije. Vojnici su baš jeli svoju supu. Princ im se približio i zapitao da li je jelo i piće dobro. „Jeste, gospodine pukovniče", kazao mu je narednik. „Ako vam srce želi, založite se s nama. To bi nam činilo uživanje." Princ, izvinjavajući se da nije gladan, pitao ih je da li je njihov „pinar" (vino) dobar. „To je „pinar", odgovorili su mu, „nije kao burgunder". „Vi mnogo volite burgunder?" „Kako da ne volimo, ali njega nema na frontu". „Možda ima", kazao je princ i oprostio se sa vojnicima. Posle pola sata, jedan gardist je doneo za francuske „poalie" deset butelja pravog starog burgundera.

Regent Aleksandar dao je svojim vojnicima najbolji primer hrabrosti. Neprežaljeni Ogist Bop, francuski ministar za vreme povlačenja kroz Albaniju, dao je o tome sliku jednostavnu, ali jedinstvene veličine u svom delu „Sa srpskom vladom". Neka mi bude dozvoljeno da ga ovde citiram:

„Na plaži (u Medovi), usred gomile koja vrvi, između zavežljaja materijala koje francuski mornari nastoje do poslednjeg časa da evakuišu, kralj i regent sede na sanducima. Iz svoje barke admiral Trubridž naredio je da im se donesu stolice i duga tri sata oni su ostali tamo, pričajući. O čemu su razgovarali? Šta razmišljaju u svojim dugim ćutanjima, rečitijim od reči? Najposle, torpiljer je spreman i kralj se može ukrcati.

Svi su brodovi otišli, ali regent je ostao na albanskoj obali.

Jedan deo njegove vojske još je u opasnosti; on ne napušta svoje poslednje vojnike koji idu putem prema Draču; njihova sudbina biće i njegova.

On prolazi, miran, usred njih; njihova iskušenja ublažava njegova pojava; njihova surova rezignacija očeličava njegovu hrabrost! Bolujući još od posledica jedne operacije koju je morao izdržati nekoliko dana pre napuštanja Skadra, on se teško drži na konju; katkad dopušta da ga nose. Jednostavno, plemenito, on prati svoju vojsku na njenoj Kalvariji."

Jednog dana, u Bitolju, upravo sam bio dovršio odličan ručak kod okružnog načelnika Marjanovića kad je dotrčao jedan žandarm da javi da je princ-regent stigao i da se nalazi pred bivšim austrougarskim konzulatom gde je imao običaj da odsedne. Okružni načelnik i ja odlazimo brzo da pređemo nekoliko stotina metara koji nas razdvajaju od konzulata. Vrata su na konzulatu zaključana, a nikako ne može da se pronađe ključ. Međutim pronalazimo jedna druga vrata koja su otvorena. Regent me poziva na ručak i, na moj odgovor da sam već ručao, on mi kaže da to ne čini ništa, da mogu uvek pojesti neki zalogaj i popiti jedan viski. Smestili smo se u jednoj sobi u prizemlju, koja nije postradala od bombardovanja. Ali tek što smo seli za sto, Bugaro-Nemci počeli su da bombarduju i njihovi projektili okružuju kuću izbliza. Radoznao, iziđem na vrata koja vode u baštu. Pa da, nema sumnje, gađaju kuću. Bugarska špijunaža je aktivna. Najednom, regent se stvori pored mene. To nije bez opasnosti, granate padaju svuda i njihova parčad udaraju u zidove naše kuće. „Visočanstvo, treba da se vratite u kuću, ne treba ostati ovde", rekoh. „Zašto? Vi ste tu, zašto onda ne bih i ja ostao?" odgovorio mi je on.

Princ-regent Aleksandar bio je pravi drug prema svojim vojnicima i svojim oficirima. Koliko lepih večeri smo proveli kod njega, bilo u njegovoj kući u Solunu, bilo u trpezariji, sagrađenoj od debala na

## ŠTA SAM VIDEO I PROŽIVEO U VELIKIM DANIMA

Jelaku! Svaki izlišan protokol bio je izostavljen. Za njegovim stolom čovek je sretao bez razlike srpske ili savezničke oficire svih činova. Često je bilo jako veselo, jer je Balugdžić, ministar Dvora od 1917, stvarao raspoloženje, a princ kadgod nije mrzeo da se pošali sa svojim gostima. Za stolom je takođe bio po neki put u Solunu pesnik Ivo Ćipiko. Čovek od velikog dara, Ćipiko je bio strahovita cicija i, uz to, ogromna izelica koji je voleo dobre stvari. Stoga je puštao srcu na volju kad je bio pozvan kod princa. Kad bi se nagnuo nad svoj pun tanjir, on nije više video ništa drugo i nije čuo više ništa. Ali princ jede brzo i njegova posluga je naviknuta da dosta brzo diže tanjire. Trebalo je tada videti očajni pogled koji je Ćipiko bacao kad su mu dizali tanjir koji još nije bio prazan. Regent se sažalio na njega i naredio da svaki put kad je Ćipiko tu, treba čekati dok ne očisti tanjir. Isto tako je naredio da se ostavi, posle večere, jedna butelja „šartreza" sa čašom u jednom diskretnom ćošku sobe da Ćipiko može da pije koliko hoće. Posle jela, bilo u Solunu, bilo na frontu u Baču ili na Jelaku, igra se „bridž". Princ je hteo da me nauči, ali ja nikad nisam ništa razumeo. Katkad je bilo smešno gledati igrače „bridža". Princ Aleksandar ostajao je uvek hladan, ali nije bilo isto s drugim igračima, kapetanima Starčevićem i Petronijevićem na primer. Tu su padali krvavi prekori partneru koji je učinio neku grešku.

Uloga princa Aleksandra prema saveznicima Srbije nije bila uvek laka, naprotiv. U više mahova, govorio sam o antipatiji, čak o otvorenom neprijateljstvu na koje je nailazio Solunski front kod izvesnih saveznika. Princ-regent je bio primoran da se neumorno bori da bi se dobilo bar što je najnužnije da se može održati front i, eventualno, da se može napredovati. Vrlo slabo podržavan u svom naporu za propagandu i objašnjenje srpske stvari od strane krfske vlade, žalio sam se jednog dana princu Aleksandru, govoreći mu da sam donekle obeshrabren da se borim ne protiv neprijatelja nego protiv inercije prijatelja koji mene podržavaju. „Jadni moj prijatelju", kazao mi je princ, „ja radim samo to i radiću to celog svoga života. Svi moji neprijatelji zajedno nisu mi učinili ni polovinu neprijatnosti koliko su mi ih stvorili moji prijatelji". Ali regent je imao muško srce. I on je usvojio devizu francuskog „poalia": „Savladaćemo ih", i on ih je savladao. Eto kakva su bila dva velika srpska ratna šefa, duhovni šef Petar I i stvarni šef princ-regent Aleksandar. Oni su bili dostojni naslednici velikih srpskih kraljeva iz srednjeg veka.

Koji su bili njihovi direktni saradnici, vojskovođe? Već sam govorio o vojvodi Putniku na jednom drugom mestu. Da opišem vojvode Mišića, Stepu Stepanovića i Bojovića, ponovo pribegavam svojim pismima s fronta, koja, i danas, izgledaju mi da najbolje rezimiraju sve što mogu kazati o tim ljudima.

Pismo od 3. maja 1917. Vojvoda Mišić.

„Svetski rat je izneo u prvi red izvestan broj vojskovođa. Ipak, taj broj nije toliko znatan, kao što bi čovek mogao da zamišlja. To ne znači da je saveznicima, pa čak i njihovim neprijateljima, nedostajalo sposobnih ljudi. Oni su ih imali i imaju ih još dovoljno, ali ova sposobnost, vrlo česta, upravo je činila da je jednom šefu bilo teže da dođe na veliki glas.

Srbija, ova zemlja izvanrednih podviga, odlikovala se takođe po svojim šefovima koji su svojim zaslugama postali popularni u celom svetu. Ko ne zna za ime starog vojvode Putnika koji je, bolestan, često spremao u krevetu pobedničku akciju srpske vojske za vreme prvog perioda rata? Ime njegovog naslednika, generala Bojovića, nije takođe nepoznato, jer blagodareći velikim delom njegovom organizatorskom talentu srpske trupe su odnele takve pobede koje začuđavaju. Svi oni koji su pratili operacije na Balkanu, znaju takođe kakvu je važnu ulogu igrao stari vojvoda Stepa Stepanović. Ćutalica, živeći samo za svoje vojnike i svoju zemlju, on je izvršio stvari koje su za divno čudo. Najzad, vojvoda Živojin Mišić, uživa u sadašnjem času glas koji ide daleko izvan kadra Istočne vojske.

Živojin Mišić je tip srpskog ratnika i ne mogu odoleti iskušenju da pokušam da nacrtam siluetu ovog šefa.

Neću govriti o njegovim vojničkim podvizima. Oni koji se interesuju za vojne operacije, znaju njegov udeo u pobedama u jesen 1914. i u pobedama koje je izvojevala srpska vojska pred Bitoljem u toku tri poslednja meseca godine 1916. Pokušaću da dadem psihološku analizu ovog čoveka koji divno ovaploćava sve osobine svojstvene lepoj srpskoj rasi.

Srednjeg stasa, sa prosedim brkom, vojvoda Mišić ima spoljašnost lepih seljaka iz oblasti Kolubare, odakle je rodom. On je seljačko dete i opravdano se tim ponosi. Život ga je udaljio od male očinske kuće, sasvim bele usred zelenog voćnjaka. Vojvoda Mišić je najfiniji i najkultivisaniji svetski čovek, ali njegovo srce je ostalo tamo na brežuljcima koji okružavaju lepu varoš Valjevo.

Kada je, krajem 1914, ceo svet aplaudirao gotovo čudesnoj pobedi srpske vojske, podvizima njenih vojskovođa, a naročito Mišićevim, on nije hteo ići da se dade slaviti po Beogradu. On neće aklamacija, iako ih je pravedno zaslužio, i on odlazi da se odmara nekoliko dana kod svoga brata, seljaka, usred zimskog sela.

Vojvoda Mišić je skroman i mudrac. Duboko religiozan, ali nimalo zatucan, on je odličan otac. Vrlo ljubazan, prima mnogobrojne strance koji dolaze da ga potraže, i za svakoga ima lepu reč. Ipak, on je povučen i otkriva svoje srce samo onima koje smatra kao prave prijatelje. I to je jedna od odličnih osobina koju je nasledio od svojih seljačkih predaka.

To je divan šef, obožavan od svojih oficira i svojih vojnika. On zahteva strogu disciplinu, ali takođe ume da osokoli sve dobre volje. Vojvoda je vrlo pravedan i svi njegovi potčinjeni, do najprostijeg vojnika, znaju da će on saslušati njihove žalbe, i da će, ako imaju osnova, pravedno presuditi. Vojvoda zna da jedino šef koji može da računa na odanost svojih potčinjenih, može da izvrši velike stvari.

On postupa sa svojim oficirima kao sa saradnicima i prijateljima, a ne kao sa nižima. Ako se jedan od njih ili neki vojnik istakao, on može biti siguran da će mu njegov vojvoda priznati zaslugu i da će ga nagraditi. Da li je stoga čudo da su svi pripravni da se drage volje žrtvuju za svog omiljenog šefa?

Bio sam često sa vojvodom Mišićem na raznim mestima gde ga je rat primorao da razapne šator. Imao sam uvek utisak da se nalazim usred jedne velike porodice. Jedino velike vojskovođe su sposobne da stvore jedno takvo duševno stanje, povoljno, čak potrebno, za uspeh ratnih operacija.

Za vreme bitke, vojvoda Mišić je miran. Njegovu kratku i odrešitu reč sluša ceo svet. Kad ga čovek vidi kako mirno puši mnogobrojne cigarete, ima instinktivni utisak da ovaj ćutljivi čovek vlada bitkom i da će povesti svoje trupe ka pobedi.

Takav je vojvoda Živojin Mišić. Pravi srpski tip odlično srce, čovek više inteligencije i neukrotive energije. On ima još jednu vrlo veliku osobinu: umeo je da ostane jednostavan i skroman pored sve slave koju mu je donelo njegovo briljantno držanje."

Pismo od 17. juna 1917. Vojvoda Stepa Stepanović.

„Nalazim se u jednom selu (Tresini) u onoj velikoj izvanredno plodnoj dolini koja se zove Moglena. Moglena dolazi od reči magla i, zaista, gotovo nema dana da nemamo oluju ili da strmi planinski vrhovi Kožuha, Vetrenika, Dobrog polja, koji imaju više od 2.000 metara visine, nisu sakriveni oblacima. Ali ove česte kiše učinile su zemlju tako masnom i plodnom da na izvesnim mestima vegetacija postaje gotovo tropska.

Naše selo je gnezdo zelenila. Dudovi, divni stogodišnji platani, džinovski jasenovi obeležavaju javna mesta. Njihove žile obrazuju prave klupe i služe za počivanje muškom muslimanskom stanovništvu da tamo filozofira ceo dan, pušeći cigarete i gledajući kako promiče

## ŠTA SAM VIDEO I PROŽIVEO U VELIKIM DANIMA

voda, siva od peska, u nemirnom potoku koji okreće primitivni seoski mlin. Kuće su okružene gotovo divljim baštama. Jedino dudovi su nešto malo negovani, pošto se njihovo lišće upotrebljava za gajenje svilenih buba, jer to daje lepe prihode stanovnicima koji daju ovim insektima tri sobe u svojoj kući, dok se oni zbijaju sa svojom mnogobrojnom decom u četvrtoj. Jabuke, šljive, orasi rastu po volji, a loza, sa ogromnim vrežama, vere se navrh njih i katkad potpuno pokriva jasenove koji su viši od 20 metara. Divlje cveće, koprive, obrazuje prave šume i u krupnom žbunju sa masnim zelenilom blista bezbrojno cveće sa žarkim crvenilom.

Iza crkve, gotovo sakrivene ogromnim stoletnim drvećem i okružene grobljem sa raskošnom vegetacijom ispod koje se ne vide grobovi, nalazi se škola, duga bela zgrada, primitivno građena. Tu je štab Druge srpske armije. Ordonansi dolaze i odlaze, praveći se da ne vide jednog malog krepog starca koji radi sam za jednim seoskim stolom, nameštenim u hladovini. Na njemu je kaki-uniforma, izbledela od neprestanog pranja, pola vojničkog i pola građanskog kroja. Na male muskulozne noge obuo je crne i suviše kratke čizme. Na glavi mu je jedna starinska engleska kačketa, stara i izveštana. To je čovek šezdesetih godina. Malen, dežmekast, sa retkom kratko ošišanom kosom na lobanji, on naliči na palančanina-seljaka iz varošice ili sela. Ima male bele brkove a oči mu se kriju iza zlatom operaženog cvikera. Ali kad skine cviker, kakve žive, jasne i dobre oči obasjavaju lice ovog starca koji se dobro drži.

Ovaj čovek, to je vojvoda Stepa Stepanović, srpski šef, obožavan i poštovan od cele vojske kralja Petra. On je manje poznat u inostranstvu, jer je suviše skroman i pomalo pustinjak. Ratni dopisnici, ovi veliki kovači slave, ne približavaju mu se ili retko, i više vole društvo drugih briljantnijih i razgovornijih šefova. Ali svi oni koji su upućeni u vojnu i stratešku istoriju balkanskih ratova, znaju kakvu pretežnu ulogu je u njima igrao vojvoda Stepa. Zar on nije bio pred Jedrenom i zar njemu Bugari ne duguju svoju najstvarniju i najčuveniju pobedu? U ovom ratu, viđamo ga uvek tamo gde je posao najmučniji, i on je izvojevao odsudne pobede na Jadru i Ceru, i, kasnije, nad Poćorekovom vojskom. Na Solunskom frontu poveren mu je mučan i neblagodaran zadatak: da brani front Moglene i da napada ako je moguće, iz ravnice neprijatelja, ukopanog na planinama sa strahovito teškim pristupom i čiji vrhunci su viši od 2.000 metara. Stari ratink se dao na posao. Pored svih dominirajućih položaja Bugara, njegove hrabre trupe su već na Kotki, na 1.850 metara i on se nada da će jednog od ovih dana pasti Dobro polje i sa njim cela linija bugarsko-nemačke odbrane do Prilepa, a možda i dalje do Babune. Svakako to neće biti lako. Poslednja srpska omladina još jednom će dati nove žrtve na ovim krševitim visovima ili u onim šumama u koje oko avijatičara, ovog tako dragocenog pomagača komande, ne prodire. Ali ona će izvršiti proboj kao što je to učinila na Kajmakčalanu. Stepa Stepanović veruje u pobedu onih koji se bore za svoju slobodu i za svoje pravo, i njemu se hita da se vrati u svoju zemlju.

Takav je ovaj vredni vojnik, ali on i kao čovek nije manje interesantan. Vojvoda je seljačko dete; rođen je kod Beograda, na bregovima Torlaka i njegovo srce je ostalo u njegovom malom rodnom mestu. Kao svi Srbi od vrednosti, on je s pravom gord što je sin onih seljaka čiji su podvizi zadivili svet i koji su izvršili ono nečuveno povlačenje preko Albanije.

Vojvoda Stepa je osamljenik. On voli da bude sam i da radi na vazduhu. Prvi put kad sam ga video, u oktobru 1914. u Lipolistu u Mačvi, on se bio „ukopao" u neku vrstu „blokhausa", napravljenog od sanduka za municiju i bez krova. Ovoga puta on radi pod drvećem, sedeći na jednoj stolici na sklapanje koju su fabrikovali dovitljivi vojnici. Njegovi oficiri dolaze da ga smetaju samo kad je to apsolutno potrebno. Ali ovo odvajanje vojvode od njegovih trupa samo je prividno. U svojim samotnim šetnjama on posećuje sve i vidi sve. On ume da sa nekoliko kratkih reči osokoli „svoje vojnike". Jer vojnici su njegovi. On živi samo za njih. Samo zato da bi se oni mogli uskoro vratiti u svoje male bele kućice, ovaj starac žrtvuje zdravlje svojih poslednjih godina na nezdravom frontu Južne Makedonije.

Stepa Stepanovnć je mudrac. On je posvetio svoj život svome pozivu i svojoj dragoj zemlji, i on je prezirao počasti. Kad završi svoj posao, odlazi pešice, laganim koracima, da baci majstorski pogled na sve ono što zavisi od njega. Vidim ga gde prolazi seoskim sokačićima. Turska deca koja govore samo slovenski i koja su plava kao Englezi, igraju se u potoku. Vojvoda se zaustavlja: „Kako se zoveš?" pita on. „Ahmed Redžep", odgovara dete, pozdravljajući po vojnički. Maršal se osmehuje, pomiluje rumene obraze mališana i odlazi, zamišljen, svojim laganim korakom. Njegove dobre plave vlažne oči gledaju žarko večernje nebo. On misli na svu onu decu koja su ostala tamo dole i od kojih mnoga nisu više u životu. Jedan vojnik tridesetih godina prolazi i pozdravlja. Šef skida svoju kačketu na građanski način i gleda ga raznežženim pogledom. „I ti si ostavio decu u rukama osvajača. Jadni čoveče, da li ćeš ih videti?" izgleda da kaže njegov pogled".

Pismo od 5. februara 1918. General Bojović.

„Mala srpska vojska čeka. Ona čeka trenutak kad će joj strategijska situacija na celom savezničkom frontu dozvoliti da — sa svojim francuskim, engleskim i italijanskim drugovima, kojima se pridružila i Grčka, najzad oslobođena od svog izdajničkog kralja i njegovih verolomnih vlada — potisne Bugaro-Nemce i da se pobedonosno vrati u Beograd. Ona sada drži ponovo osvojene položaje u toku vrelih borbi u jesen 1916. i ona se sprema da zadivi svet kao što je to već učinila na Jadru i Ceru, na Kolubari i na Rudniku, za vreme nečuvenog povlačenja preko Albanije, na „Redutu" i na Koti 1212.

U tišini, njen Glavni stan organizuje revanš, revanš u kome će podjarmljena braća iz Austro-Ugarske, Jugosloveni koji su došli iz Rusije posle herojskih borbi u Dobrudži, igrati ulogu i pokazati celom svetu da je njihovo mesto s ove strane; a ne u vojsci Habsburga, tevtonskih vazala.

Ko je na čelu toga rada za pripreme? Jedan čovek o kome se malo govorilo, jer je skroman: general Petar Bojović.

Upoznao sam ga u Peckoj u jesen 1914. Komandovao je Prvom armijom. Kazali su mi, pokazujući jednu kuću: „Popnite se na prvi sprat, tu ćete naći generala". Penjem se; u jednoj vrlo jednostavnoj sobi, sobi malog palančanina u ovom malom selu koje sa pompom daje sebi titulu „varoši", jedan čovek dolazi mi u susret i, iako me nije poznavao, steže mi srdačno ruku. General je srednjeg stasa, sa još crnim brcima na gotovo okruglom licu. Kosa je kratko ošišana. On malo hramlje, jer je bio ranjen kod Šapca, gde je za svoje hrabro držanje odlikovan medaljom za hrabrost koju, ako se ne varam, on nosi jedini od svih velikih šefova srpske vojske. Proveli smo veče zajedno i ovaj čovek, tako jednostavan pored svega svoga visokog položaja, odmah me je osvojio. Bilo je lepo jesensko veče i, kroz otvorene prozore, čuli smo kanonadu sa Gučeva i Mačkovog kamena.

Već u balkanskim ratovima, general, tadašnji pukovnik, Bojović igrao je važnu ulogu. On je bio šef štaba Prve armije princa Aleksandra, one armije koja je razbila Turke na Kumanovu, a Bugare na Bregalnici.

Godine 1915, ponovo sam video generala u Kragujevcu, gde je bio dodan Glavnom stanu. Sretali smo se često uveče posle rada. To su bile tada šetnje kroz taj lepi nasmejani kraj, raspravljajući o dnevnim događajima i o budućnosti Srbije. Jer Bojović je vatren patriota. On je posvetio svoj život svojoj zemlji. Tako sam se izbliže upoznao sa ovim čovekom i vrlo brzo sam shvatio da su njegove tri glavne osobine iskrenost, požrtvovanje i dobronamernost. Ovaj hrabri vojnik je blag. Njegov glas, malo potmuo, gotovo se nikada ne uzdiže i njegove oči koje gledaju pravo u vaše, imaju nečega melanholičnog: to je nostalgija za Otadžbinom i žalost za svima onima koji su izginuli za njenu slobodu. Generalovo požrtvovanje nema granica. On radi dan i noć. Ali što je izveo najlepše, to je njegova odbrana Kačanika prilikom bugarskog napadaja 1915.

General Damjan Popović kome je bila poverena odbrana Kačaničkog klanca, bio se pokazao apsolutno nesposoban. Trupe, demoralisane rđavim primerom svoga šefa, počele su da popuštaju. U ovoj kritičnoj situaciji, princ Aleksandar obratio se na generala Bojovića. Bez časa oklevanja, general se žrtvuje, uzima komandu nad trupama, podiže moral i brani tako uspešno ove važne položaje da je osigurano povlačenje glavnine. Ima li išta teže za jednog čoveka nego da se primi jednog zadatka za koji, unapred, zna da ga neće moći izvršiti?

Eto to je čovek koji stoji na čelu priprema za poslednji čin herojske srpske drame. Sa svojim vernim saradnicima i hrabrim šefovima koji komanduju na frontu, on će umeti da mu dade srećan rasplet. Svejedno, ali kolika razlika između srpskih šefova koji su jednostavni i drugari sa svojim vojnicima, i šefova centralnih sila, ovih naduvenih sitnih plemića koji bi se smatrali obeščašćeni da jedu za istim stolom sa prostim redovom?"

Kratko vreme iza toga što je ovo pismo bilo napisano, general, kasniji vojvoda Bojović, promenio se sa vojvodom Mišićem i izvršio je, kao komandant Prve armije, pobedničku ofanzivu od 1918.

U gornjim redovima, pokazao sam kakvi su bili veliki šefovi. Hteo bih još izneti siluetu jednog manjeg šefa, jednog komandanta puka čiji opis nalazim u svojim pismima sa fronta. Pukovnik Zagorčić, komandant 5. puka, gde sam ja bio „počasni narednik", bio je pravi tip one hrabre generacije vojnika koji su stvorili Kraljevinu Srba, Hrvata i Slovenaca.

Pismo od 25. maja 1918. Pukovnik Zagorčić.

„U Solunu i u Vardarskoj dolini već je vrućina kao što je kod nas usred leta. Bezbrojni automobili i auto-kamioni dižu u varoši i njenoj okolini debele oblake prašine koji čine da, izdaleka, varoš izgleda da iščezava pod jednim velom žutog dima. Ali na planini prijatno je, i najveći deo srpskog fronta upravo se nalazi na planini čiji vrhunci imaju više od 2.000 metara.

Jutros sam napustio svoju alpinsku kolibu, neku vrstu malog blokhausa iz Far Vesta, da posetim 5. puk koji čuva jedan važan, težak i krševit položaj. Krećem u društvo s jednim prijateljem oficirom, na konju, kroz borovu i jelovu šumu, prilično proređenu vojničkom sikirom. Kako je ova šuma bila lepa prošle godine! Tu su jedva prodirali sunčani zraci. Danas ona izgleda mršava i panjevi od nekadašnjih veličanstvenih stabala tužno umiru pod mahovinom i žbunićima borovnice, koje će sunce da izgori. Rat ne čini samo ogromna zla čovečanstvu, od njega takođe propadaju šume!

Onda napuštamo jele da se uputimo jednom vrlo strmom kosom, obraslom bukvama i zasejanom ogromnim stenama. Naš ordonans uzima naše konje i mi počinjemo da silazimo ili, bolje, da se klizamo po masnom humusu i travi punoj rose. Za nekoliko minuta mi smo pred jednom velikom stenom. Zaobilazimo je i nalazimo se pred jednom ljupkom baštom, vrlo malom i zatvorenom vratima koja su sva pokrivena jelovim granjem. Na nekoliko metara, jedna mala drvena kućica koja se krije pod nadnesenom stenom. Pred njom jedan hladnjak pokriven zelenilom i kroz njega čovek može da uživa, kroz bukovo granje koje čini ovaj stan nevidljivim za neprijateljske oči, u jednoj divnoj panorami koja obuhvata jedan veliki deo fronta.

Jedan oficir, još mlad pored svoje malo prosede kose, čeka nas pred vratima kućice. Pukovnik Zagorčić je lep čovek i plemenita pojava, pravi srpski tip. Njegove nasmejane oči, njegove dve raširene ruke, govore nam odmah o uživanju koje oseća ovaj komandant jednog puka hrabrih vojnika kad ugleda goste, bogami, dosta retke tako na domak neprijatelju. Ali komandant ne bi bio Srbin kad ne bi odmah znao sa kojom vrstom ljudi ima posla. Da li je gost jedna od onih mrzovoljnih osoba, neprijatelja veselja koji misle da je potrebno, čak za vreme rata, da prave propagandu za trezvenost kao engleski general pre neki dan? Tradicionalna ceremonija dočeka sa zdravicama daće mu rešenje problema. Potpuno umiren rezultatom ovog prijema, komandant pušta srcu na volju i njegovo dobro raspoloženje postalo je legendarno među svima onima koji su mu se približili. Niko nije video ovog oficira utučenog i njegov polet vrlo čestitog dobrog srca često je podržavao ceo njegov puk u najtežim trenucima, naročito prilikom povlačenja preko Albanije. Evo gde stiže njegov štab koji će da podeli ručak s nama. Tu je komandantov pomoćnik. On nije toliko ekspanzivan kao njegov šef, ali to je jedna od onih priroda iz koga bije čestitost karaktera i prirodna dobrota. Zatim lekar pukovskog previjališta, jedan Rus koji je sa Srbima od Prvog balkanskog rata. Obdaren jednim vrlo srećnim temperamentom, poliglot koji ume divno da priča, njegove oči se zamračuju od vremena na vreme, jer mu uvek pada na pamet izdajstvo njegove zemlje i, iako voli svoju zemlju, sramota ga je. Sloven do srži, on je našao kod Srba prave šefove svoje rase. I onda, ima još nekoliko mladih oficira, rezervisanijih, očigledno zadovoljnih da služe pod jednim tako srdačnim šefom.

Sedamo za sto. Ručak koji je spremio na srpski način jedan kuvar-vojnik, odličan je: supa sa rezancima, a pre nje tradicionalni „or d'evr": beli sir, mladi luk, šunka; kuvano meso, pečeno jagnje sa salatom, pita i jedna dobra torta sa čokoladom. Ne jede se baš toliko rđavo tako blizu Bugara! Sve je pokvašeno crnim i belim vinom i, naročito, šampanjem. Za vreme ručka, dok razgovor nikad ne malaksava, vojnik-Ciganin Mika razonodio nas je svojom violinom i svojim pevanjem. Eto još jedan tip srpske vojske! On je hrabro činio svoju dužnost u rovovima, ali kad uzme u ruke svoju violinu i kad je u društvu, postaje umetnik-Ciganin koji svira sve napamet, udešava melodije na svoj način i po svom temperamentu. Svirajući meko on vam se približava mačjim pokretima i obavija vas svojim umiljatim pogledom.

Ručak je završen, ali društvo je suviše lepo da se tako brzo prekine veselje. Ponovo se selimo pod hladnjak i uz zvuke ciganske violine produžavamo da tražimo flaše. Komandant je srećan. Da pokaže svoje zadovoljstvo, on lepi, po starom srpskom običaju, banku od 10 dinara Miki na čelo. Posle podne izmiče usred pejzaža pokrivenog svežim zelenilom i natopljenog suncem. Bugari su mirni, ali spremljeno im je jedno malo iznenađenje. Kad su sunčani zraci postali sasvim kosi, pukovnik nas vodi na svoju pukovsku osmatračnicu — na nekoliko stotina metara od neprijateljskih rovova. Jedva što smo se tamo namestili, kanonada počinje. Postavši jedino vojnik, komandant izdaje naređenja. Kad se sve smirilo, vraćamo se u stan, pijemo čašicu za srećan put i odlazimo, praćeni željama prijatelja koje ostavljamo oči u oči s neprijateljima. Da li će oni biti svi tu, kad se budemo vraćali u Beograd, ovi veseli i dobri drugovi kod kojih zao udes nije mogao slomiti dobro raspoloženje?"

# POBEDONOSNA OFANZIVA OD 1918. — BELEŠKE IZ MOG DNEVNIKA

8. septembar. Odlazimo iz Soluna u 6.30. Vreme je lepo i Martin, moj engleski šofer, dobro juri s našom kamionetom. Nešto posle 8.00 sati mi smo u Vertekopu, gde odlazim da stegnem ruku kapetanu Branku Vukosavljeviću koji se vratio kao šef eskadrile. On ponovo leti, ali ne može više da podigne svoju ranjenu ruku. Kaže mi da je kod njih sve spremno. Front Druge armije gde će otpočeti akcija, front koji ima samo 12 kilometara dužine, ima 129 aviona na svom raspoloženju. Hoću da prođem preko Bukovika da pozdravim princa Aleksandra i vojvodu Mišića. Odmah iza Vodena prsle su nam dve gume u isti mah i zbog toga smo bili prinuđeni da se zaustavimo, što nas je odocnilo. Da se ide u Bukovik, treba uzeti, posle kote 605, stazu u ravnici desno od velikog druma. Najpre ravan, vrlo prašljiv i dosta rđavi put ide kasnije vrlo jakom uzbrdicom. Novo prskanje gume, ali, pored svega toga, stižemo malo pred podne tamo gde smo pošli.

Bukovik je prosto jedan logor sa kolibama i šatorima u bukovoj šumi koja je uostalom dosta proređena. Prinčeva „kuća" je jedan indijski „bengalo" koji je poslan iz Indije i koji je princu dao general Miln. Unutrašnjost je vrlo udobna sa banjom. Princ me prima, kao i uvek, kao starog ratnog druga i pita me šta ima nova u Solunu.

Za stolom je i vojvoda Mišić i jedan arhimandrit koji se naročito stara o građenju crkve na Kajmakčalanu. Posle ručka, ostajem najpre sa princom Aleksandrom koji mi pokazuje svoju kolibu i govori mi o cilju operacije. Treba pomoći front okuke Crne do Kavadaraca u dolini Vardara. Srpska vojska ima glavnu ulogu u ovoj operaciji, ali njoj pomažu Francuzi i, čak, Grci koji daju dva puka, jedan na Gruništu, a drugi na Skočiviru. Samo ovi pukovi su iz oblasti Patrasa, kule germanofila Teotokisa. Moralo je biti streljano dosta vojnika. Da li će se pristojno boriti?

Kazao sam princu da sam ubeđen da ćemo, ako dođemo do Kavadaraca, stići do Beograda.

Odlazim sada da malo popričam sa vojvodom Mišićem i kažem mu svoj plan da ostanem sa Moravskom divizijom za vreme operacija, pošto ona ima da vrši gonjenje posle proboja. Vojvoda je sporazuman, ali nalazi da se suviše izlažem. Objašnjavam mu da je to korisno. On čeka generala Franše d'Eperea koji treba da stigne u 15.00 sati, i ja se rešavam da odmah odem za Moravsku diviziju.

Pošto sam pozdravio Kalafatovića, Pešića, Nikolića itd., silazimo niz Bukovik koji se nalazi gotovo na 1.900 metara visine, i uzimamo put Gorničevo—Banica. Automobil juri vrlo brzo i mi prevaljujemo taj put za tri i po sata. Na Jelaku nalazim Belića i Prvu armiju koja je već obaveštena o mom dolasku. Belić je vrlo zadovoljan. Franše d'Epere, pošto je obišao ceo front, došao je juče u armiju i izjavio je da su, od svih savezničkih vojsaka, najbolje izvršili pripreme za ofanzivu Srbi, a naročito Prva armija i njen štab. Belić mi je objasnio gde se nalazi logor štaba Moravske divizije, malo dalje od Drinske, na Sultaniji Kulbeleri. Ubrzo smo na podnožju kose Sultanije, gde nalazim kapetana Milišića. Svi prijatelji iz Moravske divizije zadovoljni su što ću biti s njima za vreme operacija. Oni me nazivaju divizijskom „maskotom". Smeštamo se pod malim šatorom, očekujući događaje.

Poručnik Vujić, moj drug i „ordonans-oficir" zadovoljan je što je daleko od Soluna i njegove vrućine.

9. septembar. Preko noći bilo je vrlo jako i dugo bombardovanje kote 1050 ili Bitolja. Idem da vidim avionske vežbe za sporazumevanje. Sa jedne visoravni blizu našeg logora vojnici beleže prijateljske i neprijateljske linije. Oni se sporazumevaju sa avionom pomoću pravougaonika i trougla od belog platna. Jedna zelena raketa koju pušta avion, znači: razumeo sam; crvena raketa: gde ste? itd. Avion saopštava bežičnom telegrafijom ili depešom štabu šta je video. Još sam jednom posetio čika Ljubu (pukovnika Vučićevića, komandanta artiljerije Moravske divizije) i on mi pokazuje razmeštaj svojih mnogobrojnih topova.

Bugari će imati jedno iznenađenje. Oni znaju da je Moravska divizija napustila Grunište i da je iza Drinske divizije. Ali oni veruju da će zamorene Srbe zameniti Grci. Oni su očekivali ofanzivu do 1. septembra, ali sada u nju više ne veruju. Oni takođe uobražavaju da su Francuzi, pošto nemaju dosta topova na svom zapadnom frontu, pokupili celu svoju artiljeriju odavde, tako da Srbi nemaju dovoljno artiljerije! Najzad, bugarski vojnici su rešili da ostanu do 10. septembra i, ako dotle njihova vlada ne zaključi mir, oni će prosto da napuste svoje rovove i da se vrate kući. Ferdinand se vratio u Sofiju. Njegova „diplomatska bolest" izlečena je. Izvesno je da su ga Nemci poslali kući da zaustavi više-manje revolucionarne pokrete koji uzimaju maha u Bugarskoj.

Posle ručka, odmaramo se. Oko 15.00 sati ono jako karakteristično zviždanje granate koja dolazi, obaveštava nas da nas Bugari bombarduju. Granate padaju sasvim blizu logora. Jedna od njih rasprskava se na nekih 50 metara od našeg šatora i posipa ga zemljom i sitnim šljunkom. Sklanjamo se iza jedne velike stene i, sa Miličićem i ostalima, kritikujemo gađanje. Bugari izbacuju dvadesetak granata od 105 i onda se ućute. Odlazim sa Vujićem da posetim Drinsku diviziju koja je sasvim blizu nas. Tu sam video pukovnika Smiljanića, punog nade u operacije koje će početi. Uostalom, ceo svet gaji tu nadu, i oficiri i vojnici. Ne govori se ništa manje nego da se stigne u Srbiju i u Sofiju. I ja to verujem, ali neki misle da bi to značilo ići malo prebrzo na posao i da bi se to moglo desiti samo onda kad bi Bugari, obuzeti panikom, napustili sve. U svakom slučaju, moral trupa je divan.

Kapetan Vlada Stojanović bio je da prisustvuje otkrivanju srpskog spomenika poginulim vojnicima i oficirima Moravske divizije, na Gruništu. On nam priča šta je tamo video. Prisustvovali su francuski general Tranis sa francuskim oficirima i vojnicima. Bila je takođe i jedna delegacija grčkog puka sa Gruništa. Francuzi su dobri prema seoskom stanovništvu, dok Grci žele da vode propagandu. Oni pitaju seljake šta su: „Grci?" Ovi odgovaraju: „Bili smo Srbi i to ćemo i ostati". U toku noći, u dva maha, čula su se ogromna bombardovanja od strane Bitolja.

10. septembar. Opet smo bili bombardovani, ali polovina bugarskih granata ne eksplodira. Da li Bugari žele da se kurtališu svoje stare municije? Dan očekivanja. Sutra ćemo poći napred. Najpre je bilo rešeno da pođem s komandantom divizije na Miletinu kosu, blizu starog logora Drinske divizije. Ali već ima mnogo sveta na tom mestu i, povrh toga, Bugari su tu usredsredili svu svoju pažnju i oni će primetiti mnoštvo ljudi koji budu dolazili s našim logorom. Želi se da se ograniči osoblje. Jedino će tamo poći pukovnici Grujić i Jurišić i kapetan Vlada, dok će ostatak štaba logorovati nalevo od Miletine kose.

Pre nekoliko meseci upućeno je nekoliko ljudi u okupiranu Srbiju. Oni su se vratili istim putem preko Sokolskih položaja. Njih je dopratila jedna mlada žena iz Kruševca. Kako su mogli da prođu? Biće zanimljivo da čujem šta pričaju.

Đoko Gros Đorđević, komandant konjičke divizije, večerao je s nama. Njegova divizija je spremna za gonjenje.

11. septembar. Kao obično, jutros nas bombarduju, ali ponovo većina granata ne eksplodira. Pukovnik Smiljanić šalje po mene da vidim osobe koje su se probile iz Kruševca. To nije šest muškaraca, kao što je bilo rečeno u početku, već četiri čoveka i jedna mlada žena. Jednog od njih poslao je Glavni stan i on je prošao preko bugarskih linija na Sokolu. Stigao je do Kruševca. Sada se vratio i doveo sa sobom svoga starog 63-godišnjeg oca, dva druga Srbina i jednu mladu učiteljicu, Ljubicu. Ona je došla do nas obučena u ženske haljine. Ima toliko ljudi koji je zapitkuju da ne mogu da tačno saznam kako su uspeli da izvrše ovo begstvo. Znam samo da je trajalo mesec dana i da su izbeglice prošle bugarske linije za vreme jednog srpskog „baraža". Izgleda da je mladi komita iz Glavnog stana predstavio svoja četiri druga kao sumnjive ličnosti koje mora da sprovodi. Sve to mi izgleda još pomalo maglovito. Izvešću stvari na čistinu, čim budem imao vremena. Dotle, sve petoro mi je potvrdilo ono što smo već znali o ponašanju Austro-Mađara u okupiranoj Srbiji.

Kad sam se vratio u logor, spakovao sam svoj prtljag, jer ćemo večeras da krećemo. Barać, onaj čestiti Barać iz svih nezaboravnih pohoda iz kampanje 1916. i 1917, spremiće nam logor. Posle ručka, pošto su naši šatori daleko, smeštamo se kako možemo za počivanje, iako smo bili ponovo bombardovani. Večera u 17.30 časova, a u 18.30 časova krećemo, pukovnik Grujić i pukovnik Jurišić za Miletinu kosu, a mi da siđemo u malu dolinu na podnožju kose. Pristup našem logoru je dosta težak. Primorani smo da idemo kroz potok i da kvasimo noge, jer treba da vodimo za sobom svoje konje. Ipak, spava se vrlo dobro u našoj dolini.

12. septembar. Ceo svet misli da je ovo dan artiljerijske pripreme. Stoga major Bora (Ristić), kapetan Taušanović, Vujić i ja odlazimo u 6.00 sati da tražimo jednu osmatračnicu da gledamo ovu pripremu

koju će vršiti gotovo 700 topova svih kalibara. Penjemo se prema Belom grodlu. Pred nama je jedna grupa stena, koja nam izgleda pogodna za naša osmatranja. Uzbrdica je strma i kad smo je savladali, utvrdili smo da se odatle vidi samo jedan deo fronta. Bora želi da vidi više i predlaže da se popnemo do Bele stene koja je pred nama. Penjem se sa njim, a Vujić i Taušanović žele da pođu za nama. Strmina je ponovo velika. Sam šljunak. Odozgo, sa nekih 2.000 metara, čovek ima lep izgled na ceo front Prve armije. Naša dva druga nalaze da je ovo veranje vrlo mučno i spuštaju se ka našim stenama.

U 9.00 sati počinje bombardovanje, ali ono nije nešto naročito. To je bombardovanje kao što sam ga video stotinama puta. Bugari slabo odgovaraju. U podne sve je svršeno. Mislimo da će bombardovanje ponovo početi i šaljemo ordonansa da nam potraži nešto za jelo. Ali dva sata prolaze bez paljbe i mi čekamo, opruženi u travi. Prolazi 15.00 sati, pa 16.00 sati, a bombardovanje ne počinje i, najzad, u 16.30 mi silazimo. Zaista, danas nema više ništa. Izgleda da još nije kucnuo pravi čas. U 17.30 mi smo u logoru i ja se kupam u potoku. Večeramo veselo, očekujući događaje.

13. septembar. Odlazim u 7.00 sati sa majorom Borom Ristićem da posetim komandanta divizije. Jutros je sve mirno. Očigledno, juče još nije bila artiljerijska priprema. Idemo drumom za Miletinu kosu. U brigadi Drinske divizije, zaustavljaju nas pukovnik Kostić i pukovnik Lazarević da uzmemo slatko i kafu. Odlazimo zatim u diviziju koja je razmeštena niže u šumi. Ova gospoda su dobro uredila logor za sebe. Imaju kolibe koje su ukusno napravljene.

Pošto sam pozdravio komandanta, razgovaram sa šefom štaba Jurišićem. On mi kaže da će se artiljerijska priprema izvršiti verovatno prekosutra, a napadaj u ponedeljak. On hoće da dođem na njegovu osmatračnicu za napadaj. Posetili smo ovu osmatračnicu i odlazimo pešice da pronađemo svoje konje u brigadi. Bora još hoće da pregleda našu osmatračnicu koju je izabrao za pripremu. To je redut na vrhu

Miletine kose ili, bolje, to su rovovi ovog reduta. U 11.30 vratili smo se u logor. Posle podne ne idem ni za kakvim poslom, već se kupam u brdskom potoku. Veče provodimo u šumi u pričanju.

14. septembar. Noćas je počela kanonada i ja sam se probudio usred artiljerijske pripreme. Major Bora dolazi po mene da pođemo na našu osmatračnicu na Miletinoj kosi. Konji su spremni i ja odlazim s Borom, Vujićem i kapetanom Taušnovićem uskim putem za Srednju kosu. Vatra je već živa. Kad smo stigli na ugao koji čini Miletina kosa sa Srednjom kosom, primorani smo da vratimo svoje konje, pošto Bugari bombarduju put. Stižemo pešice bez smetnje do reduta i spuštamo se u rovove.

Ali vidik nije bogzna kakav. Vidi se samo jedan deo fronta: Rovovska kosa i njena okolina. Povrh toga, tek što smo se smestili u rovu, mnoštvo baterija, raspoređenih oko nas, počinju da sipaju vatru i sve ove granate prolaze iznad naših glava. A Bugari odgovaraju; „marmite" pljušte svuda oko našeg rova. Ipak, dosta udobno namešten, uživam dosta u ovoj situaciji. Ona je zanimljiva, jer čovek može da dobije pojam o nadmoćnosti srpske artiljerije. Na šest srpskih granata, Bugari šalju samo jednu. Grmljavina je ogromna. Od vremena na vreme bacamo pogled iznad rovovskog bedema. Velike granate rasprskavaju se kao vodoskoci u bugarskim rovovima. Čudno mi je što ne vidim avione.

U 11.00 napuštamo svoj zaklon da se vratimo u logor na ručak. Danas je slava kapetanu Radojeviću i mi je skromno slavimo. Posle ručka, major Bora i ja odlazimo na konjima za Belo grodlo da vidimo šta se dešava na toj strani. Penjemo se brzo. Ostavljamo svoje konje na podnožju vrha Grodla i veremo se do najvišeg vrhunca sa njegovim stenjem koje se beli izdaleka. Ležeći potrbuške, jer nas vide sa bugarskih položaja, imamo pred sobom izvanredan prizor. Ceo front Prve i veliki deo fronta Druge armije nalazi se pred nama obasjan lepim makedonskim jesenjim suncem. Kanonada besni — prava strahota! Dim od eksplozije stvara pravi oblak. Bugari odgovaraju tek vrlo malo. Uostalom, oni izgledaju dezorijentisani, jer su, već jutros, pucali u vetar i, za vreme celog našeg povratka sa Miletine kose, pratile su nas bugarske granate od kojih je jedna pala blizu francuske baterije, na malo odstojanja od našeg logora. Na Sokolu gori šuma. Od vremena na vreme, naši gađaju više u pozadinu da tuku neprijateljske rezerve. Od Bitolja do Kožuha traje neprekidna kanonada. Spuštamo se u 17.00 sati i dolazimo dosta rano. Paljba traje celu noć. Sutra ujutro granate sa zagušljivim gasom pre napadaja.

15. septembar. Cele noći grmeo je top. Odlazim u 7.00 sati sa Borom na Miletinu kosu kod pukovnika divizijara. Odlazimo sa konjima, ali ne na konju, jer do druma, trebalo ih je voditi za uzdu. Kad smo stigli do ovog velikog puta za Miletinu kosu, primetili smo da ga tuče bugarska artiljerija. Stoga, posle nekoliko stotina metara, vratili smo svoje konje u logor i produžili put pešice. Pred česmom na Miletinoj kosi, leže dva konja ubijena od bugarske granate i jedna francuska kola, sva raznesena, dok Bugari i dalje bombarduju ovo ćoše preko koga živo prelazimo. Gotovo je opasnije šetati se ovako nego ostati u rovovima.

U brigadi nalazimo potpukovnika Gajića iz 3. puka. Njegovi vojnici stanuju na previjalištu Drinske divizije, koje je evakuisano. U 8.45 časova mi smo na osmatračnici štaba Moravske divizije, gde saznajemo da je 6. puk Drinske divizije zauzeo vrh Sokola. Francuski 120. puk zauzeo je prve linije Dobrog polja. Sokol, sa strane prema Prvoj armiji, još uvek je u bugarskim rukama. Čim Sokol bude sasvim zauzet, Drinska i Dunavska divizija napašće Rovovsku kosu, ali potrebno je da se pre toga zauzme Sokol da se onemogući da mitraljezi biju napadače s boka. Operacije na Sokolu napreduju polako zbog krševitog i teškog terena.

Bugari, nervozni, prave baraž za baražom. U 11.28 časova, bojeći se napadaja, oni puštaju rakete i čine jedan novi strahoviti baraž.

Mitraljezi klokoću. Ručamo i sve je mirno za to vreme. Ali u 13.30 otpoče jedno strašno bombardovanje prema Gradešnici, Prevoju i Vesi. To je pomešano sa puščanom i mitraljeskom paljbom — cela stvar traje do 15.00 sati. Da li je to nova artiljerijska priprema za napadaj? Jedna srpska patrola penje se na Vesu jarugom Gradešničkog prevoja. Posle deset minuta, bugarska mitraljeska paljba i baraž. Stiže vest da su Glavica i kota 1765 zauzete i da ima mnogo zarobljenika. Bugarska artiljerijska vatra produžava se i cela dolina je puna dima. To još nije napad, već samo jedna lažna uzbuna. U 16.15 časova srpska vatra se pomalo stišava i u 16.45 časova vidi se kako se penju uz Brazdatu kosu pešaci Dunavske divizije. Rakete, žestok baraž prava paklena vatra, i naši su primorani da se vrate odakle su pošli. U 18.30 meci se proređuju i mi se vraćamo u logor, ispraćeni jednom granatom koja se kotrlja niz planinu. Ova gospoda iz štaba pomalo su potišteni zbog neuspešnog napadaja na Brazdastu kosu, ali oni se nadaju da će to sutra popraviti.

16. septembar. U 23.00 sata Bugari su evakuisali Rovovsku kosu i sve položaje do Starovina reduta. Dunavska i Drinska divizija idu za njima. Pukovnik Jurišić javlja mi da je Kozjak pao. Ustao sam rano i tražim od pukovnika da mi dade konja i ordonansa da pođem na Rovovsku kosu. Narećuju da mi se osedla jedan konj i ja odlazim jarugom ispod starog logora 5. puka. Za 30 minuta stižem na Belu vodu, i 40 minuta kasnije dolazim blizu najviše tačke Kose. Tu ostavljam ordonansa s konjima i, preko rovova i bodljikavih žica, penjem se na vrh.

Artiljerijska vatra i rovovci sve su ispreturali. Bodljikave žice i kolje ispresecani su, rovovi oštećeni ili sravnjeni sa zemljom. Sretam jednog poznatog artiljerijskog oficira i, sa njim, odlazim da obiđem mesta koja su napustili Bugari. Oni su tu sve ostavili: puške, municiju, samovare, fotografske aparate itd. Njihov odlazak morao je biti prava panika. Ima malo leševa i neki su bez rane. Dejstvo naših zagušljivih gasova! Merzeri su još u četvorougaonim rupama od betona, dubokima oko tri metra. Bugarski zakloni su pravi tuneli u obliku polumeseca, poduprti balvanima i izdubeni u steni. Kolibe su od betona. To je kolosalno! Topovi su još u položaju sa svom municijom pored njih. U jednom zaklonu nalazim mačku koja beži ispred mene. Ali kakav rđav zadah u ovim kolibama i zaklonima. Oseća se da su ti ljudi bili prljavi.

U 10.15 odlazim da potražim svoga konja da se spustim istim putem. Pri dolasku sreo sam prve bugarske zarobljenike koje sprovode. U 11.00 sati sam u logoru gde ručamo brzo da pođemo da razapnemo naše šatore napred. Silazimo bez nezgode i stalno susrećemo artiljeriju koja menja položaj, i komordžije koji idu za svojim pukovima. Ceo svet je dobre volje. Kad smo stigli na Belu vodu, ostavljamo tu konje da se popnemo pešice stazom za Gradešnica prevoj. Susrećemo prvi puk koji tu logoruje da krene noćas na prvu liniju. U klancu Gradešnica prevoja vidimo srpske trupe gde se bore već mnogo napred. Pukovi prolaze. Pukovnici Nikolić i Popović i drugi oficiri dolaze da se s nama pozdrave. Dovode zarobljenike. Među njima se nalaze nemački artiljerci i komandant 28. bugarskog pešadijskog puka koji se dao zarobiti sa celim svojim štabom.

Oko 18.00 sati silazimo na Belu vodu da tu provedemo noć. I trupe neprestano prolaze. Pešadija rado pomaže artiljeriji da izgura svoje topove po prašnjavoj stazi. Vojnicima lica sijaju od radosti. „Hajde u Srbiju!", govore oni konjima koji tegle s mukom. Svi veruju da će se ovoga puta vratiti kući. Oko našeg logora bivakuju trupe i ja odlazim da se kroz njih prošetam posle večere sa majorom Borom. Svuda se peva. Ponovo se propevalo! Neki vojnici izvadili su svoje violine i sviraju kolo, dok drugi igraju. Atmosfera sluti na pobedu.

Još odlazim da vidim zarobljene bugarske oficire. Oni sede oko jedne velike vatre i ja razgovaram s jednim od njih, sa jednim mladićem koji je četiri godine studirao prava u Parizu. To se vidi po njegovoj spoljašnosti, jer izgleda mnogo bolje nego ostali. Pitam ga šta on, kao čovek koji je svršio prava u Francuskoj, misli o onome svemu što je uradila njegova vlada: regrutovanje Srba, pokolj zarobljenika itd. On ne zna kako da odgovori i izvinjava se što su, po ovim pitanjima, „mišljenja različita". Ja mu primećujem da se može smatrati srećnim što je zarobljenik Srba, a ne svojih sunarodnika, jer bi ga ovi ubili, kao što su poubijali srpske zarobljenike. On mi priznaje da je u Srbiji vršeno regrutovanje, ali dodaje da ovi regruti nisu borci.

To je bila idealna noć. Mala dolina je poplavljena srebrnom mesečinom i svuda plamte velike vatre oko kojih se greju vojnici. Niko se više ne krije i nema više topovske muzike. Mi smo na putu za Beograd!

17. septembar. Polazimo sa Bele vode u 6.30 sati. Prešavši Gradešnica prevoj, mi smo u zoni koju su još juče držali Bugari. Svuda konstatujemo odlično dejstvo srpske artiljerije. Isto tako, svuda konstatujemo žurbu sa kojom su Bugari napustili svoje položaje, ostavljajući municiju, komoru itd. Put, u početku dosta rđav i prašljiv, postaje zatim dosta lep. Susrećemo 2. puk u pokretu za položaje i prolazimo pored pravih sela od zemunica, bogami, jako divno napravljenih. Oko 9.00 sati stižemo u odličnu osmatračnicu na 1.255 metara visine. Odatle vidimo 1. puk okupljen na jednom grebenu i konjicu na Labinici. Bugari još drže Kučkov kamen i niže visove od njega. Treći puk napada na ove visove, a Jugoslovenska divizija na Kučkov kamen. Ispred nas jedna brdska baterija puca na bugarske položaje.

Pošto smo se orijentisali, silazimo u dolinu da se penjemo na pobočne visove Kozjaka. Prolazimo pored male ciglane koju su verovatno stvorili Nemci. Penjanje prolazi bez nezgode, pored sve strmine kose. Šuma gori na više mesta. Penjemo se neprestano do tačke 1369. Pred sobom vidimo 3. puk, blizu grebena brega, spreman za napad, ali on neće krenuti pre 15.30 časova. Jugosloveni ogorčeno napadaju Kučkov kamen, ali ne mogu da ga zauzmu. Bugarska artiljerijska vatra je dosta živa na ovoj tački. Prvi puk prolazi i ide pravo prema Kučkovom kamenu. Dok ručamo na travi, jedna brdska baterija podešava svoje gađanje pored nas.

Oko 16.00 sati, Jugosloveni napadaju ponovo, a od svoje strane 1. puk isto tako pokušava da napada putem, ali Kučkov kamen će tek pasti u 18.30 kad mu je 3. puk došao kao pojačanje. Situacija mora tamo biti mučna, jer vidimo putem jedan top koji beži. Najzad u 18.30 svi objekti su zauzeti. Spuštamo se i polazimo, pošto je noć već pala, prema našem logoru za koji je mesto vrlo rđavo izabrano od strane poručnika telefoniste. Srećom, vreme je lepo, a Bugari u povlačenju, jer, bez toga, oni bi nas izvesno bombardovali na našem gotovo golom bregu. Video sam dosta bugarskih zarobljenika i, među njima, nekoliko oficira. Razgovarao sam s jednim od njih. On ima potišten izraz i ne veruje više u bugarsku pobedu.

18. septembar. Proveli smo noć dosta dobro na našem bregu koji je ogoleo od požara. Ustajem rano i major Bora me moli da ispitam jednog nemačkog zarobljenika iz 3. bataljona saskih lovaca. On mi kaže da je bio u nemačkom logoru kod Velesa kad su ih hitno pozvali pre deset dana „jer je front probijen". Međutim, u tom trenutku nije bilo apsolutno ništa od svega toga. Odlazimo za Kučkov kamen. Svuda pored dobro napravljenog puta nemački logori sa nemačkim natpisima. Vidi se da su bili gospodari! Brižljivo nameštene zemunice još su pune svakovrsnih stvari. Oni su sve ostavili.

Približavajući se Kučkovom kamenu, nailazimo ovde-onde na nemačke leševe. Velika aktivnost na samom Kamenu. Previjaju prijateljske i neprijateljske ranjenike. Prolaze pešadijski pukovi i artiljerija, komordžije se dozivaju, a jedan crnac iz kolonijalnog puka šeta se, ozbiljan, među Srbima kao pobednik. Odlazimo sve do Selke, gde smeštamo svoj Glavni stan. Mi smo na čelu divizije. Prvi puk dolazi odmah iza nas i ide da zauzme teren, zajedno s 3. pukom, do Gradišta. Ovde više nema otpora. Bugari su s druge strane Crne reke. Stiže konjička divizija. Ona će ići još danas do Kavadaraca. Na Razim Beju Bugari se brane s druge strane reke. Pukovnici Đorđević i Čolak Antić dolaze da se vide s nama i pričaju nam šta su videli. U Belovištu, prilikom dolaska srpskih prethodnica, seljaci su se borili uz njih protiv Bugara. Evo jednog lepog dokaza koliko su Makedonci Bugari! U Polšištu, pre odlaska, Nemci i Bugari su se opasno pobili i Nemci su doviknuli Bugarima: „Svinje! I treba da vam Srbi uđu u Sofiju!" Lep sklad između saveznika!

U 17.00 sati odlazim na konju za Kučkov kamen — ali i suviše je kasno, nisam mogao da se popnem na vrh i vraćam se u logor. Svuda šume zapaljene. To je posledica bombardovanja i vojničke lakomislenosti. Francuzi napadaju kod Bitolja, a Englezi na Dojranskom frontu. Bugari će svuda da popuste.

19. septembar. Pukovnici Grujić i Jurišić odlaze rano na položaje. Odlazim pešice na glavicu Selke, gde je sjajna panorama. Čovek vidi sasvim izbliza gole i strme planine na levoj obali Crne. Trupe naše divizije već su dobro poodmakle i pojedini odredi već su s druge strane reke. Ostajem poprilično na ovoj lepoj osmatračnici i onda se vraćam u logor. Usput susrećem komordžije, ordonanse i vojnike koji idu svojim jedinicama. U 13.00 sati, posle ručka, odlazim s Vujićem koji nas je stigao s drugim delom štaba, na konju za Rošten. Ali karte su rđavo napravljene, jer, sudeći po njima, imali bismo samo sat i po ili najviše dva sata hoda. U stvari, to su dobra tri do četiri sata. Videći da se ne možemo vratiti u logor na vreme, primorani smo da se vratimo pre nego što smo došli do sela.

Komandant se vratio tek u 20.00 sati. Naši pukovi su već više od deset kilometara ispred nas. Snabdevanje je teško i hleb ne stiže trupama. To je jedna velika briga za pukovnika Grujića. Bugari se predaju i jedan jedini vojnik zarobio je 30 Bugara i jednog poručnika.

Još nikako ne znamo šta su učinili Francuzi kod Bitolja ni Englezi kod Dojrana. To je za divno čudo kako je čovek rđavo obavešten u ovim jedinicama koje idu napred, ne znajući šta se dešava kod drugih!

20. septembar. Menjamo mesto i ja odlazim s komandantom divizije i pukovnikom Jurišićem da posmatram operacije koje se vode na strmim visovima s druge strane Crne. Njegova tri puka imaju za cilj da najpre zauzmu visove s leve obale Crne i da zatim pođu u pravcu Babuna—Prilep da preseku put Gradsko—Prilep. Oni danas napreduju lagano, jer je teren vrlo težak, vrućina je, a vojnici su umorni. Povrh toga, snabdevanje namirnicama je vrlo rđavo, jer smo išli suviše brzo.

Prolazimo podnožjem glavice Selke i spuštamo se zatim na visoravan koja se izdiže iznad Crne i odakle se vidi ceo front Moravske i jedan deo fronta Dunavske divizije. Bugari pucaju nasumce na našu stranu i nekoliko šrapnela se rasprskavaju nad nama. Oni su zaseli greben nama preko puta i tu doveli mnoštvo mitraljeza koji rade bez prestanka. Vidimo kako se tamo penju naši, potpomognuti brdskom artiljerijom, od koje je više baterija namešteno pored nas i od topova od 75 koji su već stigli. Tako pratimo bitku celog dana, ali naši ne dolaze na greben. To će biti za sutra.

Predveče stiže jedan francuski avijatičarski narednik i jedan srpski vojnik. Pre šest dana oni su otišli na avionu da bace u vazduh most kod Gradskog, ali oni su se spustili suviše daleko od cilja i uništili su svoj aparat. Tako su se oni vratili, a da nisu izvršili svoju misiju; oni su ipak uspeli da prođu kroz bugarske linije. U 18.00 sati spuštamo se u Vrbsko gde ćemo noćiti. Već je pao mrak i mi idemo pešice, vodeći konje, vrlo rđavom i naglo strmom stazom koja vodi u selo. Kad smo tamo stigli, Dunavska divizija napada na visove ispred nas. Baraž, rakete itd., pravi vatromet koji posmatramo po volji.

21. septembar. Jutro mi prolazi u ispitivanju seljaka iz Vrbskog, koji mi daju ista obaveštenja kao i oni s druge strane. Posle ručka odlazim za Godjak, ali izgleda da se to selo upravo nalazi na međi između dveju vojsaka. Trenutno su još Bugari tamo, dakle ne može ništa da se uradi. Zadržavam se u komori 5. puka u dolini Crne, gde nalazim jednog prijatelja kapetana iz pukovske municione kolone. Jedan francuski poručnik od kratkih 105 dolazi da izvidi put za napredovanje. Njegova tri topa ispalila su za tri dana 3.965 metaka i pratila su dovde srpsku vojsku. Još večeras oni će pripremati napadaj. Vraćamo se jarugom i nalazimo u logoru narednika Žuva, vrlo poznatog slikara koji je prikomandovan Istočnoj vojsci. On će ostati s nama. Za vreme večere još pridolazi poručnik Vijon sa svojim pilotom. Oni su pali sa avionom, ali se nisu povredili. Avion Moravske divizije nema sreće, ali je ima njegov pilot i njegov osmatrač! Ostajemo s njima do kasno u noć. Situacija je dobra i zauzeti su mnogi grebeni ispred nas. Kavadarci su zauzeti i 1. puk je izmakao mnogo napred. Stvari idu dobro! Jutros sam ispitivao zarobljenike iz 13. bataljona saksonskih lovaca. Oni su mi potvrdili da su im, u početku, pričali da su Srbi divljaci, ali da su ih sada Francuzi organizovali.

22. septembar. U 10.00 sati odlazim s Vujićem i Žuvom za Godjak. Vidimo u dolini Crne avion poručnika Vijona koji se tamo slomio. Dalje nailazimo na osam bugarskih haubica koje su napustili Ferdinandovi vojnici. Svuda oko topova leže izgorela kola. Prelazimo preko Crne preko jednog mosta, napravljenog od bugarskih kola. Pored puta koji se jako penje, leševi konja i nemački šlemovi. Ispitujem ljude u Godjaku, siromašnom makedonskom selu u jednoj rupi pored puta. Oni mi pričaju koliko su stradali od Bugara i koliko su zadovoljni što su se Srbi vratili. Odlazimo, pošto smo ručali ono što smo sa sobom poneli, ali nam kažu da je naš logor premešten. Idemo onda duž Crne, dok nam jedan telegrafista kojega smo sreli, nije potvrdio da je naš logor ostao tamo gde je i bio. Kad smo stigli

u Vrbsko, ne čujemo više top. Juče, izgleda, situacija je bila dosta kritična za diviziju. Nemci su izvršili jedan protivnapad i bili su ponovo prodrli do Crne. Zaplenili su naše brdske topove koji su bili nameišteni u prvoj liniji. S naše strane izvršen je protivnapad; naši su tukli Nemce i povratili topove.

23. septembar. Krećemo u 6.30 i ponovo prolazimo kroz Godjak. Onda idemo artiljerijskom stazom koju su noćas napravili pioniri. Svuda nailazimo na komore ili na baterije od 75, koje su mučno izvučene na brdo. Prolazimo klanac, i spuštamo se s druge strane prema Drenu. Nemci i Bugari su sve ostavili: odeća, municija, sve leži razbacano po zemlji. Ne čuje se ni top ni puška. Stižemo u Dren gde ispitujem seljake, i tu ručamo. Pojahavši konje, dolazimo u Carevac gde ponovo ispitujemo stanovnike. Za to vreme, naša komora izmiče ispred nas, ali mi je brzo sustižemo na odličnom putu iz Prilepa u Gradsko. Bugaro-Nemci pokušali su da oštete „telefer" Gradsko—Prilep i Dekovil koji ide u istom pravcu, ali biće lako da se to popravi. Svuda zapaljena kola i logori, Bugaro-Nemci nisu hteli ništa da ostave Srbima. Mi smo daleko iza Babune. Tako je Mišićev manevar potpuno uspeo: Bugari su odsečeni. Logorujemo u Mramoru, na sat i po od Drenova. Pored nas se nalazi jedan veliki magacin za bugarsko snabdevanje koji Ferdinandovi vojnici nisu imali vremena da zapale. Tu ima robe za više stotina hiljada franaka: sveća, čaja, konzervi, brašna itd. i to naši vojnici uzimaju bez štednje. I mi tražimo plena koji jedemo za večeru. Spavamo pod vedrim nebom bez šatora.

24. septembar. Odlazimo rano. Noć je bila divna, ali malo vlažna, što uostalom nije činilo ništa. Jašemo dobrim putem Prilep—Gradsko. S jedne strane ima „telefer", s druge strane železnica s uskim kolosekom. Nemci su napravili oboje. Susrećemo Italijane koji su zarobljeni na italijanskom frontu i koje su naši oslobodili. Idući pravom jarugom u kamenjaru, put postaje romantičan. I uvek i svuda materijal koji su ostavili Bugaro-Nemci: brašno, municija,

## ŠTA SAM VIDEO I PROŽIVEO U VELIKIM DANIMA

topovi, šlemovi itd. Kod Drenova bila je mala borba. Tu su Bugari ostavili svoje topove sa celom zapregom. Crknuti konji koji počinju da smrde i koji su se naduli, leže po zemlji. Seljaci su opljačkali kola i prtljag. Celim putem sretamo seljake, natovarene plenom. Oni vraćaju što im je oduzeto.

Oko 9.30 stižemo u Drenovo. Naši avioni su sasvim uništili požarom veliku stanicu. Nažalost, ima takođe žrtava među bugarskim zarobljenicima. Nalazim jedan srpski, jedan francuski i jedan italijanski leš. I tu je plen ogroman: automobili, lokomotive, vagoni, municija, namirnice itd. Nemci su ipak bili dobro organizovali svoj logor. Ručam sa pukovnicima Grujićem i Jurišićem u njihovoj menaži, pravom malom hotelu od kamena. Tu još pronalazimo nekoliko flaša minhenskog piva i rajnskog vina, koje smo popili. Šta sve oni nisu tu ostavili, sve do kinematografskih filmova! Ali isto toliko je začudo koliko se razbacuju i kvare ove stvari koje bi mogle biti toliko korisne!

Posle ručka odlazimo za Rozeman na nekoliko kilometara od Gradskog koje gori, zapaljeno od neprijatelja, i mi izdaleka vidimo visok stub dima. Rozeman je tursko selo gde svet govori samo srpski. Za dva sata stižemo prašljivim putem. Tu nalazimo 55 Grka iz Kavale, Seresa i Drame, koje su Bugari upotrebljavali na „teleferu" i na putevima. Tako i njih ispitujem kao i seoske stanovnike. Bugari ne daju otpora ili vrlo slabo. Srpska konjica je na putu za Štip, a francuska na putu za Skoplje. Kod Bugara, to je begstvo glavom bez obzira.

25. septembar. Odlazim jutros u 1. puk koji je, sa Jugoslovenskom divizijom, juče zauzeo Gradsko. Nalazim dvojicu komandanata puka, Nikolića i Popovića. Oni su malo umorni, ali vrlo zadovoljni. Gradsko je zauzeto sa minimumom gubitaka: 6 ranjenih i 2 mrtva, dok su Francuzi, koji nisu napadali nego su bili u rezervi, imali 15 mrtvih i ranjenih. Gubici Bugaro-Nemaca su znatni. Bugarski

zarobljenici nam pričaju da su car Ferdinand i Boris bili u Gradskom i u Drenovu da pokušaju da povrate trupe, ali uzalud. Iz puka odlazim u bataljon potpukovnika Bogdanovića koji mi pokazuje položaje i ja s njim silazim na železničku stanicu u Gradskom. Ona je ogromna sa svakovrsnim instalacijama. Nemci su zapalili četiri petine stanice. Depoi municije bačeni su u vazduh i sve se još puši. To je materijalni gubitak od više stotina miliona. Pored svega požara, plen je vrlo znatan: lokomotive, vagoni, 20 topova, rovovski merzeri, životne namirnice, vino itd. To ne može zamisliti niko ko to nije video. Srpski, a naročito francuski vojnici snabdevaju se vinom. Vino u bezbroj buradi malo je zagrejano od požara i puno uglja, ali to ne ometa vojnike da ga piju i da odnose pune porcije. To je tako živopisno.

Nemci su naročito pokušali da brane ovu važnu tačku koja je snabdevala četiri petine bugarske vojske, ali ih je to skupo stalo. Prolazim pored jednog topa u zaprezi, nad kojim je eksplodirao srpski šrapnel. Sve je izginulo. Nemci su ispalili na hiljade metaka, rupe čaura to svedoče.

Vraćam se u puk da ručam uz nemačko pivo i uz vruće vino iz Gradskog; doručak je uostalom bio odličan. Prvi puk mi poklanja jednog opremljenog bugarskog konja od teške bugarske artiljerije, koga sam nazvao Boris. On je jak i ružan i biće mi vrlo koristan. Vraćam se preko polja i stižem upravo u času kad se logor kreće za Viničane. Prolazim ponovo kroz Gradsko. Na putu možemo se uveriti o pokušaju Nemaca da zadrže naše: mali individualni rovovi i jedan automobil koji je pogodila granata. Od Gradskog do Viničana polja su posejana šlemovima i delovima nemačke opreme, što svedoči o njihovom bezobzirnom begstvu. Kad smo stigli u novi logor, saznali smo za pad Ohrida, Resna itd. Pronosi se vest da je buknula revolucija u Sofiji. To je kazna Bugarima, koja počinje. Dobio sam vesti o svom automobilu; on je zapeo u Pošištu. Pokušavaju da ga oprave, ali sumnjam da će me stići. Oslobađamo mnogo italijanskih zarobljenika sa Soče i oni se mnogo tuže na postupanje od strane Bugara.

26. septembar. Provodimo dan u Viničanima, dok trupe napreduju. Pravim anketu u selu, koja mi daje uobičajene rezultate. Kod stanovnika vršene su rekvizicije, regrutovanja, pored zlostavljanja. Selo je potpuno tursko, pa ipak sin jednog od mojih svedoka bio je predsednik opštine u srpsko vreme i otišao je sa srpskom vojskom. On će se vratiti sutra ili prekosutra kao predsednik opštine. Nekoliko francuskih kolonijalnih vojnika iskoristili su priliku da pokradu stanovnike. Stanovnici su jutros dolazili da se žale da su vojnici ukrali 1.000 dinara jednom seljaku. To se može desiti u svima vojskama, ipak verujem da će francuski oficiri učiniti sve što mogu da se takve stvari suviše često ne ponavljaju. Kad budemo stigli u Srbiju, takvi postupci mogli bi imati ozbiljnih posledica.

Vlada strahovita vrućina. Stoga, posle ručka ne radimo ništa do 16.00 sati. Zatim idemo da se kupamo u Vardaru koji je ovde brz. Za naše Srbe to je prva banja u srpskom Vardaru posle tri godine. Kad sam se vratio u logor, probam malo svoga konja Borisa. To je vrlo jak konj, ali dosta tvrdoglav. Ipak, on će mi biti od velike usluge, jer je mnogo jači nego konj kojega sam do sada jahao.

27. septembar. Štab odlazi napred i Jurišić mi kaže da idem u Veles i da ga onda stignem na putu za Štip. On mi stavlja divizijski automobil na raspoloženje. Šofer ne može da upali svoj motor i onda kad je najzad gotov, treba izvršiti neku drugu opravku. To nas zadocnjava za sat i po, ali najzad polazimo. Put nije dugačak, sat i nešto. Svuda tragovi izvanredne panike Bugaro-Nemaca. Oni su sve bacali i čak su ostavili svoje mrtve. Čoveka često neprijatno smeta zadah od crknutih konja, volova, i takođe od ljudskih leševa. Oko 11.00 sati stižemo u Veles. Susrećem odeljenje poručnika Krakova iz 5. puka. Svi ljudi su zakićeni cvećem. Prolazimo glavnom ulicom gde

radi francuski i srpski kinematografski servis. Imaju takođe i automitraljezi. Odlazimo u opštinu da ispitujemo neke uglede ličnosti, ali one su vrlo oprezne u svojim iskazima.

Veles je bio oduvek centar bugarske propagande i stanovnici još ne znaju kome bi se privoleli carstvu. Saznaćemo istinu od mlinara Zikovića koji nas poziva na ručak. Ali da dođemo do njegove kuće, treba preći preko mosta koji su srušili Nemci. Sa malo gimnastike i održavanja ravnoteže, dolazimo tamo. Za ručkom se nalaze još dva operatora iz francuskog fotografskog servisa. Uz desert naš domaćin nas obaveštava o svemu što se dešavalo za vreme bugarske okupacije.

U 17.00 sati odlazimo da potražimo naš automobil i tako smo se iznenadili kad smo tamo našli moga engleskog šofera Martina sa mojom kamionetom. Šoferi nam kažu da se ne može preći Vardar i da treba čekati dok se ne napravi most. Hoćemo da se lično uverimo o nemogućnosti da se pređe reka i spuštamo se ka Vardaru blizu železničke stanice. Tu nalazimo 9. puk gde prelazi preko vode. Ne može ništa da se učini, nije moguće preći Vardar automobilom, treba noćiti u Velesu. Jedan srpski trgovac nas poziva i mi odlazimo da večeramo i noćimo kod njega.

28. septembar. To je užas koliko ima stenica u Velesu! Nisam mogao da sklopim oka. U zoru odlazimo da vidimo da nije popravljen most da se pređe automobilom. Još nije. Pravi se jedan most od aluminijskih pontona koji su nađeni u Gradskom, ali, pošto su ih Nemci oštetili, najpre ih treba opraviti. Čekaćemo do 16.00 sati da bismo mogli preći. Za to vreme, razgovaram sa ljudima iz Velesa, naročito s jednim apotekarom koji je studirao u Lozani. Ovi ljudi ovde su potpuno „Makedonci", i oni bi hteli da i koza i kupus ostanu čitavi. Ručam kod našeg domaćina sa komandantom mesta. Čeka me neprijatno iznenađenje. Martin je slomio svoj stražnji feder kad je jutros bio u šetnji sa divizijskim šoferom. Šteta se ne može opraviti ovde, treba poslati kamionetu u Prilep. Vujić se rešava da se

vrati s Martinom u Solun da se seli za Srbiju, a ja prelazim sam — to su bila druga kola koja su prešla — most oko 16.00 sati. Pre toga, video sam Bojovića koji je juče postao vojvoda i čestitao sam mu. Idemo u pravcu Štipa. Svuda tragovi borbe i begstva: ostavljena municija, topovi, leševi. Oko 18.00 sati stižem u mesto Sveti Nikola, novi Glavni stan divizije. Pukovnik Jurišić mi kaže da je situacija odlična, ali da se snabdevanje municijom ne vrši kao što treba. Nemci pale svuda, kad imaju vremena, slamu, žito itd.

29. septembar. Provodim jutro u selu Sveti Nikola, ispitujući stanovnike. Susrećem takođe dva nesrećna „radnička regruta iz moravskog kraja", koje smo oslobodili. Kao mnoštvo ovih bednika, tako su i oni sasvim malaksali i bolesni. Posle ručka, odlazimo za Barbarevo za koje se nadamo da će biti zauzeto posle podne. Jašemo preko Ovčeg polja, bojišta iz 1913. Svuda tragovi jučerašnjih i onomadašnjih borbi: rasuta municija, delovi opreme, leševi. Požnjevena polja plodnog Ovčeg polja, žuta od slame koja je ostala, pružaju se pred nama.

Stižemo u Nemanić gde prisustvujemo jednoj maloj ratnoj sceni: jedan vojnik koji se napio, dirao je žene koje su, preplašene i plačući, došle da nam se žale, udarajući rukom o ruku. Naređeno je da se grešnik uhapsi dok se ne istrezni. Kapetan Pavlović, Žuv i ja nalazimo se u prethodnici. Ima još da se prođe jedan klanac.

Teška artiljerija iznosi svoje topove na kozje staze. Kakav utisak! Srbi prolaze svuda sa svojim topovima.

Sada imamo pred sobom Kratovske planine, Crni vrh, koji je već zauzet. Put se oteže u beskonačnost, a vreme se kvari. Oluje su već na pomolu. Najzad, savlađujemo i poslednje penjanje i stižemo u Barbarevo u 18.00 sati. Prešli smo najmanje 35 kilometara. Tu nalazimo jednog francuskog vojnika koji je bio bugarski zarobljenik 17 meseci. On je bolestan i priča nam šta je sve prepatio od Bugara. Počinje da pada kiša, ali to je kiša sa olujom koja ne traje.

30. septembar. Dan krupnih vesti! Provodim jutro, ispitujući seljake u Barbarevu i oslobođene srpske i grčke zarobljenike. Pre ručka primamo vest da su Sen-Kanten, Kambre, Miluz i Kolmar zauzeti. Naravno, doručak je vrlo veseo. Na kraju ručka zovu pukovnika Jurišića na telefon. Krupne vesti od danas u podne, zaključen je mir s Bugarima. Oni su kapitulirali i primili sve uslove saveznika. Srpska vojska vraća se pobedonosno kući! Ići ćemo u Kumanovo i odatle u Niš. Svršeno je, pravda je izvršena! Još ne poznajemo uslove, ali se nadamo da su dobri. Ako samo Amerika i Engleska nisu suviše zaštitile svoje bugarske prijatelje! Vest se raširila brzinom munje. Svi čestitaju jedni drugima. Vojnici, od kojih su mnogi iz okoline Niša, pružaju nam ruku sa srećnim osmehom u koji se ipak meša žaljenje što se ne ide u Sofiju. Posle tri godine progonstva, to je trijumfalni povratak.

Diže se logor sa žurbom. Celom svetu se hita da pređe granicu stare Srbije. „U Niš!", to je uzvik koji se svuda čuje, ali to nije luda radost, već radost ljudi koji su prošli kroz velike nesreće. Ona je tiha i duboka. Trebali smo sutra stići u Kumanovo, ali ima telefonska greška. Dunavska divizija tamo treba da bude prva i zato smo mi zadržani na putu i logorujemo dosta blizu Barbareva. Prisustvujemo sjajnom zalasku sunca usred ove Makedonije koja je tako lepa u poslednjim dnevnim časovima. Ostaviću je sada posle godina koje sam u njoj proveo. Već počinjem da imam za njom nostalgiju! Noć je lepa i veličanstveno tiha. Svršeno je sa koncertom topova, sem ako ne budemo imali da se još ponesemo sa Austro-Mađarima i Nemcima. Ali mislim da će i oni poći za primerom Bugarske. Ima još bugarskih zarobljenika. Kao što se moglo predvideti, oni bacaju svu krivicu na Ferdinanda, političare i novinare. Ali mi im kažemo da ne nasedamo više njihovim lažima i da će oni morati platiti sve svoje zločine. Nemačka će biti doskora u istom položaju kao i Bugarska.

## ŠTA SAM VIDEO I PROŽIVEO U VELIKIM DANIMA

1. oktobar. Odlazimo rano. Tek što smo pošli, stiže nas jedan ordonans da nam kaže da Bugarska divizija nije još otišla iz Kumanova pod izgovorom da nema instrukcije iz svog Glavnog stana. Razumeću večeras ovaj manevar dostojan bugarske perfidije.

Put je dugačak. Idemo putem Sveti Nikola—Kumanovo. Kad smo stigli na desetak kilometara od ove poslednje varoši, zaustavljaju nas. Bugari još nisu otišli. Ručamo i ja pitam Jurišića da li mogu da idem u Kumanovo, iako su Bugari još tamo. On mi to dozvoljava i ja odlazim s jednim ordonansom. Prelazimo Pčinju koja deli srpske i bugarske trupe i, jedva na nekoliko stotina metara dalje, nailazimo na predhodnice Dunavske divizije, gde upiru mitraljeze na bugarske pešake koje, izgleda, podstiču njihovi šefovi. Mirno idemo dalje i ja fotografišem Bugare. Duž celog puta do Kumanova, prolazimo pored Ferdinandovih trupa. Neki vojnici i oficiri pozdravljaju nas francuski. Sada smo u varoši. Sve stanovništvo je na ulici. Jedan deo nas diskretno pozdravlja. To je srpsko stanovništvo koje se još ne usuđuje da suviše burno pokaže svoju radost. Bugari su još tu. Ostali nas posmatraju radoznalo. Ipak, devojke nam donose cveća, čarapa i peškira, po domaćem običaju.

Kad smo stigli na pijacu, prilazi nam jedan bugarski konjički pukovnik. On me pita za vesti i daje mi dragocenih vesti o nemačknm snagama. On je bio tri godine u Somiru i vrlo je korektan. Tu smo ponovo okruženi stanovnicima od kojih mnogi izgledaju srećni što su se oslobodili od Bugara. Počinje defilovanje trupa, ali, protivno konvenciji, oni su zadržali oružje i topove. Ja ih fotografišem. Zanimljivo je biti usred Bugara, a da nema naših pored sebe. Moj ordonans je negde pronašao jednu srpsku kafanu gde nam nude kafe i rakije. Izlazimo onda ponovo na ulicu i prisustvujemo defilovanju 10. i 11. puka bugarske pešadije. Oficiri nas gledaju ispod oka i onda prolaze s pogledom uprtim u zemlju. Kako to mora biti dosadno defilovati tako pred neprijateljem! Neki nas pozdravljaju francuski i ja im želim srećan povratak, na šta oni odgovaraju da se slične stvari dešavaju u životu. „Vama, a ne nama", odgovaram. Jedan oficir dolazi da me pita da li će Makedonija biti vraćena Bugarima i šta će biti s Carigradom. Kažem mu da će Srbiji biti vraćeno sve što joj je ukradeno, da su Nemci potučeni u Francuskoj i da će bugarska vojska biti demobilizovana sem triju divizija za čuvanje železničkih pruga i njene granice prema Turskoj. Konjički pukovnik mi kaže da ćemo verovatno naići na nemački otpor kod Vranja i, naročito, kod Niša, jer su im upućena pojačanja u Srbiju.

Čujemo jednu detonaciju i vidimo požar prema stanici. Bugarski vojnici daju nam obaveštenja: jedan nemački blindirani voz uništava sve železničke stanice. On je danas razorio stanicu u Kumanovu, koju sam video, i sada ovu stanicu. Bugari imaju možda nameru da se ponovo pridruže Nemcima i zato ne predaju oružje.

Ali već je kasno. Treba se vratiti u logor. Na povratku susrećemo Dunavsku diviziju koja ide da zauzme Kumanovo. Kad sam stigao u logor, pukovnik Jurišić mi kaže da ćemo sutra napasti Bugare koji logoruju na sedam kilometara od varoši, da ih primoramo da predadu oružje. On dodaje da je Dunavska divizija pogrešila što nije već juče pucala kad Bugarska divizija nije htela da krene logor. Najzad, on mi još kaže da se bojao za mene dok sam se nalazio usred Bugara koji su ucenili moju glavu. Saopštio sam mu sva obaveštenja o nemačkim snagama, koje mi je dao bugarski pukovnik. Sutra ćemo prisustvovati jednoj zanimljivoj stvari, ali, sudeći po licima bugarskih vojnika, čim stanu da pljušte granate, oni će se predati.

2. oktobar. Nekoliko bugarskih pukova bilo je razoružano. Deseti puk otišao je pod oružjem sa svojim pukovnikom. Situacija nije još jasna. Iskoristio sam jutro da izvršim svoju anketu u selu Orašac. Posle ručka, odlazim sa štabom da posmatram događaje.

Bugari su odasvuda opkoljeni i naše trupe su u položaju za borbu. Sa svoje osmatračnice vidimo vrlo dobro neprijatelje kako su se prikupili na brežuljcima, sa topovima unapred. To Drinska divizija pregovara. Oko 14.00 sati stiže vest da su Bugari definitivno kapitulirali. Odlazim odmah da prisustvujem njihovom razoružanju. Dolazim na njihove položaje u Mladom Nagoričanu, gde jedan drinski odred, sa šefom štaba majorom Marićem, nadgleda ovu operaciju. Deset pešadijskih pukova predaje oružje. Nekoliko vojnika to čini očigledno kao da im pada kamen sa srca, drugi su besni i bacaju pušku na gomilu sa psovkom. Oficiri besne, ali neki su praktični. Tu je bio jedan potpukovnik, vrlo rđavog izgleda, koji hoće da proda svoga konja koga su mu ostavili. Dalje razoružavaju artiljeriju: mnoštvo topova, rđavo hranjenih konja i mršavih volova. Seljaci ih uzimaju za sebe, ne stideći se. To je vraćanje svoga.

Zatim dolazi odlazak vojnika bez oružja. Oni se smatraju građanima i skidaju svoje bluze i uniforme. Naravno da oficiri nemaju više nad njima nikakve vlasti, poraz je sve izjednačio. Divim se taktu Srba. Vojnici koji nadgledaju razoružanje, prave se da ne vide pobeđene.

Oko 17.00 sati silazim u Kumanovo i, usput, još susrećem razoružane Bugare. Naš logor je danas na neka tri kilometra severno od Kumanova. Tu je takođe konjička brigada generala Gambete. To je prava varoš od logora pored prašnog puta. Pukovnik Jurišić mi kaže da jedan telegram iz Berna javlja da su Austro-Nemci uputili 150.000 ljudi u Srbiju da zadrže pobednike. To nije dovoljno. I njih ćemo brzo savladati kao i Bugare.

3. oktobar. U toku noći digla se oluja koja je učinila čudo s mojim šatorom i mene pokrila prašinom. Jutro je hladno i pada studena kiša kojom vam vetar šiba lice. Posle doručka, polazimo oko 10.00 sati. Ja idem napred sa Žuvom. Kiša pada sve jače, put je blatnjav i klizav i mi prolazimo celo vreme pored komora artiljerije, pešadije i mitraljeza u pokretu. Naš cilj je Preševo. I tako, posle gotovo četiri sata hoda, upućujemo se prema tome selu. Ali susrećemo telefonskog kapetana Stefanovića koji nam javlja da ćemo logorovati pored

druma preko puta Žunica. Treba da se vratimo što nije prijatno po kiši i po hladnoći.

Ipak, kiša je stala kad smo stigli u logor, usred ravnice i okruženog drugim logorima. Nisam nimalo kao što treba. Jedna noga dala mi se na zlo i strahovito sam nazebao. Ali to će proći i, dotle, pijem dobru čašu konjaka koji smo uzeli Nemcima u Gradskom. Pred nama, na neka tri kilometra, još padaju austrijske „marmite", ali Austro-Mađari su uskoro primorani da se povuku. Posle večere, odmah sam se dobro zamotao i legao da spavam.

4. oktobar. Ostaćemo danas ovde gde smo, pošto najpre treba još više potisnuti Austrijance i, eventualno, Nemce, da bismo mogli krenuti mi koji smo u rezervi. Koristim se dokolicom da izvršim anketu u dva sela. Vojvoda Bojović je došao da ruča kod nas. On je bio pred Vranjem. Vrlo je zadovoljan i ne može dosta da nahvali Franšea d'Eperea koji je srpsku vojsku pustio da čini ono što ona nađe za shodno i koji joj je dao potrebnu pomoć. Do sada, sve operacije stajale su srpsku vojsku samo 1.000 ranjenih i mrtvih. To je fantastičan rezultat. Večeras su dolazili nemački avioni da vide šta radimo. Pozdravili su ih mitraljezima čija zrna, zviždeći, padaju u naš logor. Naši avijatičari nisu još došli, oni su u zadocnjenju.

5. oktobar. Polazimo rano ujutro u pravcu Vranja. Nažalost, kiša počinje da pada i ne prestaje celog dana. Pravimo prvu stanicu u Gornjem Pavlovcu, gde vršim svoju anketu, ali dolazi naredba da pođemo dalje, i mi polazimo po kiši, pošto smo ponovo savili pokisle šatore, do Neradovca. Tu smo se dosta udobno smestili u nekadašnjoj kafani i ja ispitujem po volji seljake iz sela. Sada smo u staroj Srbiji i ono što saznajem o vladanju Bugara, prevazilazi sve što smo mogli zamišljati. Ristovac je potpuno izgoreo i svi njegovi muškarci i dečaci, od desete godine, pobijeni su. Austrijanci se predaju i ne odupiru se. Danas imamo 1.300 zarobljenika.

6. oktobar. Odlazim u 7.00 sati sa Žuvom i poručnikom Žarkom Popovićem za Vranje. Ne pada kiša, ali po planinama vise oblaci puni vode. Stižemo tamo za manje od jednog sata. Na putu susrećemo seljake i seljanke gde nose svojim sinovima i muževima koji su u oslobodilačkoj vojsci, velike korpe, pune životnih namirnica. Sve stanovništvo Vranja nalazi se na nogama. Ljudi, žene i devojke nose kokarde ili srpsku trobojku. Žene donose vence koje vešaju našim konjima oko vrata, a nama daju cveća. Starci dele rakiju vojnicima koji se ne zaustavljaju. Mladići, sa puškama i pretrpani redenicima, predstavljaju dobrovoljce. Oni su napali jedan austrijski top, pobili konje i doveli zarobljenike. Jedan oficir invalid na štakama obukao je svoju paradnu uniformu. Svuda se oseća radost, ali to nije burna radost. Ovaj svet je suviše prepatio da bi mogao bučno manifestovati.

Jedna porodica nas poziva da popijemo kafu i priča nam svoje patnje, pošto im je otac bio interniran. Zatim dolazi 1. puk koji garnizonuje u Vranju za vreme mira. Sa muzikom na čelu, on defiluje između oduševljenog stanovništva. Ima dirljivih prizora, kad roditelji upoznaju svoje sinove koji se vraćaju. Ali treba da izvršim svoju anketu. Ona je dosta duga, i kroz nju saznajem strašnih stvari. Bugari su se ponašali kao najgori varvari. Oni su čak profanisali spomenik poginulima 1912—13. Posle ankete, odlazimo na ručak u jednu kafanu, „Kod Slobode", gde smo bili posluženi priličnim jelom, ali takođe prilično skupim. Ovaj siromašni svet još je navikao na cene okupacije.

Oko 15.00 sati odlazim na konju za Vladičin Han, gde ćemo noćas logorovati. Od vremena na vreme, kiša pomalo pada i mi susrećemo bezbrojne austrijske zarobljenike. Danas ih je zarobljeno više hiljada. Oni su gotovo svi vrlo mladi i do krajnosti klonuli, gotovo još otrcaniji od Bugara. Oni se svi predaju. Neki nas pozdravljaJu i viču „Živela Francuska!" Nemci su strahovito oštetili železničku prugu i porušili mostove na putevima. Put je dosta dug i mi stižemo na mesto određenja tek oko 19.00 sati. Austrijski mitraljezi su ostali na putu.

7. oktobar. Pravo jesensko vreme; ipak ne pada kiša. Odlazim sa poručnikom Žarkom za Surdulicu. Stižemo tamo za sat i četvrt. Počinjem odmah svoju anketu i polazim u čuvenu Duboku dolinu, gde su Bugari poubijali na stotine Srba. Kad smo tamo došli, psi koji su podivljali, jer su se hranili mesom bezbrojnih žrtava bugarskog besa, beže ispred nas. Svuda kosti i humke. Strašno je što su Bugari ovde uradili. Oni su poubijali oko 3.000 građana po jarugama i po šumama. Neke žrtve nisu bile zakopane i psi su pojeli njihove leševe. Posle dugih ispitivanja, idem da stvari proverim na licu mesta i odlazim ponovo u jarugu. Tu sam dao da se otkopaju rake u kojima konstatujem prisustvo mnogobrojnih kostiju. Jedan Ciganin kojega su upotrebljavali Bugari kao grobara, pokazuje nam mesta i priča nam o groznim prizorima koje je video. Surdulica će ostati večna sramota za Bugarsku!

Oko 14.00 sati napuštamo Surdulicu i produžavamo za Predejane gde se nalazi logor naše divizije. Usput, sipi kišica i mestimično imamo dosta muke da prokrčimo sebi put s našim konjima kroz mnogobrojne komore čije komordžije, kao obično, zakrčuju put i ne dadu da se prođe. I tako bajonet s puške jednog komordžije, privezane na leđa jedne mazge, ušao mi je u bedro. Rezultat: žestoko zaparano bedro i pocepane pantalone, a ova poslednja šteta je mnogo ozbiljnija, pošto su to moje jedine pantalone. Pored svega toga stižemo na vreme na mesto određenja u času kad počinje da pljušti kiša.

8. oktobar. Moje bedro i moje pantalone doterani su u red. Pukovnik Jurišić mi kaže da idem da izvršim anketu u Leskovcu. Mi smo uvek u klancu Morave. Kiša ne pada, ali oblaci su vrlo nisko. To je sreća, jer bi nemački avijatičari mogli da učine ozbiljan pokolj

u ovom uskom dugom klancu kroz koji teče Morava. A već odavno nismo videli naše avijatičare. Šta rade? Do Grdelice idemo sa divizijom kroz bezbrojne komore koje ne vole da prave mesta konjanicima. U Grdelici, ulazak 2. puka, sa muzikom na čelu. Tu poručnik Žarko i ja napuštamo diviziju da skrenemo ka Leskovcu. Posle jahanja od četiri i po sata, stižemo po kišovitom vremenu. Kite vencima naše konje. Sve stanovništvo, srećno, nalazi se na ulici. Odlazimo pravo u opštinu gde mi građani pričaju, puna četiri sata, sve što su prepatili. To je strahovito koliko su zla počinili Bugari! Stanovništvo ceni da su oni poubijali 10.000 građanskih žrtava u okolini varoši. Pri polasku, Koburgovi podanici još su izvršili svakovrsna nasilja.

U 16.00 sati pozivaju nas „na ručak" kod fabrikanta Ilića. Polazimo i uz odlično jelo građani i građanke pričaju nam o svojim mukama. Oni su mnogo ogorčeniji na Bugare nego na Nemce. U 17.00 sati, Ilić nas vodi u svoju fabriku koju su Bugari potpuno opljačkali i upropastili. U 18.00 sati odlazimo za Stajkovce da tamo noćimo.

9. oktobar. Odlazim sa Žarkom za Vlasotince oko 8.00 sati. Sipi kišica i ordonans nas vodi dugim putem. Oko 10.00 sati stižemo na mesto određenja. Ispitujem ljude u opštini i oni mi kažu da je i tu bugarski bes izvršio neizrecive zločine. Posle toga nas primaju u kući prote koga su ubili Bugari i pokazuju nam njegove haljine isprobijane udarcima bajoneta. Zatim idemo da vrlo dobro ručamo kod kafedžije Krajničanića.

Hteli smo da otputujemo u 14.00 sati, jer je naša etapa, Topolčani, daleko, ali je nemoguće pronaći naše ordonanse. Tek posle dva sata traženja uspeli smo da otkrijemo naša dva sokola koje je častilo stanovništvo. Polazimo odmah, vraćajući se za Stajkovce i idući zatim putem duž Morave. Ali mi smo suviše kasno krenuli, noć nas je zatekla na putu koji, povrh toga, ordonansi nisu poznavali. Stoga smo izgubili put i lutali, na božju sreću po crnoj noći, izlažući se na svakom koraku da padnemo u Moravu ili da upadnemo u neprijateljske linije za koje smo znali da su sasvim blizu. Najzad vidimo jednu vatru. Rizikujući da natrapamo na Nemce, mi smo se približili. „Ko ste?", vičemo. „Graničari", bio je odgovor. Srećom, to nisu bili austrijski graničari, već čestiti srpski mlinari. Oni nas odvedoše tek oko 2.30 u selo Lukovac, gde smo rešili da prenoćimo. Nemci su napustili selo posle podne i u kafani, punoj srpskih vojnika na odsustvu — ukoliko ulazimo u Srbiju, vojnicima iz oslobođenih krajeva daje se odmah odsustvo — seljaci nam pripremaju dva kreveta u kojima ćemo naći dobro zasluženi odmor.

10. oktobar. Bude nas u 4.00 sata, ali još je crni mrak i mi smo primorani da čekamo do 6.00 sati da bismo mogli krenuti. Toponica, a ne Topolčani, kao što smo mislili da se zove selo, još je dosta daleko i tamo stižemo tek oko 8.00 sati. Granate još padaju blizu sela. Nemački zarobljenici pričaju da su hitno upućena iz Rusije tri puka pešadije i jedan puk artiljerije. To su te trupe koje imamo pred sobom. Od Austrijanaca nigde ni traga. Moravska i Dunavska divizija sada su napred, a Drinska divizija je u rezervi. Anglo-Grci moraće da zamene Drugu armiju na bugarskoj granici i ova vojska doći će ovamo. U toku dana dovode nam još mnogo zarobljenika koji su svi zamoreni ratom, a naši zauzimaju položaje koji vladaju Nišom. Lep je jesenski dan i top je grmeo celo vreme. Razume se samo po sebi da sam išao da vidim borbe izbliza.

11. oktobar. Savijaju se šatori i sprema se za polazak. Ali čekamo celo jutro i dobar deo od posle podne i ne polazimo. Ostajemo u Toponici. Zaista, situacija je čudna. Dunavska divizija izgubila je juče mnogo ljudi, zauzimajući nemačke položaje. Govori se o 29 oficira od kojih je 11 poginulo, a među ovim poslednjima dva komandanta bataljona. Nemamo više artijerijske municije. S druge strane, po onome što pričaju seljaci, još ima Nemaca nama nadesno. Treba

najpre očistiti celu zemlju, pre nego što uzmognemo napredovati i zauzeti Niš. Mi smo brojno slabi i treba obazrivo manevrisati. Uostalom, Druga armija treba da pođe za nama. To je dakle dan iščekivanja. Komandant i njegov šef štaba pomalo su zabrinuti.

Jutros su uhvatili jednog „hajduka" u selu. To je jedan dezerter iz 1915. godine, a iz 2. puka. Za vreme bugarske okupacije, on je snabdevao Bugare ženama i silom dovodio seoske devojke. Za nagradu, Bugari su ga postavili za kmeta. Kao kmet, on je pljačkao, krao, ucenjivao i ubijao mladiće. Celo selo je došlo da moli komandanta da ih oslobodi ovog čoveka. Dva žandarma su ga uhapsila. Njegovo držanje je bedno usred svih ovih seljaka, okupljenih oko njega, i koji ga optužuju. Šalju ga u 2. puk da mu tamo sude i on odlazi praćen mnoštvom seljaka. Njemu će biti verovatno suđeno pre njegovog dolaska u puk.

U Nišu i okolini imaju dve nemačke i jedna austrijska dezorganizovana divizija. Biće dakle još borbi. Nemci pripremaju svoje povlačenje, ali još drže položaje. Prvi puk je zaplenio četiri austrijske haubice sa poslugom i obrnuo na nepirjatelja. Naređeno je austrijskoj posluzi da gađa Niš i prvi metak koji je ispaljen, pogodio je jedan voz s municijom na niškoj stanici i bacio ga u vazduh. Mi smo vrlo dobro videli plamen požara iz Toponice. Jedan francuski oficir u prolazu daje nam odlične vesti sa zapadnog fronta. Italijani su zauzeli Trient, a Trst je jako ugrožen. Oni su se dakle najzad rešili da napadnu. To nije suviše rano, samo reći će im se kasnije da nije teško napasti s uspehom jednog neprijatelja koga su već drugi pobedili.

12. oktobar. Neprestano rđavo vreme, ali ipak ne pada kiša. Situacija je dobra. Nemci se povlače, iako su primili pojačanja. Čekamo municiju koja nije mogla da nas prati u našem forsiranom maršu. Ima nemačkih zarobljenika koji mi izgledaju jako potišteni. Oni hoće da se opravdaju: narod nije ništa učinio, on je podlegao uticaju kapitalista i militarista; on je nevin. To je izvinjenje pobeđenih!

Posle ručka polazimo. Preko planine stižemo na Markovo Kale, jedno staro malo utvrđenje na tri kilometra od Niša. Niš je zauzet i leži pred nama. Magacini i železničke stanice gore. Naše trupe su već na pet ili šest kilometara severno od varoši. Druga prestonica Srbije nalazi se u našim rukama. Živela Srbija! Posle podne je kišovito, tek od vremena na vreme sunce se probije kroz oblake. Odeljenja 1. puka sa nama su. Seljaci donose rakije. Najzad, to je povratak pun uzbuđenja. Jedno momče od 16 godina, Mihailo, prijavljuje se komandantu. On je bio interniran kod Bugara dve godine. Mati mu je umrla od tuge, a njegov otac preminuo je u ropstvu. On bi hteo da stupi u vojsku kao dobrovoljac. Noćili smo u Gabrovu. Opet pada kiša.

13. oktobar. Jutro je lepo i Žuv, Nešić i ja odlazimo po ovom lepom jutru za Niš koji je sinoć zauzet. Stižemo tamo za jedan sat. Svuda zastave i srećna lica. Ceo svet je zadovoljan da je najzad slobodan, ali nesreća je bila suviše velika. Ne znaju više da se raduju glasno. Prolazi jedan puk s muzikom na čelu. Mladići su se snabdeli odelom na račun Nemaca i Austrijanaca i čuvaju stražu, izlišnu uostalom, ulicama. Takođe ih upotrebljavaju da prate u opštinu zarobljenike koji su mnogobrojni.

Nedelja je i radnje su zatvorene. Odlazimo u opštinu i ja brzo organizujem svoju anketu. Strašno je što čujem. Čovek ne može da razume kako se jedan narod mogao tako ponašati, kao što su činili Bugari. Oko podne nemački avioni leteli su iznad nas tako nisko da smo ih mogli lako gađati iz pušaka. Kao svi ostali, i ja pucam na njih, a oni nam odgovaraju iz mitraljeza i bacaju bombe koje ubijaju žene i decu. Pozvani smo kod jednog uglednog trgovca, Jovanovića, gde smo odlično ručali.

Nemci se još navraćaju četiri-pet puta i svaki put bacaju bombe koje ubijaju građane i četiri konja iz našeg štaba, i ranjavaju trojicu naših ordonansa. Bomba je pala usred našeg Glavnog stana, na zgradu divizije u kojoj stanujemo. Dva srpska vojnika na odsustvu, od kojih je jedan narednik, izvršila su lep podvig. Oni su zarobili 160 austrijskih vojnika i 17 oficira. Opkolili su ih sa seljacima i, pošto su dali da jedan seljak izigrava potpukovnika — obukli su mu šinjel i metnuli na glavu oficirsku šapku, a u usta, kao znak dostojanstva, tutnuli mu muštiklu — učinili su da polože oružje. Naši avijatičari nigde se ne vide. Koga đavola rade?

14. oktobar. Produžavam svoju anketu. Vreme je vrlo lepo i jedan nemački avion dolazi nam u posetu dva puta, bacajući bombe i ubijajući žene. Ali juče oborena su dva aviona i Nemci se više ne usuđuju da lete tako nisko kao ranije. Za ručkom nam je gost vojvoda Bojović koji je vrlo zadovoljan sa tokom ofanzive. Ali sada treba dati vremena municiji da stigne. Ne smemo se usuditi dalje bez municije. Posle podne, odlazim da vidim železničku stanicu koju su razorili Nemci. Ipak, oni su tu ostavili najmanje hiljadu vagona od kojih su mnogi natovareni municijom i raznim materijalom. Plen je ogroman.

Završio sam veče polaskom u Grad da mi jedan svedok pokaže bugarska vešala, bunar u koji su bacali leševe i zid pred kojim su streljali svoje žrtve. Posle večere, otišao sam sa Žuvom u „bar", gde se sastaje niška „zlatna omladina".

15. oktobar. Produžavam svoj posao. Dao sam da se otkopaju rake, pune ljudskih kostiju. Nemci nam opet dolaze u posetu sa avionima i bacaju bombe. Naši avijatičari još se uvek ističu svojim odsustvom. Ima ponovo građanskih žrtava. Uveče večeram u opštini sa kmetom i komandantom mesta. Bogata večera koja se produžila do ponoći.

16. oktobar. Išao sam danas posle podne na stanicu Crveni krst. Sem voza s municijom koji su naši bacili u vazduh i nekoliko magacina koje su zapalili Nemci, na stotine kola ostalo je nedirnuto i puno materijala. Nažalost, kao i uvek, stanovništvo je opljačkalo i oštetilo

u svom besu vrlo korisne stvari. Naravno, neprijateljski avioni opet su dolazili, ali su bacali manje bombi. Ceo svet u štabu ima grip.

17. oktobar. Polazim rano u bolničkom automobilu za Prokuplje. Vreme je vrlo lepo, ali put je strahovit, tako da jedva prelazimo 26 kilometara puta za dva sata. Kad smo stigli u mesto, počinjem odmah svoju anketu. Prokuplje je bilo jedan od centara bugarskog terora. Ono što mi pričaju, toliko je grozno da to prevazilazi maštu. Bijući žene po golom trbuhu, oni su hteli da ih primoraju da odadu ustanički pokret srpskih patriota. Večeram vrlo dobro i bogato kod jednog uglednog trgovca, u društvu francuskih oficira, među kojima se nalazi kapetan Gripon iz topografskog servisa. Zaista, Francuzi imaju na zubu Engleze i ističu Amerikance čije zasluge oni suviše precenjuju, kad se uporede s Englezima. Polazim u 17.30 i dva sata kasnije stižem u Niš po lepoj mesečini.

18. oktobar. Jutros sam hteo da pođem u Nišku Banju, ali sam morao da izmenim svoj plan, pošto krećemo. Odlazim dakle u opštinu da se oprostim s vlastima i da još saslušam dva svedoka. Jedan od njih je profesor koji, kao i svi ostali iz njegove struke, troši mnogo reči da ništa ne kaže. Posle ručka polazimo.

Major Bora i ja sedimo u jednom zaplenjenom nemačkom automobilu koji ima „gume" od drveta i kojim upravljaju dva domaća šofera, iako ne znaju svoj zanat. I tako, po izlasku iz Niša, sudaramo se sa jednom francuskom ambulantom. Srećom, nismo išli brzo. Malo posle toga, počeo je jedan niz kvarenja motora, tako da smo napustili ovo prevozno sredstvo da pojašemo naše konje koji su prolazili s ordonansima. Idemo do Toponice gde vršim svoju anketu i gde nas seljaci časte bezbrojnim rakijama, gibanicama i pogačom. Noćili smo na jednoj idealnoj livadi, ali nažalost pada kiša.

19. oktobar. Jutros je opet lepo vreme. Polazim sa pukovnikom Leovcem i dr Protićem za Aleksinac kolima, u koja su upregnuta dva konja Jaše Nenadovića, koji je 1917. godine bio komandant

## ŠTA SAM VIDEO I PROŽIVEO U VELIKIM DANIMA

komordžijskog logora u Konjare-Kremjanu. Kad smo prolazili pored 1. puka, stigao nas je jedan nemački avion koji nas tuče iz mitraljeza. U podne stižemo u Aleksinac gde se celo stanovništvo nalazi na ulici. Počinjem odmah moju anketu u opštini. U 17.00 sati završio sam posao i šetam se po varoši sa čika Đokom, doktorom i poručnikom Antonovićem iz štaba konjičke divizije. Oborili smo mnoštvo rakije i onda odlazimo u školu gde je naš stan. Za vreme večere jedan nemački avion spustio je tri bombe koje su ubile 15 žrtava, među njima i dva vojnika. Ceo svet je besan na naše avijatičare koji ne dolaze.

20. oktobar. Nemci su se ponovo vratili pola časa posle ponoći. Oni su iskoristili mesečinu da bace šest bombi, uostalom bez rezultata. Odlazimo iz Aleksinca da budemo bliže položajima koji se nalaze na nekoliko kilometara od varoši. Nemci drže važne položaje Deligrad i Bukovik, koji zatvaraju Moravsku dolinu i oko kojih se već vodila žestoka borba u Karađorđevo vreme 1806.

Izgleda da Nemci imaju malo pešadije, ali oni su grupisali artiljeriju, a kod nas želi se da se štede ljudi. Manevriše se. Drinska divizija dolazi sleva, Moravska zdesna, i tako se nadaju da će uhvatiti Nemce u klešta iz kojih se neće moći izvući. Zaustavljamo se na visu Nedičin Han i postavljamo tamo svoj logor u jednoj hrastovoj šumici. Pravo pred nama, na tri kilometra, nalazi se Deligrad. Ceo dan se manevriše i topovi pucaju, često granate padaju sasvim blizu nas. To je lep predeo sa velikim prostorom i „marmite" koje tu eksplodiraju, čine mi vrlo pakostan utisak. Opružen u travi, posmatram ovaj prizor. Sunce veličanstveno seda i čovek mi izgleda vrlo mali kad se uporedi sa prirodom. Seljaci koji su ostali u zemlji i koji idu ka svojim jedinicama, neprestano defiluju. Za mesec dana, srpska vojska imaće opet 200.000 ljudi!

21. oktobar. Nemci nas zadržavaju još ceo dan. Naredba je da se, ukoliko se više može, štede životi i trudi se da se manevriše na takav

način da gubici budu ukoliko moguće minimalniji. Ali Nemci imaju dosta artiljerije i pucaju ceo dan. Mi ipak imamo gubitaka. Odlazim da vidim borbu izbliza. Avioni i dalje lete nad nama. Danas posle podne jedan avion, leteći vrlo nisko, gađao je iz mitraljeza naš logor, bez štete po nas.

22. oktobar. Nemci su popustili i mi napredujemo. Odlazim u Mozgovo na konju da izvršim anketu. Pre polaska, ispitujem zarobljenike. Sada kad se stvari za njih razvijaju rđavo, oni su svi jaganjci. Njima je dosta rata, njihovih surovih plemića, njihovog kajzera! Oni ni iz daleka nisu tako govorili 1914, 1915. i 1916. Kad ih čovek čuje, nemački narod je najmiroljubiviji narod na svetu.

Idući u Mozgovo, nailazimo na nemačke leševe. Anketa daje isti rezultat kao i u svima selima: ponašenje Bugara bilo je strahovito, a Nemci su opljačkali ono što je ostalo. Trebali smo da stignemo diviziju u Deligradu, ali niko ne poznaje put. Sasvim umesno ostajemo na kosi brega, jer još ima Nemaca po šumama. Naš štab je to iskusio i bio napadnut od jedne nemačke čete. Od vremena na vreme, nad nama leti poneki avion od koga se čuvamo pod drvećem. Najzad, preko brega duboko izrovanog granatama, nalazimo naš logor i priličan broj zarobljenika.

23. oktobar. Nemci su otišli i mi ih gonimo. Odlazim napred da mogu da se zaustavim u Ražnju, gde vršim anketu. Put je zakrčen komorama i artiljerijom koja nastoji da maskira topove zelenilom. Za nepuna dva sata, mi smo u varošici. Pozvani smo na ručak kod Bračinca, brata predsednika skupštine. Nemci su pobili dosta sveta pri odlasku. U jednom selu blizu Deligrada ubili su tri osobe i unakazili njihova tela. Seljaci su tražili da ih sahrane, mi smo ih sreli usput.

Polazimo za Paraćin i idemo putem koji je dug i zakrčen kao i jutros. Nemci su jutros isterali iz Paraćina sve stanovništvo, pod pretnjom da će streljati svakoga koga nađu na ulici. Oni se boje da ih stanovništvo ne napadne i hoće da pljačkaju mirno i nesmetano. Ceo ovaj svet, zajedno sa seoskim stanovnicima, nalazi se na drumu i pozdravlja nas. Kako je to lepo dolaziti kao oslobodilac! Guramo na dva kilometra od Paraćina. Nemci bombarduju varoš i njenu okolinu, dok naši topovi koji su pored nas, odgovaraju. Konjica je već u varoši. Posmatram borbu pored jedne kuće čuvara druma, koju su Nemci, kao na celoj liniji, pretvorili u forticu. Logorujemo pored nje pod drvećem. Celo veče kanonada se produžava i čuju se mitraljezi jedne i druge pešadije. Naša napreduje. U Paraćinu ima nekoliko požara. Videću sutra šta su Nemci učinili. Jutros, oni su razorili železničku prugu. Vandali!

24. oktobar. Nemci su dobili naredbu „da se drže do poslednjeg čoveka", koju smo našli u zaplenjenim arhivama.

Stoga će oni ogorčeno braniti pristup ćuprijskom putu. S naše strane, neprestano se želi da se štede ljudi i ne žuri se. Sutra će Nemci biti primorani da evakuišu ovaj kraj. U toku jutra, pomažem majoru Bori da pregleda dokumenta koja su nađena kod Nemaca. Tu nalazimo zanimljivih stvari. Posle podne, odlazim u selo Stražu, sasvim blizu Paraćina, da vršim svoju anketu. Granate padaju, dok ispitujem ljude i dok nas poslanik-poručnik Dragović iz 2. puka nudi odličnom rakijom.

25. oktobar. Počinjem svoj dan, pomažući majoru Bori da ispituje zarobljenike. Oni kažu da je vojnicima dosadio rat i znaju da je Nemačka izgubljena. Odlazimo zatim u Paraćin, gde tražim da pribavim dokaze. Nemci su bombardovali juče celog dana ovu varoš bez ikakve strategijske potrebe. Ona je mnogo oštećena. Naročito su gađali crkvu i njenu okolinu. Ručamo kod predsednika opštine koji je morao evakuisati stanovnike iz varoši, ali koji je sam hrabro ostao za vreme bombardovanja. Dok ručamo, nemački avioni koji su nas već jutros bombardovali, opet nas bombarduju sa 30 bombi:

nemačka „Kultura"! Oko 17.00 sati polazimo za Ćupriju, gde stižemo posle jednog sata. Sutra ćemo ići u Svilajnac.

26. oktobar. Kiša je padala celu noć, ali mi smo bili pod krovom u zgradi gimnazije. Vršim svoju anketu sa Nešićem koji je bio bolestan i koji se vratio iz bolnice, pijemo rakiju i ručamo vrlo dobro kod Cvetkovića, sudskog pisara. Posle ručka treba odmah krenuti, jer je dugačak put do Gložana. Sunce se ponovo vratilo, ali ima vetra. Prolazimo nizom lepih sela, još jutros pod nemačkom mamuzom, a danas posle podne slobodnih! Sve stanovništvo je na putu, pozdravlja nas, i daje nam pogače, jabuka, krušaka, cveća i, naročito, vina i rakije. Nemoguće je da čovek odbije piće. Od našeg odlaska iz Ćuprije do sela Rakinca, gde imamo da noćimo, Nešić i ja smo popili svaki najmanje po litar rakije. Ali čovek to ne oseća, jer je suviše srećan i zadovoljan da to oseća! Već je pao mrak kad stižemo u Rakinac, gde nam je ordonans razapeo šator u šumi.

27. oktobar. Opet je noćas padala kiša. Ipak mi krećemo oko 9.30 časova. Idem napred, i prolazimo sela odakle su Nemci otišli tek pre sat-dva. Njihov odlazak bio je tako užurban da su ostavili sve što su opljačkali, pa čak i kafu koju su im morale spremati seljanke. Za četiri sata stižemo u Svilajnac koji je nemački general Fon Galvic napustio jutros u 9.00 sati.

U varoši smo u 14.00 sati. Nemci su hteli da zapale most, ali svilajnačka deca su ugasila požar. Uostalom, Nemci i Austrijanci, po svom starom običaju, ponašali su se kao pravi divljaci pri odlasku: oni su pljačkali i zlostavljali stanovništvo! Pokazuju mi opljačkane radnje. Sve je uzeto, a ono što nisu mogli odneti, oštećeno je. Pri našem ulasku u varoš, dočekani smo oduševljeno od strane stanovništva. Ono nam dolazi u susret igrajući i svirajući. Čovek oseća celo uživanje i svu radost ovih bića što su najzad slobodna.

Dobili smo stan kod bogatih ljudi u jednoj lepoj kući, gde je, pre nekoliko sati, bio general Fon Galvic. Častim se njegovim puterom i njegovim konjakom. Ceo štab je pozvan na večeru od strane predsednika opštine u veliku kafanu.

28. oktobar. Kiša pada i mi krećemo po pljusku. Koliko blato! To je zaista čuveno srpsko blato koje se lepi za noge kao vosak. Treba da pregazimo Moravu. Za jedan sat mi smo blizu reke i, na konju, pregazili smo je bez smetnje. Sada treba čekati našu komoru da nam se ne izgubi. Ona nailazi, ali da pređe Moravu, to je druga pesma. Voda dopire konjima do prsiju i treba prevesti mazge da se njihov tovar ne pokvasi. Ordonansi ih vode uz svoje konje i dovode ih sve s druge strane reke. Jedna jedina mazga je legla, ali je spasavaju s njenim teretom. Kola takođe prelaze na drugu obalu bez teškoća, ali ja se pitam kako će proći artiljerija.

Krećemo ponovo. Kiša je prestala da pada, ali duva hladan vetar, a mi smo pokisli. Po selima nas nude vinom, rakijom, pečenim pilićima itd., što nas zagreva. Prolazimo beskonačno selo Markovac. Idem napred i stižem oko 16.00 sati u Veliku Planu, gde štab stanuje u fabrici salame Šumahera, jednog Nemca koji je otišao sa svojim sunarodnicima. Opet vršim svoju anketu, prvu na teritoriji koju su držali Austrijanci, i ležem rano.

29. oktobar. Jutros ne pada kiša, ali sveže je, pravo jesensko vreme. Odlazim sa Nešićem u Palanku. On me prati poslednji put, jer je pozvan u Niš. Vujić me ne stiže. Izgleda da je put suviše dug iz Soluna u Beograd i da idemo suviše brzo. Za dva sata mi smo u Palanci. Artiljerija stiže kratko vreme posle nas. Kako je mogla da dođe?

Vršim svoju anketu i skupio sam mnogo zanimljivih dokumenata. U 15.00 sati polazak za Veliku Krsnu. Prolazimo kroz Veliko Selo, Azanju. Sve stanovništvo je na drumu i nudi nam pića i jela. Žene vezuju peškire našim konjima oko vrata. Prolazimo i za sat i po eto nas u Velikoj Krsni. Večeram zajedno sa potpukovnikom Leovcem i dvojicom artiljerijskih kapetana kod verenice jednog od njih, verenice koju je pronašao posle tri godine. Mlade prasetine, rakije, dobrog vina u izobilju.

30. oktobar. Krećem u 10.00 sati s kapetanom Radojičićem. Idemo u selo Umčare, na nekih 16 kilometara od Dunava. Zima je i oblaci su vrlo niski. To je kasna jesen, sumorna i vlažna. Susrećemo artiljeriju koja ide napred pored svega toga što su putevi puni blata koje se lepi. Za tri sata stižemo u selo i ja počinjem da ispitujem svet. Predsednik opštine i pop daju mi vrlo tačna obaveštenja. Vršim ispitivanje u kući gde je bila austrijska žandarmerija. Pored naše sobe žene oplakuju jednog vojnika koji je juče poginuo zajedno sa seoskim kmetom, u trenutku kad je ovaj hteo da ga zagrli. Jedan austrijski kuršum ubio je obojicu. Oči mrtvaca zalepljene su voskom da ih on više ne otvori, što bi značilo da zove još nekog drugog člana porodice. Mrtvački sanduk je pretrpan cvećem i peškirima.

Pošto sam završio svoju anketu, provodim ostatak dana u školi gde logorujemo, jer očajno pada kiša. Nemci i Austrijanci povlače se iz Beograda. Naši su već u Grockoj.

31. oktobar. Ostajemo u Umčarima do 10.00 sati i krećemo zatim za Grocku. Odlazim napred sa Radojičićem. Kiša je padala celu noć i putevi su toliko blatnjavi da je, čak na konju, gotovo nemoguće da se ide napred. Ipak, u 13.00 sati stižemo u Grocku i prema Dunavu koji je, u ovom kraju, tako lepo oivičen zelenilom. Poslednji put sam ga video u septembru 1915. U Grockoj, odlazimo pravo u opštinu da izvršimo anketu, ali tu su pripremili mnoštvo dobrih stvari za piće i za jelo i, pre nego što smo započeli rad, primoravaju nas prijateljski da po drugi put bogato ručamo.

Nekoliko francuskih zarobljenika mogli su da umaknu prilikom evakuacije Nemaca. Oni nas nalaze, a među njima i jedan narednik pilot-avijatičar koji je proveo više od godine dana u ropstvu. U to vreme on je pripadao eskadrili Bač. Jedan Lorenac, nemački vojnik, takođe je pobegao i dolazi k nama. Beograd je opkoljen. Mi smo sasvim blizu. Možda ćemo ga već sutra povratiti.

1. novembar. Ručamo i odlazimo u pravcu Beograda. Vreme je sveže, ali ima pomalo sunca. Idem napred, ali uskoro me sustiže automobil komandanta divizije. Idemo oko četiri sata i imamo pred sobom Beograd. Tragovi automobila se vide neprestano na putu, dakle Beograd je slobodan i divizija će logorovati u prestonici. Zaista, na ulasku u jedno predgrađe, nalazimo pukovnika Grujića koji se smestio u jednoj vili, opljačkanoj od Austro-Nemaca. Neprijateljski avioni lete iznad nas i spuštaju se naglo da od vremena na vreme ospu mitraljezom.

Ostavljam svoga konja u diviziji i ulazim pešice u Beograd. Ja sam jedan od prvih koji ulazi u prestonicu. Sve stanovništvo je po ulicama. Austro-Nemci tek što su otišli. Oduševljenje je ogromno. To je poplava cveća, venaca, peškira koje daju u znak dobrodošlice. A svi ti peškiri nose datum! Kad su žene imale vremena da to izvezu? Usred varoši, na Terazijama, gužva! Jedan mladi dobrovoljac služi mi kao gardista i jedva mi krči put. Dva puta moram da bežim u dućane da se oslobodim cveća i venaca.

Odlazim u opštinu da pozdravim opštinski odbor. Tu nailazim na srdačan prijem. Šetam se tako do 18.00 sati i vraćam se u diviziju sa dvadesetak peškira, kao uspomenom na ovaj dan oslobođenja Beograda. Stanovništvo nestrpljivo čeka dolazak trupa, ali neće da ih pošalju da ne dadu izgovor za bombardovanje varoši. Zaspao sam s tvrdim ubeđenjem da je rat sada svršen i da sam u njemu izvršio svoju dužnost.

8. novembar. Doći će princ Aleksandar. Već u 16.00 sati ulice su pune sveta. Prestoničke vlasti, društva itd. okupile su se na ulasku u varoš, na putu za Banjicu. Tu je takođe jedna četa vojnika, muzika i oficiri. Tačno u 17.00 sati stiže prinčev automobil. On staje i princ u uniformi generala za koga je proizveden, silazi praćen Damjanovićem

i Acom Dimitrijevićem. On pozdravlja predsednika opštine koji drži govor. Princ odgovara jednostavno glasom koji se čuje, ali on je uzbuđen. Zatim pozdravlja sve velikodostojnike: Ribarca, Veljkovića itd. i prilazi da mi stegne ruku. Drugi delegati ga pozdravljaju govorima. Horovi pevaju himnu i masa viče: „Živeo!"

Sada odlazimo svi pešice u Sabornu crkvu. Baca se cveće, venci i uvek „Živeo!" od strane onih koji su najzad oslobođeni. Od vremena na vreme zaustavljamo se da saslušamo neki govor i, onda, polazi se brzim korakom. Princa jednostavno prati predsednik i članovi opštine i oficiri, a ispred njih nekoliko vojnika koji im krče prolaz kroz gomilu. Žene se bacaju na kolena i uvek „Živeo!" Taj presrdačni doček uzbudljiv je do krajnjih granica.

Na Terazijama zaustavljaju nas ponovo i jedan stari gospodin, bivši ministar, kako izgleda, drži konferenciju od više od pola sata, čitajući svoj tekst pri svetlosti električnih sijalica, jer se spustio mrak. Najzad stižemo do Saborne crkve. Ona je impozantna, osvetljena električnim sijalicama i ukrašena zelenilom koje je svuda raspoređeno. Na vratima princa dočekuje sveštenstvo koje mu predaje Sveto pismo. Hor peva himnu i ceremonija je kratka. Izlazimo i princ odlazi automobilom u svoj privremeni Dvor, Krsmanovićevu kuću. Prolazim tuda i ulazim da vidim da li ga mogu pozdraviti. Topao doček od strane dvorskih oficira. Princ me poziva na večeru. To je moja prva večera u prestonici posle toliko godina iskušenja! Ovoj nezaboravnoj večeri prisustvovali su: princ, ministar Ninčić, pukovnik Kalafatović iz Glavnog stana, pukovnik Damjanović, Tucaković, šef policije u Glavnom stanu, i ja.

# ZAKLJUČAK

Priveo sam kraju zadatak koji sam bio preduzeo: da prikažem čitaocu, a, naročito srpskom čitaocu, kakav je bio duh onih koji su stvorili Kraljevinu Srba, Hrvata i Slovenaca i kakav je bio njihov život na frontu. Istina, ovih nekoliko beležaka, ovih nekoliko posmatranja koja iznosim danas pred publiku, tek su bledi refleks onog duha koji je oduševljavao sve one koji su poklonili svoje telo i dušu Otadžbini. Ipak, nadam se da će ovo biti dovoljno da pomognem da taj duh razume mlada generacija koja duguje svoju slobodu svojim starijima.

Nadam se da će iz ovih redova, taj duh razumeti i svi oni iz ratne generacije koji, iz kakvog bilo razloga nisu mogli ili nisu hteli da sarađuju u grandioznom delu mojih drugova iz Velikog rata.

Ova knjiga je posvećena srpskom vojniku iz Velikog rata, onom vojniku koji je sve upoznao, najveću slavu i najveće stradanje. Nju treba da dopuni jedna druga knjiga, posvećena vojniku „sa unutrašnjeg fronta", ako se to može tako da nazove, tj. svima onima, većim delom skromnima i malima koji su stradali i umrli u zemlji bivše Kraljevine i na jugoslovenskoj zemlji, tada još pod austrougarskom vlasti, i od kojih su osvajači i ugnjetači stvorili mučenike. Oni su stradali i umrli, ne upoznavši slavu. Njihova zasluga je tim veća. Vojnik iz Velikog rata i mučenik iz unutrašnjosti jedini su ostvarili san starih, jedino oni su stvorili veliku ujedinjenu Kraljevinu, u kojoj su udruženi braća Hrvati, Srbi i Slovenci.

Žrtvujući se za ovaj veliki cilj, ovi saborci tražili su samo jednu stvar; da oni koji se koriste njihovim žrtvama budu njih dostojni i da dovrše uzvišeno delo koje su počeli u patnji i u krvi. Da li je stvarnost osveštala ove želje koje su trebale da budu sveta dužnost za sve? Kao iskreni prijatelj zemlje, primoran sam da u to posumnjam.

Velika ujedinjena zemlja o kojoj su sanjali oni koji su pali u Mačvi, na Dunavu, u Albaniji, na ostrvu Vidu, u očajnim makedonskim planinama, u Africi, u Rusiji, na bosanskim vešalima i po drugim mestima, bila je stvorena, ali deset godina posle poslednjeg ratnog topovskog metka, potpuni sklad, onaj koji je postojao na frontu, još tu ne vlada. Ima još suviše ljudi koji rado primaju sve koristi zadobijene žrtvom oslobodilaca, ali koji gledaju suviše unazad, a ne dovoljno unapred. Ima ih čak koji su u jednom bednom cilju budžaklijske politike dovoljno neblagodarni da ostvaruju divno i definitivno delo poginulih. Stranački političari koji, kao što smo videli, nisu mogli da zaborave svoje strasti čak ni za vreme rata, počeli su ponovo da pokazuju u najvećem jeku svoju predratnu aktivnost i često rizikuju da kompromituju veličanstveni i sveti rezultat koji su postigli heroji od 1912. do 1918. Omladinu koja je bila nekad nepresušni izvor patriotizma, zahvatila je posleratna korupcija, i ona se vrlo malo brine za veliki primer koji su joj dali njeni stariji. Egoizam koji je smrtna bolest za jedan narod, obuzeo je duhove.

Istina, ja mislim da je ovo sve posledica rata. Telo, oslabljeno natčovečanskim naporom ne brani se dovoljno od rđavih mikroba koji ga napadaju. Nadam se, i čak sam u to ubeđen, da je ova rđava epoha koju preživljavamo, samo prolazna bolest, dečja bolest za mladu Kraljevinu. Ali vreme je da se reaguje, dok ne bude suviše kasno. A ovo reagovanje može se učiniti samo podsećajući se na ono što su izvršili oni kojima je ova knjiga posvećena i inspirišući se njihovim primerom. Čineći to, ispunjava se samo dužnost blagodarnosti koju je ceo narod, bio on srpskog, hrvatskog ili slovenačkog plemena, uzeo prema onima koji su se žrtvovali za njega i koji su izgnuli ili su još živi. „Ne govorimo nikada o tome, ali mislimo uvek na to!", kazao je jedan veliki francuski patriota. Ali mi treba da izmenimo ovu opomenu: „Mislimo uvek na to i govorimo uvek o tome!"

Neka ova skromna knjiga doprinese da se postigne taj rezultat!

# BELEŠKA O PISCU I DELU

Rudolf Arčibald Rajs (Rodolphe Archibald Reiss) rođen je 8. jula 1875. godine u južnonemačkoj pokrajini Baden. Posle završenog osnovnog i srednjeg obrazovanja u Nemačkoj, odlazi na studije u Švajcarsku, u romanski kanton Vo. Zvanje doktora hemije stiče već u 22. godini. Nedugo posle toga biva izabran za višeg asistenta, a zatim i za docenta za fotografiju i fotohemiju Univerziteta u Lozani. Vrši mnogobrojna istraživanja, a posebno ga interesuje primena naučne fotografije u medicini, kriminalistici i sudstvu, istražuje nove metode identifikacije osoba, postaje pionir naučne kriminalistike.

U Lozani 1900. godine osniva Institut za tehničku policiju i kriminologiju. Sarađuje sa mnogim redakcijama i učestvuje na stručnim skupovima i naučnim kongresima. Od 1901. godine uređuje časopis „Švajcarska revija za fotografiju".

Rajs ubrzo stiče i autoritet praktičnog kriminologa, pa već od 1904. godine učestvuje u veštačenjima pri kantonalnim i drugim švajcarskim sudovima.

Za redovnog profesora kriminalistike imenovan je 1906. godine. Kao profesor nastavlja da se predano bavi naučnim radom i stiče ugled kriminologa svetskog glasa.

Ubrzo po izbijanju Prvog svetskog rata, a na poziv srpske vlade, Rajs sa grupom švajcarskih lekara stiže u Niš, ratnu prestonicu Srbije. Srpska vlada poziva Rajsa da, kao poznati naučnik i kriminalistički

## BELEŠKA O PISCU I DELU

stručnjak iz neutralne zemlje, istraži zločine Austro-Ugara, Nemaca i Bugara nad civilnim stanovništvom i utvrdi kršenje međunarodnih konvencija.

U Nišu je prijatno iznenađen humanim odnosom i postupanjem prema zarobljenim austrougarskim vojnicima kojima nije falila dlaka s glave; srpski vojnik poštovao je Ženevsku konvenciju koja je nalagala civilizacijsko ponašanje prema ratnim zarobljenicima. U Mačvi je zaprepašćen nedelima okupatora, posebno u Šapcu, Lešnici i Prnjavoru.

Rajs je zavoleo srpskog vojnika i srpski narod i do kraja života ostao u Srbiji. Sa srpskom vojskom prešao je Albaniju, Solunski front i sa Moravskom divizijom umarširao u oslobođeni Beograd, novembra 1918. godine.

Bio je član delegacije jugoslovenske vlade na Mirovnoj konferenciji u Parizu, 1919. godine.

Posle rata modernizovao je tehničku policiju pri Ministarstvu unutrašnjih poslova nove države. Tadašnja kriminalistička tehnika, po mišljenju američkih istraživača koji su putovali po Evropi proučavajući baš ovaj vid policije, bila je na veoma visokom nivou. Uprkos tome, Rajs se, razočaran nekim negativnim pojavama u društvenom i političkom životu, pred kraj života povlači iz svih javnih funkcija. Živi skromno u svojoj vili Dobro polje u Beogradu gde je i preminuo 8. avgusta 1929. godine.

Uzrok smrti bio je moždani udar kao posledica žučne svađe sa prvim komšijom — bivšim ministrom i ratnim profiterom Kapetanovićem koji je rat proveo u inostranstvu. Sahranjen je sa svim vojnim počastima i po pravoslavnom obredu. Po sopstvenoj želji, njegovo prethodno izvađeno srce odneseno je u urni na Kajmakčalan gde je sahranjeno zajedno sa ostalim oslobodiocima Solunskog fronta.

## BELEŠKA O PISCU I DELU

U vremenu pred smrt, razočaran je i svojom ličnom sudbinom, i karijerizmom, i korupcijom u zemlji. U svojoj skromnoj kući na Topčideru, Rajs piše ratne memoare *Šta sam video i proživeo u velikim danima*, kao svedočanstvo o jednom uzburkanom vremenu u Srbiji. Beleške koje je svakodnevno vodio, izveštaje srpskoj vladi i dopise koje je slao uglednim švajcarskim, holandskim i francuskim listovima, Rajs je sabrao u ovo jedinstveno štivo o Srbiji, srpskom narodu i njegovoj vojsci u Prvom svetskom ratu. I posvetio svojim saborcima iz teških, ali slavnih i nezaboravnih dana.

# SADRŽAJ

UVOD 1
IZ LOZANE U NIŠ U POČETKU RATA 4
U VALJEVU, GLAVNOM STANU SRPSKE VOJSKE 16
U BOMBARDOVANOM BEOGRADU 29
PREKO SAVSKOG I DRINSKOG FRONTA 36
PROLEĆE 1915. KRAGUJEVAC 61
NA DUNAVSKOM FRONTU 83
LETO I RANA JESEN 1916. 109
BORBA OKO BITOLJA 125
BITOLJ 144
SOLUN 165
ZIMA 1917. U POLUZATIŠJU 187
ŽIVOT NA FRONTU 1917. I 1918. 206
FRANCUZI, ENGLEZI, ITALIJANI I SRBI 266
SRPSKI ŠEFOVI 277
POBEDONOSNA OFANZIVA OD 1918. 299
ZAKLJUČAK 341
BELEŠKA O PISCU I DELU 345

www.ingramcontent.com/pod-product-compliance
Lightning Source LLC
Chambersburg PA
CBHW071725080526
44588CB00013B/1900